新媒体营销

零基础玩转短视频

张爱萍◎编著

吉林出版集团股份有限公司
全国百佳图书出版单位

图书在版编目（CIP）数据

新媒体营销.零基础玩转短视频/张爱萍编著.——

长春:吉林出版集团股份有限公司,2020.8

ISBN 978-7-5581-8943-2

Ⅰ.①新… Ⅱ.①张… Ⅲ.①网络营销Ⅳ.

①F713.365.2

中国版本图书馆CIP数据核字（2020）第144585号

前 言

随着时代发展，信息传播方式呈现多样化，人们的阅读方式和习惯也随之变化。"短视频"这一名词开始进入人们的视野，其短小、有趣、有价值的内容几乎占据了绝大部分人日常生活的碎片化时间。人们在上下班的路上刷短视频，吃饭时刷短视频，上厕所时刷短视频，睡觉前仍在刷短视频……

中国互联网络信息中心（China Internet Network Information Center，简称CINIC）统计，截至2019年6月，我国的网民数量达到8.54亿，短视频用户高达6.48亿，占总网民的75.8%。这一数据还不包括直播用户。短视频也给创作者、运营者带来巨大的红利。"陈翔六点半""一条""李子柒""Papi酱"等自媒体及其创作者成为全网现象级大IP，一条短视频便可赢得千万点赞、百万广告收益，或是百万、千万的电商"带货"。

尤其是5G时代的来临，短视频市场将迎来新的爆发期。对很多人来说，短视频市场成为新的风口，站在风口就能"飞起来"。今日头条原CEO张一鸣说："短视频正进入一个全民变现的时代，这意味着'短视频+'时代的来临。"那么，运营者如何抢占这一风口，在短视频的海洋中脱颖而出，获得红利呢?

要想抓住这一机会，运营者不能仅凭头脑一热，而是应该考虑以下问题。

一、短视频的受众是谁？如何找准自己的目标受众？

二、短视频行业有哪些平台，其特色和优势是什么？

三、如何进行创意、策划、拍摄，才能制作出爆款短视频？

四、如何获取更多的流量？如何对短视频进行营销推广？

五、如何实现快速的变现和盈利？

真正弄明白这几个问题，找到切合可行的方法和技巧，运营者便可玩转短视频，从"小白"进阶为达人。

本书从入门、内容、拍摄、剪辑、推广、引流、运营、变现等方面分析，运用大量实例讲述短视频运营的思路、方法、技巧以及禁忌，内容全面，讲解详细，希望能够帮助零基础的"小白"了解和掌握短视频运营的相关知识以及技巧，更希望本书能帮助大家更好地运营短视频，更快地获得流量和红利。

目　录

第五章 告别野蛮生长，提高粉丝的忠诚度

第六章 了解这些禁忌，从此不再踩坑

第一章

"短视频+"时代开启，带你快速入门

要想玩转短视频，就必须全面了解短视频的相关知识，包括平台功能、操作方法、用户心理、平台算法等。只有快速入门，知己知彼，才能搭上这一快速发展的列车。

5G时代，你不了解的短视频市场

目前，短视频市场发展迅速，它因具有表现力强、信息量丰富、情绪表达生动等优势，迅速成为信息传播、自我表达和娱乐休闲的主流趋势。

正是看到短视频行业的发展风口，各互联网公司以及商业巨头迅速进入这一市场。2013—2018年间，抖音、快手、火山视频、波波视频、西瓜视频、秒拍、美拍、小咖秀、微视、哔哩哔哩、Nani小视频、梨视频等众多短视频平台疯狂地抢占网民流量，推动短视频行业异常迅猛发展。

相关数据显示，2017年，短视频用户仅次于即时通信、在线视频、综合资讯、浏览器，同比增长率是微博社交的7倍。2019年，短视频用户更是迎来高速增长期，用户达到6.48亿，占总体网民数量（8.54亿）的75.8%。

在西班牙巴塞罗那召开的"世界移动大会"发布了《2019年全球移动经济报告》，报告指出，预计到2025年，全球短视频用户将达到14亿，经济价值高达2.2万亿美元。随着5G的应用和普及，这一数据还将稳步增长。短视频市场将迎来新的发展爆发期，并且面临巨大变革。

那么，5G时代究竟会给短视频发展带来哪些可能呢？图1-1可以让我们一目了然。

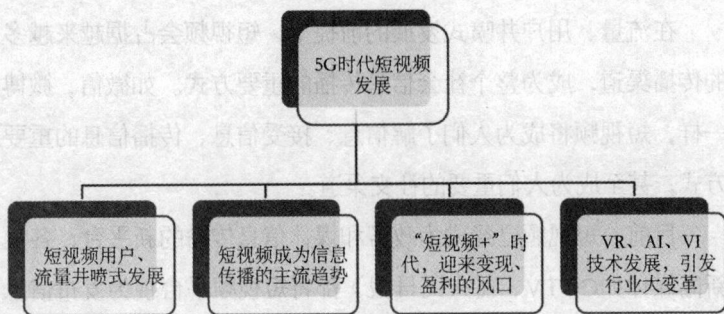

```
          ┌──────────────┐
          │ 5G时代短视频 │
          │    发展      │
          └──────┬───────┘
     ┌───────┬────┴────┬────────┐
┌─────────┐┌─────────┐┌─────────┐┌─────────┐
│短视频用户、││短视频成为信息││"短视频+"时││VR、AI、VI │
│流量井喷式││传播的主流趋势││代，迎来变现、││技术发展，引发│
│发展     ││        ││盈利的风口  ││行业大变革  │
└─────────┘└─────────┘└─────────┘└─────────┘
```

图1-1

一、5G时代，短视频用户、流量井喷式发展

4G虽然较之前网速更快，信号覆盖更全面，但仍然存在一些缺陷，比如，观看短视频时流量消耗大，信号延迟，费用高等。到了5G时代，这些缺陷都将被克服。

与4G相比，5G网络具有带宽大、速度快、更安全、延迟低、传播率高、泛在网等优势，无论在传播速度、视频质量还是信息量上，都将有大幅度提升，进而给客户带来更流畅、愉悦的观看体验。人们不再依赖Wi-Fi，不再担心流量和费用问题，随心所欲地利用碎片化时间发布短视频，观看自己喜欢的内容。

这一优势将大大提升短视频的流量，促使短视频用户和流量呈现井喷式发展。有专业数据机构预测，到2022年，短视频流量将实现翻倍，占所有IP流量的82%。

二、5G时代，短视频成为信息传播的主流趋势

在流量、用户井喷式发展的前提下，短视频会占据越来越多的传播渠道，成为整个社会信息传播的重要方式。如微信、微博一样，短视频将成为人们了解信息、接受信息、传播信息的重要方式，甚至成为人们重要的社交渠道。

目前，短视频已经成为政务和媒体信息传播的新平台，各大新闻媒体如CCTV、《人民日报》都将短视频平台视为发布信息的主要渠道之一，交警、消防等官方机构也将短视频平台视为传播价值理念、专业知识，以及沟通互动的桥梁。在纸媒和电视的关注度降低、年轻人越来越成为"低头族"的今天，短视频能够发挥重要作用，让人们第一时间、更全面地了解新闻资讯或专业知识。

图1-2

比如，"央视新闻"发布一条"史无前例！意大利10日起全国'封城'，意甲等赛事全部暂停"的新闻（如图1-2），一小时内点赞量就达到30.5万。这意味着，1个小时内超过30万人观看这一短视频，更直观地

了解这一消息。显然，这种短视频的传播要比电视更迅速，比纸媒、网络媒体更直观。

再如，某些消防官方机构通过"萌萌"的表演来模拟火灾发生时，人们是应该选择打119还是置之不理，是走疏散通道还是坐电梯，是找手机、钱包还是尽快逃离，有效地普及和传播了消防安全小常识。这一短视频获得几万的点赞和转发，让人们在娱乐时学到消防知识，比传单、公益广告还要更有效，传播得更广。

因此，与其说5G让网速更快，通道更宽，不如说它让全球进入"万物皆媒"的时代。短视频平台就是凭借直观、迅速、生动等优势不断转移人们对纸媒或电视的关注，成为当前信息传播的主流趋势。

三、"短视频＋"时代，迎来变现、盈利的风口

短视频运营中，流量变现是盈利的重要方式和最终目的，包括广告、电商引流、内容收费等。

随着5G时代的到来，短视频将成为独立发展的行业，与其他行业的联系、融合也越来越密切，真正迎来"短视频＋"的全新时代，如短视频＋电商、短视频＋农业、短视频＋教育、短视频＋招聘、短视频＋社交……这些模式都将大大提升短视频行业的商业价值，使变现、盈利实现裂变式发展。

正因如此，各企业开始进入短视频领域，借助"短视频＋"的模式，实现宣传、广告、营销的目的。比如，老牌电视品

图1-3

牌——海信入驻抖音平台，通过分享新品、特色功能、员工趣事等方式，赢得32万粉丝的关注，在宣传、营销产品的同时，也让更多的人关注海信的品牌文化和价值（如图1-3）。

支付宝也开启了"短视频+"模式，在短视频平台上直播发布会，宣传产品政策和特色，解密员工工作趣事等，让用户和潜在用户了解了不一样的支付宝。

还有短视频+比赛的模式，如美拍举办了创意舞蹈大赛；短视频+广告的模式，如"小米6"在短视频中展示产品功能、设计理念。"360保险"在快手上发布了一个广告短视频，重点介绍其产品的特点和优势，点赞超过10万。某背景墙壁上画的销售商的产品展示广告，获赞31万，评论数量超过1万。此外，也出现了短视频+招聘的模式，阿里招聘、智联招聘等企业开始入驻短视频平台，不仅发布招聘信息，而且在探索线上面试的方式。

各平台的大V、网红也抓住"短视频+"的时机，利用大流量实现变现和盈利。Papi酱是最成功的短视频网红之一，在微博、优酷、今日头条、抖音等多个平台发布作品，凭借幽默、俏皮的形象，赢得无数粉丝的喜欢。她和团队的变现能力非常强大，曾在短视频中给某咖啡做广告，使得咖啡销售量猛增，获得两千多万的广告费。

总而言之，在5G网络普及的背景下，有了技术和流量的支持，"短视频+"的形式既继承了传统营销的优势，又不断更新、创新，成为各商业营销和全民变现的"主战场"。

四、VR、AI、VI技术发展，引发行业大变革

5G时代，短视频的发展不再只是依靠内容、创意、营销，更依靠关键性技术，如AI、VI、AR、VR。AR、AI技术可以让用户拥有更丰富多彩的沉浸式体验，实现虚拟世界与现实生活的联结与互动；VR技术则为人们提供视觉、味觉、嗅觉的虚拟，给人以身临其境之感。

中国信通院发布的数据显示，2020年，VR市场规模将超过1600亿元，其爆发点就来源于5G网络。这使得短视频AR/VR内容的制作变得更简单，真实世界与虚拟世界的界限越来越模糊。技术的重大变革，很可能导致短视频市场大洗牌。

也就是说，哪个平台能抢先占领AR/VR市场，就会获得巨大优势和红利，超越目前处于领先地位的抖音和快手，后来者居上。当然，对于视频运营者来说，也是如此。谁先掌握VR、AI的新玩法，谁就能成为新一代的网红。

一切皆有可能，不是吗？

当然，随着短视频规模的壮大，很多平台开始走出国门，探索国际化布局。比如，抖音推出海外版Tik Tok，快手推出海外版Kwai，火山推出海外版Vigo Video，这些平台在欧洲、亚洲以及美洲的下载量都非常可观。在5G网络的影响下，外国用户市场将有更大的潜力和机遇。

几个步骤，从零开始轻松玩转短视频

既然短视频已成为一种流行趋势，既是人们娱乐、交流的新方式，又是营销、盈利的新平台，那么，掌握短视频的玩法就成了势在必行。要想玩转短视频，首先必须了解各平台界面功能、个人设置、作品管理，以及账户定位等。

一、界面功能和个人设置

每个平台都有各自的特色，界面功能和个人设置也有所不同。

图1-4是抖音的首页界面，内容为平台推荐，显示的是"推荐"模块。首页还有"关注"模块，即关注的用户发布的短视频。

首页界面有用户账号、头像、短视频标题、点赞量、评论量、转发量等信息。点击红色"+"，可关注该账号；点击右下角配乐，可

图1-4

拍同款短视频；点击右上角放大镜，可搜索想要看的内容——可以搜用户，也可搜短视频关键字。同时，首页还可以显示发布地址、视频关键字、相关热点等信息。

左下方的"同城"，顾名思义是指与你同一城市的用户发布的短视频。在"同城"界面，还有一个"切换"按钮，可切换其他热门城市，观看相关短视频。这一功能非常便利，用户可以快速查找某热门城市的热门视频。

右下角的"我"，显示个人账户界面（如图1-5、图1-6）。

图1-5

图1-6

用户可以编辑个人资料，设置个人简介，添加好友。同时，界面显示用户获赞数、关注数、粉丝数、作品数以及喜欢的作品。个人界面的设置，用户需要用心一些，个性、富有创意的设置才更能"吸粉"。

图1-7是快手首页界面，有"同城""关注""发现"模块，还有用户账号、头像、短视频标题、点赞量、评论量、转发量等信息。快手首页界面可以滚动创作者、用户的热门评论，使得热门评论一目了然。"同城""关注"界面，都与抖音相关界面内容大同小异。

快手个人账户界面比较简明，显示"动态""消息""私信"等信息，可以看到用户发布的作品、好友动态、好友或系统发送的消息等（如图1-8、图

图1-7

图1-8

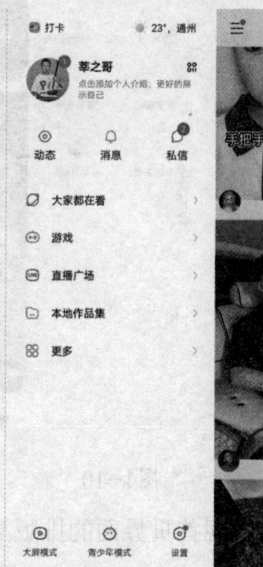

图1-9

1-9）。

　　其中，"大家都在看"模块显示平台推荐的精选视频、热门视频，以及通过大数据统计用户所关心、感兴趣的视频；"更多"功能模块还包含"扫一扫""我的钱包""游戏TV""付费内容"等小模块，可以给客户带来更多体验，提高用户的满意度（如图1-10）。

　　图1-11是微视平台的界面功能和个人设置。

 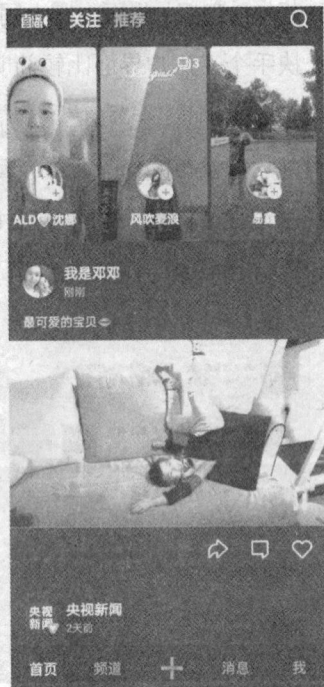

图1-10　　　　　　　　　　图1-11

　　微视首页界面的排版与其他平台不同，其用户头像、点赞量、评论量、转发量都横排且处于下方；上方有"关注""推荐"两个模块，有搜索工具；下方有"首页""频道""消息""我"模块。其中，"频道"为微视的重要模块，有时下热门话题频道、游戏频道、体育频道、娱乐频道等，还有平台设置的挑战赛、红包答题等活动，更大限度地刺激用户的参与度，提高用户黏性（如图1-12）。

同时，微视首页还有两个特殊的小按钮，点击中间下方"+"可以直接拍摄视频；点击中间口袋形按钮可直接输入评论、发表评论（如图1-13）。

图1-12

图1-13

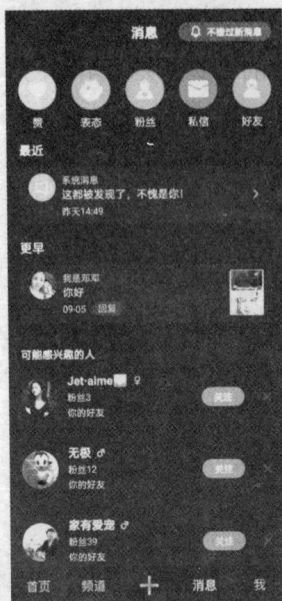

图1-14

微视个人界面的设置与抖音大同小异，还添加了"可能感兴趣的人"。平台可以通过大数据为用户推荐感兴趣的话题或视频（如图1-14）。

二、作品管理

短视频的核心是作品，不管是视频创作者还是观看者，最在意的都是作品。如果作品管理不好，不管你的个人页面设置得如何精美，头像设置得如何个性，恐怕也无法赢得大流量。

个人界面有"作品""动态""喜欢"三个模块，前两者是用户发布的短视频，后者是用户观看的短视频。"作品"是所有的作品列表，"动态"是短视频内容的预览。作品上方还有"合辑"，用户可以通过它在所有作品列表中快速找到想看的内容。

作品管理不仅仅是发布作品、关注作品，用户还需要好好地设计、管理作品封面，如此才会给粉丝留下好印象。

同样是影视剪辑类，有的创作者没有标记作品名，没有封面设计，使得页面显得非常杂乱，不利于粉丝查找相应视频；有的创作者虽标记了作品名，但没有封面设计，且视频格式不统一，影响整体的美感；有的创作者就不同了，根据剧情设计了封面人

物，明确标记作品名、单位名，犹
如电影海报般美观、大方，不仅能
吸引粉丝，还可以提高粉丝的观感
（如图1-15）。

　　三者谁更吸粉，谁的客户黏性
更强，相信答案不言而喻。

三、账号定位

　　了解各平台界面功能之后，我
们还需要给自己的账号定位（如图
1-16）。不管选择哪个平台，一个
账号只能关注一个领域，否则很难

图1-15

成为高手，并赢得粉丝青睐。如果你的账号侧重美食，就应该只
关注美食，或是美食分享，或是吃播，或是走访街边美食。千万
不能今天发美食，明天发搞笑，后天发宠物；也不能今天美食制

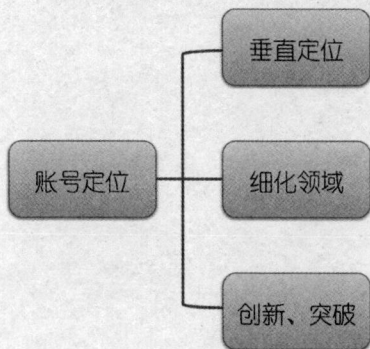

图1-16

作，明天走访街边美食，后天又吃播。虽然这三者都属于美食分享，但账号定位更垂直、更细化，才更容易脱颖而出。

　　当然，现在短视频市场中，各领域、各类型的短视频都接近饱和，创作者只有另辟蹊径，找到适合自己、富有特色的定位，才能制作出出色的短视频。

抢占入口,让你从新手变高手

短视频风头正劲之时,短视频平台也犹如雨后春笋般出现。据统计,仅2016—2017年,短视频平台就多达230个。之后,经过激烈竞争,短视频市场逐渐稳定下来,抖音、快手、美拍、火山等短视频平台脱颖而出,成为市场的领先者和主导者。紧随其后的则是哔哩哔哩、西瓜、Nani、梨视频、秒拍、小咖秀、菠萝视频、小红书等。

这些短视频平台定位不同,商业模式也不同。用户要根据自己的需求选择合适的平台。目前,短视频平台定位大致分为五类:原创内容短视频、音乐短视频、美妆时尚短视频、教育短视频(包括直播)、模仿秀和音乐秀短视频。

其中,快手、火山等属于原创内容短视频类型;抖音、微视、西瓜等属于音乐短视频类型;美拍、小红书等属于美妆时尚短视频类型;人人讲、钉钉、腾讯课堂属于教育短视频类型;小咖秀、秒拍等属于侧重模仿、对口型、音乐秀的短视频平台。另外,还有一些视频播放、视频剪辑的短视频平台,如菠萝视频、人人视频、快剪辑等。

快手的定位是普通人分享生活,记录真实生活,粉丝在平台上可以看到很多普通人在城市、乡村的真实生活，包括上班日常、做农活等。因此，用户若是想要分享真实生活，记录真实的自己，就应选择快手、火山等平台。

抖音的定位是"年轻人的音乐短视频社区"，侧重年轻人的自我表达，在平台上可以看到年轻人的美食分享、旅行分享、流行音乐分享等内容。这使得抖音吸引了大量30岁以下的年轻、时尚、个性的用户。

虽然从2018年抖音用户开始下沉，向三线以下城市发展，30岁以下用户比例逐渐减少，但要想抓住粉丝的心，实现流量和红利增长，必须侧重内容的时尚性、个性、专业性。

以美拍和小红书为代表的时尚类平台社交属性较强，用户、粉丝绝大多数是年轻且时尚的女性。要想取得巨大的流量和利润，需要让平台的内容更符合年轻女性的审美。若你是时尚达人，擅长美容美妆，或对流行元素有独特见解，就应该选择小红书、美拍等平台。

了解平台特点之后，我们还需要简单了解一下各平台的用户群体，即平台用户、粉丝年龄与性别，以及区域范围（见图1-17）。抖音、西瓜等平台的用户以一二线城市的年轻人为主，男女比例比较均衡，女性比例略高于男性。用户大多是时尚年轻人、大学生、文艺青年等，他们热爱美食、旅行、音乐、美妆、健身。

火山、快手等平台的用户以三四线城市、农村为主，用户大多为年轻人、普通农民、工人、学生等，喜欢展示自己的平凡生活。

	UGC 短视频	音乐短视频	美妆时尚短视频	教育短视频	模仿秀、音乐秀	其他
平台	快手、火山、抖音、梨视频等	抖音、微视、Ilani、西瓜等	美拍、小红书、小红唇等	人人讲、钉钉、腾讯课堂	小咖秀、秒拍、网易戏精等	人人视频、下饭视频、快剪辑、花椒直播、斗鱼等
用户	普通用户	大众用户、年轻人	年轻女性、时尚达人	学生、企业、员工	大众用户、年轻人、模仿达人	大众用户、游戏达人、影视爱好者
用户特征	普通大众、三四线城市以及农村用户	年轻、时尚、潮流	时尚、女性、潮流一二线城市年轻人	学生、白领、员工	年轻、时尚、爱模仿、爱音乐	年轻、时尚、专业
内容偏好	原创、生活、休闲、分享	娱乐、美食、时尚、休闲	购物、种草、美妆分享	教育、培训、教学、会议	模仿、音乐、MV、对口型	时尚、专业、影视剧集

图1-17

美拍、小红书等平台的用户更年轻，大多数是20～30岁的时尚女性。

菠萝视频、人人视频、快剪辑等平台的用户大多为20～40岁的年轻人，男性明显多于女性。还有一些专门制作短视频的自媒体，如即刻、二更等，它们致力于短视频的资源整合，更受男性用户的关注。

总之，平台属性和定位不同，用户特征、内容定位、用户群体自然有所区别。想要成为短视频运营高手，应该分析平台属性、特色，了解用户群体的特征和需求，如此才能抢占适合自己的平台。

若是只想抢占火爆的平台，却忽视平台属性和自身定位，很可能就是在白费功夫。

一分钟快速掌握几大短视频平台的核心功能

各短视频平台不仅有各自的属性、定位、特色，还具备独特的核心功能。这里介绍几个热门短视频平台的核心功能，希望能帮助运营者更快学会短视频的拍摄、发布和营销。

一、抖音

抖音平台有几大核心功能，即音乐短视频、特效、直播、社区化运营、社交等。其中，最核心的功能当属音乐短视频，这是整个平台的基础。

1.音乐短视频功能

音乐短视频功能主要包括以下几个方面：

拍摄：点击"+"可以直接拍摄，可选择官方提供的道具特效，可进行美颜、选择滤镜，使得视频效果更佳；音乐按钮可选择适合自己的音乐，可以拍摄前添加，也可后期添加。

人脸识别：具有106个人脸关键点检测，以及多人人脸检测，完美识别人脸嘴唇、眉毛等器官，识别点头、挑眉等面部动作，使得特效更贴合。

AR贴纸：把人与背景分割，实现虚拟场景与真实场景的切换；识别周边场景，与人物拍摄更贴合。

音乐道具：使用道具特效，可以呈现电音、摇滚、国风等音乐类型；热歌榜和飙升榜让用户可以最快了解、预判流行趋势。

2.特效功能

抖音特效可分为滤镜特效和时间特效。

滤镜特效：多种特效滤镜充分发挥用户想象力和创造性，"萌颜特效"，让短视频更逗趣、搞怪；"一起变老特效"如图1-18、图1-19），让用户感叹时间的流逝，珍惜身边人；"你

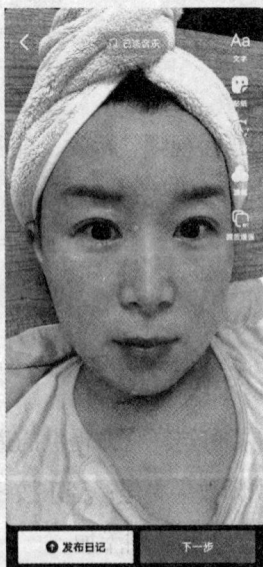 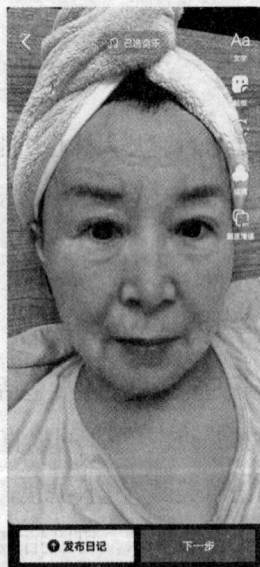

图1-18 　　　　　　图1-19

适合什么动物脸特效"，有趣、幽默。

时间特效：可以让时间倒流，实现短视频倒放的效果，增加趣味性和神秘性。

3.直播功能

抖音用户可以进行短视频直播，如李佳琦直播、才艺主播直播等。不过，不是所有用户都有直播权限，粉丝达到5万以上，每部作品点赞量达到100以上，且用户属于专业、达人，内容优质才能开通直播。同时，抖音用户有长视频权限，粉丝量达到1000以上才能申请。

4.社区化运营功能

社区化运营功能也是抖音的一大核心功能。用户除了在抖音平台发布视频，还可一键分享到各大社交平台，如微信、微博、QQ等，或分享给站内好友。这一核心功能促进短视频的引流推广，有利于用户提高流量和红利。

5.社交功能

抖音用户可在评论区发表看法，与粉丝交流，通过私信与好友、粉丝交流，也可@好友交流。用户可以发送文字，还可以发送图片、语音，社交体验更舒畅。同时，抖音会组织各种活动，如抖音群"樱"会、潜水艇大挑战等，发布各种话题如记录正能量等，邀请其他用户参加，促进彼此交流。

二、美拍

美拍是美图秀秀旗下的App。众所周知，美图秀秀在美颜、美妆、特效方面做得非常出色。正因如此，美拍延续了这一特色，主打给予用户"美"的体验，让用户展现最美的一面。

在短视频领域，美拍的用户规模比较大，主打"美拍+短视频+直播+社区平台"，形成从视频拍摄到分享的完整生态。用户、粉丝非常活跃，参与度非常高，微博平台话题也非常丰富。

除了短视频、直播、社区化运营功能外，美拍最核心、最具特色的功能就是魔法自拍、直播美颜、滤镜更换（如图1-20）。

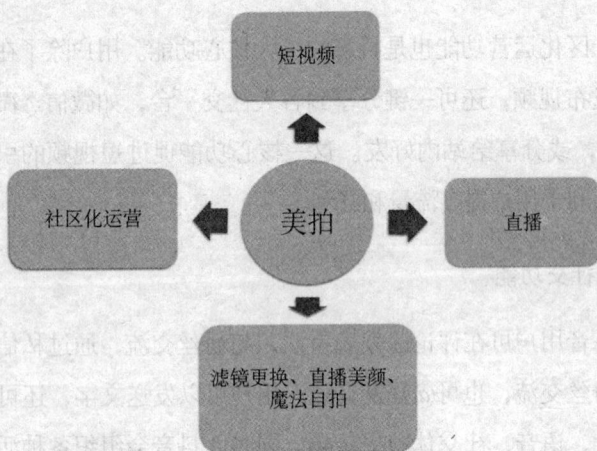

图1-20

美拍这一功能非常强大，可以添加滤镜，采用贴纸，对整张脸进行表情变形；可以选择风格不同的滤镜，实现直播的"秒换装"；还可以用酷炫的特效切换照片，让用户选定的照片生成

"照片电影"。

美拍还可以拍摄MV特效短视频，它的"一键大片"功能，凭借高清、唯美的效果受到用户追捧。MV特效包括樱花、元气、小线条等，使得用户的短视频呈现电影大片的效果（如图1-21）。

录制完视频后，用户还可选择不同滤镜以及内置的MV模板。不同的MV模板显示不同的效果，将视频自动分段、配乐，生成一个完美、独特的短MV。

美拍还有一个有意思的功能是"宝宝长相预测"，这个功能也深受大家的喜爱。（如图1-22、图1-23）。

图1-21

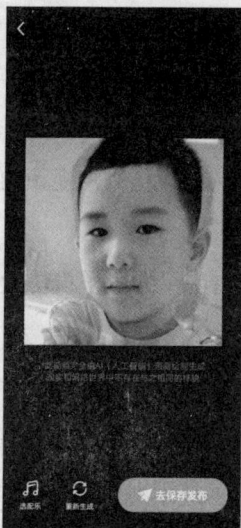

图1-22

图1-23

三、秒拍

秒拍也打出"10秒拍大片"的口号，与美拍相比，它侧重于快。平台采取特殊的拍摄、转码、上传同步技术，确保短视频以最快速度发布到本平台和微博上，且"免流量"。

秒拍风格偏向文艺和潮流，很多明星热衷于拍摄秒拍，平台也开设了明星短视频频道。粉丝在观看明星短视频的同时，还可以与明星互动。

智能变声功能和水印功能是其用户体验的加分项。用户可以把语音进行智能处理，生成动画人物如蜡笔小新、汤姆猫的效果，还可以生成各种方言，如四川话、河南话、粤语等。用户可以制作具有个人特色的水印。

四、小咖秀

小咖秀的最大特色就是模仿、搞怪，以模仿秀短视频的方式呈现轻松、搞笑的风格。

2015年5月，小咖秀正式上线，凭借明星的段子模仿大赛迅速风靡全国，成为短视频App的佼佼者。模仿秀功能、合拍功能、晃咖功能，都激发起用户的兴趣。尤其是晃咖功能，让用户轻松拍摄出酷炫的音乐短视频。模仿秀功能包括搞笑戏精、经典影视、综艺大咖等，让用户过足戏瘾，而合拍则可以让用户与明星、网红同框。

除此之外，小咖秀还新增了短剧、影视解说等功能，一方面实现功能增加，提高粉丝、用户黏性；另一方面，满足并实现盈利和变现的需求。

虽然市场上的短视频App众多、繁杂，但以上四类平台的核心功能最具代表性，其他平台大同小异，只是在细节上求变、求新。值得注意的是，人人讲、腾讯课堂等App更侧重实用性，侧重在线教学与互动，方便插入课件；哔哩哔哩旗下的短视频App"轻视频"继承了该站的传统，还支持弹幕。

知己知彼，全方位地为用户画像

任何营销都需要锁定目标受众群体，只有这样，才能更好地精准营销。短视频的运营也是如此。只有了解用户的基本特征，包括年龄、性别、地域分布、职业、消费能力、内心需求等，做到知己知彼，找准定位，才能在无数的短视频作品中脱颖而出。

换句话说，我们需要锁定目标受众，全方位为用户画像。或许很多人会提出疑问，短视频受众群体庞大，各有各的身份、地位、需求，如何进行精准的画像呢？其实，根本不用担心这个问题，各短视频平台都会提供用户大数据，只要我们善于分析和利用，便可以充分了解受众的基本信息。

一、用户基本信息

短视频最先在年轻人中流行起来，因此，各大平台的用户主要是20～30岁的年轻人，虽然近些年来用户年龄层有向上、向下的浮动，但仍以年轻人为主。

也就是说，短视频受众用户以"90后""00后"为主力人群，也包括不少"80后"，整体呈现年轻化趋势。这些人更追求时尚、流行、个性，喜欢尝试新的东西，绝大部分为"低头族"，习惯用刷微信、微博、短视频来打发空闲时间。

根据多个互联网平台的统计数据显示，抖音平台，28岁以下的用户占80%，24岁以下的用户占75.5%，36岁以上的用户仅占2.1%；快手平台，24岁以下的用户占66.6%，30岁以下的用户占86.2%，36岁以上的用户占3.5%；火山小视频，30岁以下的用户超过50%，其中25～30岁的用户占比为32.46%，24岁及以下用户占比为18.16%，41岁及以上用户占比为13.66%；美拍平台，更趋向年轻化，"00后"为用户主力人群，平均年龄为23岁；秒拍以"80后""90后"用户群体为主，小部分是明星、网红和网络达人；西瓜视频的用户年龄层相对其他平台高一些，30岁以上的用户超过70%，其中31～35岁的用户占35.5%，41岁以上的用户占26.9%。

除了年龄，性别也是用户画像的重要因素。相关数据显示，抖音用户中的女性明显高于男性，女性用户占66.4%，男性用户占33.6%；快手男女比率也是如此，女性用户占57.8%，男性用户占42.2%；火山小视频的男性用户居多，占72.15%，女性则占27.85%；美拍的女性用户居多，也是女性用户最多的短视频平台，占76%，男性用户仅占24%；西瓜视频以男性用户为主，大致占80%，女性仅占20%。

由此可见，各短视频平台因内容定位、运营策略不同，受众男女比率也有所不同。了解这一点，运营者便可根据自身属性、视频内容锁定目标受众，选择适合的平台。值得注意的是，就整体用户画像来看，中国短视频平台用户中，男性比例略高于女性。2019年，短视频平台用户中，男性占53.1%，女性占46.9%（如图1-24）。

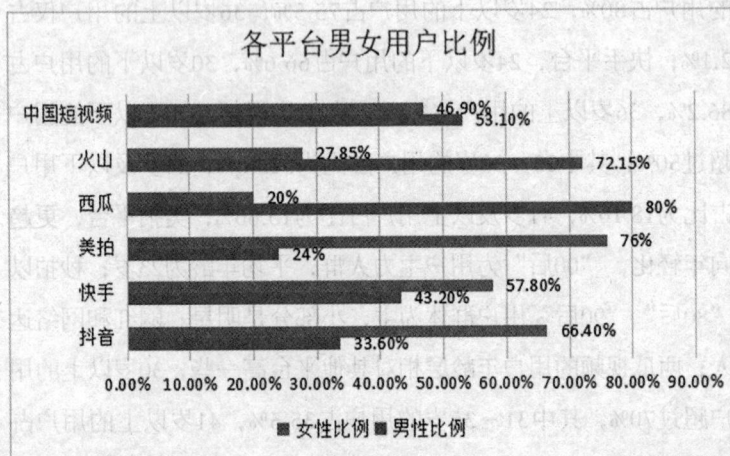

图1-24

二、用户需求

不同用户有不同的需求，有的为了消磨时间，有的为了获取资讯，有的为了寻求消费指导，有的为了深度阅读，获取有价值的知识和信息，还有的为了寻求刺激……虽然各平台不会单一地满足某个用户的需求，而是寻求短视频内容的多样化、差异化，但运营者却需要垂直、精准定位，根据自身特色和优势来定位目标受众（如图1-25）。

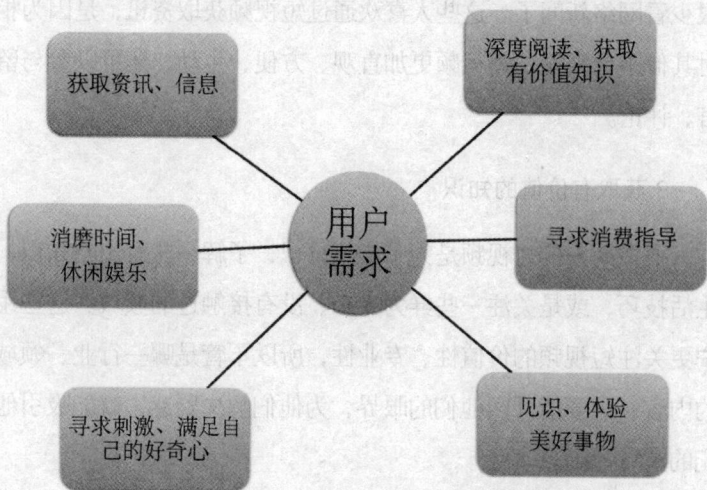

图1-25

1.消磨时间

很多人玩短视频仅仅是为了打发时间，利用碎片化时间放松、休息。这些人喜欢关注那些娱乐性、趣味性较强的内容，也喜欢关注影视剪辑类内容。想要抓住这些受众，说简单也简单，因为他们刷视频是随机的；说不简单也不简单，因为如果你的视频没有吸引力、差异化，就很难提高用户黏性。

同时，运营者需要提高互动意识，让用户感觉是和朋友在交流，如此他们才更愿意花时间"粉"你。

2.获取资讯、信息

有些人玩短视频是为了获取资讯信息。人们的阅读习惯已经发生巨大改变，几乎很少有年轻人愿意看电视、报纸，甚至也很少看网络新闻了。这些人喜欢通过短视频获取资讯，是因为相对其他平台来说，短视频更加直观、方便、生动，还可以参与留言、评论。

3.获取有价值的知识

很多用户刷短视频是为了增长见识，了解一些有用的知识、生活技巧，或是关注一些鲜为人知、没有接触过的领域。这些用户更关注短视频的价值性、专业性，所以不管是哪一行业、领域的内容，只要能开阔他们的眼界，为他们解决疑惑，就能吸引他们的注意力。

比如，教授穿搭技巧，鉴定奢侈品的真假，这类短视频就备受关注；办公软件实用技巧教学、PS实用技巧、游戏攻略等也受到人们喜欢；还有带你看世界、你不知道的冷知识等内容，也容易进入人们的视野。

"三维地图看世界""地球讲解员""神似漫画教你似颜绘"等账号做得非常不错，很受粉丝关注（如图1-26）。

4.寻求刺激，满足好奇心

人人都有好奇心，尤其是

图1-26

男性用户，都想要寻求视觉、听觉的刺激，以满足内心的渴望。这些受众喜欢探险、悬疑、冒险、酷炫的内容，如赛车、探索世界、脑洞大开、恐怖电影等，也喜欢获得听觉上的刺激，欣赏优美、劲爆或是摇滚类音乐。

越是刺激，越是惊奇，越能吸引他们的关注，使他们印象深刻。想要留住这些用户，短视频运营者就应利用画面、声音或是事件制造强烈的刺激感，提高用户的体验与享受。

5.寻求消费指导，决定"种草"还是"拔草"

这类视频的受众大多是女性，希望在购物前获得一些有价值的建议或是优惠信息，决定是"种草"还是"拔草"。小红书、小红唇、美拍等平台是这些用户最活跃的地方，所以想要获得大流量和红利，就应该选择这些平台。

6.见识和体验美好的事物

现在，人们压力比较大，生活压力、工作压力、教育压力时刻困扰着每个人。正因为生活充满鸡毛蒜皮、尔虞我诈，人们更希望见识和体验一些美好的事物，洗涤心灵，缓解压力，以满足对美好事物的憧憬。

这部分用户大多为都市白领，以及背负生活压力的中年人，他们喜欢关注美食、美景、萌娃、萌宠，还有正能量的内容。只要你的视频能够传递美好的景象或情感，不管是真实生活还是短剧形式，都可以赢得他们的关注和点赞。

不妨看看吧！只要是萌娃、萌宠的短视频，就可以赢得很高的点赞量，获得一致的好评；只要是分享美好生活、美好事物的视频，就可以引起共鸣，成为平台的爆款。

7.其他

除此之外，只要你能抓住目标受众的心理需求，不管内容是冷门还是小众，都可以赢得大流量。比如励志语录、手抄报技巧等内容比较小众，但也有一部分目标受众，只要能把视频做好、做精，就不愁没有粉丝。

记住一句话，需求决定一切。只要你能全方位地为用户画像，从用户的特征、兴趣和需求出发，便可拥有强大的竞争力，成为拥有大量粉丝的红人。

拍摄前，必须知道几个短视频运营的秘密

很多人有这样的疑问：别人的短视频一发布就有上百万的点赞量，为什么自己的短视频却只有几千呢？别人的短视频时常被推上热门，为什么自己的短视频却无人问津？同样是搞笑类视频，作品也很有创意和趣味性，为什么就没有播放量呢？

其实，关键在于别人拍摄前做好了这几件事情，合理利用了所谓的"捷径"。

一、选择合适的设备

有句话叫"工欲善其事，必先利其器"，拍摄前，运营者必须选择合适的拍摄设备。很多人认为，想要拍出高质量、画面效果好的短视频，就必须使用专业的设备，其实并非如此。

目前，大部分短视频运营者选择手机拍摄，因为手机的像素、摄影功能、对焦功能都比较完善，足以满足拍摄需求。而且，智能手机轻便、好操作，具有美颜、滤镜、剪辑功能，可以更好地提升短视频效果。因此，刚刚起步的营运者可以选择防抖

的智能手机，随手拍，随时拍。

当然，手机也有一定的劣势，如像素比较低，清晰度不够，无法拍摄出专业效果，无法满足专业UGC和PGC运营者的需求。因此，这部分运营者大多选择摄像机，还会聘请专业的摄像师，以拍摄出精良的短视频。运用专业的摄像机，运营者就必须准备相关配件，如摄影灯、三脚架、麦克风等。

专业的摄像机操作非常复杂，且非常笨重，若是你没有足够的专业技巧或是团队支持，最好不要选择。操作不当的情况下，摄像机拍摄出来的效果或许还不如手机。

此外，运营者还可以选择数码相机、DV。这些设备比手机有优势，比摄像机轻便、易操作，可以说是不错的选择。

二、打造个性标签

拍摄短视频之前，一件非常重要的事情就是为自己的短视频打造个性标签。标签要独具一格，突出个人风格，垂直锁定目标用户。不管是自媒体还是短视频，每个大V都有其个人独特的标签，且已形成固定形象。

比如，说到搞笑，人们就会想到"陈翔六点半"；说到黑科技，人们就会想到"黑脸V"；说到吐槽，人们就会想到"Papi酱"；说到"带货"，人们就会想到"口红王子"李佳琦……

短视频标签会让你的视频变得独特、与众不同，也让视频命中平台算法，迅速直达用户、粉丝群体。举个例子，你想做美食类的短视频，就需要打造"美食达人""吃货""街边美

食""美食专家""小吃""家
常菜"等标签。短视频的内容不
能偏离美食方向，且要精准、独
特、垂直、细分（如图1-27）。
你的视频内容是吃播，就应该贴上
"吃播"的标签，而不是"美食专
家"，因为前者更精准、垂直，后
者则比较笼统。

举个例子，"秦巴奶奶 秦巴
忆味"主打美食类短视频，它的标
签是"家的味道""奶奶的家常
菜""在家支个小吃摊"。每一
道美食都是奶奶亲手制作的，都
有家的味道，都是回忆中的陕西味
道……一系列短视频使这个标签深

图1-27

入人心，只要人们提到家的味道、陕西美味，就会想到它。

简单来说，给视频打造标签就是为了找到核心受众，从而在
众多的类似作品中脱颖而出，获得更多的点击量。给短视频贴标
签时，应注意以下几点。

（1）标签通俗、直白，字数不能太多，否则将影响平台推
送，粉丝理解起来也有难度。

（2）用词精准，不能含糊其词，不能求全、求多，不能太
大众。

（3）标签不宜太多，最好2~4个，紧贴主题。

（4）标签不能偏离内容，明明是记录生活日常的内容，标签却是"文艺清新"。

三、提高账号权重

各短视频平台是根据流量来推荐内容的，流量越大，点赞量越高，被推荐的概率就越高。对新手来说，作品还没有发布，如何确保得到平台的推荐呢？这就需要运营者提高账号权重。

什么是权重？简单来说，权重就是某一指标对于某一事物的重要程度。想要提高账号权重，运营者应该注意以下事项：

（1）重视头像的设置，最好与账号相呼应，以人为焦点，简单、美观且清晰。若是企业账号，头像最好是企业商标图案或者品牌名字。

（2）避免账号切换，最好一机一号。短视频平台为了避免营销号，会利用技术检测用户使用账号情况，一旦发现账号被多个手机使用，就会判断其为营销号，减轻其权重。

（3）尽可能完善信息，包括头像、性别、签名、学校等个人信息。账号信息越全面，账号权重就越高。

（4）保证账号的活跃度。账号活跃度越高，权重就越高。账号活跃度不仅包括发布视频，还包括点赞、评论与转发。多看看直播，刷一刷热搜榜，都可以帮助你提高账号权重。

（5）充分准备，提高短视频品质。一个账号的前5个视频非常重要，它决定这个账号的初始权重。也就是说，前几个视频质量好，点击量高，账号权重就越高；相反，权重就越低。因此，发布视频前一定要充分准备,选好内容,提高品质,切不可一时兴起,随便拍拍。

(6)时常@官方,多与粉丝互动。

四、合理利用工具,增加短视频流量

人人都想做出成绩,让作品成为爆款。但除了内容有吸引力外,技巧也是少不了的。各平台都有搜索栏和热搜榜单,运营者若是合理利用站内工具,也可以轻松增加作品流量。

点击平台的搜索栏按钮,可以显示近期热点和最大流量话题,以及各种优质视频。如果新手在发布视频前多看看搜索栏的热点,技巧性地蹭热点,就可以提高短视频流量了。站内平台也会提供热搜榜单,如热门话题、热门音乐、热门视频等,这些都是受众最感兴趣、最追捧的内容。跟随热点,你的视频也不会差。

新手还可以积极参加平台举行的活动、比赛、话题,平台官方对参与活动的账号都会给予流量支持。比如,美拍

图1-28

举行的"百万舞蹈特效"活动，邀请用户炫出个人舞技。参与该活动的账户就会优先享受推荐、给予流量支持的"优惠"。又如抖音"镜面翻转变好看"活动，官方会把相关视频推荐到热门话题，提高流量和点赞量（如图1-28）。

平台算法——为什么系统推荐的都是用户爱看的？

短视频平台竞争激烈，用户众多，创作的内容也不计其数。向用户推荐他们爱看、感兴趣的内容，平台才能在竞争中站稳脚跟，提升用户黏性。所以，大部分平台会利用平台算法为用户推送优质、点赞量高的内容。

平台算法不仅可以提升短视频的点击量，提高用户黏性，还鼓励运营者持续优化，创作出更多的优质内容。

也就是说，平台算法就是依据大数据的一套评分机制，对所有用户都有好处，不管是运营者还是受众群体。对受众群体来说，它可以推荐我们喜欢的短视频。对运营者来说，它可以给予指导，让我们思考如何利用机制成为优质用户，制作出"爆款"的短视频。

那么，有人会说，平台算法那么复杂，我们怎么可能轻易掌握呢？其实，平台算法虽然很复杂，但基本上是根据播放数据来确定的。而且，各短视频平台的算法大同小异。只要运营者能摸透规则便可获得更多推荐，迅速提高播放量和点击量，可达数百万甚至更高。

一、平台算法的5个参数

平台算法有5个重要参数，即粉丝量、完播率、点赞量、活跃度、评论量。如果这几个参数都很高，短视频被推荐的概率就会大大提升，账号权重就会有所提高。

二、平台算法的核心——标签

想要提升推荐量，运营者就应该关注一个核心问题——账号标签。标签是平台决定是否推荐你、推荐给谁的关键。

举个例子，你的短视频内容是关于萌宝趣事和童言无忌的，平台就会根据你的账号昵称、短视频标题、短视频内容以及字幕等元素，把它推荐给宝妈这一用户群体。

至于如何确定哪些用户是目标受众呢？很简单，平台通过大数据——浏览记录、点赞记录、搜索记录等进行分析，给受众贴上标签，然后优先推荐她感兴趣的内容。这就是为什么很多人刷短视频"上瘾"，本来只是想玩玩，却刷了好几个小时。

三、提升短视频的热度

运营者还应想办法提升短视频的热度。热度就是作品的受欢迎度，是用户观看视频时产生的直接反应。

内容被创作出来后，后台人工就能判断内容是否优质，是否符合受众需求。如果某个用户在娱乐类短视频停留的时间较长，点赞、关注最多，平台就会给他推荐更多的相关内容。如果某一用户在游戏类短视频停留时间不长，很少关注，平台就可能不再推荐此类内容。

简单来说，视频优质，点赞量和评论量高，被推荐的次数就会大大提升。

平台算法的步骤如图1-29所示。

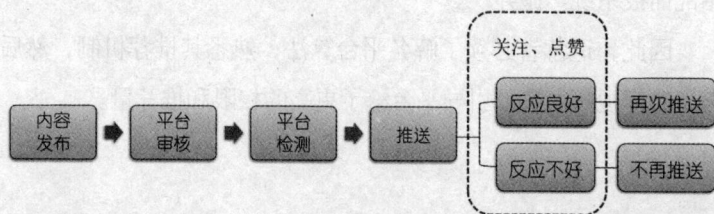

图1-29

除了点赞、关注、转发外，还有播放完成度、主题热度、话题热度等一系列数据，都将决定你的视频的热度。如果你的视频紧贴热点话题、热门事件，其热度就会迅速提升。

运营者还可在标题、文案中加上大量的热点词汇，或者特定的热门关键词。

四、不可忽视的转化率

短视频的转化率就是播放量与推荐量的比率，转化率越高，短视频被推荐的概率和次数就越高。如果你的视频播放量高，点赞量也不错，但因为没有垂直定位，无法迅速推荐给目标受众，转化率也可能很低，从而错失被推荐的机会。

比如，你的视频是关于美妆的，但昵称、标题和封面却与此没有太多的关系，那么即便你的视频之前的播放量不错，系统也无法精准推荐，从而导致播放量迅速下降，最后不再推荐。

再比如，你今天发美食，明天发运动，后天发宠物，系统就会给你贴上不同的标签，把你推荐给不同的受众群体。如此一来，因为垂直度不高，用户定位不精准，你的视频就可能因标签错乱而被系统"抛弃"。

因此，运营者必须了解各平台算法，熟悉其推荐机制，然后努力做好视频内容，引导平台给予更高的权限和推荐量。

第二章
策划先行，你的创意就是流量

短视频以内容取胜，只有策划出有新意、有特点且符合受众心理需求的内容，才能吸引大量粉丝关注，收获更多的流量。所以说，你的创意就是流量。

告别随便拍拍，创意和内涵才更吸引人

短视频行业已经步入正轨，且朝着主流信息传播的方向发展。凭借一张漂亮脸蛋就可以赢得超高点赞、成为网红，随便拍拍、恶搞一下就可以受到大众追捧，人人都可以做UP主、做出爆款的时代，已经一去不复返了。

运营者如果想要在短视频内容的红海中脱颖而出，成为超级大V，就必须在创意和内涵上下功夫。事实上，现在很多运营者都在挖掘短视频内容的创意性，努力让视频变得更具个性、趣味和新鲜感。

一、小创意，大流量

人人都喜欢有新意、有趣的内容，尤其现在短视频平台的受众大多是年轻人，他们更喜欢个性、新鲜的东西，对千篇一律的内容感到厌烦。

比如，抖音上最早的"海底捞新吃法"短视频，一经发布就获得百万点击量，成为各平台的爆款。慢慢地，模仿的人越来越多，内容越来越雷同，人们就逐渐失去兴趣，只要看到类似的短视频，就会迅速退出。

创意是短视频的灵魂。创作者只有敢于创新，加入新的元素，才能让受众感兴趣。那么，如何让短视频富有创意呢？

1.内容创新，与众不同

做不一样的内容，想出与别人不同的点子，保证短视频的独特性，自然可以收获一大批忠实的粉丝，让视频成为爆款。比如，用口红作画，用魔方来玩俄罗斯方块……

举个例子，一个创作者的视频就非常有创意，独具特色。他利用生姜、面粉、茴香等道具，再加上剪影、烟雾、灯光，营造出如梦似幻的"红楼梦"经典场景，让人见识到光影的艺术魅力。他还用剪影、书籍拍出"当幸福来敲门"，用剪影、啃一半的苹果拍出"攀登者"……生活中随处可见的蔬菜、水果等事物，在他的镜头和创意下，变得如大片海报般唯美。

2.学会特技，让视频更炫酷

同样的主题，若是能增加一些别人无法模仿的特技，会让视频更酷炫，也可以增加视频的创意。比如，创作者可以设置一些空间转场、瞬间换装、借位、倒放等技巧，还可以利用短剧、动漫、搞笑的方式来演绎，增加视频的创新性和创意性（如图2-1、图2-2）。

图2-1 图2-2

3.发挥想象力，发散思维

好的创意除了与众不同外，还需要创作者发挥想象力，找出生活中的创意点，然后进行思维发散。观察仔细了，思维活跃了，自然就可以产生好的创意。

比如2020年春天，一场疫情把所有人"锁"在家中，无数人被憋得"发疯"。这时候，一些喜欢研究美食的创作者想到一个好的创意——手工制作凉皮，一时间风靡各大短视频平台。

再如，一个创作者想出用蜡油制作梅花的创意，制作的梅花异常美丽，引起大量粉丝的关注和模仿。为了让梅花更鲜艳，有人提出添加口红的点子，也带火了自己的短视频。

这告诉我们，只要你肯发挥想象力，让短视频变得更有创意，便可超越他人。

4.老梗也能富有新意

爆款视频都是富有创意的，只是模仿的人多了，就变得不再新鲜。可这些老梗并非不可用，对于新手来说，若是能给某些老梗增加新的元素，也能让短视频富有新意。

想要把老梗玩出新意，我们需要找到新的切入点，或是从另一个角度出发，或是结尾反转，或是增加新的配音……只要能增加新的元素，让人有熟悉的感觉却又耳目一新，就可以大获成功。

"潜水艇大挑战"成为各短视频平台的热门，很多人争相录制相关视频。一位创作者却找到独特的切入点，加入自己独特的创意——用木板做关卡，然后拿着小汽车挑战，最后"挑战成功"。这一短视频有新意且搞笑，收获了一大批用户的点赞和关注。

在这个崇尚个性、创新的时代，创作者的价值就在于用独特的思维和视觉创作出与众不同的短视频。换句话说，谁拥有创意能力，谁就可以走得更远。

二、要流量，更要内涵

短视频刚刚兴起时，一些人凭借美丽的脸蛋，就可以成为拥有百万粉丝的网红。一些人发一些恶搞的视频，便可获得百万点赞。很多人看到流量带来的利益后便开始跟风、模仿，甚至为了获得流量动起歪心思，发布一些低俗、恶搞、三观不正确的短视频。

由于短视频平台没能及时制止和控制，短视频行业的很多内容与社会主流价值观、道德观相悖。2018年开始，国家广电总局对短视频行业进行整顿，希望各平台能为用户提供正确、优质、有内涵的内容，引导受众树立正确的价值观和道德观。

所以，创作者注重创意的同时，必须传递正确的三观，或是传递生活的真善美，或是传递正确的生活态度，或是传播知识、解决问题等。

1.避免为了博眼球而刻意迎合低级趣味

很多短视频为了博眼球、赚流量，刻意拍一些低级趣味、三观不正确的视频。这种无聊、浅薄的内容可能会吸引一些人的关注，但对青少年的心理会产生一定的不良影响，对公众的价值观和道德观也有误导作用。

创作者切勿为了迎合某些人的需求而刻意为之。当然，现在各平台对内容的监管非常严格，这类内容根本不会过审，更不会被推荐，获得点击量。

2.传播正能量，宣扬积极向上的态度

正能量就是那些积极向上、健康乐观的态度和行为，如好人好事、美好生活，还有爱国、敬业、勇敢、拼搏、乐观、助人为

乐、谦让等行为和品质。不管
这类短视频是短剧、街访，还
是真实记录，都能引起受众群
体的共鸣，赢得高流量、高播
放量。

记录美好生活，如发一些
美景、小动物、旅行感受，也
是传播正能量的方式。这种短
视频可以给受众美的享受，让
受众感受到生活的真善美（如
图2-3）。

3.没有内涵，你怎么也不
可能受众人追捧

近些年，一些大眼睛、

图2-3

高鼻梁、身材性感的美女迅速成为网红，收获大量的颜值粉。于
是，人们便认为这个时代"颜值就是一切"。很多创作者为了追
求流量，只在短视频中发布一些帅哥、美女的内容，希望能复制
出一个又一个的网红。

不得不承认，这些帅哥、美女确实有颜值，可惜却没有才
华。更重要的是，短视频毫无创意，让人看着尴尬、枯燥。比
如，某个创作者是个标准的大美女，笑起来非常美，可她发布的
视频大多是模仿他人的内容，用着别人的配音和段子，自己在
镜头前晃着身体，做着各种表情。可想而知，她的视频很难火

起来。

还有一个创作者，视频的主角是几个大帅哥，颜值高，身材好，拍摄的内容采用短剧的形式，可短剧内容要创意没创意，要内涵没内涵，几个人的演技也非常"尬"。这个视频播放量非常低，只有很少的点赞。

所以，受众群体关注的重点不再仅仅是颜值，他们更关注内涵和才华。费启鸣是抖音的一个超级网红，有帅气的外表，阳光、呆萌，令无数小姐姐痴迷。不到一年时间，粉丝量达到18727.9万，获赞5249.7万。他不只有颜值，还非常有才华，唱歌、主持、演戏都非常出色。正因如此，他能够从网红转型为演员，成为受人关注的男主角。

反差萌，完美制造戏剧冲突

2020年3月，一段找"塞班"的视频迅速在网络传播，掀起一场全民式狂欢。这段短视频之所以火爆全网，就是因为有一种强烈的反差效果，使人忍俊不禁。短视频中，一位美丽的泰国女子在树林里找"塞班"，梨花带雨地述说自己的"塞班"丢了，让人觉得很心疼。最后，这女子突然发出非常粗犷的喊声，狂躁地高喊："塞班！塞班！"

之后，几乎全国网民都在找"塞班"，受众被激起强烈的好奇心，开始猜测"塞班"是什么，到哪里去了。一些创作者积极模仿、演绎，有搞笑版、鬼畜版、配音版等。很多不错的模仿视频也得到很高的播放量和点赞量。

反差是一种制造戏剧冲突、勾起观众注意力和兴趣的方式。它打破人们的惯性思维，或是给人出乎意料的惊喜，或是让人惊掉下巴。不管是哪一种效果，短视频都可以激起人们的兴趣，更愿意继续看下去。

事实上，在影视作品中，很多人就喜欢运用反差。比如，经典电影《魂断蓝桥》中把残酷的战争和美好的爱情结合在一起，最残酷的事情和最美好的事情相对比，形成强烈的反差效果。文学作品中也常见此手法，如鲁迅笔下的闰土，年少时天真活泼、机警灵敏，是鲁迅非常要好的伙伴，可成年后，却变得木讷，唯唯诺诺，与鲁迅保持着疏远的主仆关系，形成强烈的反差。

所以，创作者策划短视频时，应该学会巧妙运用反差手法，给作品增添趣味性和观赏性。

一、人物形象前后的反差

网络上点赞量高的短视频，很多是主人公化妆前后、减肥前后形象大变样的内容。主人公前期形象极为普通、邋遢甚至丑陋，然后通过化妆、改变服饰等变得靓丽、时尚、自信。一前一后的强烈反差，很容易吸引人们的关注和兴趣。

还有，原本是受人欺负的公司小职员摇身一变，成了总经理；被人看不起的清洁工，原来是来视察的上级领导；被男友嫌弃的卑微女孩，转变为自信、有能力、霸气外露的女强人……这些人"变身"后，便痛斥欺负自己或别人的"恶人"，真的让人忍不住拍案叫绝。

不过，最受人关注的是男扮女装的性别反差。说到这个问题，不得不提"阿纯""Abbily"，他们就是全网最火的"女装大佬"。一位粗犷、不太帅的汉子，通过换装、美颜、滤镜，竟然变成了萌萌的妹子，强烈的反差让人大吃一惊。

二、情节反转，让作品大有看头

策划短视频时，创作者应该好好利用剧情反转这一手法。出人意料的反转，总是能让人眼前一亮。当你的视频结局总是让人猜不透，打破人们的预期时，受众的好奇心和注意力就会被激发。观看视频时，他们会猜结局是什么，会不会像自己猜测的那样……

观众猜中结局时，他们会惊喜不已，感叹自己的聪明；猜不中结局时，就会更加好奇，并且赞扬你的"脑洞"，忍不住点赞。如此一来，你的短视频就有了忠实粉丝，粉丝的关注度和黏性将大大提升。

例如，"陈翔六点半"的反转就非常吸引人，每一集都笑料不断，反转也出人意料。因此，他收获了大批忠实的粉丝，播放量和点赞量非常高。还有"万万没想到"系列，创作者脑洞大开，利用恶搞反转的形式，展现给人们一个个令人啼笑皆非的短视频。

虽然反转的剧情能吸引人，但创作者一定要注意，千万不能强行反转，使得剧情逻辑不通；也不能为了反转而反转，否则只能让受众看得乏味。

更重要的是，创作者不能总是使用一个套路：主角被欺负、被看不起→主角变身→惩罚"恶人"。若是所有的短视频都是这个套路，没有创新，没有突破，就会引起粉丝的审美疲劳，对短视频厌烦不已。

三、情景和人物的反差

在人们的惯性思维中，情景和人物必须相配，符合逻辑。若是情景和人物极其不相配，甚至有些矛盾、搞笑、不协调，往往觉得别扭，但是我们可以利用这种不协调营造出很好的反差效果。

比如，一个中年男人坐着小马扎，和一群小朋友在幼儿园听课；一个小哥哥吹着巨大的号角；一个小朋友进入博士毕业典礼现场……人物和情景极度不相配，强烈的反差，怎能不吸引人们的关注和好奇呢？

美拍有一个短视频，描述的是一位小姐姐带着导盲犬上台领毕业证书，导盲犬也戴着学士帽，穿着学士服。虽然狗狗与情景不"搭"，但粉丝都被这感人的画面打动，纷纷点赞。

四、语言上的反差

很多人喜欢一本正经地说段子，这种反差往往让段子更好笑；很多孩子喜欢学大人说话，说出让大人都意想不到的内容，让大人哭笑不得……这些语言上的反差具有搞笑效果，若是在策划短视频时能好好利用这一点，再添加音乐、剪辑的渲染，效果将超乎你的想象。

可以说，反差是目前让短视频成为爆款的重要手段。策划短视频时，巧妙地添加反差这个元素，你的短视频就成功了一半。

正能量的作品什么时候都能火

要想短视频有内涵，就应该注重正能量的传播。事实证明，在短视频领域，具有正能量的作品往往更受人们青睐。人们看到正能量的内容时，内心会产生强烈的认同感和自豪感。

只要仔细观察就会发现，抖音、快手、火山、西瓜、微视等平台的热门排行榜，弘扬正能量的短视频比重非常大。为了弘扬主旋律，传播正能量，各平台积极举行各种正能量的活动。比如五四青年节期间，微视举行的"吾是青年"手势舞挑战活动、抖音举办的"美好挑战"计划、美拍举办的"光荣啊，我的团"活动……不断掀起正能量的热潮。

可以说，在用户和粉丝的积极响应，以及各平台的大力推荐下，鼓励正能量、传播正能量的视频最易被推上热门榜单，成为经久不衰的爆款。

一、爱国主义永远是主旋律

在中国人心中，爱国主义永远是主旋律。不管走到哪里，每个中国人都有一颗强烈的爱国心。2019年是中华人民共和国成立

图2-4

70周年，各大平台关于国庆大阅兵的短视频迅速成为爆款，如国庆阅兵回顾、阅兵者艰苦训练、志愿者积极参与等内容的作品都受到广泛关注。各官方媒体关于阅兵的短视频都得到百万点击量、数万转发量。看到这类作品，人们心潮澎湃，感慨祖国的强大，心中激荡着身为中国人的自豪感、荣誉感（如图2-4）。

能够激起人们爱国主义情感共鸣的内容有很多，如运动员在国际比赛中夺得奖牌、城市建设高歌猛进、爱国学子守护国旗、弘扬传统文化……

二、团结一致，共渡难关

我们常说："一方有难，八方支援。"团结一致、互爱互助是刻在每个中国人心中的优秀品质，更是正能量的集中体现。大到共抗疫情，小到帮助贫困的失学儿童、给辛苦的清洁工人送水……这些体现正能量的短视频内容，无时无刻不在感动着人们，激励人们献出一份爱心。

在新型冠状病毒肺炎疫情肆虐之时，各媒体发布的共抗疫情、支援疫区的短视频都能获得数十万、数百万的点赞，这是大爱的体现；一个关注留守儿童的视频获得十几万点赞，绝大部分用户评论想帮助这些留守的孩子，这是小爱的表达。不管是大爱还是小爱，都能激起人们的爱心，团结一致，共渡难关。

其中有一个剧情类短视频：一位穿着破旧的老人，背着蛇皮袋，对小吃店的老板说："老板，我能拿一个口罩换一个茶叶蛋吗？"小吃店老板看看口罩，感觉质量非常不好，便严词拒绝了老人的要求。这时一位女孩问："老人家，您怎么这么多口罩？"老人说："这是我用卖瓶子、废品的钱买的口罩，想要捐给医院，可医院却说不合乎标准……这么好的口罩，我自己都不舍得用，怎么会不合乎标准呢？"

听了老人的话，小吃店老板才恍然大悟，故意说："咦，这里怎么有个破的茶叶蛋，反正不好卖，您拿去吃吧！"女孩则说："老人家，我正好缺口罩，您把它们卖给我吧！"女孩拿出几百元钱，递到老人手里，紧接着又说："您不能总戴一个口罩，我送一包给您。"说完，女孩拿出一包一次性医用口罩送给老人……

这个短视频非常感人，老人、小吃店老板、女孩都是善良的人，为别人着想，都想为战胜疫情做出贡献。这则正能量满满的短视频很快赢得200多万的点赞，评论区的评论也让人感动不已。

三、充满爱心，富有同情心

一个司机给老太太让路的短视频在平台迅速火爆起来，点赞

图2-5

图2-6

量超过1500万，评论达到20万；一个救助流浪狗，给流浪狗心肺复苏、做人工呼吸的短视频，也受到人们的关注，获得15万点赞。可见，生活中能激起人们爱心、同情心的短视频都能引起热议，不管是大事还是小事（如图2-5）。

四、忠于职守，爱岗敬业

爱岗敬业是一种正能量，不管你是警察、公交司机，还是普通的公司员工，只要尽职尽责、爱岗敬业，就能传播积极向上的正能量，赢得人们的尊重和赞美。

为确保交通通畅，交警在大雨中指挥交通，冒雨为司机推车，为高考的学生护航……这些忠于职守的行为都被人们广泛接受和认同，短短几天时间，获得百万点击量。

一个拍婚纱照的模特，在寒冷的冬天穿着露肩的婚纱，虽然冻得直打哆嗦，仍坚持摆好造型，绽放美丽的笑容，也受到人们的追捧和喜爱。

　　一位外卖小哥在暴雨天，淋着雨、蹚着水艰难前行，坚持按时为客户送餐，同样感动了无数网友（如图2-6）。

　　……

　　虽然这些短视频的主角身份各异，工作不同，但他们有一个共同点——忠于职守，爱岗敬业。宣扬这种精神的短视频内容，也普遍被人们接受，受欢迎的程度也非常高。

五、努力生活，拼搏不懈

　　生活不易，努力工作、拼搏的人都值得我们尊重。他们不仅实现着自己的价值，追逐着自己的梦想，更向社会传递了正确的价值观和人生观。尤其短视频的用户大多是20多岁的年轻人，还有青少年，传播的正能量对于年轻人价值观的确立、社会的发展进步都有积极的促进作用。

　　所以，创作者发布的展现自己奋斗、拼搏的真实故事，或是赞扬这种拼搏精神的小短剧，同样受到广泛关注和青睐。

　　总之，正能量的作品永远不缺少粉丝。所以，策划短视频时，创作者应该把关注点放在"正能量"这一主题上，把真诚和热情注入其中，制作出"正能量爆款"。

足够简单，才足够引发共鸣

短视频的内容丰富多彩，玩法也是多种多样，但能够快速火起来的还是那些足够简单、能够引起人们共鸣的内容。

很多成功的短视频是从一个简单的创意、玩法开始的，就好像任何受欢迎的产品都始于简单的创意一样。例如，小黄鸭只是一个再简单不过的小橡皮鸭，黄色的全身，橙色的嘴巴，黑色的眼睛，却赢得无数孩子和成年人的喜爱，就是因为它创意简单。

所以，创作短视频时，不妨从简单的内容入手，把简单做到极致，就能成就品质和流量。

一、内容简单、朴实，更容易产生共鸣

简单的内容更容易让人产生认同感、参与感，对短视频中的事物、事情感同身受。现在，很多爆款短视频以青春、情感、生活为主题，让受众从中看到自己的影子，体会到最朴实的情感。

比如，火山小视频的"农村达人"刘金银，拍摄的就是简单的农村生活，包括儿时的回忆、生活的简单、真实的农村。虽然他的短视频没有跌宕起伏的剧情，没有冒险猎奇，却赢得无数粉

丝的青睐，甚至还受到官方媒体的赞扬。

二、玩法简单，更容易被争相模仿

想要做出爆款短视频，并不是非要专业、炫技，简单的玩法更容易让人模仿。模仿的人多了，话题热度就高了，自然可以获得大量的播放和点赞。

之前小咖秀特别流行的对口型玩法非常简单，只要用户按照平台提供的工具录制就可以了。即便你第一次玩，只要有创意、有特色，就可以赢得很高的点赞量。还有网络上大火的"海藻舞""手指舞""蜡油做梅花""潜水艇大挑战"等，都是因为玩法简单而被人们争相模仿，使得原视频越来越火，并且保持长久的热度。

再比如，每年冬天的堆雪人比赛、创意雪人等内容，话题

图2-7

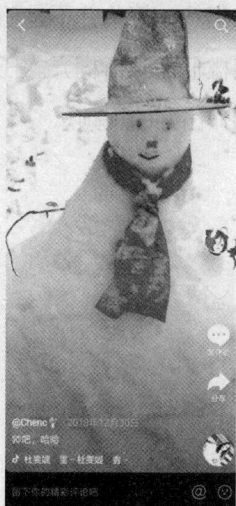

图2-8

度高，用户参与度也高。展现创意雪人的很多短视频更是获得几十万、几百万的点赞（如图2-7、图2-8）。

三、内容简短，更容易被人接受

时长短，内容简洁，是短视频的自带特性。现在，人们生活节奏快，时间紧，更愿意观看耗时短、节奏快的内容。这也是短视频会火速发展的重要原因。

因此，千万不要在短视频中"塞"进太多内容，也不要时长过长，最好一个短视频阐述一个故事，关注一个要点，不超过60秒。对新用户来说，最好选择30秒的时长，把要讲述的点简短、有技巧地说出来就可以了。如此，短视频才能迅速被人接受，达到吸粉的目的。

当然，简单并不是随手拍拍，创作者不能因为内容简单、玩法门槛低而敷衍糊弄。任何创意都需要精心设计，只有用心，才能制作出好的视频。

这个好简单，我也会做！——盲从真的不可行

简单的内容和玩法容易产生模仿效应，让人争相效仿。但是创作者制作短视频时，千万不能盲目模仿，看到别人的视频点赞量高，便兴致勃勃地说："这个好简单，我也会做！"

其实结果会怎样呢？结果是短视频做出来后却毫无吸引力！

盲从，真的不可行！即便成功者的短视频内容非常简单，操作门槛低，若是你盲目地模仿，不动脑筋，不事先策划，恐怕也很难模仿成功。比如，看到别人说土味情话的短视频大火，你就立即模仿，说的段子、写的标题、配的音乐都没有一点点改变；看到别人发布的手工大火，就自信地说："我做的手工不比他差！"然后就匆忙地录制、发布；看到某个话题成为热点，便立即参与进来，甚至还没来得及弄清楚来龙去脉……

试问，这样的视频怎么会有吸引力？

且不说这些人发布的短视频是否制作精良、内容有创意，就凭盲目跟从的思想和态度，恐怕也很难获得成功。制作短视频，我们需要学会模仿，学会跟踪热点，但任何时候都不能盲从，更

不能因为着急跟热点而粗制滥造。

一、不盲从，不复制

模仿不是简单地复制。做文章时，我们模仿名家名作，主要是模仿其写作手法、语言特色，而不是复制、照抄。短视频制作也是如此。复制别人的短视频，只能被人们厌弃。

二、不盲从，要用心

做任何事情都需要用心。同样是制作展示才艺的短视频，别人精心策划，用心拍摄和剪辑，你却匆忙上阵，制作和后期都比较粗糙，灯光和布景也不讲究。如此一来，短视频呈现出来的效果自然是天壤之别，粉丝的反应也是截然不同。

三、不盲从，要思考

同样的题材，如果你能积极思考，加入自己的想法，改变拍摄手法，就可能超越原作，实现重大突破。

比如"学猫叫"火了，所有人开始盲目模仿、翻拍，而你不盲目跟从，而是积极思考新的切入点——或是加上舞蹈，或是用方言来演绎，或是改变音乐风格，会不会不一样呢？

四、不盲从，把握好尺度

抖音平台上的"菜换肉"短视频非常火爆，得到大量点赞。于是，有些人为了流量就开始盲目模仿，在陌生的地方，拿自己的菜与陌生人换肉……结果引起冲突，甚至双方大打出手，闹进派出所。

又比如，用胶布贴门的短视频也火爆一时，盲目模仿者比比皆是。结果，一些人没有把握好尺度，导致别人因此受伤，引起不良后果。

所以，创作者要想获得流量，就应该用心策划短视频，精心制作短视频，而不能盲从。

任何人都要学会追热门

热门，顾名思义，是受大众广泛关注的突发事件、新闻事件、节日等焦点。策划短视频时，创作者应该学会跟热门、追热门，借着这股"东风"，提高短视频的关注度和点赞量。

图2-9

很多聪明的创作者是追热门的高手。比如，上海推行严格的垃圾分类制度后，"垃圾分类"成为当时的热点，话题关注度居高不下，并且不仅仅局限于上海本地（如图2-9）。于是，很多创作者开始追热门。一个创作者发布了关于垃圾分类小游戏的短视频：游戏非常简单，用卡片的形式告诉人们什么垃圾属于哪一类。短视频实用性强，紧跟热点，关注度和点击量都非常高。

还有一个宣传垃圾分类的动漫小短片获得了144万的点击量，评论量和转发量都有一万多。

漫画人物形象、有趣，用简单而幽默的方式来宣传环保、垃圾分类知识，更容易让人理解和接受。热点有了趣味性、娱乐性，自然比一般表现手法更让人关注了。

既然追热门可以让短视频轻松成为关注焦点，那么从哪里找热点，如何追热点呢？

一、热点来源

想要追热门，必须知道热点的来源，通常可以借助以下几个平台。

1.微博热搜榜

微博是目前最大、用户最多的网络社交平台，每天时时更新热门话题，包括网友搜索的热门事件、话题，各行各业的分类热搜——时事、娱乐、影视、名人、财经、体育、军事等（如图2-10）。

2.百度搜索风云榜

百度是中国互联网第一大搜索引擎，搜索风云榜以数以亿计网友搜索的数据为依据，反映网民关注

图2-10

的最新或最热的事件、人物、信息。可以说，它是最具代表性的网络热点风向标（如图2-11）。

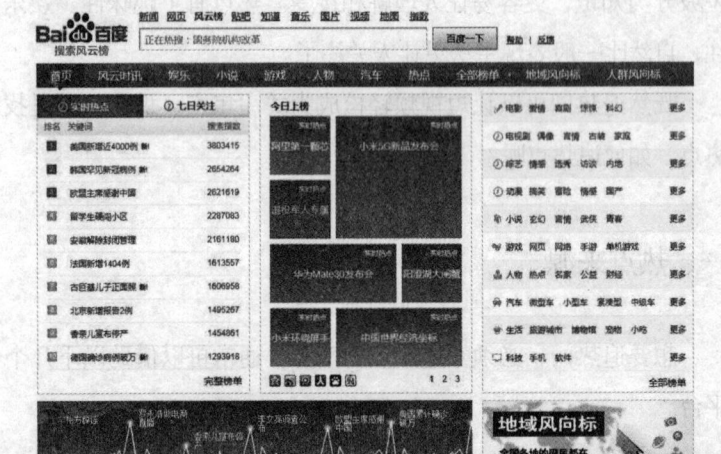

图2-11

3.微信公众号

现在，自媒体非常发达，自媒体大V时刻关注热点，对热点具有高度的敏感性。只要某个热点话题一出现，他们就会积极行动。如果你还不善于追热点，不如关注这些自媒体大V的微信公众号，定会有所收获。

4.各平台热搜榜

抖音、火山、美拍等短视频平台都有自己的热搜榜，根据大数据统计热门话题和热门事件。多关注各平台的热搜榜，跟上网红的步伐，你的短视频就会快速升温。

此外，新闻媒体、短视频平台举行的比赛和活动也是热点的来源。

二、巧妙地上热门

找到热点，并不意味着你的视频肯定能上热门。只有利用好热点，制作出有价值、有时效、有传播性的短视频，才能获得更好的效果。

1.找到更独特的切入点

一千个读者心中就有一千个哈姆雷特。人的身份、思维方式不同，看问题的角度就不同。同样的道理，同一个事件，每个人有自己的思考方式和关注点，如此一来，看到的重点也就有所不同。

所以，关注热点时，创作者应对热点进行延展性思考，挖掘其不同维度的点，然后找到独特的切入点。如此一来，你的短视频才能与众不同，在众多同类短视频中脱颖而出。

2.根据自身特点和受众群体特点进行深加工

创作者可以根据自身特点和受众群体特点对热点进行进一步的深加工。

同样是垃圾分类短视频，如果你的

图2-12

账号定位是搞笑，受众是有个性的年轻人，就可以用幽默的方式来演绎（如图2-12）；如果你的账号定位是育儿，受众是宝妈，就可以让孩子来演绎，或是教孩子学习垃圾分类知识……

3.热点续写

热点续写最考验创作者的思维能力和策划能力，它需要策划的内容与热点相关联，又不局限于热点本身。可以说，这是一次再创作的过程，需要根据受众兴趣进行延伸，或是引起受众的思考和讨论，或是预判事情的发展方向、引起的反应……

当然，再创作过程中，创作者不能为了博人眼球而随意论断，或是故意误导，否则将带来不良后果。

4.保证热点的时效性

热点具有时效性，一般事件发生的6～24小时是跟踪热点的最佳时间。若是热度已经逐渐降下来，你还持续发布相关视频，只能适得其反。

5.不要生搬硬套、硬蹭热点

很多热点有行业性、区域性，若是为了追求流量，不看自身情况硬追热点，就会让观众感到厌烦。比如，你的账号定位是生活小窍门这一类，却硬要追娱乐方面的热点，只能让短视频变得不伦不类。

内容真实，保持生活气息

为了打造火爆视频，很多内容创作者试图刻意追求视听效果，盲目地营造出绚丽的画面、独特的场景以及高端的生活，或是内容过于泛娱乐化，刻意搞怪，只关注颜值，更侧重唱歌、跳舞……

这些创作者将视听效果、娱乐效果发挥到极致，却忽略了内容的真实性和合理性，更缺少生活气息。要知道，艺术高于生活，更源于生活，短视频制作也不例外。缺少生活气息，脱离现实，虽然这样的短视频可能充满亮点，但始终无法真正走进受众的内心，更无法让受众产生情感共鸣。

2018年抖音发布的《短视频与城市形象研究白皮书》显示，与上海、北京、广州等一线城市相比，受众群体更关注和喜爱重庆、西安、成都等生活气息浓郁的城市的相关内容，更期待和欣赏市井街头充满烟火气息的

图2-13

生活方式（如图2-13）。

"石榴哥"（街头卖石榴分享）、"李子柒"（乡间生活分享）、"爱吃的小羽野外美食"（野外美食分享）、"珍杨 气"（情侣日常生活分享）、"聂小雨"（办公室日常分享）、"东北人（酱）在洛杉矶"（日常生活分享）、"晶晶的生活日记"（生活分享）等创作者能够火爆，就是因为他们生产的短视频内容具有生活气息，没有过度的美颜、华丽的生活和酷炫的特效。

"晶晶的生活日记"有这样一段视频：晶晶下班后挤地铁，穿过人流，买上鲜花，与老公一起在路边摊吃饭。简单的重庆小面、熙熙攘攘的街头、川流的人群、享受美食的晶晶和老公……生活就是这样简单却幸福无比。这个短视频充满生活气息，让人们仿佛看到在外打工的自己。她的视频大多是分享这样的平凡生活，受到很多人的关注和点赞，拥有87万粉丝。

这些创作者的短视频拍摄场地就是自己的生活轨迹，或是真实、合理的场景，内容接地气、平实，让人们在观看时感到亲切，甚至联想到自己的生活经历，感同身受。同时，这些短视频让人们看到不同人群的生活状态，看到生活的真实和美好。

因此，策划短视频时，除了注重创意和视听效果，内容上也不能忽视生活气息。

一、市井街头越来越受人青睐

现在，人们生活压力大，即便在一线大城市生活的白领也向往自由自在、轻松无拘的生活。与坐在高档的咖啡厅、西餐厅，喝着咖啡，吃着西餐相比，很多人更愿意享受市井街头的热闹和自在。其实，只要看看那些街头美食探访、路边美食推荐等短视频火爆各平台，收获无数粉丝的青睐，就可以知道了。

当然，市井类内容不仅包括街头美食，还包括普通百姓的生活、土味文化等。这些内容更接地气，能够拉近创作者与广大受众群体的距离，让粉丝产生强烈的认同感。

"小凯卖菜"的创作者是一位普通的"90后"，在杭州的普通菜市场卖菜。他也是一位中国农业大学的毕业生，目前正自信满满地创业。在他的视频中，粉丝可以见到普通菜市场是什么样的，看到卖菜人的辛苦、热情、勤劳、朴实，了解一些普通人的奋斗经历，掌握一些蔬菜的行情、走势……

他的短视频赢得40多万粉丝，受到很多人的喜欢和关注。当然，也有人对他提出批评和质疑。

二、乡村生活和原生态生活最令人向往

乡村类、原生态类内容的最大特点就是回归自然，令人舒心。厌烦了城市的喧闹和快节奏，人们都希望能回归自然，享受乡村生活的悠闲自在、原生态生活的朴实无华。

李子柒火爆全网后，类似的视频越来越多，模仿者也越来越多。但想要脱颖而出，创作者就必须走出模仿的误区，让短视频内容具有创新性。

有这样一位创作者"山野美食"，取材随处可见的石头、

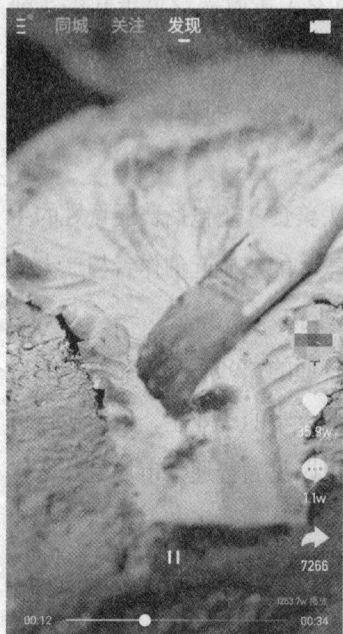

图2-14

蔬菜、肉类，用石头烹饪出一道道令人流口水的美食。他拍摄的场景是乡村的小溪边、小路上、野地里……既富有特色又贴近生活，拥有数百万粉丝，每个视频点赞量都达到几十万（如图2-14）。

三、方言成为人们喜爱的声道

"好嗨哦，感觉人生已经到达了高潮，到达了巅峰！""只要你乖，给你买条gai。"自从这些梗火爆之后，方言成为短视频内容产出的重要方式，粤语、东北话、天津话、河南话、川普……这些具有特色的方言，迅速在短视频平台流行起来。

一些搞笑类短视频创作者开始用方言作为标签，持续输出一些幽默搞笑类内容，受到广大受众群体的欢迎和青睐。方言不仅接地气，还能产生戏剧效果，激起受众的好奇心。

比如"大连老湿王博文"的短视频，用生动的大连方言演绎春节发生的趣事，点击量迅速达到10万+，并迅速被转发上万次。还有"青岛大姨张大霞"用幽默的青岛话和"儿子"演绎了一个个有趣的故事，语言生动、幽默，情节搞笑、有创意，让她赢得千万粉丝，绝大部分短视频的点赞量达到百万。

四、一日三餐皆成创作素材

　　生活缺少不了柴米油盐、一日三餐，这些是最具生活气息的内容。一日三餐是简单的生活记录，也是朴实的美食分享，让人们看到生活的生机满满，因此受到广泛关注（如图2-15）。

　　当然，为了达到更好的效果，这些作品还需要生动的文案和更好的剪辑，如此让粉丝在感觉浓郁生活气息的同时，还可以享受更多的乐趣。

　　总之，内容策划方面，创作者若是不刻意追求美颜、特效，不过分突出视听效果，而是在真实、自然方面下功夫，也能脱颖而出。

图2-15

第三章

从拍摄到剪辑，不只是选好器材和道具而已

> 短视频讲究画面美感和艺术感，并不是随便拍一拍就可以的。想要打造爆款短视频，创作者必须学习拍摄、剪辑的技巧，用好的镜头语言来展现绝美的画面，用炫酷的特效来吸引粉丝的目光。

镜头是观众的眼睛，好的摄影是成功的一半

电影是镜头语言的艺术。好的摄影能用镜头表现出具有艺术感、美感的画面，给予观众视觉的冲击力，从而让观众被电影所吸引。同时，好的摄影能用镜头向观众传递某种思想和情感，短视频的拍摄也理应如此。

所以，好的摄影是成功的一半。当你用镜头艺术——静态的和动态的镜头语言，表达出自己想要表达的内容时，你的短视频就成功了一半（如图3-1）。

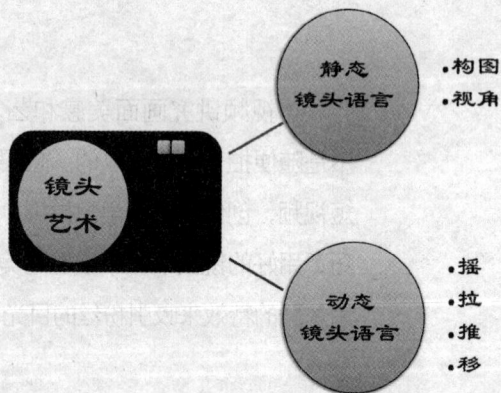

图3-1

这里需要明确，静态的镜头语言就是我们所说的构图，动态的镜头语言就是镜头的摇、拉、推、移，即"运镜"。构图形成短视频的画面，不同的构图、视角，表达的信息不同，产生的画面效果也有所不同。运镜形成画面的组合，不同的组合、运动方式，展现的视觉效果也有所不同。

一、巧妙构图，凸显画面的最佳美感

构图原本是美术语言，目前广泛应用在电影、广告、视频等画面领域，是指拍摄者运用镜头，在一个空间内安排和处理表现对象的位置与相互关系，从而实现个体与群体、局部与整体的组合和构成。

成功的构图可以使得画面更美观，有条理，突出重点，令人赏心悦目。拍摄短视频时，虽然一些创作者无法使用专业摄像机，只能使用手机、DV等简便工具，但仍应懂得构图技巧，让短视频更具艺术性和观赏性。

1.中心构图，突出重点，明确主题

中心构图需要把表现对象放置在镜头的中心位置，使得

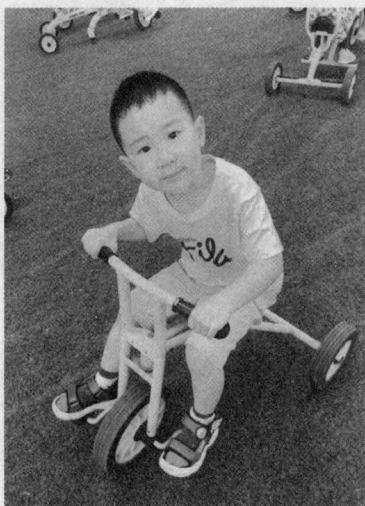

图3-2

画面达到左右、上下平衡的效果。这种构图简单，重点突出，拍摄主体只有一个（如图3-2）。

2.黄金分割构图，最完美的构图比例

图3-3

了解这种构图之前，我们必须了解一个名词——"黄金分割比例"。它是古希腊数学家毕达哥拉斯发现的，部分与整体的比例为0.618。黄金分割比例是最完美的比例，利用这种手法构图，不仅能突出主题，还可以给人带来视觉上的美感（如图3-3）。

3.景深构图，朦胧与虚化的美感

图3-4

当把镜头聚焦某一物体时，调节光圈的大小、焦距长短，就会营造出景深的效果。聚焦的物体清晰、突出，而周围的背景虚化、朦胧，形成强烈的对比。利用手机拍摄时，光圈越小，焦距越短，景深越大；相反，光圈越大，焦距越

长，景深越小（如图3-4）。

美拍平台上，创作者"摄影师Vilin"的作品就运用景深构图的方式，既突出主人公，又营造出一种朦胧的美感。

4.前景构图，让画面更有层次感

前景构图是利用拍摄主体与镜头之间的关系构图，通常会在拍摄主体前安排一定的事物，用以衬托拍摄主体，让其显得更加醒目，并让画面更有层次感和美感。

前景构图需要注意一点，前景只是陪衬，千万不能喧宾夺主；背景最好选择虚化，让拍摄主题更醒目、突出。前景可以是叶子、花草、三棱镜等。

5.倒影构图，不一样的视觉体验

短视频平台上流行起一股"水面倒影"的热潮，人人都模仿拍摄类似的短视频。镜面反射的效果营造出对称、和谐的美观画面。这种构图方式可以选用镜子、水面甚至路面的一洼积水、手机屏幕，只要掌握好角度和构图，结合富有特色的创意，就能给人不一样的视觉体验。

倒影构图时，需要把相机或者手机无限接近水面、镜面，如把手机倒置，如此才能表现出与实景相近的影像。

6.透视构图，增强画面的立体感

我们观看影片时，时常看到类似的场景：两个年轻人在小路上散步，小路向远处延伸，两边是盛开的樱花或是金黄的枫树，画面非常美丽，具有立体感。其实，这就是利用了透视构图的方式，利用画面的一条或几条线条的延伸感，使观众的视觉产生立体感，营造出意境深远的感觉。

透视构图既突出人物，又突出景物，使得景物营造出一种意境和氛围，从而突出人物的情感、心情。

构图方式还有很多，如三分线构图、俯拍构图、九宫格构图、圆形构图等。总之，优质的短视频都有严谨、美观的构图，能给人以赏心悦目的感受。创作者应该学会利用镜头来构图，让短视频更具艺术感和美感。

二、学会运镜技巧，让镜头充满活力

拍摄短视频不是摄影，只要掌握构图的技巧就可以了。如果构图足够美观，镜头的组合、衔接、过渡却不自然，短视频就会如同播放PPT一般，丝毫没有吸引力和感染力。

所以，运镜同样非常关键。灵活地推拉镜头，不仅可以使得短视频画面平滑流畅，更能让动态镜头充满活力。那么，创作者应该注意哪些要点呢？

1.平滑地前推后拉，让观众跟随镜头的脚步

这是运镜最基本、最简单的方式，即将镜头匀速地推近或远离拍摄主题，实现远景、中景、近景乃至特写的切换。随着镜头的拉远和推进，观众的视觉也会跟随着镜头前进和后退，有身临其境之感。

需要注意的是，镜头前推后拉的过程中，必须保持平稳、匀速

运动，否则会影响观看效果，让人有头晕目眩的感觉。条件允许的话，创作者可以使用三脚架、机械手臂，以保证平稳地运镜。

2.快速下拉或移动镜头，达到换景的目的

拍摄短视频时，因为剧情需要，创作者不可能在一个场景完成全部镜头，这时就需要换景。为了避免时长过长，创作者通常会省略换景过程，通过一些运镜技巧，使得视频的连接、转承效果更好。

比如，迅速下拉镜头或是移动镜头，然后衔接下一镜头，如此换景就变得更酷炫、更自然。

3.低角度运镜，营造独特的空间感

通常，拍摄行走的脚步、滑滑板、小宠物以及物与高大的建筑物的关系时，摄影师会运用低角度运镜的方式。

运用这种手法拍摄人的脚步，可以突出脚步的急促感；拍摄滑板的运动，可以强调滑板的运动感；拍摄人物与高大建筑的冲突，则更容易突出环境。低角度运镜通常是把镜头贴近地面拍摄，营造出一种独特的空间感、运动感（如图

图3-5

3-5）。

4.环绕运镜，整个画面更有张力

环绕运镜是指拍摄主体不动，镜头以拍摄主体为中心，匀速环绕一周；或是镜头位置不动，摄影师以自己为中心绕环一周，拍摄周围的景物。镜头的移动能够突出主体，让整个画面更有张力。通常在表现紧张、焦急情绪的时候运用这种运镜方式，以便渲染主人公的情绪，使得观众产生身临其境的感受。

运镜的方式有很多，表现方式也有很多。但不管运用哪种方式，创作者都应该保持运镜的平稳性和连贯性，如此才能拍摄出高质量的视频。同时，创作者在掌握运镜技巧的同时，还可以加上一些小技巧，让运镜更加酷炫，富有动感。

一段好的视频，音乐是精致的

短视频的画面和镜头很重要，音乐也是不可忽视的重要因素。一段好的短视频，音乐必须是精致、契合主题的，如此才能起到锦上添花的效果。

短视频配乐的主要作用有两个：一是渲染气氛，表达主人公的情绪；二是消除原视频的噪声，增加短视频的美感（如图3-6）。

高质量的画面+优质的镜头+好的音乐，这样的短视频才能达到1+1>2的效果。相反，若是短视频内容不错，画面感很好，却配上了不合适的音乐，只能让短视频的效果大打折扣。若是配上糟糕的音乐，还可能让前期的拍摄成果功亏一篑。

举个例子，一位创作者拍摄了几段雨中江上美景的短视频，可有的短视频点赞者寥寥无几，有的点赞量却达到180万。景色没变，短视频内容没变，唯一变的是音乐。其他几个视频，创作

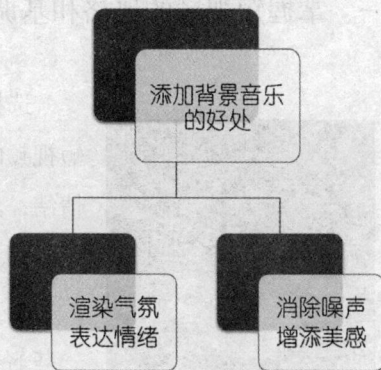

图3-6

者使用平台上非常火爆的西方音乐，虽然舒缓动听但明显和景色不搭配，无法营造出美的意境。最火爆的那个短视频，创作者使用国风音乐，旋律空灵，具有东方特色，配上水墨画般的美景，让人有身临其境般的感受。

所以，短视频配乐虽然没有固定的规则和硬性要求，但创作者应该懂得如何根据短视频的风格和主题方向选择好的音乐，力求保证音乐的精致、契合。

那么，创作者应该如何选择音乐呢？

一、掌握短视频的风格和基调

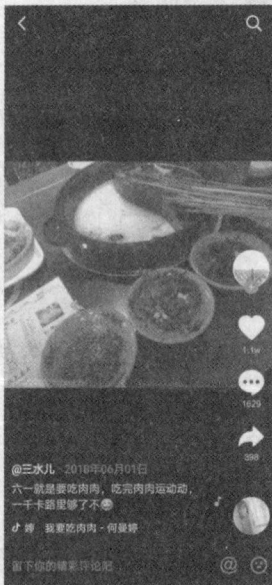

图3-7

选择音乐的时候，创作者要明确短视频的风格、主题，以及想表达的情绪，然后根据其风格和主题选择音乐。

比如，美食类短视频应该选择一些轻快、舒缓风格的音乐，可以是国风类、流行乐、轻音乐等（如图3-7）。这类风格的音乐和美食搭配，旋律优美、轻快，若是与画面中的切菜声、洗菜声融为一体，让人感觉身心舒畅，从而增加短视频的感染力。搞笑类的短视频应该选择轻松诙谐类、搞怪类、幽默类的音乐，这类音乐不仅可以放大喜剧效果，还可以推动剧情发展。

比如，"总裁宝宝"的短视频内容是关于男孩和宠物玩耍的，配上《少年》这首音乐，突出短视频的主题和内容——孩子和宠物一起长大，彼此陪伴，增强了视听效果。

每个音乐都有独特的风格以及所表达的情绪，这有助于短视频表现力的传达，增强短视频的整体视听效果。可以说，火爆短视频的成功，一半功劳在于内容，一半功劳在于音乐。因此，千万不要乱选音乐，不要因为它最近很火爆就随便拿来使用。

二、可以跟爆款，但不能千篇一律

不得不说，爆款音乐更能吸引人们的注意力，吸引更多的流量。正因如此，当一段音乐火了之后，很多创作者纷纷跟爆款的风，运用到自己的短视频中（如图3-8）。

比如，《带你去旅行》、IT G Ma、《惊雷》等音乐火了之后，各大平台上的大部分创作者用它们做短视频的配乐，几乎每10个短视频中就有4～5个使用这些音乐。于是，短视频配乐千篇一律的现象就出现了，让大部分用户感到厌烦，一听到这个音乐就赶紧划走，根本

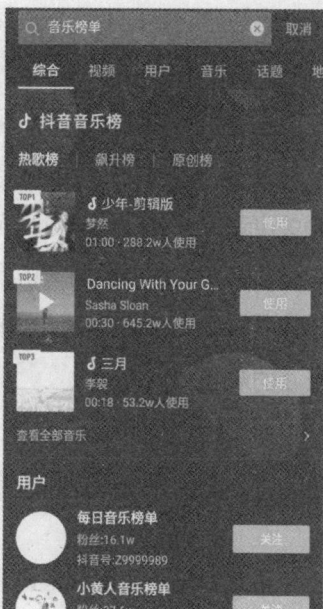

图3-8

没有心思看短视频究竟是什么内容。

所以，创作者尤其是新手，制作短视频时可以跟爆款配乐，但一定要选择好时机。若是这首音乐刚火爆起来，跟风者还不算多，你可以选择借用一下。若是跟风者众多，音乐火爆程度已经达到顶峰且呈下滑趋势，就最好不要再选择它了。

三、注重原创音乐，展示独一无二的风格

各短视频平台会给用户推荐很多种类的音乐，通过其他渠道，创作者也可以搜索到不同类型的音乐，如流行音乐、原创音乐、国风音乐、欧美音乐等。即使音乐类型再多，若是选择的音乐没有特色，或是不符合短视频的主题，也很难使得短视频达到最完美的效果。

既然如此，创作者不如尽量创作原声音乐，展现自己独一无二的风格。原创音乐可以是自己演唱的歌曲，可以是现场录制的相关声音，还可以是演员个人的配音。目前，短视频平台上的很多创作者开始选择原创音乐，尤其是短剧类、搞笑类的短视频。音乐具有个人特色，又能突出主题，因此他们的作品受到大部分受众的欢迎。

四、背景音乐千万不能喧宾夺主

虽然音乐对短视频来说非常重要，但它毕竟起到的是辅助、衬托的作用。若是背景音乐喧宾夺主，也会影响观看者的视听感

受，破坏短视频的整体效果。

一般来说，背景音乐的声音不能太大，尤其是剧情类作品。若是背景音乐声音太大，影响演员台词的效果，就会让人产生看不下去的感觉。背景音乐最好选择纯音乐，因为这种音乐能衬托短视频的气氛，把人们带入相应的意境。

比如，某个创作者的短视频内容是电影解说类，可是背景音乐的声音过大，完全淹没了解说的声音，让人无法听清他到底说了什么。如此一来，观看者的观感就非常不好，对他的短视频也没有太大的兴趣。

其实，你的解说非常有见地，选择的电影也具有代表性，可人们根本听不清你说了什么，又怎么能被你的短视频吸引呢？

光线，视频画面美感的制造者

拍摄短视频时，光线非常重要。巧妙地利用光线，不仅可以增加画面的美感，还可以渲染艺术氛围，突出主题和重点。

比如，下面这个短视频中的画面，阳光穿过树叶洒下来，照射在小路上形成树影斑驳，花儿在阳光的照射下显得更加鲜艳。光线使得画面充满层次感，明暗有致，让人们感受到小镇早晨的朝气、生机、美丽（如图3-9）。

图3-9

短视频中的光线有很多种，不同的光线能够营造不同的效果和氛围，表达不同的情感和情绪。从光线本身来说，分为柔光和硬光，前者是非直射光线，后者是直射光线。一般来说，拍摄人物、温馨的画面应该使用柔光，以便调和色调的强弱、光线的明暗，增添画面的美感。

从光线的作用来说，分为主光和辅光。前者起到强调拍摄主体的作用，后者则起到照亮阴影的作用。辅光是配合主光的，以弥补主光的不足，调节画面的反差。

从光线与拍摄主体的关系来说，分为顺光和逆光。前者是顺着光线的方向拍摄，后者是逆着光线的方向拍摄。顺光拍摄时，景物的阴影被遮挡住，色调比较柔和，而且能够使拍摄主体的质地和色彩更好地凸显出来。不过，它有一个缺点，就是不利于展现事物的透视感，画面的立体感也比较差。逆光就不同了，它可以形成剪影效果，使画面更具立体感。同时，逆光还可以营造出小清新的画面，突出人物的"光彩"。

那么，如何巧妙地利用光线，使你的短视频画面更美，别具一格呢？

一、巧妙利用自然光，营造出不同的气氛

逆光最容易拍摄出具有艺术感的画面，凸显拍摄主体的质感和透明度。

比如，逆光拍摄树叶、鲜花，光线穿过这些事物，形成晶莹剔透的感觉，非常具有质感。再比如，逆光拍摄不透明的物体，可以使物体轮廓非常明显，形成鲜明的明暗对比，形成剪影的艺术效果（如图3-10）。

图3-10

上面这段视频展示了夕阳西下时逆光拍摄事物的情景。夕阳的余晖柔和、宁静，加上蒲公英和野草的剪影，营造出浪漫、静谧的感觉。色彩和光线都非常唯美，画面让人舒心。逆光拍摄要比顺光拍摄多了许多意境。

逆光还可以让光线都洒在人物身上，营造出小清新的感觉。有这样一段短视频：一位青春靓丽的女孩在公园跳舞，阳光洒在她的身上，逆着光看上去非常唯美，呈现出小清新的画面。

二、制造光线，设计好光的布局

拍摄短视频的时候，自然光线可能无法营造出更好的画面效果。这时候，创作者需要懂得如何制造光线，做好光线布局，从而提高画面质量，营造出想要的氛围。

比如，室内光线比较暗，创作者可以使用灯光进行补光。拍摄人物时，需要设置一个主光、两个辅光。主光突出人物形象，但如果没有补光的话，周围环境太暗，会影响视觉效果。所以，创作者应该在两侧进行补光，增强人物的立体感和画面的层次感。需要注意的是，辅光的亮度不能大于主光，否则就会喧宾夺主。

为了达到更好的拍摄效果，创作者还可以利用道具制造特殊的光线。有这样一段短视频：创作者将室内光线调暗，然后利用门和自然光制造一道狭长的光线。光线集中在拍摄主体的眼睛上，营造出一种特殊的画面效果。

除了自然光和灯光，创作者还可以借助其他光，如烟花。有这样一段短视频：一位女生拿着点燃的烟花，照亮脸部轮廓。耀眼的烟花和周围的黑暗形成鲜明对比，既突出了拍摄主体，又使得画面非常唯美。

三、灯光是表现夜晚的最佳"武器"

夜晚拍摄视频时，因为没有自然光，灯光就成了最重要的"武器"。若是能利用好灯光，不仅能增加画面的美感和艺术感，更能突出不一样的氛围（如图3-11、图3-12）。

图3-11中霓虹灯闪烁交错，突出建筑物的高大壮丽，具有中

图3-11

图3-12

国特色的红灯笼与地面映出的朦胧灯光更渲染了意境美。这真称得上"因为一处景，记住一座城"；图3-12中路旁闪烁的路灯，路上行驶的车的车灯，再加上远处大厦的灯光，突出了城市的繁华。同时，路灯晕染出的一条条光线，仿佛星光般点缀夜空，异常美丽温馨，照亮了夜归人的回家路。

当然，巧妙利用光线的技巧还有很多，比如，调节相机光圈，增加画面的亮度；调高感光度，使得背景虚化；利用闪光灯、反光板等道具，进行光线布局。

好的光线可以拍摄出赏心悦目的画面，不好的光线则影响画面效果，使短视频显得粗制滥造。所以，若是创作者能在光线上下功夫，定能拍摄出具有艺术效果的短视频。

剪辑，让视频创意更清晰可见

最初拍摄出来的视频片段，严格来说只是短视频素材，需要后期剪辑才能呈现更好的视听效果，讲出更动听的故事。短视频的后期剪辑非常重要。好的剪辑可以让短视频绽放出光彩，不好的剪辑可能让短视频内容不连贯，重点不突出，逻辑不清晰，甚至让人看得一头雾水。

当然，视频剪辑并不是把所有镜头按照先后顺序拼接在一起就可以了。它可以实现镜头和场景的切换，让故事的逻辑、衔接更巧妙和自然。所以，后期剪辑时，创作者应该有自己独特的想法，让内容表现出创意、新意；学会用不同的角度来剪辑，诠释不同形式的镜头；要用心和细致，保证素材的衔接自然。如此一来，创作者才能如同变魔术一般将所有的素材变成富有故事感、画面感的大片。

下面介绍一些常用的剪辑软件。除了各平台提供的剪辑工具外，创作者还可使用剪辑大师、会声会影、小影、爱剪辑、剪映、美摄等进行剪辑。这些App功能比较齐全，操作比较简单，适合非专业剪辑师、新手操作。

这些App的操作大致相差无几。一般来说，创作者把拍摄

图3-13

好的素材依次放入，然后进行编辑、剪辑就可以了。只要掌握操作流程，多尝试和锻炼，便可以剪出不错的短视频。剪辑过程中，创作者还可以适当地加入音乐、特效、滤镜、字母等元素，保证短视频的完整性。

比如，爱剪辑有丰富强大的功能，包括齐全的视频和音频素材、多样的文字特效、各种风格效果以及转场效果等。利用好这些功能，创作者就可以剪辑出非常好的作品（如图3-13）。

若是创作者足够专业，还可以使用Premiere、Final Cut Pro、EDIUS等视频处理软件，能够将短视频剪得更专业、更完美。

那么，后期剪辑需要注意哪些问题呢？

一、掌握时间，懂得删减

短视频最大的特点就是时长短。很多平台只允许上传十几秒的短视频，较长的短视频也不超过1分钟（开通长视频权限的用户除外）。但是我们在拍摄素材时，可能会拍摄很多片段、画面。尤其是新手，拍摄的东西就更多了。

这时候，想要有创意、突出主题，就必须舍得删减，删减那些重复、构图不好、无用的镜头或画面。有时候，一些画面非常好，且呈现主题内容，让人难以取舍。即便如此，剪辑时也不能不舍得，否则就会造成视频冗长，影响短视频效果。

二、掌握节奏，突出故事情节、人物

故事有发展顺序，故事情节有主和次、铺垫和高潮、衔接和转折之分，人物有情绪起伏、思想变化、语言动作等。在剪辑过程中，只有突出这些要素，合理安排它们与其他要素的关系，才能更好地展现短视频的节奏，吸引粉丝的注意力。

比如，故事情节发展平缓，镜头节奏就应该循序渐进，舒缓平滑；故事发展到高潮、反转，镜头节奏就应该加快，突出紧张的氛围；人物情绪突然变化、动作激烈时，镜头的节奏也应该发生变化，以渲染气氛和突出情绪。

三、注意衔接，确保短视频自然、流畅

短视频因时长限制，需要删减很多素材和镜头，但是不能因为时长限制而忘记逻辑性和连贯性，删掉衔接的镜头。否则，许多镜头的连接处就会出现跳跃的情况——从一个镜头莫名其妙地跳跃到另一个镜头，让观看者一头雾水。

保证短视频的衔接自然、流畅，没有跳跃，是后期剪辑最基本的要求。创作者可以利用人物、场景的关联促进衔接的自然和

流畅。比如换景时，可以先剪出人物的背影、离开的步伐，自然地从一个场景到另一个场景；事情是不同日期发生的，可以把镜头定格在花朵、大楼、雨水等事物上，然后下一个镜头再定格在同一事物，自然而然过渡到第二天的剧情。

创作者还可利用划像、闪回、闪白、淡入淡出、分屏、叠加等特殊技巧进行衔接。比如闪回，就是利用人物"回忆""幻想""联想"等方式进行镜头衔接。传统电影中，时常出现通过回忆的方式切换场景、变换时间轴，以促进剧情发展。

还有闪白，就是画面切换时留下空白。这是闪回时常用的剪辑手法，不仅能把不相关的画面连接起来，还可以增加短视频的节奏感。

叠加也是一种常用的剪辑技巧，把1~2帧画面叠加以替换简单的剪切，使过渡更加自然。不过，需要注意的是，叠加时，交叉时间不能过长，前一视频必须放在高轨道，后一视频放在低轨道，不能混淆。

一群人比一个人玩得更好

很多短视频创作者从拍摄、表演、剪辑，到发布、运营都是一个人，他们做的视频非常不错，也能积累百万粉丝。但是想要让运营更专业，推广和变现能力更强，打造出具有品牌效应的强势IP，缺少不了团队的建设和协作。

举个例子，一个人可以拍摄视频，剪辑视频，制作自己唱歌、跳舞、日常生活的短视频。但是想要保证短视频的质量，创作者就必须用心，在这些方面花费大量的时间和精力，这样他一天最多发布1~2个短视频，一周发布2~3次。如此一来，后期的变现、粉丝维护就成了大问题。

如果创建团队的话，有演员、摄像师、剪辑师、后期维护人员的团队协作，各自做自己擅长的事情，就可以既保证短视频的数量又保证其质量。一个团队一天可以制作3~5个短视频，每天发布1~2次，还可以更好地对账号进行维护、推广。

除了短视频质量这一重要因素外，持续输出和账号活跃度也是决定账号优质与否、推荐率高低的关键。相比而言，团队能持续输出作品，活跃度高，被推荐的概率自然就高，粉丝增长速度更快，黏性越高。

目前，各短视频平台上，很多大V背后都有优秀的团队，同时运营几个相关账号。尤其是PGC运营者、OGC（职业生产内容）运营者、企业官方号，更少不了团队协作。

以"代古拉K"为例，她在2018年4月进驻抖音平台，发布的内容包括唱歌、舞蹈，因极好的唱功和甜美的笑容迅速赢得广大粉丝的关注。短短10天，粉丝量达到500万，不到1个月，粉丝量突破1000万。目前，她成为全网最火爆的超级网红，具有超强的变现能力。

她的走红就是团队运营的结果。"代古拉K"这个账号属于"洋葱集团"，该公司的定位是短视频内容生产，打造了多个千万粉丝级别的IP，如"代古拉K""七舅脑爷""办公室小野""波多野红梅""办公室小作"等。

该公司和秒拍、美拍、抖音等各大短视频平台，淘宝、今日头条、企鹅号、微博等平台，以及爱奇艺、腾讯、优酷、B站等长视频平台都有合作关系，内容还涉及Facebook、YouTube、Twitter等海外社交平台。强大的团队支持和全渠道的宣传推广，使这些账号不仅保证短视频产出的质量和效率，更让其拥有非常强的引流变现能力。

或许有人会说，这些超级大V都是公司专业运作，有强大的力量支持，是个人IP无法比的，我们应该怎么办呢？

其实，个人IP只要建立基本的团队就可以了。一般的团队运营，需要以下的人员构成（如图3-14）。

这些人员的工作都非常重要，只有做好这些环节和工作，账

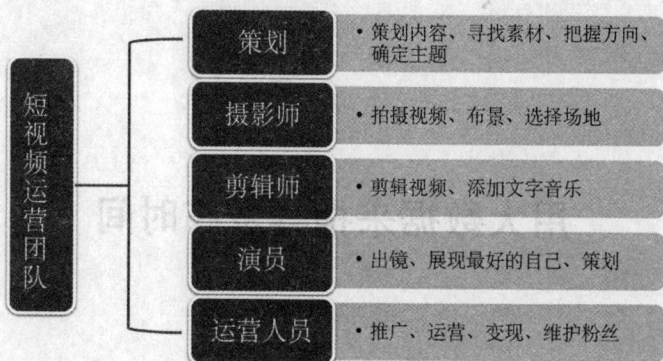

图3-14

号运营才能更稳定、良好。当然，若是条件有限，摄影师和剪辑师可以合并为一人，因为大多数摄影师都掌握剪辑软件的使用技巧。

总之，团队运营比一个人玩得更好，只要你有好的创意，然后依靠团队的力量拍摄并剪辑出来，就有机会火爆起来。

用大数据来指导发布时间

　　拍摄并剪辑完作品后，接下来的工作就是把作品发布出来。这绝不是点击发布按钮那么简单，发布时间的正确与否直接关系到短视频的播放量、点赞量等。那么，如何确定发布时间呢?

　　短视频的运营中，受众的作息习惯、生活规律、职业特征都影响其观看短视频的时间点，从而影响短视频的发布时间。比如，上班族和学生一般是晚上有充分的时间;宝妈们一般是下午2~3点，或是晚上9点之后有空闲时间;喜欢购物的女性一般在各"购物节"前后疯狂地刷短视频……

　　这些情况都会以数据的形式显示出来，运营者可以根据后台大数据分析受众观看短视频的黄金时间段，分析不同类型短视频的播放高峰、点赞高峰，从而确定发布时间。

一、确定每天短视频发布的黄金时间

　　通常来说，下班之后是所有人休闲娱乐的时间，想要放松神经，缓解一天的疲劳。这个时候，在线浏览短视频的用户最多，短视频的播放量和点赞量都非常高。因此，运营者通常应该在下午5～7点发布作品。

工作日中午11～12点发布的短视频，播放量和点赞量也很高，因为人们午休时习惯刷短视频来消磨时间。

周末短视频发布的黄金时段可能要比工作日稍微晚一些——下午5～9点。除此之外，上午9～11点、中午11点到下午1点也是不错的发布时间。周末时，有的人喜欢到室外运动、游玩，有的人则喜欢宅在家里看剧、刷短视频。

一般来说，在黄金时间段发布短视频，成为爆款的概率要高很多。

二、一周短视频发布的黄金时间

周末是绝大部分人休息的时间，播放量和点击量都比工作日高。因此，周五晚上和周六一整天都是短视频发布的黄金时间，尤其是晚上在线用户量最高，可以说是黄金时段中的黄金时段。

周三这一天发布短视频也是不错的选择。经过两天紧张的工作，人们想要放松一下，对短视频更有兴趣。

周一最好不要大量发布作品，因为它是一周工作的开始，人们开始忙碌安排一周的工作计划。而且，经过周末两天的"放纵"，大多数用户已经审美疲劳，对短视频的观看热情已经减退。

值得注意的是，那些大V在周日发布短视频量并不算太高，甚至比周三都要少很多。原因很简单，很多人在周日会"休养生息"，准备迎接新一周的工作，不会浪费太多时间在刷短视频上。

　　同时，那些短视频大V还非常注意受众群体的职业特征，根据其职业特征确定短视频的发布时间。通常，搞笑、娱乐等内容的短视频会在下午5～7点发布，发布量占所有短视频的40%；育儿类短视频会在下午2～3点、晚上9～10点发布，因为这个时间孩子正在睡觉，宝妈有空闲时间；经管类短视频会在下午1～4点发布，因为这些人会利用下午茶的时间休闲。

　　可以说，同一类型的短视频，若是发布时间不同，播放量、点赞量和互动量都有非常大的差异。相关数据显示，300万+粉丝量的超级大V非常重视大数据的分析，会根据数据合理安排短视频的发布时间。正因如此，这些大V才能把个人IP运营得比别人更好，比他人更容易受到关注。

　　所以，想要更好地运营短视频，就向这些大V学习吧！

滤镜和特效，一键制作出唯美作品的快捷操作

拍摄短视频时，不可忽视滤镜和特效工具的作用。它们可以让短视频增添色彩，更可以呈现妙不可言的效果。可以说，短视频创作者若是能够掌握滤镜和特效的使用技巧，便可一键制作出高质量、画面唯美的短视频。

一、滤镜工具

各大短视频平台都为用户提供了种类繁多的滤镜，可以在拍摄和上传短视频时使用，美化画面和人物。

比如美颜工具，可以修饰人物的身形、脸形、肤色，让镜头里的人物更靓丽多姿。滤镜分为人像、风景、美食等类别，不同的类别适用于不同的拍摄主题。美食中包括美味、蜜桃粉、西柚、摩卡等滤镜，拍摄美食时可以增加色彩的饱满度、对比度，让食物看起来更美味。

"道具"按钮中也有很多滤镜效果，如水果装、胶片、烟火、日光、双重曝光、拍立得等，可以营造不同的短视频效果，

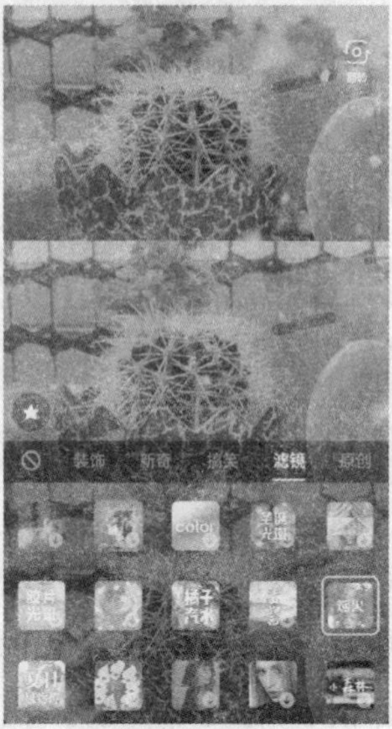

图3-15

图3-16

增加画面的美感和多面性（如图3-15）。

不管是拍摄还是上传短视频，添加滤镜都非常简单，只要点击相应按钮就可以了。各平台为滤镜设定了主题，有美食、人物、景色、个性等，创作者可以根据需求选择。编辑剪辑短视频时，还可以分别给每个镜头添加滤镜，营造不同的画面效果（如图3-16）。

除了短视频平台提供的滤镜，创作者还可以链接下载页面，下载相关主题的滤镜。

二、特效工具

除了滤镜，特效同样可以让短视频使人眼前一亮。以快手为例，特效分为画面特效、分屏特效和时间特效。

画面特效有多种类型，包括缩放、热浪、信号抖动、故障、幻觉等，给人不同的视觉冲击，加强短视频的感染力。分屏特效有两屏、三屏、模糊三屏、黑白三屏、九屏等。
时间特效有慢动作、反复、逆转时光三
种：慢动作可以突出短视频的某一动
作，让观众看清细节；反复可以重复同
一动作，强调和突出这一动作；逆转时
光则实现时光倒流，呈现不一样的视频
效果（如图3-17）。

　　添加特效时，我们只需按住相应按
钮，短视频就会自动播放，松开后特效
就添加好了。想要添加另一特效，需要
重复上面的动作。同一段短视频可以添
加多种特效，实现更酷炫的效果。

图3-17

　　各短视频平台自带的特效工具大同
小异，只要创作者掌握其中之一，便可
通晓其他平台的操作。需要注意的是，
各平台为了吸引更多用户，还开发了具
有特色的特效。比如，美拍的"舞蹈特
效"，专门为舞者设计了超A、Sweet、
Sexy等效果，可以让舞蹈呈现不同的效
果，增强表现者的魅力。美拍的"宝宝
长相预测""萌萌哒特效"也都非常受
人欢迎（如图3-18）。

　　抖音的"暗黑兔子魔法秀""情侣
变身""憨笑挑战特效"等都在平台上

图3-18

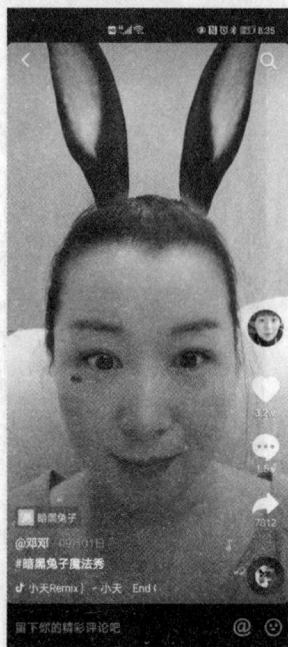

图3-19

刮起一阵风，引来无数用户的使用和模仿（如图3-19）。

当然，除了平台本身提供的特效，创作者还可以在剪辑短视频时增加相应的特效。不过，平台自带的特效操作简单，一键便可使得短视频更绚丽，更具感染力。所以，如果你是新手，完全可以用这些特效制作出受人欢迎的短视频。

最后，需要强调一点：特效不能胡乱添加，否则只会让人眼花缭乱，反而减弱短视频的表现力和观赏性。

哪些辅助神器能让你从"小白"变"大神"

很多人认为，只有用那些高端、专业的摄影器材才能拍摄出高端和出色的短视频。其实，这个想法不完全正确。如果你可以更好地使用一些摄影的辅助神器，即便不使用那些高大上的器材，也可以成为短视频拍摄大神。

一、三脚架

三脚架是拍摄短视频时最普通的辅助工具，也是必备工具。它不仅可以解决新手因手抖、掌握不好平衡而导致的画面抖动、模糊问题，还可以解决拍摄团队人手不足的问题。

很多新手刚开始拍视频时只有一个人，一个人摄影，一个人表演，一个人剪辑。这时候，创作者就可以利用三脚架固定手机或DV，同时完成拍摄和表演。拍摄手工、画画、吃播等内容，可以使用短三脚架；拍摄舞蹈、外景、情景剧等内容，可以使用长三脚架。

创作者可以选择多机位三脚架，它不仅可以保证拍摄角度的多样化，还能满足不同平台的要求。比如，抖音要求竖屏拍摄，快手要求横屏拍摄，使用多机位三脚架可以架设两部或多部手机，使得拍摄效率大大提升。

二、稳定器

跟拍、运镜的时候，摄影师需要跟着人物运动而运动。拍摄运动比较快的场景时，如奔跑、骑车等，镜头非常容易抖动，且抖动得非常厉害。所以，摄影师需要借助稳定器保证镜头快速运动的稳定性。

通常，稳定器都有移动轴，可以利用手机或电脑控制镜头晃动的方向和距离，以抵消运动过程产生的抖动。稳定器还有摇杆，摄影师通过摇动摇杆，实现左右、上下的快速运镜，如从下到上拍摄高楼大厦、地面与高空等。

三、近摄接环

这是微距拍摄不可缺少的神器。微距镜头的价格一般非常昂贵，可很多镜头若是不能微距拍摄又无法达到预期的效果。使用近摄接环，就可以解决这个问题。把它安装在摄像头上，可以达到微距镜头的效果。

通常，拍摄书法、化妆、绘画等注重细节的短视频，都需要安装近摄接环。安装近摄接环之后，摄影师要注意调整光圈和焦距，否则很难达到良好的效果。

四、便捷补光灯

光线不足或是光线条件不好的情况下，我们需要用补光灯辅助拍摄。补光灯比闪光灯具有更好的效果，因为闪光灯如果运用不恰当可能导致曝光过度或不足，影响拍摄效果。

借助补光灯不仅可以对现场进行补光，照亮人物的暗部，使得画面光线效果更好，还可以制造光影效果，增强人物的立体感。

补光灯有多种，还有可以夹在手机上的。夹在手机上的补光灯小巧，便于携带，是新手摄像师不错的选择。如果是专业团队，拍摄短视频时最好使用影视灯，这种器材的补光效果更好，还可以实现高清拍摄。

五、小麦克风

不管是手机、DV还是专业摄像机，收音效果都不算太好。尤其是拍摄远景、室外场景时，收音效果就更差了。人物说话声音小，还可能收入周围的杂音、噪声，影响短视频的效果，这就需要我们使用麦克风来收音。

新手拍摄短视频时通常使用无线麦克风，它适用于室外，小巧简便，更适合运动场景和活动范围比较大的短剧。有些团队也会使用有线麦克风，因为它的收音效果更好。

此外，还有可连接手机的小麦克风，更加小巧、方便，适用于新手拍摄者。

六、滑轨

影视剧组拍摄电影、电视剧时，他们会使用滑轨推动摄影师和摄影机，以保证拍摄的平稳和流畅，使得画面更有动感。其实，拍摄短视频时，创作者也可以运用滑轨，确保画面更加专业、流畅。

图3-20

当然，我们没有必要使用那些昂贵、专业的滑轨，而要学会借助便携式滑轨来固定镜头。

七、无人机

很多短视频创作者能熟练地掌握无人机的操作技巧，尤其是拍摄美景、大型活动时，可以呈现更广阔的画面。各短视频平台上，也有很多利用无人机拍摄的爆款短视频，如拍摄者手掌往外推，无人机便会飞行到空中，拍下壮观的美景（如图3-20）。

第四章

推广引流，打造你的流量王国

更好地推广和引流，让更多的受众看到，才能让你的短视频流量不断飙升。快速引爆流量，把你的短视频推向更广阔的市场，才能让你的账号更有价值，粉丝转化率更高，变现更加容易。

完播率——用户看不完，你就完了

完播率对短视频运营来说非常重要，是决定账号权重、是否被推荐的重要参数之一。它是指观看短视频的用户里有多少人把视频看完整了。完播率越高，说明内容越吸引人，平台就会大力推荐，促进短视频的站内推广。完播率越低，说明内容不够吸引人，或是有让用户厌恶的东西，无法得到平台的推荐，自然就无从推广。而且，用户在某个短视频上停留的时间长短，大数据也会清楚地显示，成为平台衡量这个账号等级的标准。

简单来说，如果你的每个短视频都无法让用户看完，且用户停留时间很短，你的账号就会成为"僵尸号"。"僵尸号"就

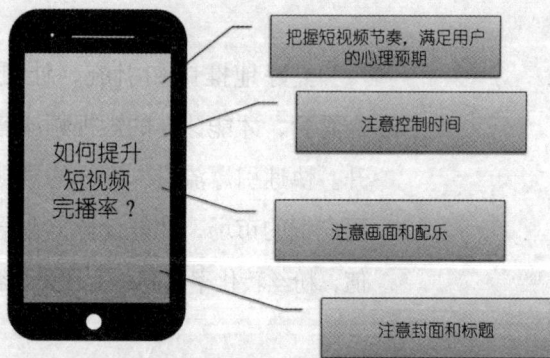

如何提升短视频完播率？

- 把握短视频节奏，满足用户的心理预期
- 注意控制时间
- 注意画面和配乐
- 注意封面和标题

图4-1

等于废号，平台会对其限流。即便你发了短视频，系统也不会推荐，即便关注你的粉丝、好友，也无法看到你的短视频。

所以，对于短视频账号来说，完播率非常重要，若是用户看不完，你就真的完了。那么，如何提升完播率呢（如图4-1）？

一、把握短视频节奏，满足用户的心理预期

短视频内容除了有创意和内涵外，还需要有恰当的节奏。

比如，幽默搞笑类短视频，节奏不能太慢或太快。若是你的短视频节奏太慢，铺垫很长时间也没抖出一个包袱，制造一个笑点，粉丝就会觉得索然无味。反之，短视频节奏太快，用户还没反应过来，你的包袱已经抖出来了，粉丝也会产生不好的印象。

又比如，生活小窍门类短视频，用户就是想要看干货，所以短视频应该干脆利落、快节奏，说话不要啰唆，更不要画蛇添足。一个简单的问题重复好几遍，之后还要啰唆半天没用的内容，这个短视频的完播率肯定不会太高。

二、注意控制时间

想一想，一个30秒的短视频和一个1分钟的短视频，哪一个完播率更高？

答案肯定是前者。短视频的核心就是短、快，满足人们碎片化时间的利用。所以，除非你已经拥有庞大的粉丝群，情节设置

高潮迭起，否则不要轻易尝试加长短视频时间。

尤其是新手，做短视频时，一定要控制时间。一般来说，时长短一秒，完播率就会提升1%。完播率越高，你的流量就越高；流量越高，之后的运营才能变得轻松。

三、注意画面和配乐

画面和配音也是非常重要的。想要赢得年轻人的喜欢，画面质感、配乐就不能太落伍。比如，一段劲爆的舞蹈非常吸引人，本可以获得较高的流量，赢得被平台推荐的机会，可画面却很模糊，让人看着不舒服，粉丝就会产生排斥感，没有兴趣继续看下去。

配乐也是如此。配乐和内容不搭，用烂大街、老土的配乐，这类的短视频都不可能赢得流量。

四、注意封面和标题

那些完播率低、让用户厌烦的短视频，大多存在一个问题：内容与封面或标题不对应，给用户带来极大的心理落差。

比如，短视频封面是一位美女，点开短视频后却发现里面的人很难看，粉丝就会极度不满，迅速退出。再比如，标题是才艺表演、高超技能，实际上才艺却很普通，技能也不高超，粉丝就会产生较大的心理落差，对短视频产生不满情绪。

可以说，完播率对短视频的推广营销非常重要，只有想办法提升完播率，才能快速引爆流量。

与明星、大V互动，让更多人认识你

很多新手的短视频权重小、流量低，发布的短视频播放量和点赞量都非常少；还有很多创作者的短视频虽然创意不错，画面也挺好，可就是无法上热门。追根究底，是这些人不知道如何营销和推广。其实，与明星、大V互动就是非常不错的模式，不仅可以带火自己的短视频，还可以让更多的人认识你，从而提升人气和流量。

很简单，明星和大V的流量非常大，发布的短视频能迅速成为爆款，这是普通用户无论如何也无法比拟的。若是你能抓住时机与明星、大V互动，短视频也拍得出色、有亮点，就有可能成为爆款。

这就是营销学里的"搭便车"效应。

一、与明星、大V合拍

各短视频平台都有合拍工具，只要点击合拍按钮，就可以轻松制作出合拍短视频。合拍模式也是很多用户喜欢尝试的方式，当初"西瓜妹"火爆抖音时，很多用户就争相与其合拍，使得

"西瓜妹"的热潮持续了很长一段时间。

新手和普通创作者可以寻找机会与明星、大V合拍，或是有人发布一个爆款短视频，及时采取跟进策略，与其合拍。

迪丽热巴拍了一段火爆的甩头舞，在短视频平台上了热门，于是很多用户开启与迪丽热巴的合拍模式。还有擅长技术的高能用户，使用专业的修图、剪辑软件，制作成两人一起合舞的短视频。这些短视频都获得广泛关注，赢得几十万点赞量，话题性也比较高。

此外，还有和李现、肖战、蔡徐坤等明星的合拍，与"大唐不夜城"小姐姐牵手、与"硕宝""小鲁班"等大V的合拍短视频也都有很不错的效果。当然，网红与明星、大V与大V之间的合拍会更具流量和话题性，能够促使双方优化粉丝资源，提高人气。

二、挑战明星、大V的超高技能

挑战明星与大V的高技能也是一种营销推广模式，可以快速把受众群体的目光和注意力吸引过来，实现增粉的目的。

演员张晋发布了一则"一飞冲天"的短视频，不仅被推荐到短视频平台热门中，还被推上了热搜榜。一时间，挑战"一飞冲天"的用户迅速增加，短视频数量接近10万。其中，一些动作帅气、富有创意的短视频点击量达到百万，甚至还受到张晋本人的关注和回应。

其中，一则"一飞冲天"和篮球相结合的短视频得到220多万点赞，呈现出不一样的效果。还有湖南消防队发布的一则短视频更具创意，两位战士借助中间战士的力量"飞起"，展现战士帅气的一面，令人赞叹不已。还有的用户制作了搞笑版的"一飞冲天"短视频，创意十足，也受到广泛的关注（如图4-2）。

　　除此之外，类似的挑战明星、大V的内容有很多，如挑战"玲爷"双节棍打飞瓶盖、挑战张国伟"龙吸水"、挑战"墙壁吹纸"等。

图4-2

三、@明星、大V

　　短视频是一个社交平台，在评论区、标题区都可以@你想要互动的人。@明星、大V可以增加短视频的流量，搭上明星爆款短视频的"便车"。

　　张继科发起了"瓶口颠球挑战"，不一样的颠球、不一样的挑战，吸引了很多人参与。一些参与者在文案中@张继科，获得不少关注，效果也很不错。

四、第一个留下评论

　　明星、大V的评论区非常火爆，用户可以积极到那里评论。如果你的点评犀利，观点独到，就可以引起其他用户的讨论和点赞，自然可以起到引流和吸粉的效果。

如果你是第一个评论者，那么评论就会永远留在第一位，被关注的概率就会更大。而且，最先评论的留言得到明星、大V回复的概率也非常大。当你总是被他们回复和点赞，粉丝就会对你产生好奇，从而更愿意关注你。

微博、微信朋友圈、QQ等社交平台都是很好的阵地

现在，微博、微信、QQ等平台不再只是简单的社交工具，仅供人们聊天、交友，还具有非常强大的推广、宣传功能。很多商家都利用这些社交平台推广和宣传自己的产品、服务，实现了很好的营销效果。

这就是我们所说的"社群营销"。每个社群都拥有非常庞大的流量，很容易使短视频形成大规模的传播。

事实上，用户发布短视频时可以与这些平台绑定，同步转发。比如，美拍中就有绑定微博、微信、QQ、Facebook等功能，实现快速、高效分享和推广短视频的效果。

一、微博

微博营销早已深入人心，微博已经成为各商家、品牌争抢的重要推广和宣传平台，其中热搜、超话、微博群都能引起超高数量的关注。小米就探索出一条微博营销的道路。每当小米出新品时，就会刷爆微博话题和热搜榜，超话社区的讨论量也会猛增，

从而实现大规模的传播。

微博是短视频推广的最佳平台。发布短视频之后，用户可以在微博进行内容推广：直接发布短视频，附上抖音或快手的短视频链接；或是分享一些心得、拍摄短视频的花絮；或是给出短视频发布预告、直播预告等。

用户还可以在微博群里"打广告"，为粉丝送上福利，发个红包，主动请求关注。微博群的粉丝基本都黏性较高，在里面进行推广和营销可以起到很好的效果。

还可以在相应的超话社区发帖引流。比如，你的内容是美妆，就可以到"美妆"超话社区发帖，然后设置自动回帖功能，把自己的短视频账号或二维码附在自动回复的内容中。微博不仅是推广和营销的平台，也是维护和经营粉丝的阵地。你的发帖内容受到粉丝的关注和认可，自然就可以让他们主动关注短视频。

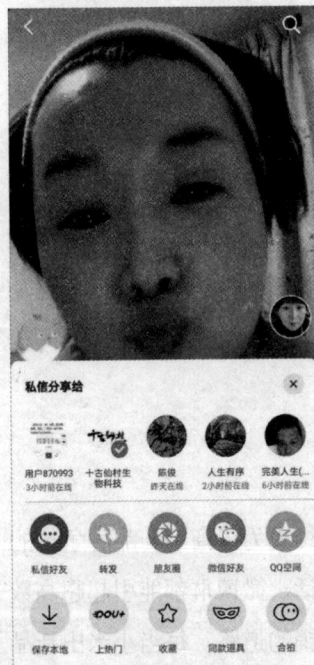

图4-3

二、微信

微信群和朋友圈拥有大量的用户群体，也是短视频营销和推广的不错平台。目前，微信已经成为微博之后最大的移动流量平台之一，月活跃账号达到10亿+。

　　用户发布短视频时，可以直接点击分享，分享到朋友圈和微信群（如图4-3）。

　　（1）用户可以在公众号上推广，定期发布短视频，增加账号的知名度。

　　（2）在朋友圈发布短视频，吸引圈内好友的关注。朋友圈最多可以发15秒的短视频，所以发布短视频时，用户要仔细剪辑，发布出最精彩的部分。

　　（3）在微信群发布短视频作品，或是直接分享链接、二维码。用户可以转发短视频的账号、昵称和截图，配上有趣、有吸引力的文案。最好是短视频发布之后，就在微信群推广，保证其及时性。

三、QQ

　　现在，QQ在年轻人的圈子中虽然不再那么流行，可是很多大学生、中学生还是QQ的忠实用户。而且，QQ群的流量非常大，很容易让短视频在短时间内引起较为强烈的反响。

　　用户可以在QQ群、QQ签名、QQ空间、评论等位置进行推广，实现更精准的营销（如图4-4）。

图4-4

四、其他社交平台

　　除了以上社交平台外，用户还可以在各大论坛、贴吧、部落等平台推广，如天涯论坛、猫扑论坛、百度贴吧、豆瓣、知乎等。可以用直接发布短视频的形式，也可以用讨论话题，或是分享心得、总结经验、教授技巧的方式。

　　这些平台聚集了大量人群，而且会根据相关话题、产品、行业分门别类，有利于短视频用户寻找目标受众群体，进行精准的推广、引流。

　　值得注意的是，在各社交平台推广时，要注意两个要点：其一，持续推广，不可走一步看一步；其二，有针对性地推广，了解社群推广对象的兴趣、爱好、需求，找到痛点。

活跃度高，权重自然就高

　　短视频的平台算法不是基于一个数据，而是通过诸多相关联的数据综合来评价每个短视频，判断其活跃度是否高，是否有推荐的价值，是否值得上热门。

　　这里所说的活跃度，不仅仅是每天必须发布短视频，还包括与好友和粉丝互动、点赞，评论别人的短视频，观看别人的短视频，和别人互粉、合拍，参加官方举行的活动、话题、挑战等。这些行为都会增加你的权重，快速地吸粉（如图4-5）。

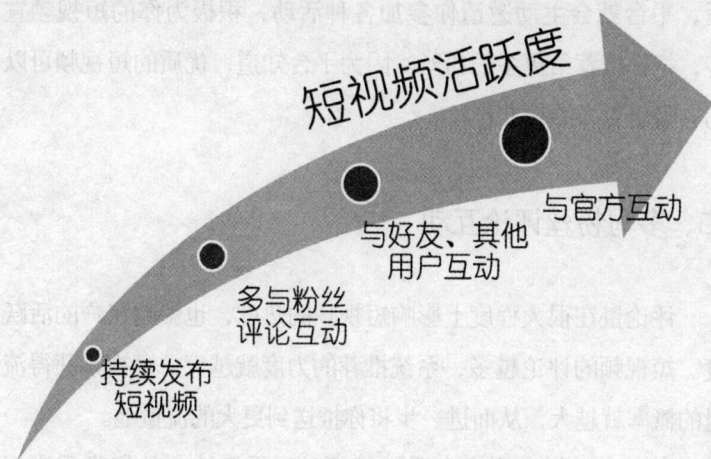

短视频活跃度

与官方互动

与好友、其他
用户互动

多与粉丝
评论互动

持续发布
短视频

图4-5

一、持续发布短视频

这一点至关重要。用户必须持续地输出短视频，保持一定的发布数量。不管你的短视频多么优质，单个短视频的点赞量有多高，若是不能持续输出，就很难提高权重，也很难更好地推广。

只有质量与数量平衡，粉丝量和点击量才能上去。如果你的作品质量高，且能持续输出，系统就会把你推荐到大流量池，偶尔让你上个小热门，这样你的账号权重就会提升。如果你继续持续发布质量比较高的作品，系统就会把你推荐到更高的流量池。当你的短视频播放量持续达到1万+时，就会有更多的机会上热门。

这时候，如果你能多参加平台的活动、挑战，多与达人、大V合拍，就会再次提升上热门的概率。你的账号多次上热门之后，平台就会主动邀请你参加各种活动，积极为你的短视频宣传，把你推荐给更多的粉丝。因为平台知道，优质的短视频可以为它吸引更多的精准粉丝。

二、多与粉丝评论互动

评论量在很大程度上影响短视频的热度，也影响账户的活跃度。短视频的评论越多，系统推荐的力度就越大，短视频获得流量的概率就越大，从而进一步将你推送到更大的流量池。

事实上，很多用户在看短视频时爱看评论，就好像看影视剧、综艺时喜欢看弹幕一样。所以，发布短视频之后，一定要多关注和回复粉丝评论，让评论区热闹起来。很多大V具有十足的亲和力，会时常回复粉丝的评论，给粉丝的评论点赞。一些运作得不错的用户也积极回复评论，甚至逐一回复，与粉丝互侃、讨论。这样的行为大大提高了用户的好感度，使得很多人"路转粉"（如图4-6）。

比如，"Honey"每天发布

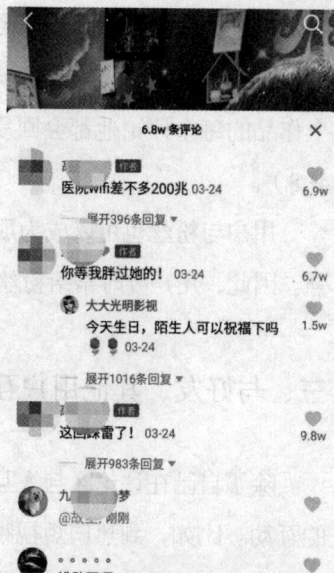

图4-6

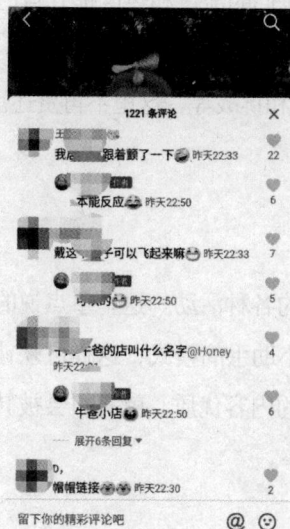

图4-7

图4-8

牛牛小宝贝的日常生活、搞笑瞬间，收获了一大批喜欢小宝宝的粉丝。创作者积极与粉丝互动，耐心回答粉丝的问题，几乎每个作品的每个评论他都会回复，粉丝黏性非常高（如图4-7、图4-8）。

用户与粉丝也可以成为朋友，日常互动越频繁，信任感就越强。因此，用户要时常给粉丝的评论点赞，回复粉丝的私信。

三、与好友、其他用户互动

除了自己在评论区与人互动，用户还需要多多参与其他方式的互动。比如，到热门短视频里评论，当然，你的评论要有趣、有观点，这样人们才会关注你、粉你；发布短视频时@好友，不仅可以提醒对方观看，还可以利用他们的流量和热度提升自己的关注度。

还有与好友、红人、大V的合拍和挑战等，这里不再赘述。

四、与官方互动

与官方互动，即参加官方举办的各种活动。这里重点说的是@官方。比如，抖音有一个@抖音小助手的模式，这样可以让官方有机会看到你的短视频。只要你的内容优质，就有机会被转发到官方平台，极大提高上热门的概率。

你粉我，我才能粉你

新手运作短视频时，需要利用互粉的方式来推广。你粉我，我也粉你，不仅可以提升账号活跃度，还可以提高知名度和流量，有助于短视频的推广营销。

用户可以在评论区留言，直接提出要求，如"关注你了，你也要关注我哟！"或是通过私信的方式，向其他用户推荐自己的短视频，要求互粉，如"关注我，定期参加粉丝抽奖哟！""关注我，沟通更多的短视频发布技巧！"

事实上，这种方法在短视频平台刚刚兴起时非常有效，很多账号通过互粉可达到十几万粉丝量。虽然现在这种方法的效果大不如前，但也是推销自己的方法之一。

用户还可以找一些互粉的群，与他人达成互粉合作的关系，但前提是你必须有一定的粉丝基础、非常好的内容，否则别人不

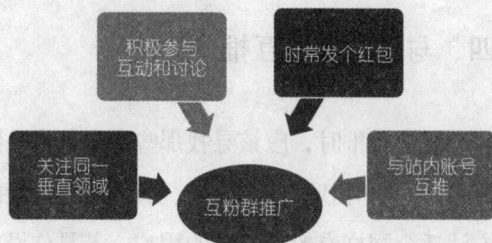

图4-9

会愿意和你合作。

通过互粉群推广时，用户需要注意一些要点（如图4-9）。

一、关注同一垂直领域

比如，你的短视频内容是母婴类，就应该关注育儿、教育类的互粉群。

二、积极参与互动和讨论

积极参与讨论，与群里成员混个"脸熟"，如此才能扩大推广范围，轻松实现粉丝增长的目的。

三、时常发个红包

发红包是增加沟通的一种方式。用户还可以给其他用户一些优惠，吸引他们主动粉你。

四、与站内账号互推

账户互推时，应该寻找那些定位基本一致、重合度比较高的账号，同时寻找那些高质量、有一定粉丝量的账号。当然，这个方法适合同样有粉丝基础的用户，若是你没有实力，很难与对方达成资源互换，他是不会做亏本生意的。

多账号矩阵布局，才能做精做久

矩阵布局是一种营销思维，分为横向矩阵和纵向矩阵。多账号矩阵就是在同一平台做不同的账号，属于横向矩阵布局，有利于打造稳定的粉丝流量群。

道理很简单，一个账号是做，10个账号也是做，虽然成本有所增加，但却可以带来更大的收益。一个账号需要1~2名演员、一个摄影师、一个剪辑师、一个策划、一个运营人员，10个账号可能只需要3~10名演员，摄影师、剪辑师、策划、运营人员数量不变，或是少量增加，也可保证账号矩阵的顺利运营。一个账号有1万粉丝，通过账号互推、内部引流，10个账号的粉丝流量就可能呈现成百上千倍的猛增。

目前，很多用户在做多账号矩阵布局，这不仅可以形成链式传播，大幅度提升粉丝量，还可以增强账号的影响力和竞争力，形成品牌价值。同时，矩阵布局还可以大幅度减少单个账号运营的风险，使得整个团队运营效果更佳。

比如，抖音上的"子豪家族""恋与家族"便是如此。"子豪家族"的抖音矩阵有"他是子豪""栗子美妆铺""我是子辰""子辰与海""拜托了栗子""谁是子豪""雪碧嫁到""甜圈儿""宝贝甜圈儿""纪昱良"等。"恋与家族"的抖音矩阵则有"恋与白侍从""恋与三岁""恋与十四""恋与川""恋与奶栋""恋与六饼"等。

这些矩阵账号是同一制作团队打造的,演员"客串"演出,相互@,积极互动,增加彼此的话题性和活跃性。但是每个账号的定位有所不同,有相应的目标受众人群,内容从来不跨界、不重复,最大限度地促进每个账号的稳定发展。因此,每个账号的"带货"属性不同,变现方式也有所不同,大大地提升了账号的价值和效益。

很多用户因为关注其中一个账号,进而关注其他账号。一个用户就因为关注"他是子豪"认识了"子豪家族"的多个成员,从而慢慢地关注整个"家族",成为他们重视的粉丝(如图4-10)。

图4-10

很多商家非常看中矩阵布局的优越性,如小米的抖音矩阵就有"小米商城""小米手机""小米公司""小米电视"等,各账号粉丝达到几百万;阿里巴巴的抖音矩阵有"阿里巴巴""1688阿里巴巴""阿里招聘""阿里讲师";支付宝的抖音矩阵有"支付宝""支付宝那些事""支付宝的朋友们""万能的支付宝客服""支付宝技术"等(如图

4-11）。

短视频矩阵适合团队、公司的运作和发展，不太适合个人。个人可以做，但因成本增加，效率降低，运营效果也会差很多。一个人运作的账号多了，就会分散时间和精力，导致单个账号的作品质量和发布数量下降。同时，没有团队的支持，内容创作跟不上，即只能发布相同或类似的内容，最后只会让账号都被降级或封号。

因此，短视频矩阵布局并不是简单地多建几个账号、多起几个昵称的事情。没有强大的团队支持，个人最好不要轻易尝试。

图4-11

引爆各平台节点，成为全网IP

多账号在同一平台进行矩阵布局，属于横向矩阵布局，而同一账号在多平台进行矩阵布局，则属于纵向矩阵布局。纵向矩阵布局就是多渠道运营，运营者利用多渠道的优势引流、推广。

这在经济学上叫"组合投资理论"，也就是我们经常说的"不要把鸡蛋放到同一个篮子里"。不管你是新手还是大V、自媒体，都应有这样的认识：不要过度依赖某一短视频平台，也不要把目光只局限于某一平台。实现多渠道运营，成为全网性IP，才能实现更全面的变现。

这些渠道不仅包括抖音、快手、美拍、微视等短视频平台，还包括优酷、爱奇艺、哔哩哔哩等长视频平台。多渠道运营与多账号运营一样，用户必须提前了解各平台的用户需求，考察平台是否与自己的短视频定位相契合。

与多账号运营不同的是，用户可以在不同平台发布相同内容的短视频，也可以发布不同内容的短视频。但同一账号在各渠道的定位必须相同，不能在这个平台发布美食类短视频，在另一个平台发布科技类短视频，否则就会分散粉丝流量，还会让粉丝混淆。

事实上，很多粉丝量超过百万的大V或是超级大V、商家都在做多渠道矩阵布局。比如，李佳琦在抖音上有4100多万粉丝，火山上有4000万粉丝，快手上有将近700万粉丝，美拍上有65万粉丝。再比如，李子柒在抖音上有4000多万粉丝，火山上有25万粉丝，快手上有640多万粉丝，美拍上有250多万粉丝（如图4-12、图4-13）。

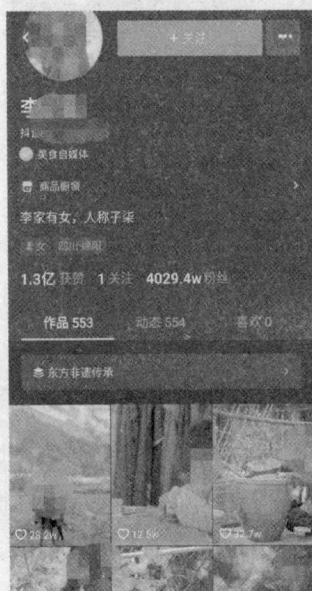

图4-12

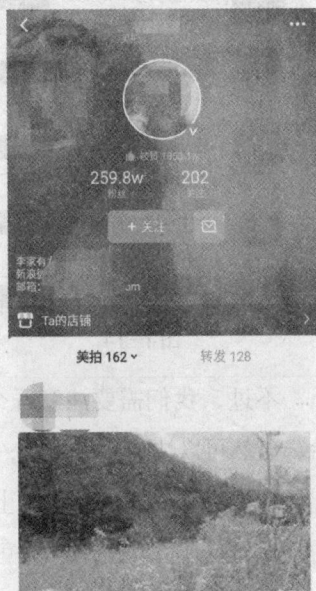

图4-13

小米是运营短视频最好的企业，其短视频账号矩阵在抖音上有上千万粉丝；火山中的"小米手机"有392万粉丝，"小米公司"有300多万粉丝；快手中的"小米官网"有33万粉丝；西瓜视频中的"小米商城"有300万粉丝，"小米公司"有将近400万

粉丝……（如图4-14、图4-15）

图4-14

图4-15

不过，我们需要注意一个问题，短视频平台是去中心化平台，虽然可以快速获得粉丝，可是粉丝的黏性并不高，转化率也比较低。举个例子，在抖音上拥有几千万粉丝的超级大V，在微博上却只有几百万，在其他短视频平台上也只有百余万。

所以，多渠道运营是一个长远、有计划的策略，不能急于一时。新手最好先着眼于一个平台，选择适合自己定位的平台；等到粉丝流量达到一定规模后，再进一步向其他平台布局，实现全网大IP的转化。

针对性推广，才能实现高效营销

在短视频异常火爆的今天，推广技巧是非常重要的。运营者如果不能掌握更好的推广技巧，即便选择最好的推广方式，恐怕也很难达到引流吸粉的目的。这一点儿都不夸张。

举个例子，卫龙辣条非常重视营销和推广，可以说是营销界的"老司机"。短视频火爆之后，卫龙看准这一时机入驻抖音。一开始，它发布的短视频并不被关注，点赞者寥寥无几。之后，卫龙改变推广策略，在短视频创意上下功夫，利用反差制造喜剧效果。结果，一则"不可思议，辣条吃出了米其林感觉"的短视频赢得17万的点赞。卫龙的短视频开始走"有趣""搞怪"风，迅速吸引了一大批年轻人的关注。

卫龙为什么会成功？原因

图4-16

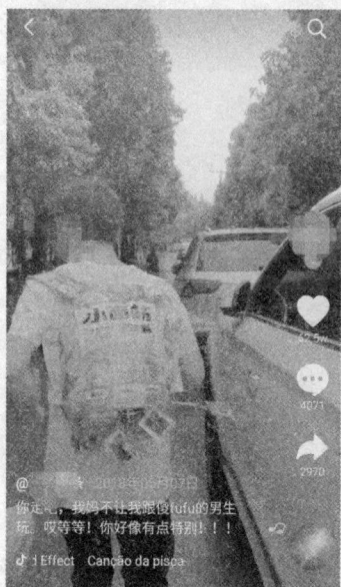

图4-17

很简单，其产品和品牌的调性是"接地气"，目标受众群体是年轻人、青少年。所以推广时，卫龙只针对年轻人这一受众群体，按照他们的喜好来创意，最大程度地吸引他们的注意力（如图4-16、图4-17）。

因此，我们应该注重以下两点技巧：

一、针对性推广，精准定位目标受众的喜好

推广不是把短视频推出去，发布到各平台和社群就可以了。只知道广撒网、多发布，没有找到目标人群的关注点，推广很难达到理想的效果。很多品牌、企业的推广非常有针对性，他们根据产品特性、受众喜好选择不同的视频类型，选择不同定位的发布平台。

比如，想要宣传品牌，展示企业形象，企业应该选择影响力强的平台，如微博、新闻网站，拍摄产品宣传的微电影或短片。想要提高用户黏性，企业应该选择受众基础好、与短视频内容联系紧密的平台，注重接地气、有趣等内容。

只有先锁定目标受众，分析目标受众群体喜欢哪些平台，然后根据受众需求打造和投放相应的短视频，才能实现精准营销。

二、AISWS运营模式，实现大规模传播

AISWS运营模式是一种非常高效的营销模式，即Attention注意、Interest关注、Search搜索、Watch观看、Share分享。

通过AISWS式的运营，想办法把受众的目光吸引过来，引起受众的关注，然后增加短视频的搜索量、点击量、分享量，如此才能实现高效营销。

用户可选择的方式很多，如提高短视频品质、利用媒体进行宣传、与明星大V互动等，目的是让粉丝观看短视频，实现粉丝的拉新、促活、留存，最终实现营销的最大化。

SEM推广，增加短视频知名度

什么是SEM推广？

很简单，就是搜索引擎营销。利用百度、搜狗、360等搜索引擎技术以及微博等社交平台进行的推广营销模式。可以说，它是一种全新的网络营销模式，可以迅速增加短视频的知名度，吸引大量具有黏性的粉丝。

SEM推广模式非常有效，因为粉丝是主动搜索短视频内容的，本身对短视频就有浓厚的兴趣，一旦被其吸引，就不会轻易取消关注。

利用SEM模式推广短视频非常简单，只需运营者把短视频发布到平台后，把它放入搜索引擎就可以了。搜索引擎会自动抓取短视频中的关键字，当有人搜索这些关键字时，你的短视频就会弹出。

所以，关键字是SEM推广的重中之重。只有提炼出精准的关键字，短视频才更容易被搜索到。

比如，短视频的内容是"制作家常菜——黄焖鸡"，你的文案是"家常菜：黄焖鸡米饭，在家做拿手菜"，那么关键字就应该为"黄焖鸡""家常菜""拿手菜"等。若你只是把"美

食""美食制作""家常菜做法""拿手菜"作为关键词，效果
就会大大折扣（如图4-18、图4-19、图4-20）。

图4-18

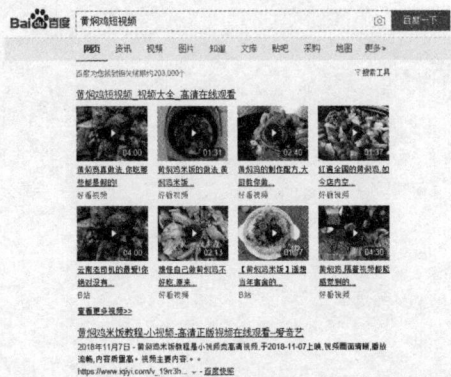

图4-19

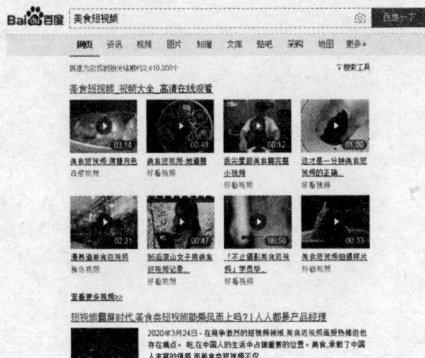

图4-20

当然，企业和短视频运营者还可以在搜索引擎上做竞价排名，以便得到优先被搜索权。这就是一种广告形式，企业和运营者向网站交费用，网站把他们的内容排名提前或置顶，虽然会提高运营成本，但效果却好很多。

第五章
告别野蛮生长，提高粉丝的忠诚度

　　获取大量粉丝很重要，维护粉丝同样很重要。在粉丝经济时代，粉丝就意味着流量和变现的可能。所以，运营者要想办法提高粉丝的忠诚度，让粉丝对短视频保持长久的热度和黏性。

强势植入标签化IP，打造核心竞争力

目前，短视频逐渐出现标签化IP的趋势，看到一个人的IP就会想到与之相关的显著特征。比如，"Papi酱""办公室小野""一条""二更""何仙姑夫""陈翔六点半""一禅小和尚"等网络红人，都是典型的标签化IP。

那么，运营者如何强化标签化IP，把自己的账号孵化成大IP呢（如图5-1）？

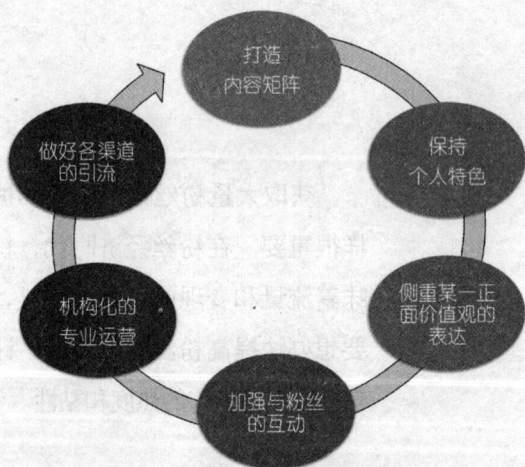

图5-1

一、打造内容矩阵

一个账号能否提升粉丝量和影响力，关键在于能否持续打造上乘的内容。有了上乘的内容，并且形成短视频内容矩阵，再加上好的渠道支持和资源支持，自然可以强化IP价值，形成具有核心竞争力的标签化IP。

"二更"是一个以内容为主打的大IP，自从上线以来便一直坚持打造优质、正能量的内容。其内容矩阵涉及生活、人文、艺术、时尚等领域。

图5-2

"二更"拥有专业团队，每个月都会发布250多个原创短视频，短视频的播放量超过200亿次（如图5-2）。

二、保持个人特色，做与众不同的IP

想要打造强大的个人IP，成为众人羡慕的爆款，就必须保持个人特色，不管在内容还是风格上，都要与众不同。

"高火火"被称为抖音"最快的男人"，时常挑战用2倍速、3倍速唱网红歌曲，短视频内容搞笑、幽默；"多余与毛毛姐"中，毛毛姐男扮女装，一头红发，一句"好嗨呦"火遍全网，她的短视频夸张、搞笑，一人分饰两角，让人捧腹大笑；

"李雪琴"的"大家好，我是李雪琴""吴亦凡你好，我是李雪琴……"在网上流传，使她积累了300万粉丝。

正是因为他们塑造出个人的风格，形成一个与众不同的标签化IP，所以在各大短视频平台上获得可观的粉丝量。在短视频运营中，他们不断强化自己的标签，将IP的价值发挥得淋漓尽致，随之而来的是人气越来越高，影响力越来越大。

三、侧重某一正面价值观的表达

相对图文，短视频更容易进行价值观的表达，并且慢慢地渗透到粉丝对事物的认知中。短视频的创作和运营中，一定要明确表达某种正确的价值观，简单且直击人心，让人瞬间产生共鸣。

四、开启直播入口，加强与粉丝的互动

开启直播入口，是让一些具有一定粉丝基础的账号实现标签化大IP的重要一步。通过直播互动，用户可以更直观、更多方面地与粉丝交流，从而与粉丝建立更亲密的关系。

五、机构化的专业运营

国内外的很多网红加入了专业运营机构，比如MCN，或是成立专业的运营团队。这样不仅可以获得丰富的资源，还可以打

造个人的品牌。

六、做好各渠道的引流

　　想要打造强势IP，运营者必须利用各种办法、各个渠道做好引流。只有流量不断提高，账号权重才能越来越高，从而成为平台优质内容的生产者。否则，即便你发布的短视频再优质，知晓者、关注者寥寥无几，也无法火爆起来。标签化IP的打造，就更无从谈起。

掌握固粉小技巧，提高粉丝黏性

稳定而庞大的粉丝群，是短视频运营的重中之重。这便是我们所说的用户运营，除了积极引流、扩大粉丝规模外，还要思考如何留住老粉丝，保证粉丝的黏性。

很多善于运营的个人或团队有一些固粉、宠粉的小技巧，以保持粉丝的忠诚度和黏性。

一、保持正面情绪，与粉丝好好沟通

短视频的评论区是吸粉、引流的重点，更是维护与粉丝关系、拉近彼此距离的关键。新粉丝看了你的短视频，兴奋地给予评价，不管是赞扬还是批评，你都应理性、正确对待，不能带有负面情绪，更不能轻易怼人。

很多人总是带着负面情绪甚至是敌意看别人的评论，即便是善意的玩笑或建议，他也能误解成批判或"黑"，然后一上来就怼人家，甚至恶语相向。试想，这样怎么可能吸粉，又怎么会留住粉丝？下面这个创作者很有理性，即便面对他人的批评，也能耐心解释，而不是怼回去。因此，粉丝对她的印象不错，还会帮助她和那些喜欢"杠"的人理论（如图5-3）。

保持良好情绪，与粉丝好好沟通，才是维护粉丝黏性的最好办法。当然，若是有些人本就是"杠精"，说话非常难听，运营者也没必要委屈自己。直率地怼回去，表明自己的立场，更能获得粉丝的好感。

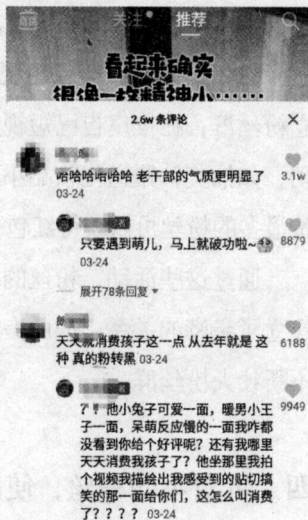

图5-3

二、给粉丝取个专属昵称

现在，很多明星的粉丝都有专属昵称，如易烊千玺的粉丝昵称为"千纸鹤"，肖战粉丝的昵称为"小飞侠"。每当明星提起粉丝的昵称时，粉丝就会有一种归属感。同样的道理，运营短视频时，给粉丝起个独特的昵称，也可以增加他们的归属感，从而提升黏性。

比如，李佳琦直播或是录制短视频时，都会说："女生们，……"，王北车的粉丝昵称是"车队"，刘宇宁的粉丝昵称是"摩饭"……

三、组建粉丝群，定期给粉丝一些福利

运营者还可以组成粉丝群，定期给粉丝一些福利，如发个红包、优惠券，或是组织有趣的活动，如抽奖、直播见面等。这些

不仅可以调动粉丝的积极性，还有利于提高粉丝的转化率。

比如，你是做美妆短视频的，可以在微信、QQ、微博上建立粉丝群，在推广自己短视频的同时，多举行一些粉丝喜欢的活动，如抽奖，赠送化妆品小样；某天短视频留言前十名，或是点赞最多的粉丝可以获得红包……

通过这些活动，粉丝的积极性被调动起来，运营者还与粉丝建立了亲密的关系。如此一来，老粉丝便会积极拉新粉丝进来，不断壮大粉丝群。

四、针对不同粉丝，使用不同的留存技巧

什么是粉丝留存？很简单，就是防止粉丝流失，让粉丝留下来。粉丝分为新粉丝和老粉丝、活跃粉丝和不活跃粉丝，所以运营者的留存方式也应有所不同。

对于新粉丝，运营者应该最大限度地激活，让他们第一时间体验短视频的有趣点，并给出一些有吸引力的福利。因为这些粉丝对你还不了解，很容易就会流失。

对于老粉丝，运营者应该多与他们互动，提高他们的参与感和积极性，如引用他们的点子创作短视频、每日截图给予福利等。

对于日常比较活跃的粉丝，运营者应该肯定他们的价值，让他们保持长期的活跃性，可以用不同的奖励方式来激励他们，如发送活动邀请、挑战邀请等。

对于不活跃的粉丝，运营者应该想办法邀请他们参加活动，可以直接@他们，或是通过粉丝群@他们，还可以发送私信。

精准运营，留住高质量粉丝

高质量粉丝，就是那些活跃度高、已经转化为消费者的粉丝。他们乐于与短视频运营者互动，且对短视频的内容和产品有很强的认同感，可以为短视频和产品进行宣传与推荐。若是这类粉丝大幅度提升，粉丝黏性便会大大提升，短视频将会呈现快速传播的趋势。

那么，如何吸引和留住高质量粉丝呢？

一、持续输出优质内容

这一点是老调重弹，但又不得不再次强调。优质的内容，不管是对短视频运营还是用户运营来说都非常关键。高质量粉丝具有高度的黏性和积极性，但他们的要求和品位也非常高。若是你的内容不再优质，无法满足他们的心理预期，他们就会毫不犹豫地取消关注。

比如，抖音某用户之前持续发布有趣、搞笑的短视频，粉丝有2000多万，成为人们喜欢的网红。可他成名之后就"飘了起来"，不再持续更新优质内容，反而把时间和精力都花在直播卖货上，且只关注卖货。如此一来，他的粉丝量急速下滑，平台也不再推荐。

因此，想要留住高质量的粉丝，运营者必须对自身高标准、严要求，持续输出高质量的短视频。

二、持续输出一种价值观

想要留住高质量的粉丝，需要让粉丝对短视频内容和所传达的价值观产生强大的认同感。粉丝与你的短视频所传达的价值观产生很强的情感共鸣，并且找到情绪发泄或是寄托之所。

图5-4

比如，"办公室小野"的每个短视频都充满新意，在办公室做出令人意想不到的美食。更重要的是，她不仅是在办公室里"折腾""胡闹"，更重要的是传递一种价值观：办公室里不只有没完没了的业绩，还有吃和远方。

这样的短视频很快吸引了无数粉丝，因为他们工作压力大，想要找到情绪发泄的出口，想要让工作更加有趣。他们对"办公室小野"输出的价值观产生了很强的情感共鸣，慢慢地就成为了她最忠实的粉丝（如图5-4）。

因此，想要留住高质量粉丝，运营者应该持续输出一种正确的且被忠实粉丝认同的价值观。

三、分层运营，给高质量粉丝"特别待遇"

用户运营要讲究方式方法。随着粉丝的日益增多，运营者的工作量越来越大，这时候就需要做到根据具体情况进行分层运营。

并不是所有的粉丝都能持续关注短视频内容，积极参与互动，那些不活跃的粉丝甚至"睡眠粉丝"具有很大的转化难度。这时候，运营者只需做普通的维护就可以了，如定期通过@粉丝群召唤一下。

对于那些高质量的粉丝，运营者就应该重点对待、特别对待。比如，打造精准的粉丝群，设定严格的群管理制度；重点维护，设置群主和"管理委员会"；组织线下活动……

此外，运营者还要关注粉丝的内心世界，增强粉丝的归属感，重视他们的心理、需求、反馈。需要注意的是，用户运营需要重视粉丝，并不意味着过度讨好粉丝，否则只会让其产生反感。

用户运营的最终目的是粉丝转化

用户运营，最终目的就是把粉丝转化为消费者，实现短视频的盈利和变现。不管是引流到电商、付费内容还是商业广告，都需要对粉丝进行转化。粉丝转化率越高，说明粉丝的忠诚度越高，质量越高。

那么，如何对粉丝进行转化呢？又如何提升粉丝的转化率呢（如图5-5）？

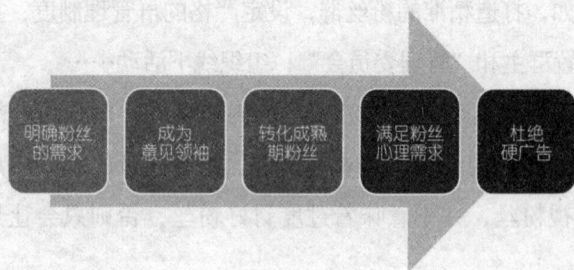

图5-5

一、明确粉丝的需求

当你有精准的粉丝群体之后，只要明确粉丝的真正需求，然后针对其需求推荐产品，就可以轻松、高效地完成转化。

举个例子，如果你的短视频内容是美妆类的，粉丝感兴趣的点肯定也是美妆。你只需根据这个定位，持续做垂直领域的内容，吸引更多垂直领域的粉丝，那么粉丝人群的忠诚度和黏性就会有所提高。

在粉丝转化过程中，你需要宣传美妆周边的产品，或者更细化的领域，这样转化率和红利就将大大提升。如果你宣传和推荐与美妆毫不搭边的内容和产品，就不会得到好的效果。

二、成为粉丝群体中的意见领袖

若是你的短视频做得非常好，成为某平台的超级大V，个人IP的影响力就会越来越大，粉丝的认同感也会越来越强，你甚至会成为粉丝群体乃至整个领域的意见领袖。

这时候，你会疯狂地吸粉，短视频呈现大规模传播，粉丝转化就不是问题了。比如，罗永浩直播一晚上吸粉两百万，"带货"金额超过一个亿，这就是意见领袖的力量。

快手平台上的一些"带货"红人，如"散打哥"在粉丝中的影响力越来越大，再加上产品有价格优势，粉丝转化率也会非常高。

三、转化成熟期粉丝

转化成熟期粉丝是用户运营的最后一步。这一阶段，粉丝的黏性高，更愿意信任运营者。相反，粉丝刚刚关注你，刚对你的短视频内容感兴趣，转化就无从谈起。

四、为忠实粉丝提供满足其心理需求的东西

忠实粉丝不容易流失，更愿意接受运营者的转化，甚至会主动为产品和内容付费。所以，运营者必须想办法为这些忠实粉丝提供满足其心理需求的东西，这要比那些物质奖励更有效果，如使用他们提供的"梗"，回复他们的私信，重新用一些"老梗"等。

五、粉丝转化初期，千万不要出现硬广告

粉丝转化初期，短视频中直接出现硬广告推荐产品，使用推销术语，只会引起粉丝的反感，影响粉丝的转化。

做好竞品调查，找到自己的一席之地

　　不管是新手还是老用户，如果盲目地发布短视频，或是跟在一些大V后面，很容易陷入内容同质化的误区，慢慢地湮没在无数短视频之中。所以，想要得到更好的发展，运营者必须做竞品调查，根据市场和大数据确定方向，如此才能在竞争中脱颖而出，找到适合自己的一席之地。

一、做好竞品调查，寻找新的市场

　　短视频类型有很多，每个类型的市场空间都很大，但竞争者也非常多。想要在任何一个领域站住脚，运营者必须先做好竞品调查，摸清竞争者的定位、受众群体、擅长内容等信息，然后避免陷入恶性竞争，寻找新的定位和市场。

　　比如，英语教学短视频有一定的市场，竞争者非常多。若是你简单地教一些发音、语法，是很难突围出来的。不仅如此，还很容易被众多内容同化，失去自己的风格或特色。

　　"杨家成英语"不是简单地介绍一些常规的学习技巧和方法，而是用戏精的方式演绎各种生活场景，纠正人们常读错、用错的单词或句子。他还把英语教学和歌曲、说唱结合起来，让人们在玩中学到知识。

二、不进入不了解的领域

做竞品调查的目的是挖掘竞争者的优势和劣势，根据自己的优势确定定位，分析如何在竞争中取胜和超越。这不意味着别人做什么，你就不能做什么；也不意味着别人做得好的领域，你就不能进入。

若是总想着不和别人竞争，规避自己擅长的领域，进入不擅长的领域，结果会更惨。比如，你更擅长育儿类内容，却因竞争激烈而选择不擅长的才艺展示，怎么可能做出优质的内容呢？又怎么能不被淘汰呢？

三、垂直深耕，对某一领域进行细分

打造短视频的垂直度、细分度，是让短视频脱颖而出的重要因素。这里需要强调一点，只有进一步对某一领域进行垂直深耕，才能形成一种稀缺性和排他性。

比如，游戏解说、技巧介绍是短视频的一个类型，有些运营者为了提升竞争力而开始进行垂直深耕，专门解说某一款游戏，如"王者荣耀""绝地求生""我的世界"，或对游戏解说进一步细分，专门讲解游戏过关的细节，如"精彩操作""高光配合"等，赢得大批粉丝的支持。

四、打造差异化，实现受众群体的特色定位

在短视频竞争激烈、同质化严重的情况下，运营者必须着力打造差异化，明确受众群体的特色定位。

比如，美妆、搭配类短视频的定位是年轻的男性和女性，虽然这个定位的受众范围足够广，但竞争非常激烈。这时运营者需要进行特色定位，如只满足20～25岁女性职场"小白"的需求，为她们提供一些日常、聚会、会议、面试等场合的搭配技巧，

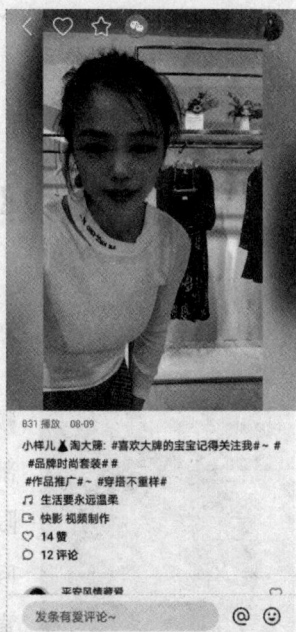

图5-6

打造属于自己的特色内容，这样就很容易打造出爆款短视频（如图5-6）。

利用直播权限，抓住直播的风口

随着短视频平台快速发展，"短视频+直播"的模式迅速流行起来，绝大部分短视频平台可以给用户开通直播权限。直播的开通弥补了短视频单调、单向沟通等弱点，让用户和粉丝的沟通更直接与顺畅（如图5-7）。

运营者想要维持粉丝的忠诚度，提高在同类内容中的竞争力，就应该好好利用直播权限，抓住直播这一风口。

图5-7

一、好的话题是关键

不管是短视频还是直播，运营者都必须事先策划一个好的话题，让粉丝感到有趣、有意义，愿意参与进来。当然，这个话题要是选得好，粉丝还可以积极讨论，保持一段时间的热度。

比如，2020年4月初，"东北人（酱）在洛杉矶"就召集他的小伙伴举行了自制棉花糖大赛。几个粉丝基础非常好的运营者直播了制作棉花糖的过程，在抖音上形成一定的话题热度。大赛直播还上了抖音热门话题、各大娱乐自媒体资讯，参赛者"桔梗""石莉""老卢"等人事后发布的相关短视频也获得了无数粉丝的点赞。

事实上，"东北酱"举办这次大赛是为了参加抖音的"最dou吃货季"活动，因为话题选得不错，引起很多粉丝的关注和讨论，获得了非常不错的效果。

二、不轻易向粉丝要礼物

之前，很多人进入直播平台的目的就是粉丝的"打赏"和礼物，有些主播甚至直接向粉丝要打赏，如"礼物刷起来！""喜欢我，就快点打赏！"

直播"打赏""刷礼物"确实是流量变现的一种形式，但用户却不能直接向粉丝要礼物，这样只能引来人们的反感，让其迅速脱粉、取关。尤其是直播前期，直播是用户与粉丝沟通的有效渠道，是吸引粉丝、转化粉丝的重要步骤。若是用户太急功近利，就只能被粉丝抛弃。

三、注意时间的控制

虽然短视频平台对直播时间没有限制，但新手直播时还是应该严格控制时间。因为如果直播时间太长，也没有选择好的话题，就很难留住粉丝，更无法起到引流、转化的效果。

四、最大限度地调动粉丝的积极性

一场好的直播不仅内容优质、话题度高，还需要最大限度地调动粉丝的积极性。直播的目的就是与粉丝互动，若是你不能让粉丝参与到话题中，直播就失去了意义。

直播时，主播可以直接和粉丝打招呼，点评粉丝的评论，还可以提问让粉丝回答。有才艺的主播还可以大方地展示一下自己的才艺，一段舞蹈、一首歌曲，或是弹一段琴等，都可以让自己的魅力值大增，也能让粉丝的热情和积极性高涨（如图5-8）。

图5-8

第六章

了解这些禁忌，从此不再踩坑

对短视频运营新手来说，因为不了解短视频行业，所以很容易陷入一些误区，触犯一些禁忌。这里为大家介绍一些禁忌，希望能帮助运营新手不再踩坑。

很多热点蹭不得，很多热门上不得

短视频运营者都知道一个道理，蹭热点和不蹭热点的短视频，流量差距真的很大。一些蹭热点的短视频更容易上热门，或许还可以带来一大批粉丝。但是蹭热点也有技巧和原则，若是热点蹭得不好或是蹭了不该蹭的热点，很可能适得其反，甚至面临封号的危险。

那么，蹭热点时，运营者应该注意哪些禁忌和误区呢（如图6-1）？

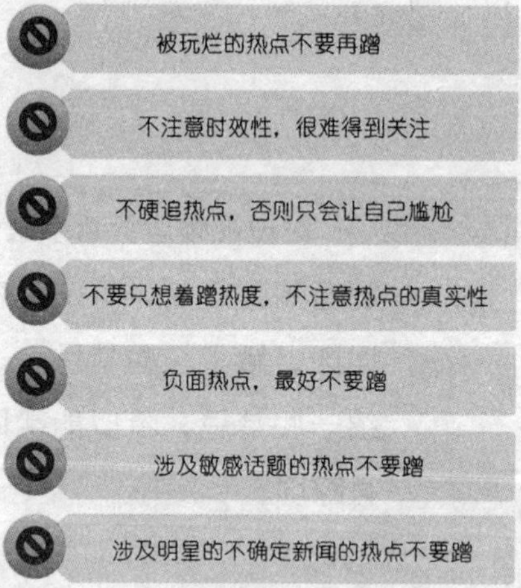

- 被玩烂的热点不要再蹭
- 不注意时效性，很难得到关注
- 不硬追热点，否则只会让自己尴尬
- 不要只想着蹭热度，不注意热点的真实性
- 负面热点，最好不要蹭
- 涉及敏感话题的热点不要蹭
- 涉及明星的不确定新闻的热点不要蹭

图6-1

一、被玩烂的热点不要再蹭

短视频内容一定要有新意，做得要与别人不一样。一些比较热的"梗"虽然可以增加热度，但若已经被人"玩烂"，你再去盲目跟风，而且没有一点儿创新，只能被人厌恶。

比如，"甩头变装"在某个时间点成为热门，很多用户开始模仿、蹭热度，获得了很高的播放量和点赞量。过了一段时间，这个"梗"就被人"玩烂"了，模仿的人太多，内容和配乐根本不变，缺少新意。若是此时你还想着蹭热度，恐怕就没有什么效果了。

同样是甩头发换装视频，那些发布较早的短视频，有高达百万的点赞量，有些虽然赶上了"晚班车"，但点赞量也不过上万，而有些才几千甚至更少。

二、不注意时效性，很难得到关注

热点是有时效性的，只有这个"梗"刚出现或是这个事件刚发生时，你立即跟上，才能把这把火烧得更旺，并且跟着热点上热门。

若是热点已经发酵很长时间，甚至热度已经慢慢消退，你再尝试蹭热点，就很难得到关注了。若是在热点消退之后，你还连续发布相关短视频，粉丝就会产生厌烦心理，甚至取关、脱粉。

三、不硬追热点，否则只会让自己尴尬

很多短视频运营者急功近利，看到一个热门事件后便急于借着这股"东风"，让自己的短视频成为爆款。蹭热点之前，运营者应该考虑自己的内容定位是否与热点有关联。若是有关联性，可以毫不犹豫地跟上；若是内容定位和热点丝毫不搭边，最好放弃。

比如，某热播电视剧成为热门讨论话题，若是你的短视频定位是娱乐、电视解说类，就可以蹭热点，提高自己的热度；若是你的短视频定位是美食、育儿类，硬蹭热点的话，蹭得不好还可能招来批评。

四、不要只想着蹭热度，不注意热点的真实性

一些运营者知道热点有时效性，在某一热点出现后便会立即行动。因为太着急，他们根本没有查证热点的真实性。若是热点不真实，不仅不利于流量提升，还可能损害声誉。

比如，"女大学生支教，被要求和村民结婚"这一消息在网上迅速传播，很多自媒体公众号为了博眼球、跟热点而疯狂转载，根本没有核实消息的出处和真实性。结果，这个消息很快被证实是假的，一些自媒体公众号只能自食其果。

还有"汉语被联合国列为全球通用语言"这个消息也被广泛传播。很多用户在积极传播，甚至一些官方媒体也在传播。其

实，从1946年起，汉语就已经是联
合国六大官方语言之一，这个消息
很快被证实是假的（如图6-2）。

五、负面热点，最好不要蹭

热点有正面和负面之分，聪明
的运营者都会追正面热点，因为这
些事件具有正能量，能够唤起人们
的情感共鸣。负面热点则会让人们
反感，若是你的观点稍有偏差，就
会引起一片骂声。

图6-2

六、涉及敏感话题的热点不要蹭

敏感话题包括国家、政治、宗教、历史问题、伦理道德等，
这类话题运营者千万不要碰触。

新型冠状病毒肺炎疫情暴发之后，国家在武汉紧急建立"火
神山""雷神山"医院，以收治那些被感染的病人。一时间，
"火神山""雷神山"成为人们讨论的热点。某地一家理疗馆竟
然蹭起这个热点，抢着注册"火神山"商标，打算用它来命名理
疗馆。这个行为不仅遭到有关部门的严令禁止，还遭到广大网友
的严厉批评和声讨。

七、涉及明星的不确定新闻的热点不要蹭

　　短视频平台有很多关于娱乐点评、娱乐爆料类的内容，透露一些某些明星、艺人的八卦消息。这些消息大多没有经过确认或根本就是杜撰的，若是某一消息成为热点，运营者千万不要急着蹭，否则可能会给自己带来很大的麻烦。

　　总之，蹭热点确实能给短视频带来巨大流量，但很多热点是蹭不得的，很多热门也是上不得的，否则不仅会白白浪费时间和精力，还可能给自己带来麻烦。

依赖单一平台，有时平台比你"死"得快

前面已经讲过多渠道运营的优势，希望运营者能明白"只有把鸡蛋放在不同的篮子里，才能实现更好的运营"这个道理。可有些人却依然陷入一个误区，认为只在一个平台发布短视频就可以了，没必要在其他平台上花时间；多渠道运营是大V、团队的运营策略，普通用户没必要浪费时间……

事实上，只依赖单一平台，不管是对大V还是普通用户来说，都是弊大于利。

一、依赖单一平台，大大降低渠道分成收益

对短视频运营新手来说，渠道分成是最直接的收入来源。各平台的渠道分成不同，如今日头条，发布10个短视频，新手期过后，推荐短视频超过10个就可以申请分成；一点咨询，发布30个短视频，账号开通超过30天后，被推荐短视频超过25条可以获得分成；美拍、抖音、快手等平台，粉丝打赏后，运营者可以得到渠道分成。

运营者多渠道发布短视频，可以利用各平台的分成优势最大

限度地变现。

二、依赖单一平台，会错失很多机会

在短视频平台竞争激烈的情况下，各平台都积极想办法争取更多的用户。有些平台会举办一些活动，邀请用户参加；有些平台会给予用户一些优惠政策；有些平台会加大短视频的推荐力度……

有了平台的支持，运营者的流量会迅速提升，快速形成一定规模的粉丝群。若是运营者只依赖单一平台，就可能错失其他平台提供的机会。

三、单一平台发布，很容易陷入瓶颈

各短视频平台定位不同，内容定位也有所不同。抖音侧重时尚、潮流，美拍侧重美妆、美食、穿搭，西瓜视频则侧重游戏……

运营者看中"抖音"的火爆程度，把全部资源投在这个平台上，很可能迅速获得几十万甚至更多的粉丝。之后，账号的粉丝量会持续增加，但速度和幅度会逐渐减慢，甚至达到瓶颈。若是多个渠道同时发布内容，实现账号矩阵式发展，整体粉丝量就会成倍增加。

四、依赖单一平台，容易被后起之秀超越

短视频行业迅猛发展，某平台不可能一直处于行业领先地位，其他平台也不可能始终屈居人下，甚至有些平台还可能因为种种原因被淘汰。

比如，2015年，因为有强大资本的支持，微视、快手发展势头良好，处于行业领先地位。后来，微视因为种种原因而迅速陨落，用户大量流失；快手也因为内容问题被整顿，被抖音、火山等平台超越。

因为这两个短视频平台自身的问题，很多运营者失去大量粉丝，不得不再选择其他平台重新开始，从而被后起之秀超越。

五、依赖单一平台，不利于引流和变现

只依赖单一平台，即便你的流量再大，转化率也会有所降低，从而影响变现。多渠道发布、推广，则可以克服这一问题。所以，运营者千万不要忽视这一点。

短视频运营，最忌讳从来不做数据分析

流量基于大数据而产生。任何平台算法都是以大数据为基础的，包括点赞量、评论量、完播率、转发率等。可是，很多短视频运营者从来不做数据分析，有些人觉得自己没有精力做，有那个时间还不如多发些短视频；有些人则认为没有必要做，只要把内容做好就可以了。

这些想法都是错误的。如果不做数据分析，运营者就无法看到自己的优势和劣势，更无法实现流量和变现的最大化。大数据可以体现每个短视频所获得的成绩，也可以体现粉丝对每个短视频的反馈。

只有善于定期分析数据，运营者才能做到精细化运营，并且把短视频做得越来越好。

下面来了解一下运营者应该分析哪些基本数据（如图6-3）：

一、短视频的固有数据

这些数据包括发布时间、视频时长等，是固定不变的，只和视频本身的属性有关。

通过研究发布时间这一数据，运营者可以知晓哪个时间段的短视频点赞量、评论量最高，哪个时间段是黄金发布时间，从而调整发布时间。

研究视频时长这一数据，运营者可以知晓短视频的最佳时长，更好地提升粉丝的观感。

短视频的固有数据	发布时间	视频时长
播放量	被点开次数	被推荐量
完播量	完播率	复播率
点赞量	评论量	转发量	收藏量
同期数据		同类数据
爆款短视频数据		

图6-3

我们时常看到这样的短视频：有人发布一个拆快递的短视频，时长已经过半，可快递还没有拆开，甚至短视频结束了，粉丝都没看到里面究竟是什么东西；一个搞笑的短视频，可到关键时刻戛然而止，时长不够……这样的短视频，怎么能吸引人？恐怕只能得到人们的吐槽吧。

二、播放次数——播放量

播放量是衡量短视频是否受欢迎的重要数据，是指短视频被点开的次数。播放量高的短视频，点赞量和被推荐量才有机会升高。

运营者应该根据播放量的高低调整短视频的内容、文案、配乐、标题等关键元素，争取提高播放量。如果你的短视频内

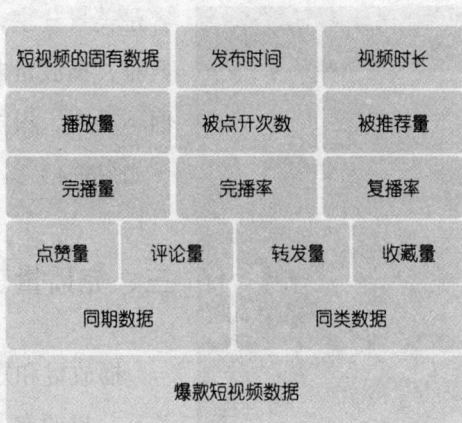

图6-4

容是美景分享，文案清新优美、配乐典雅，播放量非常高，就应该在这方面下功夫，根据粉丝喜好改进短视频（如图6-4）。

三、完播量、完播率、复播率

播放量和短视频是否播放完没有关系，只要有人点开一次，播放量就提高一次。但是这一系列数据就不一样了，它要求粉丝把短视频看完，不能中途退出。完播率便是其中一个重要数据。

此外，还有完播量、复播率两个数据。完播量是指粉丝从头看到结尾、看完短视频的次数。完播量越高，完播率也就越高，说明短视频内容越吸引人、越优质。

复播率是短视频被重复播放的比率。复播率越高，说明短视频越受人欢迎，转发率也就越高。运营者应该学习分析这一数据，找到吸引粉丝的因素，提升短视频的整体质量。

四、点赞量、评论量、转发量、收藏量

点赞量、评论量、转发量、收藏量等数据都属于互动数据，是粉丝对短视频内容的直接反馈。运营者可以在短视频首页直接

看到这些数据，也可以通过平台后台查看。

　　想要提高这些互动数据，运营者必须提高短视频质量，抓住粉丝群体的喜好和需求心理。同时，加强与粉丝互动，引导粉丝积极参与评论，或许一个"神评论"就可以增加大量粉丝。

五、同期数据和同类数据

　　同期数据是指同一时间内同一短视频在不同平台的播放量。同类数据是指与自己相同题材的短视频在同一平台的播放量。

　　分析同期数据，可以让运营者分析不同平台粉丝的喜好，以便根据受众群体为自己的短视频设计合适的文案，或是选择短视频内容的方向、侧重点。分析同类数据，可以让运营者知晓竞品优势，调整运营策略。

六、爆款短视频数据

　　同样是做美食类短视频，为什么别人能成为爆款，点赞量和播放量都高达百万，转发率和评论量也有十几万，而自己的关注者就寥寥无几，短视频毫无水花呢？

　　运营者想要打造爆款短视频，就应该认真分析爆款短视频的相关数据，把自己的短视频和爆款短视频进行科学对比，然后总结经验，调整运营策略。

运营时，持续关注平台动态

什么是平台动态？

很简单，就是平台官方的政策动态、官方活动动态以及功能动态。

政策动态，包括平台发布的新政策，如渠道分成变化、短视频时长变动、直播权限变动、官方公告等。官方活动，包括各节日举行的活动、挑战活动、比赛等。功能动态，包括平台新推出的滤镜、特效、道具等。

对运营者来说，平台动态非常重要。只有掌握平台的政策动态，根据平台政策调整运营方向，才能使账号得到更好的发展。比如，抖音开通了直播权限，但鼓励用户通过直播分享生活、展示技艺，禁止低俗竞争、诱导打赏，严禁未成年人打赏。若是主播诱导未成年人打赏，就可能被严厉惩罚，甚至会封号，并被追究法律责任。

只有持续关注平台动态，积极参与平台举办的活动，才能抢占先机，赢得大流量。

比如，各平台会定期举行一些活动，如抖音的"援鄂复苏计划""蹦蹦大作战""一起云跳樱花舞挑战""最dou吃货季"等，快手的"最美民歌音乐会""快手厨房""快手模仿大赛""健身动作大挑战"等，美拍的"美拍人气王""童年时光机""节奏快闪拼图""躺舞大赛"，还有火山的"全民书法秀"（如图6-5）……

图6-5

一个用户参加了"快手模仿大赛"活动，短视频播放量达到189万，引起大量粉丝的评论。一个用户参加了"蹦蹦大作战"活动，点赞量达到18万。她参加的"潜水艇大挑战"，也赢得160多万人点赞，评论量超过4万，转发量也高达2万。

对于平台新推出的一些特效、道具，用户若是积极尝试，平台会优先推荐，以提高特效和道具的关注度、使用量。比如，一位火山短视频的用户使用了"慢慢变老"道具，短视频点赞量达到6.5万；一位抖音的用户使用了"奇妙三连拍"特效，得到几万粉丝的点赞。

总之，运营者应该持续关注平台动态，寻找适合表现自己的机会，这样才能更好地运营短视频。

想着后端，但也不能忽视前端

前端思维是营销学中最重要的概念。前端是指为用户生产、提供产品和服务，确保产品符合用户需求的过程。后端则是指把产品卖给用户，从而得到利益的过程。前端思维，注重满足用户需求，后端思维则注重自己的利益。

不管任何领域、任何产品，若是只想着后端的收益，忽视前端的付出，最终只能得不偿失。短视频运营也是如此。短视频的前端是根据粉丝的需求，制作出高品质的短视频内容，然后通过用户运营增加粉丝黏性，进一步实现引流；后端则是利用流量来变现，促进红利的最大化。

很多运营者却陷入了一个误区：只关注后端，想办法变现，如直播卖货、广告收益等，却忽视了前端付出，不再持续输出高品质的内容。如此一来，运营者也会快速陷入困境，使得粉丝大幅度流失，让变现陷入困境。

那么，运营者应该如何实现前端和后端的和谐统一呢？

一、想要后端获利，必须在前端提供优质内容

内容的优质性是短视频能否变现的关键。运营者想要后端获得更多红利，就必须在前端尽最大努力，为粉丝提供高质量、有价值的内容。

二、想要后端获利，必须持续提升账号价值

想要后端获利，运营者必须提升账号价值，让账号成为某一领域的大V、某一行业的意见领袖，如此一来，账号的粉丝黏性和变现能力才会大大提升。

三、重视前端，同样不能忽视后端

重视前端，并不意味着忽视后端。毕竟，后端才是短视频实现盈利的关键，也是变现的核心。运营者做好前端之后，同样应该重视后端的盈利，设计多样化的变现模式。

只有更好地结合直播、广告、电商、内容付费等变现模式，最大限度地把粉丝转化为消费者，后端才能最大限度地盈利。

所以，运营者想要走得更长远，不能只想着后端盈利，忽视前端；也不能只重视前端，而忽视后端。只有把前端和后端更好地结合起来，才能实现短视频内容和变现的双赢。

轻易删除视频，粉丝流失快

持续输出内容，对短视频运营非常重要。同样的道理，保持账号的稳定性对短视频运营也非常重要。因此，在日常维护账号时，运营者不要陷入这个误区：轻易删除短视频内容。

很多运营者认为，想要维护账号的优质性，就必须保证每个短视频都是高质量的，必须有高点赞量和高评论量。如此一来，粉丝来到主页之后才会对账号和短视频产生好印象。于是，这些运营者会定期删除一些"数据不好看"的短视频，维持账号的整体高水准。

还有一些运营者认为，新手期拍摄的一些短视频不够完美，应该在账号走上正轨后及时删除。或是认为初期的短视频内容与账号定位不太搭，可能会给粉丝留下不好的印象，应该在账号运营良好后及时删除。

事实上，这些做法都是不可取的。尤其是那些还在稳定成长期的账号，千万不要轻易删除短视频。因为删除短视频会对账号权重产生很大影响，进而影响平台对短视频的推荐。

同时，轻易删除短视频很可能导致粉丝流失。那些点赞量并不高的短视频也会吸引少数粉丝的关注，一旦粉丝发现运营者删除了之前的内容，便会对账号产生不好的印象，从而不再愿意关注。

　　因此，对于任何短视频，运营者都不应该轻易删除，而是能不删除就不删除。那么，运营者应该如何管理账号，处理这些短视频呢？

一、不想让粉丝看到的短视频，可以设置成私密

　　运营者删除那些"数据不好看"的内容，目的是给粉丝留下好印象，增加粉丝的忠诚度。其实，若是不想让粉丝看到某个短视频，只要把它设置成私密就可以了。

　　这个功能相当于文件隐藏，不会影响账号的整体数据和权重，也不会减少账号被推荐的机会。

二、增加与粉丝的互动，增加短视频的播放量和点赞量

　　对于那些点赞量低的短视频，运营者也不能放任不管。运营者可以多参与评论，或是邀请好友来评论，使评论区活跃起来。或许这样就可以增加短视频的人气，提高播放量和点赞量。

三、有些短视频必须删除

　　虽然我们不提倡删除短视频，但是有些短视频是必须要删除的，如那些涉嫌违法行为、盗用他人视频、涉嫌危险行为、涉嫌

虚假信息、涉嫌低俗内容等短视频。虽然现在各大短视频平台都会对短视频内容进行严格审查，但也有误审、漏审的情况。

这时候，运营者千万不能抱有侥幸心理，企图蒙混过关。若是短视频内容触犯了平台禁忌，必须及时删除相关内容，否则轻则被下架、降低权重，重则有被封号的危险。

新媒体营销

新媒体运营

张爱萍◎编著

吉林出版集团股份有限公司
全国百佳图书出版单位

图书在版编目（CIP）数据

　新媒体营销.新媒体运营/张爱萍编著.－－长春：
吉林出版集团股份有限公司,2020.8
　ISBN 978-7-5581-8943-2

　Ⅰ.①新… Ⅱ.①张… Ⅲ.①网络营销 Ⅳ.
①F713.365.2

　中国版本图书馆 CIP 数据核字（2020）第 141498 号

前　言

　　20年前的你，在依赖他人喊你起床工作时，绝对想不到20年后，智能AI会不厌其烦并温柔地对你说"您该起床了"；

　　20年前的你，在依靠电视、收音机、报纸获取外界信息时，绝对想不到20年后在一部手机上就能搜索到一切自己想要的信息；

　　20年前的你，在以走亲串友为娱乐时，绝对想不到20年后可以通过互联网进入恢宏壮观的网络、游戏新世界；

　　20年前的你，在抱怨逛街好累时，绝对想不到20年后坐在家中就能购买到天南地北的货物；

　　……

　　科学的发展，使互联网诞生了，而互联网的发展，使新媒体诞生了。新媒体作为"第五媒体"，它是在传统媒体的基础之上发展起来的，但在本质上，又与传统媒体有很大的区别，因为它依附于互联网。

　　移动终端的普及，令新媒体就像是空气，侵入了人们的生活、工作、娱乐、社交等每一个方面，如今已与人如影随形。新媒体发展至今，大致可分为手机新媒体、数字电视新媒体、互联网新媒体、户外新媒体等类型。新媒体令人们的生活发生了翻天覆地变化的同时，也催生出了新的经济模式。

因为新媒体传播快、多元化、低成本等特点，令很多企业、商家或个人在看到它巨大的商业价值和广阔的市场空间后，逐渐发展出了新媒体运营。什么是新媒体运营？其实就是利用互联网在各大新兴媒体平台上对产品进行宣传、推广，最后利用粉丝流量达到营销的手段。简而言之，就是对内衔接企业产品，对外衔接用户。

新媒体的发展历程很简短，但是它的价值令新媒体平台如雨后春笋一般纷纷冒出，如今有着庞大用户量的新媒体平台有微博、微信、抖音、今日头条等。企业、商家或个人想要获取最大的商业价值，就不得不对这些新媒体平台进行运营。从本质上说，这些平台都属于新媒体平台，但在运营模式上却有着显著的区别，一旦掌握不到各平台的运营技巧，不仅不能实现营销，还会浪费人力、物力和时间。

本书在详细阐述什么是新媒体、新媒体的发展历程的同时，也会逐个讲述各大新媒体平台的运营技巧、文案的撰写技巧，以及自品牌的营销之道。此外，本书还配有大量图文，辅助读者能更快速地学习和认知新媒体的运营。

虽然新媒体运营的门槛很低，但在不了解的情况下就去运营的话，无疑会屡屡碰壁，而本书十分适合新媒体从业者学习和使用，帮助其少走弯路。

目 录

第四章　微信运营:线上线下,握在手里的"朋友圈"

第五章　抖音运营:小视频,引爆大流量

第六章　新媒体,文案就得这么写

第一章

新时代信息传播，从认识新媒体开始

互联网的发展颠覆了传统媒体的格局，新媒体的出现，在改变了人们生活方式的同时，也推动了新的经济模式的发展。本章将具体介绍什么是新媒体，什么是新媒体运营。

第一节 新媒体究竟"新"在哪里?

媒体,又被称为媒介,这是因为媒体是传播信息的媒介。通常来说,媒体既能作为承载信息的物体,也能作为传播信息的手段。

在过去,媒体是传统的,主流媒体有电视、广播、报纸和杂志周刊,而户外媒体也局限于路边的印刷式广告。传统媒体将信息传播或承载的闭塞性、局限性展露得淋漓尽致。不过,随着时代的发展和科学技术的进步,传统媒体发展出了新的媒体,即新媒体。

什么是新媒体

"新媒体"一词是由英语"New Media"翻译而来,而"New Media"最早可追溯到1967年,由美国一位媒体工作者提出并定义。后来,新媒体在全世界范围内广泛传播,并流行起来。

新媒体是在传统媒体的基础上发展起来的,但是和传统媒体又有着很大的差别,因此也被称为第五媒体。新媒体所展现的媒体形态与当下的科学技术息息相关，譬如数字杂志、数字报纸、手机短信、移动电视、数字电视、网络等，都可以被称为新媒体。

新媒体的概念与传统媒体是相同的，都是以某种技术通过某种渠道向某个终端提供承载和传播的服务。不同的是，新媒体的概念更为广泛。

从技术上来说，新媒体的技术是前卫的，它采用了数字技术、网络技术和移动通信技术，因此新媒体也有数字化媒体之称；从渠道上来说，新媒体的承载和传播的渠道极具覆盖性，像互联网、宽带局域网、无线通信网、卫星等，都是新媒体运营渠道；从终端上来说，传统媒体的终端有电视、报纸、杂志等，而新媒体的输出终端在科学技术的支持下，以电脑、手机、互联网电视等为终端；最后是服务层面，新媒体既包含了对用户的信息提供，也起到了对用户进行娱乐服务的作用。

总体来说，新媒体的发展与传统媒体相同，都是基于技术发展之上的。所以，新媒体也是新技术下的产物。

在同一领域中，一种事物的兴起，意味着另一种事物的衰落。新媒体作为传统媒体衍生出来的产物，它的高速发展、传播方式，无疑会对传统媒体造成冲击。

新媒体对传统媒体造成的冲击有哪些呢？

第一，对报纸行业的冲击。在过去，报纸是传统媒体输出信息的主要方式，也是人们获知信息的渠道之一。因为人们的需求，令过去的报纸行业发展得十分稳定。但是，随着新媒体的发展，人们在网络中就可以随时随地获知需要的信息，了解时事新闻，因为便捷、省时省钱等优点，令新媒体遏制了报纸行业的发展，时至今日，报纸行业的效益仍在以极快的速度下滑。

第二，对电视行业的冲击。在互联网没有发展、普及之前，人们观看电影、电视剧，以及其他节目，只能通过电视，而电视上的节目具有定向性和时间限制性。新媒体的发展，令电影、电视剧越来越多样化，观众可以在各大视频的平台上自己选择观看的节目、观看的时间。网络视频的多样性、自由性无疑对传统的电视媒体造成了冲击。

第三，对广播行业的冲击。广播的传播方式是音频，并且具有一对多的传播特点。而新媒体的传播方式是多对多的互动传播，同时具备了点播、下载等功能。这意味着，传统广播不主动与新媒体相融合，恐难有发展的前景。

新媒体的发展是日新月异的，它迅速地改变着世界，改变着人们的生活方式。这也意味着，传统媒体不朝着新媒体改变，将很难有出路。也正因如此，令新媒体的演进历程经历了三大阶段。

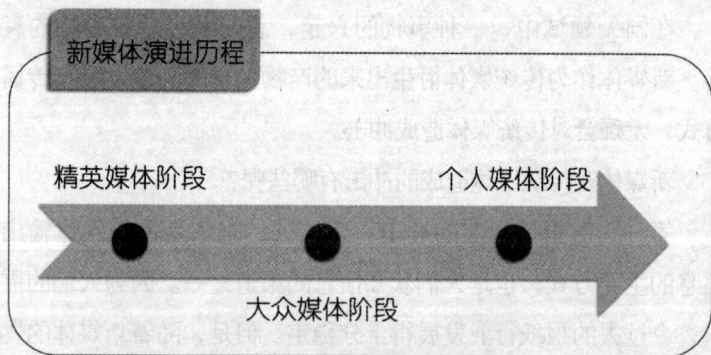

图1-1-1　新媒体演进历程

1.精英媒体阶段

这个阶段是基于传统媒体基础之上的，因为这个阶段的新媒体从事者，多数是从传统媒体过渡而来的，他们具备了专业素质、文化素质，以及更为先进、丰富的媒介资源，因此，才会被称为精英媒体阶段。这类人群除了推动新媒体的高速发展外，也是新媒体发展的第一批受益人。

2.大众媒体阶段

这个阶段的发展离不开这样几个原因：第一，精英媒体的推动与发展。新一批新媒体人令信息传播的内容和形式更为多样化，从而改变了人们对媒体的认知；第二，新媒体的传播成本更为低廉，传播速度快，传播的方式也更为便捷；第三，终端的普及。现如今，几乎人手一部手机，而数字电视、电脑也成了很多家庭的必备设备。在终端的支持下，令新媒体越来越普及化。所以，新媒体由精英媒体发展成了大众媒体。

3.个人媒体阶段

随着新媒体技术的发展和普及，诞生了许多的新媒体平台和资源。人们认知到了什么是新媒体后，便利用新媒体的众多平台来发表个人的观点，达到传播信息、盈利等目的。

新媒体的发展历程是必然的，它改变了传播者与接受者的固定方式，令传播的方式和内容多样化，令新媒体的发展欣欣向荣、百家争鸣。

新媒体的类型和特性

在传统媒体的基础上，新媒体在技术发展下，又拓展出了新的类型，通常来说，新媒体有如下类型：

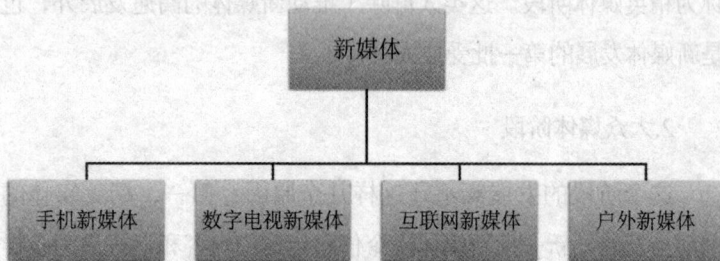

图1-1-2　新媒体的类型

1.手机新媒体

手机除了能实现人与人之间远距离的交流外，也有着传播信息的作用。在通信技术的持续发展下，手机的功能越来越向电脑靠拢，甚至比电脑更容易携带，手机媒体也走出了地域性限制和固定终端的限制，可以随时随地地传播信息和承载信息，这也令新媒体的发展越来越大众化和个人化。

2.数字电视新媒体

传统媒体也包含了电视媒体，但传统媒体中的电视媒体存在着传播或接收信号慢、清晰度低等弊端，而数字电视媒体克服了过去的电视媒体的种种弊端，从演播室到发射、传输、接收等所有环节，都是使用数字信号来传播，既保证了传播速度，又保障了数字电视的清晰度，给人一种与过去截然不同的观看体验。

3.互联网新媒体

互联网新媒体是新媒体的主要组成部分，互联网新媒体包括了网络电视、博客、视频、微博、电子杂志等。

其中，网络电视以宽带网络为载体，达到向用户提供视讯服务的新媒体类型。网络电视内容多样化，有电视剧、电影、动漫、体育、娱乐、音乐、教育、直播、原创等多个分类，同时也具备了自由点播、互动性强、收视便捷等优点。博客、微博等是新媒体传播的主流平台，企业或个人可以通过这类平台达到传播信息、进行交流等作用。视频、电子杂志是通过视频影像的纪录、图片、文字、音频等对外传播的新媒体。

4.户外新媒体

传统的户外媒体，通常有街边的印刷广告、纸贴广告，在影响美观的同时，传播速度和范围也存在局限性。而户外新媒体则摆脱了传统户外媒体的传播方式，它以液晶电视为载体，用公交电视、地铁电视、航空电视、大型的LED屏来达到传播的目的。

因为新媒体的多种类型，使得新媒体成了越来越全球化的媒体。

新媒体能高速发展，被人们所接受，也与它的几个特性有关。

1.传播方式个性化

以往的传统媒体都是大众化的，不会考虑信息是否是个人需求的，所以对个人而言是被动的。但新媒体不同，新媒体达到了个性化的目的。譬如下载了一个新闻类的App，在App的初始页面，会很人性化地让人选择比较关注的领域，如果选择体育竞技、科技等标签，那么就会多推送相关的信息，达到满足个人需求的目的。

2.表现形式多样化

传统媒体的表现方式是文字、音频、画面的单一传播，并且还具有枯燥、呆板的特点。新媒体的表现方式则将文字、音频和画面融为了一体，令要传播的信息更为丰富，更为多样化。

3.新媒体受众主导

传统媒体是"主导受众型"，信息的传播与发布只能是媒体，存在了很大的局限性。而新媒体却是"受众主导型"，个人可以对传播的内容进行互动、检索，譬如在某平台观看视频或阅读文章，可以留下相关的评论。此外，个人还可以在新媒体平台上发布信息，拥有主导权。

4.信息传播即时化

传统媒体的信息传播速度不够及时，这就导致信息接收慢。譬如一条新闻，往往在很多天后，才被人们所得知。新媒体却极具实时化，并且不受地域和时间的限制，令信息能迅速地发布出去，最后达到广泛传播的目的。

当然，新媒体也存在着诸多的弊端，譬如信息的粗制滥造、失真等。而这些弊端也是新媒体发展过程中的必然产物。

新媒体是如何盈利的

新媒体运营的目的是什么呢？一是为了树立企业形象，对品牌进行宣传；二是为了盈利。事实上，不管是树立企业形象，还是宣传品牌，最终的目的都是为了盈利。

新媒体主要有这样一些盈利模式：

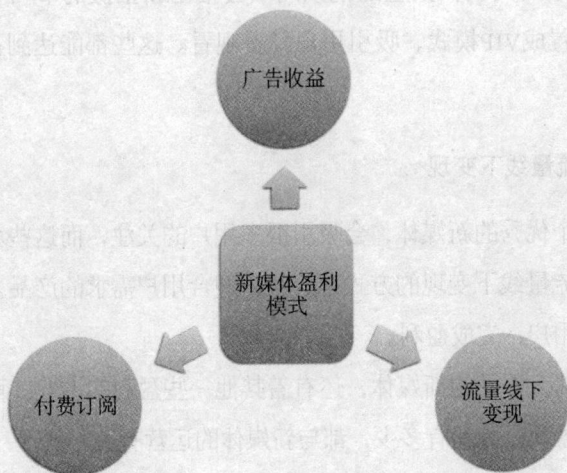

图1-1-3　新媒体盈利模式

1.广告收益

广告会给新媒体带来收益，而广告收益也是新媒体最普遍的盈利方式。以某门户网站为例，我们通常会看到两种方式的广告，一种是软广告，另一种是硬广告。所谓的软广告是新媒体在运营时，在发布的内容中插入广告相关的部分，或是用情景模式专门发布一篇广告的文章或视频，这种广告是润物细无声的。而硬广告是指在网站页面、文章页面或视频植入固定的广告。但是，不论是何种投放方式，广告都能给自媒体人带来收益。

2.付费订阅

优秀的新媒体所发布的内容都是原创的，譬如以发布实用性、研究性内容为主的新媒体，往往会将内容设置成收费模式，即订阅才能阅读；大型的视频网站会推出新拍摄的节目、网络剧，设置成VIP模式，吸引用户付费观看。这些都能达到盈利的目的。

3.流量线下变现

一个优秀的新媒体，会吸引很多用户的关注，而这些就是流量。将流量线下变现的方式有：打造迎合用户需求的产品。将产品卖给用户，完成盈利。

当然，不同的新媒体，还有着其他一些盈利的方式。而新媒体是否盈利，盈利有多少，都与新媒体的运营有关。

第二节　自媒体到底是什么东西？

自媒体，是指普通大众通过输出终端在新媒体平台对外发布信息的传播方式，具有多样化、平民化等特点。后来，自媒体衍生出了两个概念，即狭义自媒体和广义自媒体。

自媒体概念

狭义自媒体，是指以个人为单位进行内容创作和信息发布，拥有独立的自媒体用户号，譬如个人博客、个人微信号等。

广义自媒体，是以群体、企业为单位进行的内容创作和信息发布，而自媒体用户号不属于个人，属于企业或集体。

传统媒体的自我定位是观察者和传播者，在采集信息、编辑信息、传播信息等过程中，都是相对分离的，经由不同的人完成。而自媒体的定位是"自我言说"，采集、编辑、传播信息的过程经由个人完成。也就是说，任何人都可以将自己的想法和创作进行对外发布，成为自媒体人，这也标志了自媒体运营的门槛低。

通常来说，自媒体内容的表现方式有视频、音频、文字、图片等。自媒体发展至今，在内容上并没有统一的标准和规范，所发布的内容都是由自媒体人自我决定的。而运营自媒体的平台，有微博、博客、论坛、各大视频网站等。

在互联网未普及前，媒体是"主导受众型"，主动权掌握在少数的媒体从业者手中。随着互联网与终端的普及，新媒体平台如雨后春笋般不断冒出，自媒体也发展了起来。

自媒体一词是由英语"We Media"翻译而来，最早是由美国人提出并定义。时至今日，自媒体的发展经历了三个阶段。

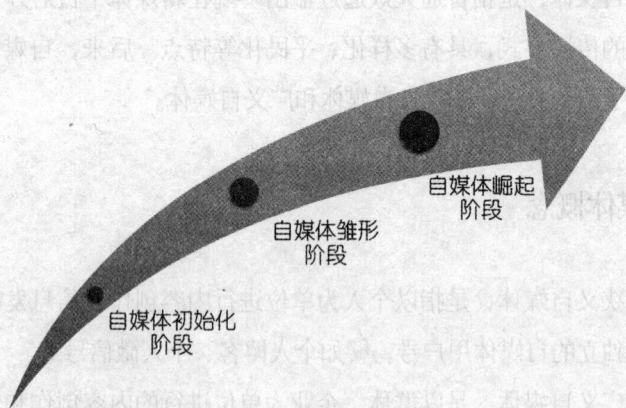

图1-2-1　自媒体的发展阶段

1.自媒体初始化阶段

这个阶段主要以BBS为代表。"Bulletin Board System"，即网络论坛，简称"BBS"。在最初的时候，BBS仅用来公布股市价格和走向等信息，随着网络的发展，BBS发展为行业交流的地方。而最早的自媒体人会在BBS上发表自己擅长的内容，与他人互动、交流。

2.自媒体雏形阶段

这个阶段新媒体平台还很单一，主要平台有博客、个人网站、微博等。在这些平台上，可以发布文章、图片、音频或视频。这个时期个人终端还没有普及，因此鲜少有人意识到自媒体可以盈利。

3.自媒体崛起阶段

这个阶段新媒体平台逐渐发展起来，譬如微信公众号、门户网站、视频网站、电商平台、直播网站等，而这些都可以运营自媒体。个人终端与互联网的普及，令人们认识到自媒体，了解到自媒体的盈利性。因此，越来越多的人投入到自媒体领域中，令自媒体迅速发展。

自媒体发展弊端

在当代，自媒体是一种新生职业，正处于摸索成长的过程。也因此，自媒体行业有诸多方面存在不规范的地方，暴露出种种弊端。这对运营自媒体平台的新媒体的发展是极为不利的。认知

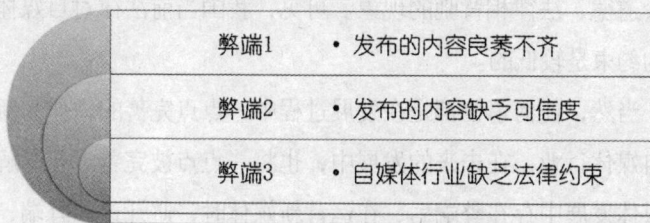

弊端1	• 发布的内容良莠不齐
弊端2	• 发布的内容缺乏可信度
弊端3	• 自媒体行业缺乏法律约束

图1-2-2 自媒体发展弊端

了这些弊端，有益于新媒体人更好地运营。那么，自媒体发展中的弊端有哪些呢？

1.发布的内容良莠不齐

自媒体的门槛较低，只要有自己的想法，都可以进入自媒体行业。可以说，人人都能成为自媒体。也正是因此，导致整个自媒体行业发布的内容良莠不齐，即一些内容极优秀，一些内容极低俗劣质。

2.发布的内容缺乏可信度

传统媒体在发布内容时，从采访到编辑，从成稿到定稿，都会经过严格的审核，这使得发布的内容可信度高。而自媒体因为门槛低，一些自媒体人为了吸引流量，往往不去核实，仅凭道听途说，就发布缺乏可信度的内容，拉低了自媒体行业的整体可信度。

3.自媒体行业缺乏法律约束

传统的媒体人都需要从业资格证，对所发布的内容尽量做到认真负责，迎合法律与社会道德。而人人都能入行的自媒体，在这方面显然有所欠缺。因此，许多自媒体发布的内容，都存在与社会道德、法律相背驰的现象。可见，我国当前法律对自媒体行业的约束是较低的。

当然，任何事物都是在发展过程中一点点完善的，作为新生的自媒体行业，在未来的发展中，也将一点点被完善。在了解到自媒体发展中存在弊端后，在运营新媒体时，避开这些弊端，有利于将新媒体运营成功。

第三节 新媒体与自媒体的区别

随着互联网的普及和终端的普及，新媒体在传统媒体的基础上横空出世，与此同时，自媒体也初露尖角。因此，新媒体和自媒体都是互联网时代下的产物，它们依附于互联网而生。新媒体和自媒体都有别于传统职业，它们同是新兴职业，具有时代特性。

虽然，新媒体与自媒体都有"媒体"二字，但事实上，两者有着极大的区别。

图1-3-1 新媒体与自媒体的区别

概念不同

新媒体是传统媒体的衍生物，也是新技术下的产物，它没有脱离传统媒体，但与传统媒体又有着极大的不同，因此才被命名为新媒体。新媒体的表现形式有数字杂志、数字电视、手机短信、门户网站、新闻客户端、视频网站、触摸媒体等。自媒体，也称"个人媒体"，是指个人或团队利用输出终端在自媒体平台对外发布内容，譬如微博号、企鹅号等。

运营方式不同

新媒体通常是企业用来树立企业形象的，而自媒体是用来打造个人形象的。两者的受众也不同，前者受众是订阅者与用户，后者受众是粉丝。

自主选择不同

在传播信息上，新媒体占据被动，自媒体占据主动。因为新媒体发布的内容受群众主导，以迎合群众来树立企业品牌，而自媒体发布的内容受自己主导。相对而言，自媒体要比新媒体更为自由和个性化。

盈利模式不同

新媒体的收益有广告位、订阅、流量分成等，而自媒体的收益依靠平台的发放。

第四节 如何才能成为合格的新媒体人？

新媒体的运营，规模小的时候，可以由一人或几人完成，但随着规模的扩展，个人或几人是无法维持新媒体运营的，因此，需要对外招聘人才。新媒体发展至今，具体有哪些岗位呢？

对此，我们可以点开新媒体的网页，在首页的最下方，可以找到"诚聘英才""招聘人才"的窗口。点开窗口后，就可以找到新媒体需要的岗位。当然，也可以在招聘网站直接搜索新媒体运营，会有很多新媒体发布的招聘信息。

新媒体的工作岗位和职责

一般来说，新媒体的工作岗位无外乎编辑、策划、营销、客服、运营专员等。每一个岗位展开的工作内容也都不同。譬如编辑主要负责内容的编写和管理；客服主要负责接待用户，了解用户的需求；策划需要负责线上线下的活动；运营专员主要负责整个运营的过程；等等。但不管是何种工作岗位，新媒体人都需要面对这样一些职责：

负责对新媒体平台日常内容的策划、撰写、发布、更新、维护和管理；负责与其他平台互动，策划线上和线下活动；了解用户需求，提高用户的关注度和活跃度，吸引新的流量；负责对产品的宣传和策划；负责策划营销活动和跟踪维护；关注新媒体发展趋势，寻找新的突破点；等等。

新媒体人需具备的八大素养

相对于自媒体来说，新媒体对从业人员的要求要高了许多。因为新媒体平台的运营成功与否，与新媒体人的职业素养息息相关。那么，一名优秀的新媒体人，要具备哪些职业素养呢？

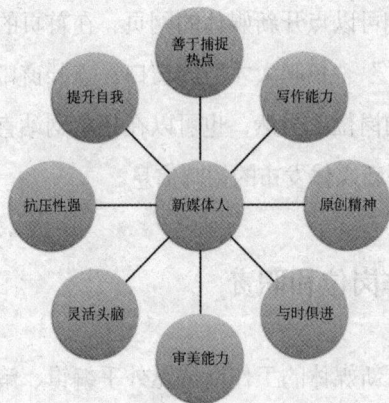

图1-4-1　新媒体人的必备素养

1.善于捕捉热点

正如之前所说，新媒体只有迎合群众的需求，才能吸引住流量。倘若不能迎合群众，最后只能被后浪拍死在沙滩上。所以，新媒体人必须要具备捕捉热点的敏锐性，以当下的时事热点来吸引流量，借助热点来达成新媒体运营和日常营销。

2.具备一定的写作能力

美丽芬芳的花儿总能吸引人的注意力，同样的，一篇写得荡气回肠的文章，也能抓住用户的心。新媒体运营的日常，都离不开发布的内容。所以，新媒体运营能否成功，与所发布的内容质量是息息相关的。因此，新媒体人必须要具备一定的写作能力。这里的写作能力除了对文采有所要求外，对文章的写作技巧也有要求。

3.具备原创精神

新媒体运营是一个漫长的过程，流量都是一点点积累而来的。譬如新闻客户端，只有坚持发布原创、真实的内容，才能让用户成为固定的用户。因此，每一个新媒体人都必须具备原创的精神。

4.紧跟时代潮流

新媒体作为互联网时代的产物，无疑与时代潮流相应和。作为一名新媒体人，必须要紧跟时代的潮流，将目光看得更为长远。因此，在做新媒体运营时，要迎合大众的口味，紧跟当下的潮流，不管大众喜欢的是否是我们个人喜欢的。

5.具备较高的审美能力

美丽的东西总能令人赏心悦目，在做新媒体运营时，也少不了与美学相挂钩，譬如网站的规划，发布内容的排版、剪辑等。

但用户看到运营的内容在排版上很合眼缘，便会留下一个好的印象，最终成为固定用户和流量。因此，新媒体人一定要具备较高的审美能力，将美学运用到新媒体运营当中。需要注意的是，这里的美学并不是指华丽，有时候简约也能打动用户。

6.具备灵活的头脑

新媒体作为新兴行业，从业人员必须要具备灵活的头脑。只有灵活的头脑，才能想出好的主意，想出运营的新点子，当用户感到惊喜后，才会成为固定的流量。同时，灵活的头脑也能分析运营的数据，改善运营模式。

7.能够承受职业上的压力

这一点，对任何职业都适用，也是所有企业在招聘人才时所强调的一点。新媒体生存于互联网之下，注定其有别于其他职业。所以，新媒体人加班、出差是常事。不过，既然选择成为一名新媒体人，就要做好承受压力的准备。

8.不断提升自我

新媒体是一个正在发展中的行业，作为新媒体的从业者，也需要跟进行业发展的脚步，不断地去提升自我，这里的提升是多方面的，譬如提升自我文学素养，提升对新媒体发展的眼光，等等。

当具备了以上八大素养时，就意味着这个人成为了一名合格的新媒体人。

第二章
微博运营：站在"热点"的浪尖上

微博是新媒体社交平台之一，总用户数量高达数亿，且用户遍布全球各地。其裂变式的传播特性，使其受到了众多企业和自媒体人的青睐，将其当作营销平台。那么，如何运营微博呢？本章将讲述微博运营的技巧。

第一节　微博营销应该怎么做?

在互联网没有普及，新媒体没有诞生之前，企业或商家对产品进行宣传和推广的途径，有报刊、广播、电视等。利用传统媒体推广，一来传播速度慢，二来宣传不到位，三来企业、商家在传统媒体面前处于被动位置。直到新媒体的产生，才令企业或商家找到了宣传和推广的新渠道，而微博就是营销渠道之一。

什么是微博营销?

微博是一个开放性的社交平台，在微博竞争最激烈的时期，中国有四大微博平台，即新浪、网易、腾讯和搜狐，四大平台的用户量合计在一起是极为惊人的。

因为新浪微博抢占了先机，所以用户数是最多的，并一直在持续发展之中，而其他微博平台运营数年后，纷纷选择了关闭。这就令微博用户纷纷转投新浪。时至今日，新浪已经成了最大的微博平台。

企业、商家或个人在看到微博用户的庞大基数，以及微博信息传播的速度和方式后，敏锐地嗅到了商机，相继注册了微博账户，利用微博来营销。渐渐地，微博营销成为了网络营销的主要战场之一。

准确来说，微博营销的概念有两个分支，一个是企业、商家或个人以微博为平台来创造自我价值的营销方式；一个是企业、商家或个人通过微博平台发现用户的需求并满足用户的需求的商业行为方式，但最终目的还是实现自我盈利。

通常来说，微博营销的注重点有价值的传递，内容上的互动、系统布局，以及准确定位。微博营销涉及的范围也很广泛，譬如用户认证、话题、忠实粉丝、朋友圈、名人博主、整体运营等。

在微博平台上，企业、商家可以向用户传播企业信息、宣传和推广产品信息，以及树立企业和产品形象等。微博的互动性特点，令企业或商家可以通过用户们的评论，及时做出最好的调整。

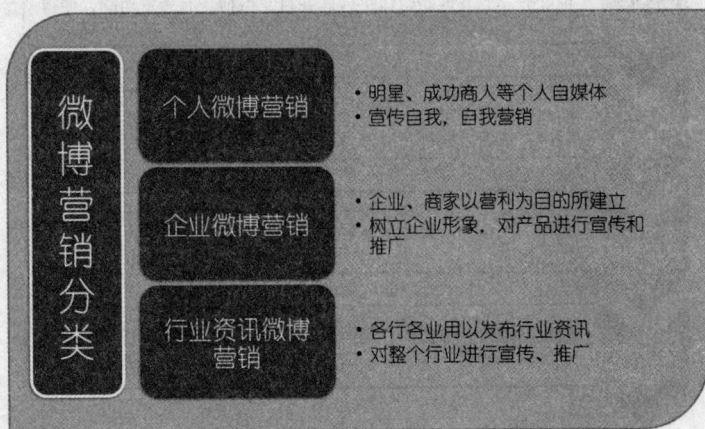

图2-1-1　微博营销分类

微博营销的特点

在互联网和手机没有普及之前，群众了解信息的方式只能是从传统媒体上获知，同时，群众也处于被动接受信息的状态，即传统媒体发布什么，群众只能接收什么。随着互联网和手机的普及，群众也从被动转化成了主动，可以通过手机随时随地搜索自己需要的信息。

对企业、商家来说，放弃网络营销，无疑是放弃大片的市场。所以，在时代的发展之下，网络营销成为了必然。微博作为最大的营销平台之一，具备的特点有：

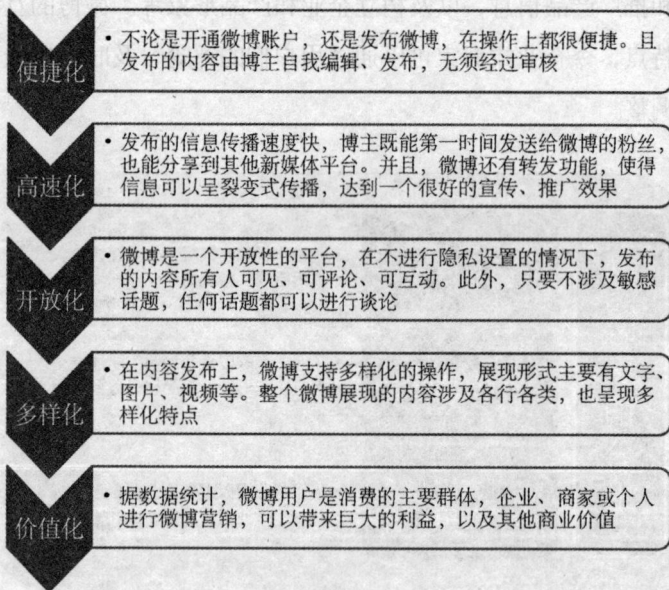

便捷化	• 不论是开通微博账户，还是发布微博，在操作上都很便捷。且发布的内容由博主自我编辑、发布，无须经过审核
高速化	• 发布的信息传播速度快，博主既能第一时间发送给微博的粉丝，也能分享到其他新媒体平台。并且，微博还有转发功能，使得信息可以呈裂变式传播，达到一个很好的宣传、推广效果
开放化	• 微博是一个开放性的平台，在不进行隐私设置的情况下，发布的内容所有人可见、可评论、可互动。此外，只要不涉及敏感话题，任何话题都可以进行谈论
多样化	• 在内容发布上，微博支持多样化的操作，展现形式主要有文字、图片、视频等。整个微博展现的内容涉及各行各类，也呈现多样化特点
价值化	• 据数据统计，微博用户是消费的主要群体，企业、商家或个人进行微博营销，可以带来巨大的利益，以及其他商业价值

图2-1-2 微博营销特点

开通微博前的功课

微博发展至今，几乎人人都意识到了它的价值所在，不管是企业用户，还是自媒体用户，都在持续不断地涌入微博这个平台之中。然而，有些用户能将微博运营得十分成功，吸引到大量的粉丝，而有些用户却躺在角落里无人问津。其中很大的原因，就是没有做好开通微博前的功课。

观察各大新媒体平台会发现，为了吸引用户，这些平台在注册程序上都一简再简，有些平台甚至利用淘宝账号、腾讯QQ号、微信号等其他平台账号，就能一键登录，微博也是如此。在各大平台注册容易，但运营时却是不容易的。

不管是新媒体人，还是自媒体人，都需要明白，不同的平台有不同的属性，只有先弄清楚平台的属性，才有利于运营。因此，在开通或运营微博之前，就要做好分析微博属性的相关工作。

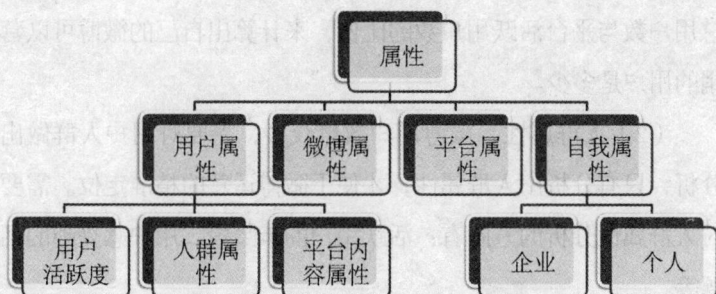

图2-1-3　微博属性分析

1. 微博平台属性

微博虽然属于社交平台，但与其他的社交平台也有所区别。譬如，微博是一个开放性的社交平台，用户除了谈论的话题开放外，所发布的信息也任何人可见，所以它是一个偏向于社会化的社交平台，这一点与QQ、微信存在本质的差别。又譬如，在传播特性上，微博偏向于时事热点，具有媒体传播的特性，所以微博是一个社交媒体平台。再譬如，微博用户之间的关系普遍薄弱，综合说来，微博是一个浅社交媒体平台。

2. 微博用户属性

（1）用户活跃度。不管是运营哪个平台，都需要认知到，平台的总用户是一个虚数，因为其中有大量的"僵尸"用户，常年都不会登录一次，真正的实数是平台的活跃用户数。只有这些活跃的用户，才是微博营销的对象。

每一年，微博平台都会对外发布有关平台用户的报告，其中就含有用户活跃度数据。在进行微博运营的时候，需要根据平台总用户数与平台活跃用户数的比例，来计算出自己的微博可以营销的用户是多少。

（2）人群属性。微博用户数量众多，需要对用户人群做出分析，只有分析出人群属性，才便于微博运营的精准定位。需要对人群属性分析的方向有：活跃用户的年龄段、用户感兴趣的话题等。

根据微博平台发布的用户报告，可以分析出，微博活跃用户偏向年轻化；用户感兴趣的话题有明星、汽车、动漫、时事热点等，且每一年的比例都有变化。在分析这些数据之后，进行微博运营时，所发布的内容与风格可以偏向于年轻化，以及用户感兴趣的话题，因为这部分用户才是消费的主力军，是营销的主要对象。

（3）平台内容属性。微博庞大的用户数，致使平台内容的属性众多，譬如生活类、娱乐类、美妆类、美食类等，而微博每一年都会根据各属性内容的阅读量，对平台的内容属性做一个热度数据分析报告，根据内容属性的数据，可以精准定位微博运营的内容类别。

3. 自我属性分析

在开通微博之前，要分析自我属性，这里的自我属性分为企业和个人。自我属性不同，所运营的方向与方式也都是不同的。

企业微博运营在于对企业树立形象，以及对企业产品的宣传和推广，所运营的内容偏向于企业文化。所运营的其他内容，也是企业产品的垂直领域。譬如美妆类的企业微博，所运营的内容可以为企业美妆产品、时尚娱乐、时尚类时事热点等。精准定位企业文化，不跨大尺度去运营，才能给粉丝留下一个良好的形象。

个人微博运营在于自我形象的树立、吸引用户关注，所运营的内容一定要是自己擅长的、专业的，这样才能得到他人的信服。所运营的其他内容，也为自我擅长、专业领域的垂直领域，切不可跨越大尺度。这一点，在任何的新媒体平台上都适用。

第二节　手把手教你轻松玩转微博

　　新浪微博是国内最大的、也是现今对外开放的微博平台，有电脑版和手机版之分。而不同终端的版本，在注册和使用流程上有一定的区别。

微博的注册流程

1.个人注册

第一步：在网页中搜索"新浪微博"，选择官方网站打开。

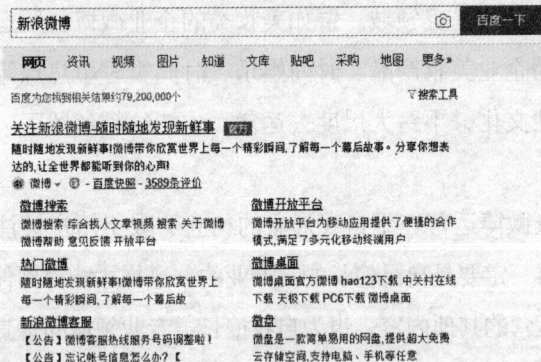

图2-2-1　百度搜索页面

第二步：找到微博登录窗口，点击"立即注册"。此外，还可以点击"其他登录"，用淘宝、QQ等其他平台的账号一键登录。

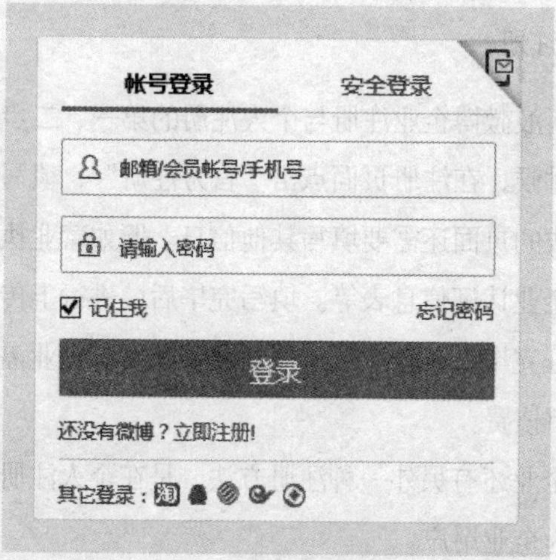

图2-2-2　微博登录窗口

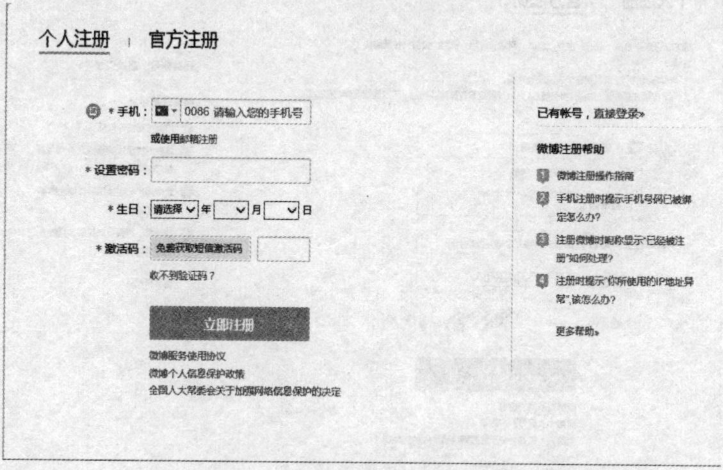

图2-2-3　个人注册信息填写

第三步：新浪注册分为"个人注册"和"官方注册"，点击"个人注册"，填写好资料信息后，点击"立即注册"，新浪账号生成。

2．企业注册

电脑版新浪微博企业注册与个人注册的第一、二步骤相同。在第三步的时候，在注册页面点击"官方注册"，填写完注册信息后，新生成的页面还需要填写其他信息。譬如营业执照、企业认证公函、企业认证信息表等。填写完毕后，进行上传，新浪官方审核、认证完毕后，企业账号即开通。此后，企业需要每年缴纳资料认证审核费。

此外，企业还有另外一种注册方法，是在个人注册成功后的基础上升级为企业用户。

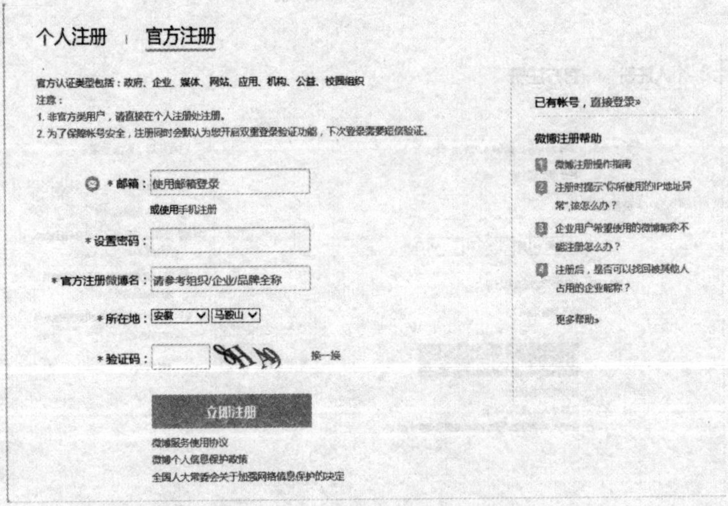

图2-2-4　官方注册信息填写

第一步：在个人账号页面点击"V认证"。

第二步：在新生成的页面找到"机构认证"，根据类别，点击相应的认证窗口。

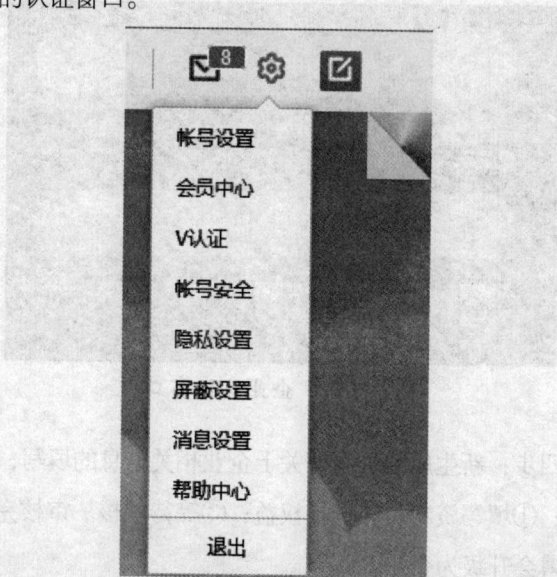

图2-2-5 个人微博"V认证"

图2-2-6 机构认证类别

第三步：以企业为例，点击第二步中的"企业认证"后，在新生成的页面点击"立即申请企业认证"。

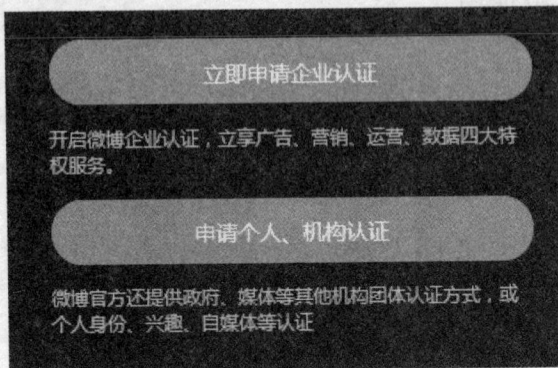

图2-2-7　企业认证窗口

第四步：新生成的页面有关于企业相关信息的填写，分为三个步骤：①填写资料；②选择权益；③等待审核。审核完毕后，个人微博会升级为企业微博。

图2-2-8　企业认证信息填写

3.手机版新浪微博注册

相较于电脑版的新浪微博注册，手机版新浪微博注册更为简单。新浪的手机版本分为新浪微博App版和手机网页版。两个手机版都只需输入手机号就能立即开通账户，同时也可以用其他平台账号一键登录。

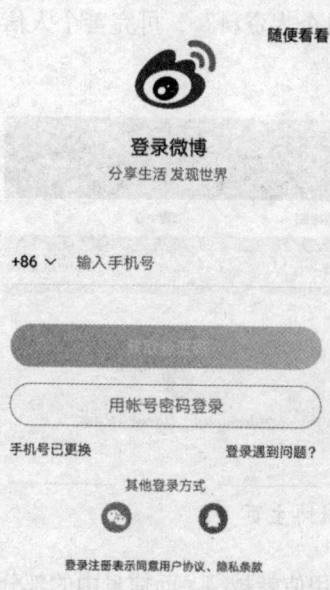

随便看看

登录微博
分享生活 发现世界

+86 ∨ 输入手机号

用帐号密码登录

手机号已更换   登录遇到问题？

其他登录方式

登录注册表示同意用户协议、隐私条款

图2-2-9 手机
App版微博登录

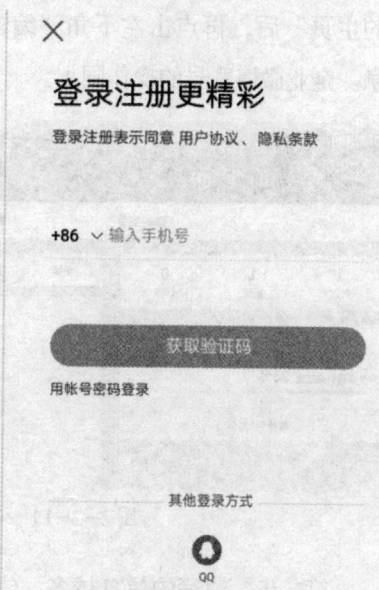

×

登录注册更精彩

登录注册表示同意 用户协议、隐私条款

+86 ∨ 输入手机号

获取验证码

用帐号密码登录

其他登录方式

QQ

图2-2-10 手机
网页版微博登录

微博的信息完善流程

网络虽然是虚拟世界，但在虚拟世界中，也可以展现自我。注册微博之后，微博就是企业或个人在虚拟网络中的门面、形象，通过对账号信息、页面设置的完善，能够展现企业或个人的个性与特点，对吸引用户关注极有助力。

微博中需要完善的地方有：

1.信息完善

第一步：微博注册完毕后，会生成新的账户页面，点击"我的主页"后，再点击左下角"编辑个人资料"，可完善个人信息。企业微博账号的操作同上。

图2-2-11　微博主页

第二步：填写的信息越多，信用值就越高。而信息中的部分信息，企业如行业类别、基本讯息等，个人如出生年月、个人简介、个性域名、标签、信用值等，都是对外可见的，这些都可以展现企业或个人的形象。

需要注意的是，微博用户的昵称有全微博账号昵称不重名的设置，且有修改次数限制，因此要多番斟酌后再填写。企业用户可直接填写企业名称，个人用户可以加上与运营内容相关的词缀，凸显内容运营和产品营销的领域。

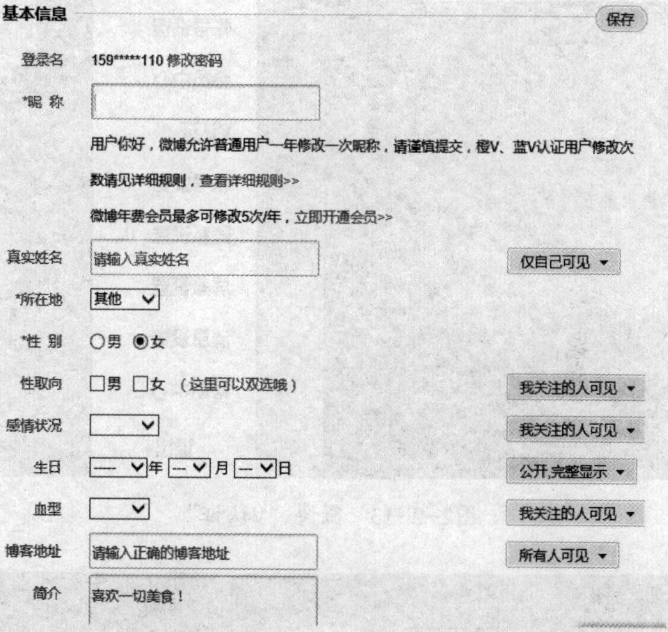

基本信息　　　　　　　　　　　　　　　　　保存

登录名　159*****110 修改密码

*昵称　［　　　　　　　　　　］

用户你好，微博允许普通用户一年修改一次昵称，请谨慎提交，橙V、蓝V认证用户修改次

数请见详细规则，查看详细规则>>

微博年费会员最多可修改5次/年，立即开通会员>>

真实姓名　［请输入真实姓名　］　　　　　　仅自己可见 ▼

*所在地　［其他 ▼］

*性别　○男 ●女

性取向　□男 □女 （这里可以双选哦）　　我关注的人可见 ▼

感情状况　［　▼］　　　　　　　　　　　我关注的人可见 ▼

生日　［—▼］年［—▼］月［—▼］日　公开,完整显示 ▼

血型　［　▼］　　　　　　　　　　　　我关注的人可见 ▼

博客地址　［请输入正确的博客地址　］　　　所有人可见 ▼

简介　　喜欢一切美食！

图2-2-12　个人信息填写页面

第三步：微博主页右上方的齿轮为"设置"项，点击"设置"后，再点击"V认证"，填写新生成页面的资料，提升企业和个人诚信。

2.头像完善

在微博的用户主页上，有"上传头像"功能，企业或个人可以上传头像，树立形象。通常，企业会上传企业LOGO或运营的产品，而个人会上传自拍照或其他个性图片。

图2-2-13　微博"V认证"

图2-2-14　微博头像

3.模板设置

第一步：在微博账号的主页点击右上角的七彩三角形标志，进行模板设置。所谓的模板其实为微博的背景设置，而背景是对外可见的。

图2-2-15 微博模板设置

第二步：在"模板设置"的页面上，会出现多个分类，如"套装""模板""封面图"等分类，这些分类中，有些是收费模板。当然，也可以在"自定义"中进行自我设置，从自己的图库中选择背景照片。企业和个人可以根据自己运营的方向或其他因素来设置背景，这不仅可以树立形象，还可以加深他人印象。

图2-2-16　模板设置选项

4.手机版本新浪微博完善流程

在手机中登录微博账号，点击头像、昵称或简介的空白区域，即可生成资料设置页面。根据分类进行资料完善。

头像挂件　　卡片背景　　个性封面　　粉丝认证号　　个性皮肤

改昵称　　告白鲜花　　礼品卡　　会员福利　　全部特权

图2-2-17　手机微博资料完善分类

个人微博的基本应用

微博作为最大的社交媒体，向用户推出了诸多的服务功能，掌握微博的基本应用，有利于微博的运营。在基本应用上，个人微博和企业微博存在区别，而电脑版的新浪微博与手机版的新浪微博也存在一定的差异。

1.内容发布

登录微博账号，点击页面上方功能栏上的"首页"。在新生成页面的"有什么新鲜事想告诉大家"的下方的空白处写下发布的内容，然后点击发布即可。此外，下方图片右上角的红色功能键可一键发布内容。

微博可支持多种发布形式，有"表情""文字""图片""视频""音频""直播"等，这些形式可单独发布，也可组合发布，并且微博还拥有直播功能。在内容发布页面，有发布内容对外权限设置，可根据需求来设置可见。

图2-2-18 微博内容发布

2.搜索应用

在最上方的功能栏中，左上方带有放大镜的空格栏可输入关键词进行内容、话题、博主等方面的搜索；点击"视频"可进入微博的热门视频，点击"发现"可进入微博的热门话题，不管是视频还是话题，页面都有分类；"游戏"为微博提供的娱乐游戏服务；人形头像为自我账号主页面；"小信封"为互动信息，有"@我""评论""赞""私信""群通知"等分类；齿轮为微博的相关设置。

图2-2-19　微博视频搜索

3.账号信息

微博账号中，在"首页"或账户主页，都有账号的相关信息栏。其中，"关注"为"我关注他人的微博号数量"，这其中有多个分类，可自行设置分组；"粉丝"为"他人关注我的微博号数量"；"群"为"我加入的微博群"；"黑名单"为拉黑的微博用户数。

图2-2-20 微博好友管理

4.个人"管理中心"

在微博账号主页面的"管理中心"中，微博提供了多项为运营而服务的功能，帮助个人分析运营走向。其中最重要的为"数据助手"和"营销推广"。

图2-2-21

根据"数据助手"中的各项数据可以得知粉丝数量、粉丝活跃度、微博用户偏向的文章和话题等。而营销推广中含有多项营销技巧，帮助个人微博运营。

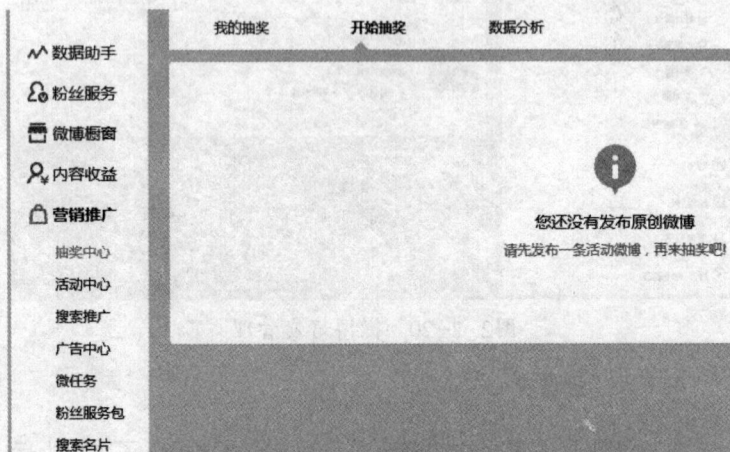

图2-2-22　微博管理中心

企业微博的基本应用

在内容发布、搜索应用上，企业微博与个人微博的操作相同。但在个人微博的基础之上，企业微博增添了多个便于企业运营的应用。

1.企业"服务"应用

第一步：登录企业微博，点击企业主页上方的"服务"。

第二步：新生成的页面有两大类服务，一是"商业工具"，

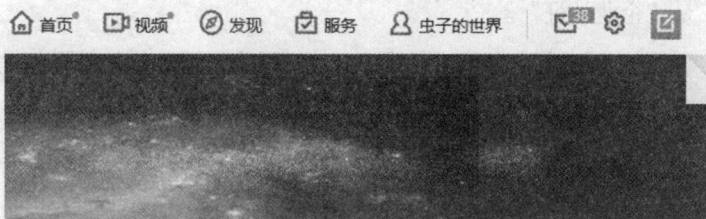

图2-2-23　企业微博主页

图2-2-24　企业微博服务页面

图2-2-25　企业微博商业工具介绍

二是"企业认证"。

第三步：点击"商业工具"，在页面的左边有多项服务功能。这些功能无法实际操作，仅为新浪微博对各项功能的介绍，仔细阅读可帮助企业更好地运营微博。

第四步："企业认证"为企业认证、年审页面，通过认证和年审后，可以享受新浪微博中多项专为企业运营和营销的功能服务。

图2-2-26　企业微博认证窗口

图2-2-27　企业微博认证优势

图2-2-28　企业微博认证专享特权

2.企业"管理中心"

企业微博的"管理中心"是为了助力微博运营和营销。其中"管理总览"为微博运营信息总汇；"数据中心"帮助企业分析运营和营销的趋势和走向；"营销转化"是为企业产品营销而服务的。

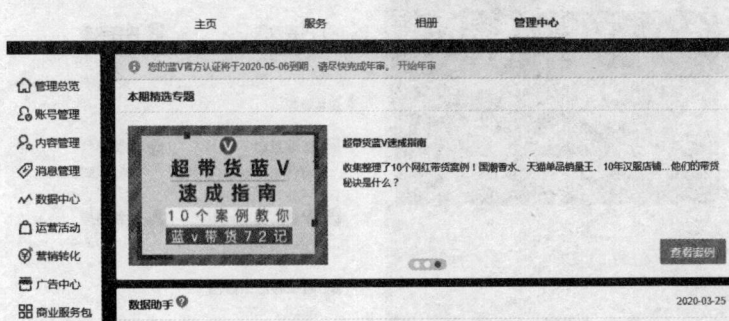

图2-2-29　企业微博管理中心

手机版新浪微博的基本运用

对比电脑版新浪微博，手机版新浪微博在基本应用上有很大的不同。

1.内容发布

登录手机版新浪微博，点击右下方"首页"后，再点击新生成的页面右上方的"+"。可根据自己要发布的内容选择类别。此外，在账号主页的"粉丝服务"中，也有发布内容的操作。而手机下方的功能栏"视频""发现""消息""我"与电脑版用

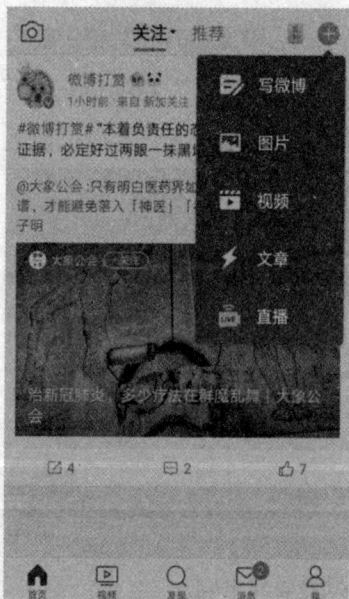

图2-2-30 手机微博内容发布　　图2-2-31 手机微博内容管理

途一致。

2.管理中心

手机版本的新浪微博并没有"管理中心"项，电脑中的管理中心的服务项目在手机版中被打散，分散于页面中的"粉丝服务""微博钱包""微博优选"等项目中。

图2-2-32 手机微博主页

微博的运营技巧运用

微博不只是社交平台，也是一个庞大的营销平台。为了协助企业和个人更好地运营微博，对产品进行宣传和推广，微博推出了许多相关的功能服务。在微博的运营运用上，其中不乏技巧性的运用。

在此，以电脑版新浪微博为例：

1.添加好友

微博运营的核心是吸引用户，如果一味地吸引粉丝，而不主动去关注他人，很显然，这与社交平台的互动特性是相悖的，会令微博用户觉得高冷。为了展现自我平民化和专业性的一面，企业和个人要懂得主动添加关注，关注的对象可以是合作伙伴，可以是与自己运营的内容、产品相关的博主，当然也可以是好友、陌生人。

如何添加好友：

第一步：登录微博账号后，点击"首页"，在左上角的搜索栏中输入想要关注的企业或个人，搜索框中会出现多个相关的微博号。

图2-2-33　微博好友添加页面

第二步：点击自己需要关注的选项，在新生成的微博用户的首页点击头像下方的"关注"，当显示"已关注"后，代表关注成功。

图2-2-34　微博好友关注

2.定时发布

微博运营贵在坚持，尤其是发布的内容，需要每天更新。但是，谁也不能保证每天都能做到更新。在这样的情况下，可以事先编辑好要发布的内容，使用微博中的"定时微博"进行发布。

"定时微博"在微博账户的"管理中心"中。在"定时微博"的页面，有一个带有设定时间功能的微博内容框。将发布的内容编辑在内容框内，选择发布的时间后，再点击"定时发布"，这样就会在设定的时间对外发布了。

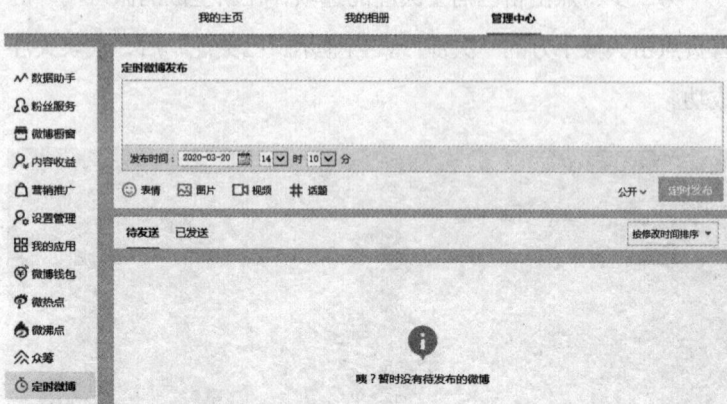

图2-2-35　微博定时发布功能

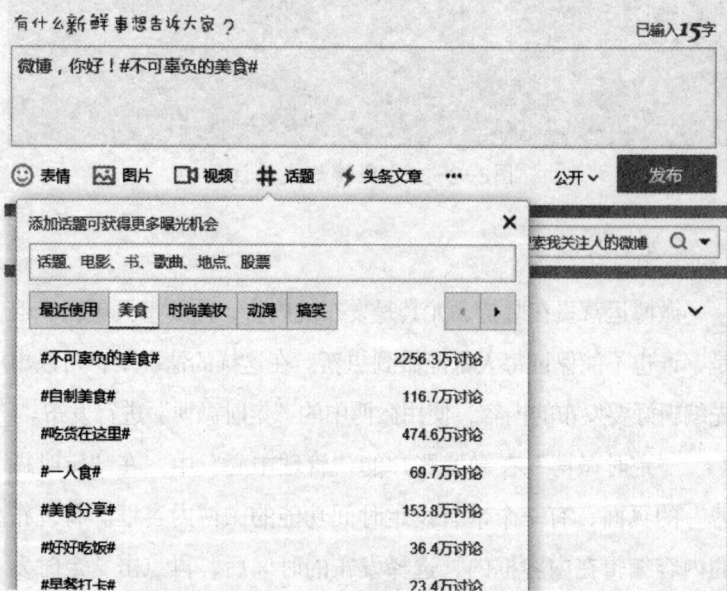

图2-2-36　微博热度话题运用

3. "@"与"#"的运用

在微博运营时，一定会发布热度的话题。这里的热度，可以是热度高的人，也可以是微博热议的话题。在此，就涉及到"@"与"#"的运用。

在发布内容的时候，可以@热度高的人，而高热度的人转发或评论，会带回来大批的流量，也可以加入"#话题"中的人们热议的话题，这样可以提高发布内容的曝光度，吸引流量。需要注意的是，所发布的内容要与热度高的人或话题相关。

第三节　微博运营的"战略秘籍"

微博是一个公众的平台，任何企业和个人都可以注册微博账号，运营微博。优秀的微博运营者，吸引的粉丝高达千百万，而平庸的微博运营者，数年下来粉丝数依然突破不了万人。但凡失败的微博运营者们，需要问自己这样一个直观的问题：你真的懂得微博运营吗？

微博运营的秘诀

微博运营是一个细节决定成败的过程，但同时也要有整体布局的思维。在运营微博时，需要掌握的秘诀有：

传递价值性：在新媒体运营的基础模块中，包含产品运营和内容运营，将价值性融入这两个模块中，可以很大程度决定微博运营的成败。其中，产品价值为性价比高、物美价廉。内容价值为传递有价值的信息，这里的价值有自我价值和对微博用户的价值。

打造个性化：微博是企业和个人在网络中的拟人化，只有有个性，才能吸引粉丝关注，助力营销。因此，企业和个人要拟人化地去经营，从微博的装饰、发布的内容等方面来展现自我个性。

发布连续性：一部精彩的电视剧，数天不更新，会令人渐渐失去兴趣。同样的，微博运营时，三天打鱼两天晒网，也会令粉丝失去关注热度，最终被遗忘。不只是运营微博，其他新媒体平台的运营也贵在坚持，注重发布的连续性。

与众互动性：人与人的交流是相互的，唯有相互交流，才能保持友谊。微博作为社交媒体平台，也具备互动交流的特性。在微博运营时，除了与自己的粉丝互动外，也要积极参与热门话题和自我关注的微博号的互动，这样一来能调动用户活跃度，二来能留住粉丝，三来能吸引新的粉丝。

整体专业性：在通常的竞技中，只有专业的人才会脱颖而出。不管是企业还是个人，在运营微博时，也要注重专业性。这

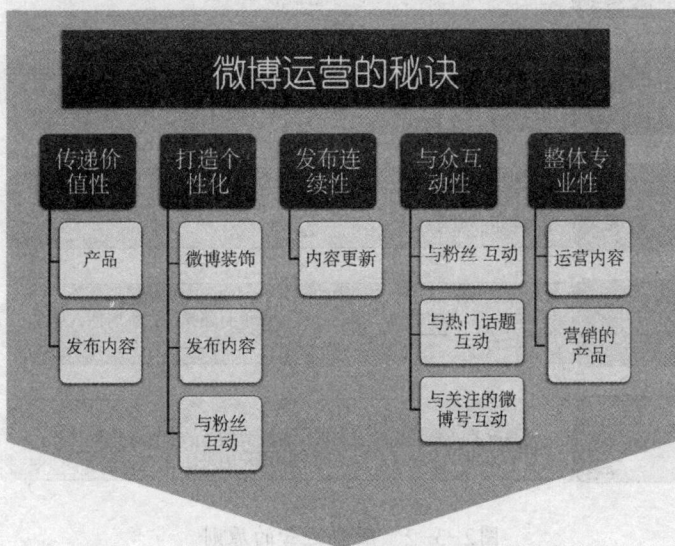

图2-3-1　微博运营的秘诀

里的专业性有两方面，一方面是运营的内容，一方面是运营的产品。在运营内容时，要与企业文化、个人擅长相结合，运营的产品也要有专业性，将两者相结合才有市场。

微博运营的六大原则

生活中，有原则的企业和有原则的个人，往往很受大众的欢迎。微博虽然处在虚拟网络中，但也能代表企业和个人在网络中

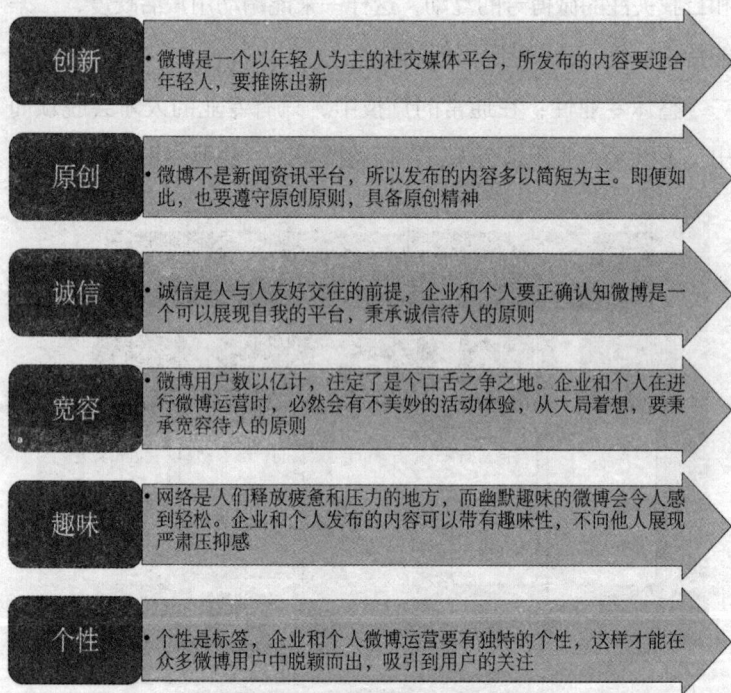

创新	微博是一个以年轻人为主的社交媒体平台，所发布的内容要迎合年轻人，要推陈出新
原创	微博不是新闻资讯平台，所以发布的内容多以简短为主。即便如此，也要遵守原创原则，具备原创精神
诚信	诚信是人与人友好交往的前提，企业和个人要正确认知微博是一个可以展现自我的平台，秉承诚信待人的原则
宽容	微博用户数以亿计，注定了是个口舌之争之地。企业和个人在进行微博运营时，必然会有不美妙的活动体验，从大局着想，要秉承宽容待人的原则
趣味	网络是人们释放疲惫和压力的地方，而幽默趣味的微博会令人感到轻松。企业和个人发布的内容可以带有趣味性，不向他人展现严肃压抑感
个性	个性是标签，企业和个人微博运营要有独特的个性，这样才能在众多微博用户中脱颖而出，吸引到用户的关注

图2-3-2　微博运营的原则

的拟人形象。

在新媒体平台还没崛起时，海尔集团曾收到部分用户反馈冰箱存在质量问题，集团领导对冰箱进行了细查，并挑出了几十台带有划痕问题的冰箱，在媒体面前怒砸冰箱。海尔这样做，一来是向用户传递海尔保持产品品质的信息，二来是在消费者面前树立真诚经营的原则。当这件事经由传统媒体宣传后，海尔不仅消除了危机，还在消费者心中树立了一个良好的形象。

如今，在互联网普及，新媒体高速发展的时代，企业和个人的一言一行都受到了网友们的监督。因此，在进行微博运营时，更要有原则性地去运营，缺乏了原则，将寸步难行。

微博运营小窍门

作家尼采曾经说过："是金子埋在哪里总会发光。"中国也有句老话："好酒不怕巷子深。"这样的结论并没有错，但前提是要有花费漫长时间等待的心理准备。微博作为新媒体平台之一，越早入驻越有一席之地可占，越早运营越能开拓新市场。因此，在进行微博运营时，不要一味地墨守成规，顺其自然，有时候也可以走一走捷径。

微博运营有这样一些小窍门：

1.了解用户阅读习惯

在新媒体运营的四大基础模块中，用户运营是核心所在。在微博运营中，除了了解用户关注的属性外，还可以了解用户的阅读习惯，以便精准定位发布的内容、内容更新的频率和发布的时间。这里的用户阅读习惯可以从两个方面去了解：首先是用户使用的终端；其次是用户活跃的时间段。

在每年的微博发展报告中，都有微博活跃用户的终端统计数据，其中有90%以上的用户使用的是移动客户端。相较于电脑网页版的新浪微博，手机App版新浪微博所展现的内容十分有限，因此用户的阅读习惯一是自主搜索感兴趣的话题；二是在热搜排行榜寻找想要阅读的话题；三是随机浏览，阅读到的信息为实时更新。而用户活跃的时间段，通常是与日常生活息息相关的，主要有三个高峰段，一个是早晨，一个是中午，一个是傍晚至凌晨。

根据用户的阅读习惯，可以在手机版新浪微博的热搜榜寻找话题内容发布。打开手机版新浪微博，点击账号主页中的"发现"，在新生成的页面中点击"更多热搜"，就会出现新浪微博热搜排行榜。

图2-3-3　微博热搜

2.微博群运营

新媒体平台上的"群"，通常是志同道合的人的汇聚地，也是围绕某个事物进行交流的虚拟场所。微博群运营对企业或个人来说，是尤为重要的。譬如手机品牌企业建立微博群，或是加入与电子产品相关的群，在群内经常发布一些与手机相关的讯息，就能很好地树立企业形象，提升企业亲和力，同时留住流量并吸引到新的流量。

在进行微博群运营时，需要注意的有：

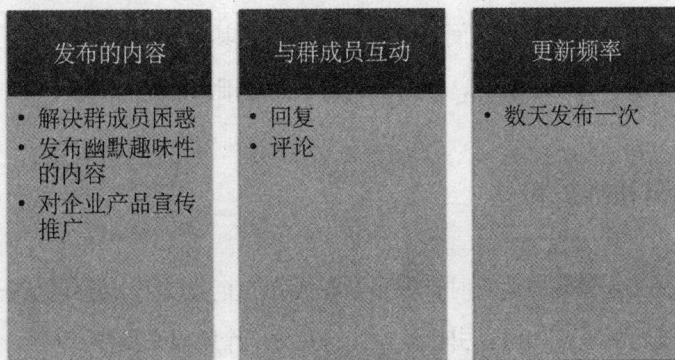

发布的内容	与群成员互动	更新频率
• 解决群成员困惑 • 发布幽默趣味性的内容 • 对企业产品宣传推广	• 回复 • 评论	• 数天发布一次

图2-3-4　微博群运营

第四节 三步走，制定微博营销的精彩战略

新媒体运营共有四大基础模块，分别是用户运营、内容运营、产品运营和活动运营，微博作为新媒体平台之一，也同样适用。四大基础模块之间的关系相辅相成，其中用户运营是整个运营体系中的核心所在，是为营销打下的基础。

吸引和维护粉丝

在选择微博运营时，很多默默无闻的企业或个人遇到的第一个难题就是：如何吸引粉丝？在这儿分三个阶段来操作：

第一阶段，为刚刚注册微博账号，粉丝数量为零的阶段。如何突破零，迈过千人大关呢？最快的方法就是互粉，即互相关注。

在互粉之前，企业和个人要根据企业产品的属性去精准定位目标消费者，而目标消费者则是要互粉的人群。譬如销售运动器材的企业，企业产品的属性为运动，目标消费者为对运动感兴趣的人、肥胖人群、体质弱的人群等，而这些人群就是要互粉的人群。对此，可以加入汇聚这些类别的人群的微博群，与群成员互粉。在操作上，不用一一去加，可以在电脑上安装微博添加好友的插件。

第二阶段，为粉丝数量稳定上升阶段。这个时候可以精准定位发布的内容，以内容来吸引粉丝。如何精准定位发布的内容？可以根据想要吸引的人群来定制内容。同样以销售运动器材的企业为例，企业的营销对象是对运动感兴趣的人，将这类人细细划分，又能分出对不同运动项目感兴趣的人。企业可以根据不同的项目来发布内容。

第三阶段，为大幅度提升粉丝数量阶段。这个阶段快速提升粉丝数量的有效方法之一，就是与有一定流量的粉丝互转，也可以做活动、发奖品来吸引粉丝的关注。此外，还可以与有大量粉丝的博主合作，对企业微博进行转发。

不管是企业，还是自媒体，在进行微博运营时，需要认知到，自己的粉丝并不是一团数据，背后都是有着情感的人。因此，在吸引粉丝关注的同时，也要做好粉丝的维护，不要出现粉丝大规模流失的现象。

通常来说，粉丝维护要从以下几个方面进行：

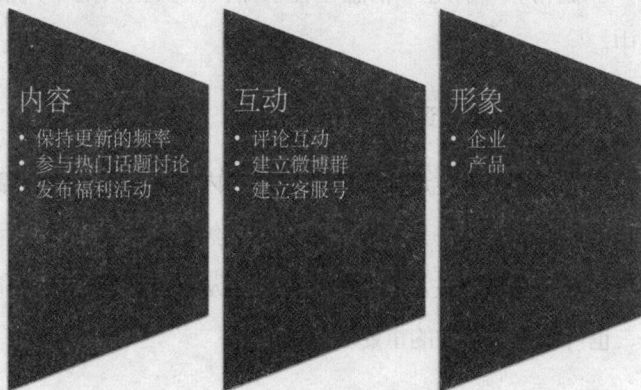

内容	互动	形象
• 保持更新的频率	• 评论互动	• 企业
• 参与热门话题讨论	• 建立微博群	• 产品
• 发布福利活动	• 建立客服号	

图2-4-1　微博粉丝维护

精准筛选客户群

优秀的企业或个人微博，粉丝数量成百上千万，甚至是破亿。企业或个人面对如此庞大的粉丝数量时，在与粉丝的互动上，以及对用户的服务上，是一个巨大的工程。并且，粉丝数量不等于营销目标数量，这其中不乏僵尸粉、路人粉和黑粉的存在。也因此，企业或个人在拥有一定数量的粉丝后，要精准筛选重点客户，以此实施营销。

如何精准筛选出客户呢？

1.看标签

微博为了令用户展示自我，特地在微博账号的个人信息中设定了"标签"这一项。标签其实就是个人属性的定位。通过标签，再结合年龄和更新微博的频率，可以判断是否为重点客户。通常，"标签"信息栏位于用户个人主页的个人信息版块中。

2.看收藏、转发和评论

通常来说，粉丝主动转发企业发布的内容或其他信息，帮助企业宣传和推广，从一定程度上来说，必然是忠实的粉丝。而这类用户，是企业重点关注的对象。此外，从粉丝评论的内容和收藏上，也可以定位客户的重要性。

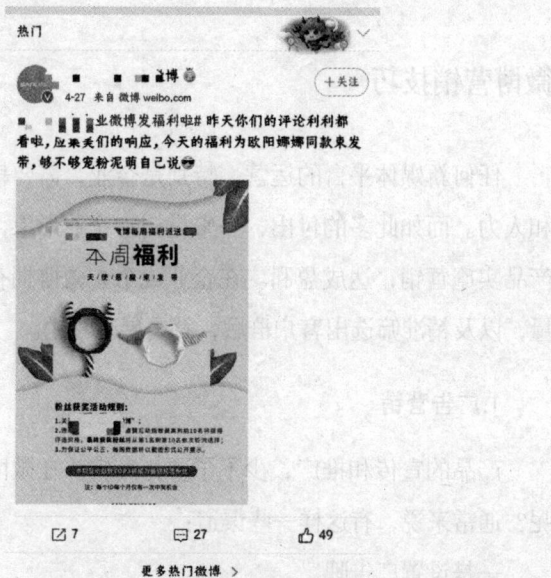

图2-4-2 微博发布的内容

3.话题

微博的发布内容框内，有添加话题的功能。对此，企业可以主动发起话题，看转发与评论，或是在与粉丝互动和服务时，查看粉丝个人主页中的"话题"。如果粉丝积极评论、点赞，或是粉丝个人主页发布的内容中有与企业属性相关的话题的话，那么该粉丝可定位为重要客户。

图2-4-3 微博发布添加的话题

微博营销技巧

任何新媒体平台的运营，特别是企业，需要耗费大量的时间和人力。而如此多的付出，一来是树立企业形象，二来是对企业产品实施营销，达成盈利。在企业或个人微博拥有一定的粉丝数量，以及精准筛选出客户群后，就要展开营销。

1.广告营销

产品的宣传和推广，少不了要打广告。在微博中如何打广告呢？通常来说，有这样一些渠道：

一是设置广告牌。

企业或个人的微博账号的主页信息，都是由自己设置的。在主页中，可以设置广告牌的版块有：头像设置、背景设置、封面设置和个人信息设置。通常，企业的头像为企业的LOGO或是产品照片；主页背景有自定义功能，在自定义背景时，可以以产品的图片为背景；主页的封面也是可以设置的版块，不过，设置封面需要开通微博会员；个人信息中有关于企业的信息，在简介中

图2-4-4　华为手机微博

也可添加产品的描述，以此来进行宣传和推广。这些广告牌，都能达成营销目的。

二是与名人合作。

这是个人人都可以成为自媒体的时代。微博作为自媒体平台之一，很多个人都在运营自己的微博账号，甚至粉丝的数量比之一些企业还要多。因此，企业可以与拥有大流量的微博博主合作，譬如明星、名人、网红等，这对企业和企业产品都能达到一个很高的宣传和推广效果。

李佳琦Austin V

2月24日 20:02 已编辑

所有女生#完美日记动物眼影#小狗盘来咯，封面设计灵感来自于never，整个眼影盘里的配色是佳琦精心挑选的。这次完美日记请never做模特的费用，我们会捐给【北京爱它动物保护基金会】@它基金 帮助人们更多地了解动物，关爱流浪动物，保护野生动物。🐶

转发关注此微博抽50人送我亲笔签名的小狗眼影盘 ... 展开全文 ∨

⚡ 点击领取 1 份奖品

☆ 收藏　　　🔁 216666　　　💬 107867　　　👍 202562

图2-4-5　名人微博

三是与广告平台合作。

微博发展至今，已经成了最大的营销平台之一。为了帮助企业营销，微博推出了专门的广告平台。企业可根据自身情况选择要合作的广告平台。

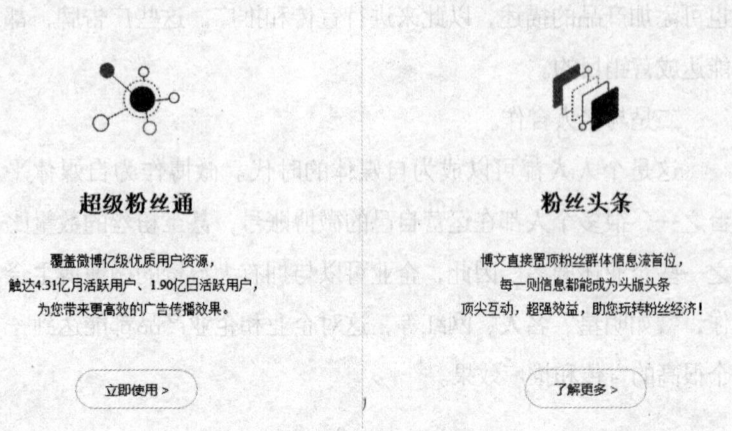

超级粉丝通

覆盖微博亿级优质用户资源，
触达4.31亿月活跃用户、1.90亿日活跃用户，
为您带来更高效的广告传播效果。

立即使用 >

粉丝头条

博文直接置顶粉丝群体信息流首位，
每一则信息都能成为头版头条
顶尖互动，超强效益，即玩转转粉丝经济！

了解更多 >

图2-4-6　微博广告平台

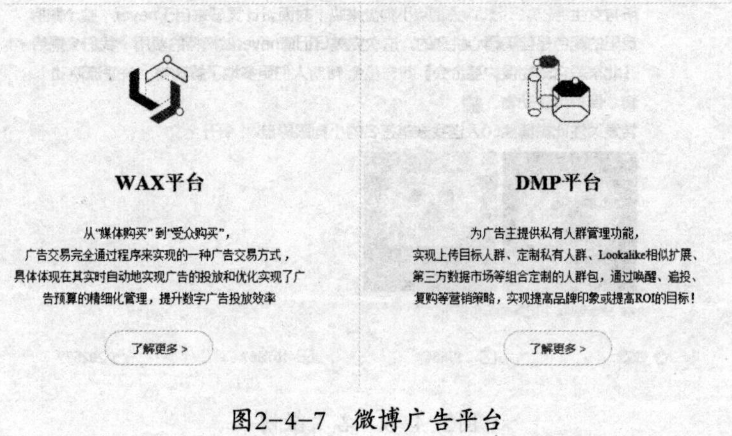

WAX平台

从"媒体购买"到"受众购买"，
广告交易完全通过程序来实现的一种广告交易方式，
具体体现在其实时自动地实现广告的投放和优化实现了广
告预算的精细化管理，提升数字广告投放效率

了解更多 >

DMP平台

为广告主提供私有人群管理功能，
实现上传目标人群、定制私有人群、Lookalike相似扩展、
第三方数据市场等组合定制的人群包，通过唤醒、追投、
复购等营销策略，实现提高品牌印象或提高ROI的目标！

了解更多 >

图2-4-7　微博广告平台

四是在发布内容中植入广告。

在微博中，内容运营主要分为两类，一类是与企业、产品信息无关，一类是与企业、产品有关。在微博的更新内容中，常常会看到企业产品的信息，这其实就是利用内容运营来打广告，做营销。

就文字而言，广告分为了两种，一种是硬广，一种是软广。硬广是直接了当、毫不掩饰地打广告，软广是借助情景模式来打广告，譬如图2-4-8。相较于前者来说，后者更容易被接受，宣传和推广的效果会更好。此外，也可以借助与企业产品属性相关的热度话题来进行广告营销。

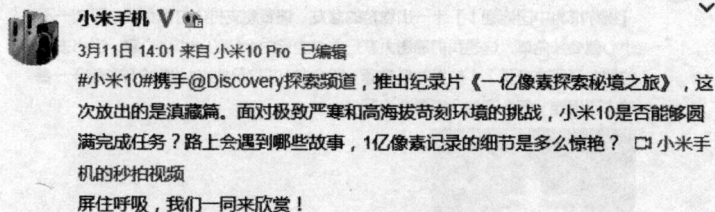

小米手机 V
3月11日 14:01 来自 小米10 Pro 已编辑
#小米10#携手@Discovery探索频道，推出纪录片《一亿像素探索秘境之旅》，这次放出的是滇藏篇。面对极致严寒和高海拔苛刻环境的挑战，小米10是否能够圆满完成任务？路上会遇到哪些故事，1亿像素记录的细节是多么惊艳？ □ 小米手机的秒拍视频
屏住呼吸，我们一同来欣赏！

图2-4-8　小米手机微博软广

2.巧用抽奖活动

2018年，对微博用户们来说，绝对是热血沸腾的一年。因为这一年，支付宝联合全球200多家企业推出"锦鲤活动"。

锦鲤活动，事实上是一场在微博上发起的抽奖活动，奖项的总价值高达1亿，获奖名额为1个，但凡转发的人，都可参与抽奖，都有被选中的机会。这个活动在上线数个小时后，就得到了数百万的转发量，数亿的曝光量。最后，获奖者为微博用户"信小呆"。

在获奖者公布之后，锦鲤活动的热度不仅没有冷却，反而还上升到了一个新的高度。首先，有关锦鲤的话题一直在微博热搜

排行榜被用户热议。其次，很多企业和个人也推出了锦鲤活动，并且都获得了不小的热度，吸引到不小的流量。

可以说，"锦鲤活动"是一场成功的营销，帮助支付宝和大奖中的品牌进行了宣传和推广，而它能取得如此成功的广告效果，离不开"抽奖活动"的功劳。

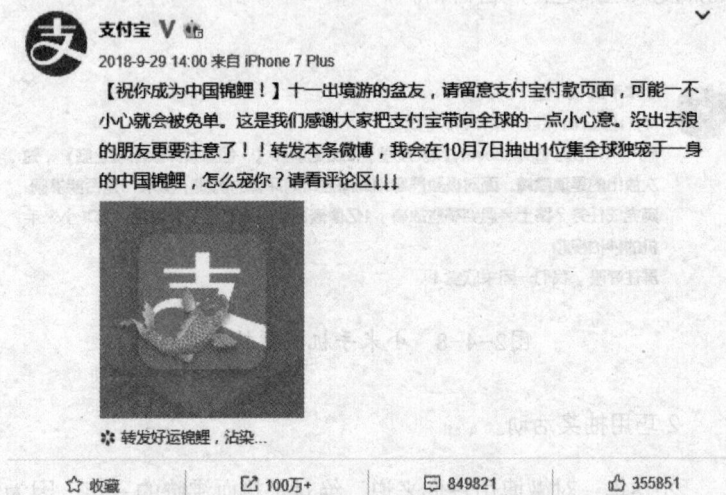

图2-4-9　支付宝微博抽奖活动

在微博营销中，抽象活动是企业、商家或个人常用的伎俩，施以小利，博得大利，不仅树立了良好的企业形象，还能对产品进行推广和营销。因此，企业或个人可以将营销与抽奖活动联系在一起。

如何开展微博抽奖营销活动？

除了由企业和个人发起的规模较大的抽奖活动外，在平常的

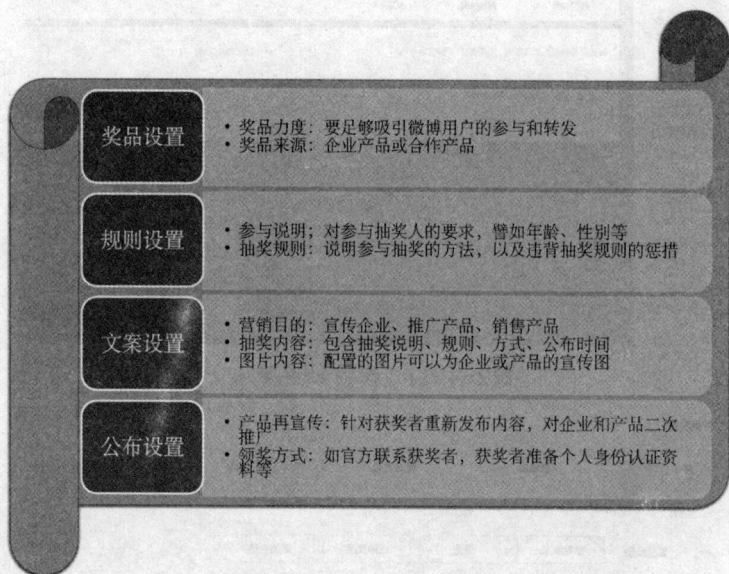

图2-4-10 微博抽奖营销

微博运营中，也可以进行抽奖活动。对此，可以借助微博推出的
"抽奖中心"应用。

微博平台的抽奖中心的奖品有四个类型，分别为实物奖品、
现金、虚拟奖品、开通微博会员套餐。针对不同的抽奖项目，自
主进行设置。设置完毕后，平台会自动完成整个抽奖过程。

微博平台的抽奖功能操作为：

第一步：登录微博账号，在主页的"管理中心"中找到"营
销推广"。点开"营销推广"后，再点击"抽奖中心"，点击发
布的微博中的"抽奖"即可。

第二步：选择点击奖品类型，并填写好相对应的信息。信息
填完后，点击"开始抽奖"。

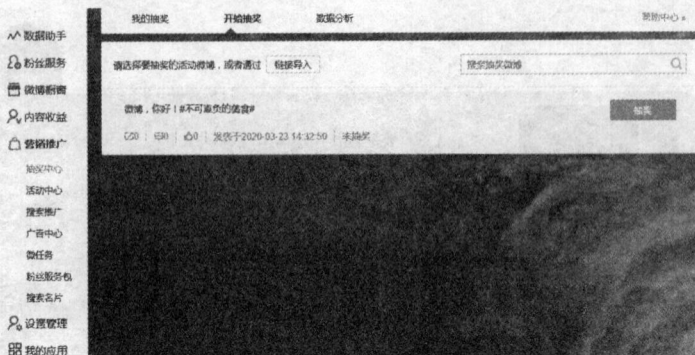

图2-4-11　微博抽奖中心

图2-4-12　微博抽奖中心奖品设置

图2-4-13　微博抽奖中心基本设置

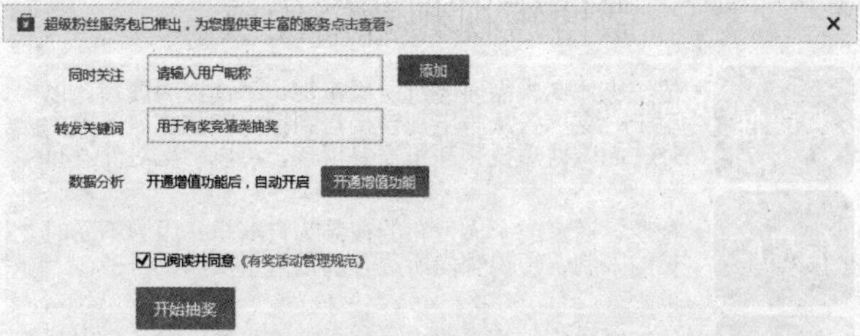

图2-4-14　微博抽奖中心基本设置

3. 短视频营销

刷短视频，成了当下人们的娱乐方式之一，在午休、下班后、睡觉前等时间段，总会刷上一会儿。而短视频平台也多如牛毛，比较火的有抖音、火山小视频、刷宝等。为什么短视频如此火热？这与短视频的真实直观性息息相关。也因此，短视频成了企业或商家营销的手段，而短视频营销的效果也十分可观。

微博作为新媒体平台，也有发布短视频的功能，所以微博短视频也是微博营销的重要手段之一。

通常来说，微博短视频可以划分为四种模式：

企业宣传片：这类短视频在拍摄、剪辑、特效等方面极为专业，风格也尤为大气，企业宣传片通常为企业所用，短视频的内容可以是企业宣传，也可以是新产品的发布。譬如小米集团，每次发布新品手机时，都会制作宣传片。

微博短视频营销优点

便捷性	• 传统媒体广告需要经过层层审核，手续极为烦琐，以至于一支广告从与电视台接洽到播出，往往需要数个月。而微博短视频却不需要审核，可以一键对外发布
信息广	• 企业、商家或个人发布的视频为自剪辑，因为不受时长的限制，短视频内所蕴含的信息量要广泛得多
成本低	• 传统媒体广告都需要支付高昂的广告费，尤其是电视广告，费用按照秒来计算。而在微博平台发布短视频是不需要广告费的
传播广	• 将微博短视频与抽奖活动相结合，譬如转发有奖，可以令短视频得到裂变式传播，达到很好的营销效果
互动性	• 传统媒体广告是单向传播，不存在互动，而微博短视频却具备了互动的特性

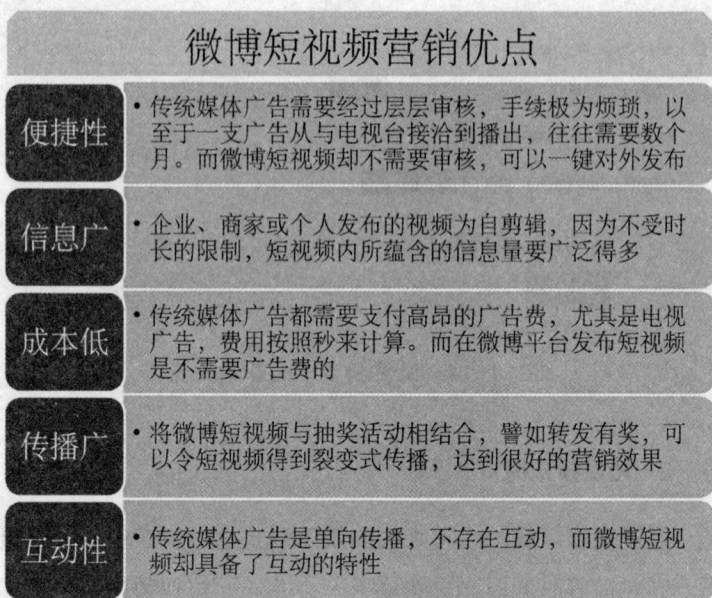

图2-4-15　微博短视频营销优点

创意短视频：这类短视频也含有企业或产品宣传的内容，但在拍摄、剪辑上，要简陋得多，创意短视频以新奇的创意、幽默搞笑的风格来达到宣传推广的目的，在进行营销的同时，还能带给他人快乐，很容易被人接纳。

生活类短视频：这类视频是将生活与产品相结合，以此来达到宣传的目的。譬如美食类短视频，视频中除了有菜肴的制作过程外，也会展示食材的来源、烹饪器具的品牌等，以此来达到营销的目的。

纪录片短视频：相较于其他几类短视频，这类短视频的时长要多得多。纪录片短视频主要为企业或企业产品的诞生和发展过程。在制作费用和耗时上，也是最多的。纪录片短视频的结构严谨，风格各异。

4.直播营销

对企业或商家来说，直播是最立体、最直接的营销方式之一，尤其是请名人来进行直播，会带来巨大的收益。譬如在淘宝直播平台的主播李佳琦，曾创下1秒钟售出价值两百多万的产品的纪录。又譬如在戛纳国际电影节上，巴黎欧莱雅与众多明星合作，在直播结束后，欧莱雅在各大电商平台上的商铺多种产品被售罄。

微博作为最大的社交媒体平台之一，也有直播的功能。企业、商家或个人在看到直播的火热，以及直播带来的可观收益后，纷纷利用起直播来营销。

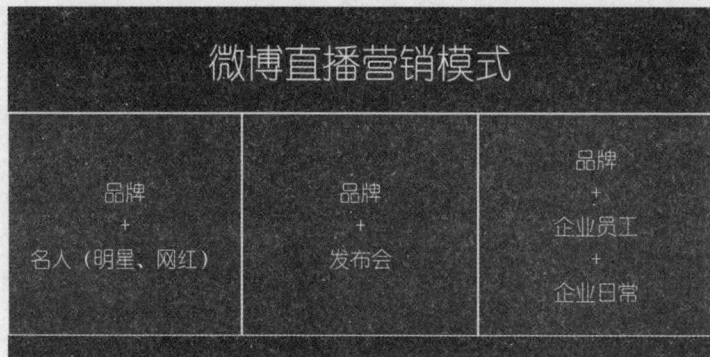

图2-4-16　微博直播营销模式

新媒体运营

不同的直播营销模式，执行流程都是有区别的。以最火热的
"品牌+名人"直播营销模式为例，它的流程如下：

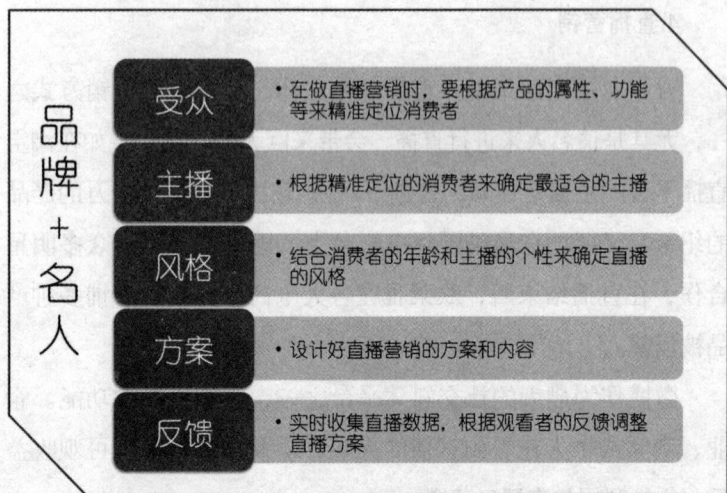

品牌+名人

- 受众 · 在做直播营销时，要根据产品的属性、功能等来精准定位消费者
- 主播 · 根据精准定位的消费者来确定最适合的主播
- 风格 · 结合消费者的年龄和主播的个性来确定直播的风格
- 方案 · 设计好直播营销的方案和内容
- 反馈 · 实时收集直播数据，根据观看者的反馈调整直播方案

图2-4-17　"品牌+名人"直播营销模式流程

第五节　提防走入微博营销的误区

当新媒体逐渐取代传统媒体时，各类新媒体平台如雨后春笋般不断冒出。许多企业、商家或个人在看到新媒体平台带来的巨大收益后，纷纷参与进来。需要注意的是，每个新媒体都有自己的长处和短处，一旦处理不好，在无法达成营销目的的同时，还会浪费众多的人力、物力和财力。因此，在利用微博来营销时，要谨防以下一些误区。

误区1：微博适合所有企业和产品

微博有着大量用户，因此，利用微博来营销会给企业、商家带来巨大的收益，这就导致企业、商家纷纷扎根在微博上。其中，有一些企业、商家付出了大量的时间和精力，却没有获得相对应的利益。原因是什么呢？答案是没有分析自己的企业和产品是否适合利用微博来营销。

用新媒体平台来营销，是现今的流行趋势。但任何一个新媒体平台，都是存在短处的。在选择利用微博来营销前，需要分析和思考的问题有：

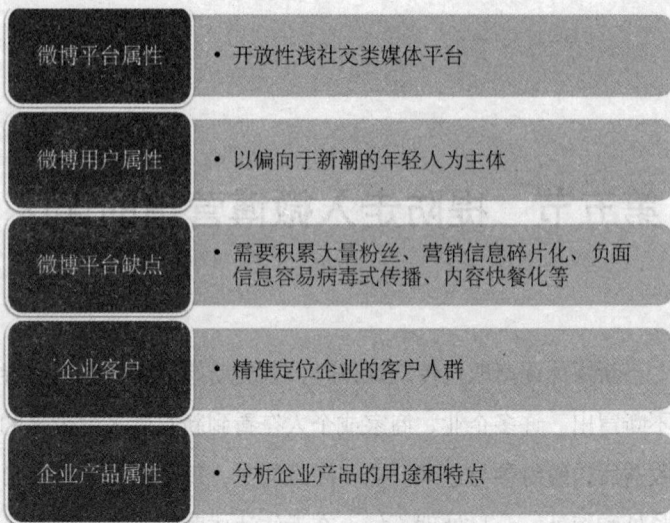

微博平台属性	• 开放性浅社交类媒体平台
微博用户属性	• 以偏向于新潮的年轻人为主体
微博平台缺点	• 需要积累大量粉丝、营销信息碎片化、负面信息容易病毒式传播、内容快餐化等
企业客户	• 精准定位企业的客户人群
企业产品属性	• 分析企业产品的用途和特点

图2-5-1　微博营销注重点

对大部分的企业来说，微博可以作为营销平台，但有部分企业却不适合利用微博来营销。譬如加工军工类配件的企业。企业的客户为军方，企业产品也不用作民用，因此是不适合利用微博来营销的。

因此，企业或商户不要将目光仅放在微博平台上，要结合企业和企业产品去选择适合的营销平台。

误区2：购买大量僵尸粉

新媒体运营的核心是为了吸引用户，因此粉丝对微博营销的重要性不言而喻。企业、商家或个人的粉丝越多，代表着越受群众的喜爱，产品的影响力也越大。

在微博运营初期，不管是企业，还是个人，涨粉的速度都很慢。为了在短时间内积累大量的粉丝，不少企业、商家或个人都会选择购买僵尸粉。

僵尸粉，是微博中不活跃的用户，账号存在的目的，就是为了关注他人。通常，僵尸粉用于商业，是由电脑大批量地管理，数百元可以买来数十万僵尸粉。僵尸粉的存在确实能令粉丝的数据漂亮些，但它也会带来诸多的弊端。

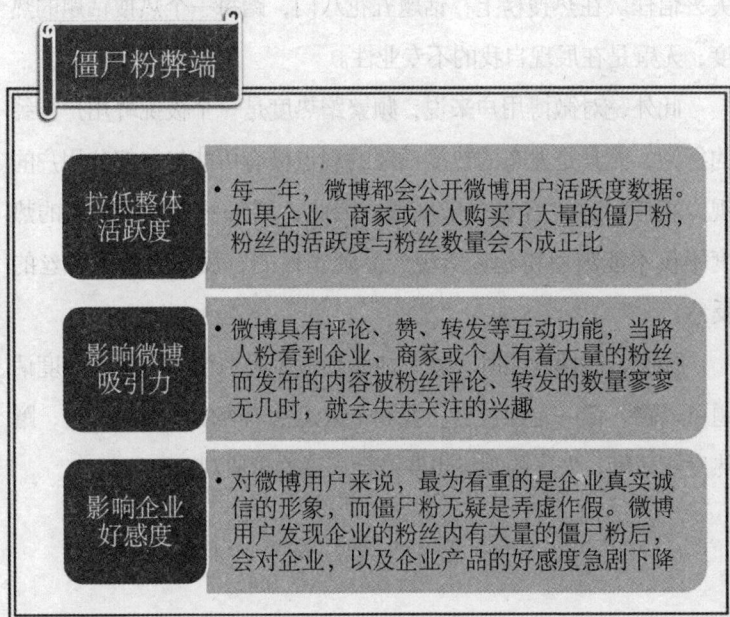

僵尸粉弊端

拉低整体活跃度	每一年，微博都会公开微博用户活跃度数据。如果企业、商家或个人购买了大量的僵尸粉，粉丝的活跃度与粉丝数量会不成正比
影响微博吸引力	微博具有评论、赞、转发等互动功能，当路人粉看到企业、商家或个人有着大量的粉丝，而发布的内容被粉丝评论、转发的数量寥寥无几时，就会失去关注的兴趣
影响企业好感度	对微博用户来说，最为看重的是企业真实诚信的形象，而僵尸粉无疑是弄虚作假。微博用户发现企业的粉丝内有大量的僵尸粉后，会对企业，以及企业产品的好感度急剧下降

图2-5-2 僵尸粉弊端

误区3：蹭每个热搜话题的热度

微博是一个开放性的社交类媒体平台，用户会议论各种话题。微博根据议论的话题的热度，推出了一个热搜榜。

在微博营销中，蹭热度是营销方式之一，有些企业、商家或个人在进行微博营销时，会蹭热搜榜上的每一个话题。那么，这样的做法会给企业、商家或个人带来利益吗？结果是否定的。

企业、个人想要利用微博来营销，必须要向客户展现自我专业性，所发布的内容要与企业产品或个人擅长相关。倘若发布的内容频繁南辕北辙，就会给粉丝或路人粉一种不专业感，继而失去信任。在热搜榜上，话题五花八门，蹭每一个热搜话题的热度，无疑是在展现自我的不专业性。

此外，对微博用户来说，频繁蹭热度是一个极挑衅用户神经的行为，尤其是发布的热度话题的观点极有可能与一部分用户的观点相悖，这更容易引来反感。因此，蹭每一个热搜话题的热度不仅不能吸引粉丝，实现产品营销目的，反而会惹来粉丝的反感。

那么，微博营销时，就不能蹭热度了吗？当然不是。热度话题可以蹭，但一定要结合企业和个人运营内容的领域。并且，蹭热度要适度，发表的观点也要符合正确的价值观。

第三章
今日头条运营：因人而异，精准推荐

今日头条是北京字节跳动科技有限公司开发的一款基于数据挖掘的推荐引擎产品，它最大的特点就是智能算法推荐，也就是说它可以因人而异地快速做出个性化推荐，而推荐的内容除了新闻之外，音乐、电影、游戏、购物等资讯也是十分精准。

如此强大的平台，吸引着众多新媒体运营者，那么，怎样运用今日头条运营来推广自己的产品、品牌呢？不只是简单地写写文章就可以了，"工欲善其事，必先利其器"，下面就让我们通过本章内容来详解今日头条运营。

第一节 今日头条到底是个怎样的平台?

今日头条是2012年3月由张一鸣创办的，同年8月第一个版本发布。今日头条最大的特点是"因人而异"地推荐内容，因用户特征不同，头条的每个用户的推荐页面都是不同的。而且还可以做到实时更新推荐，能在0.1秒内计算推荐结果，3秒完成文章提取、挖掘、消重、分类，5秒计算出新用户兴趣分配，10秒内更新用户模型。

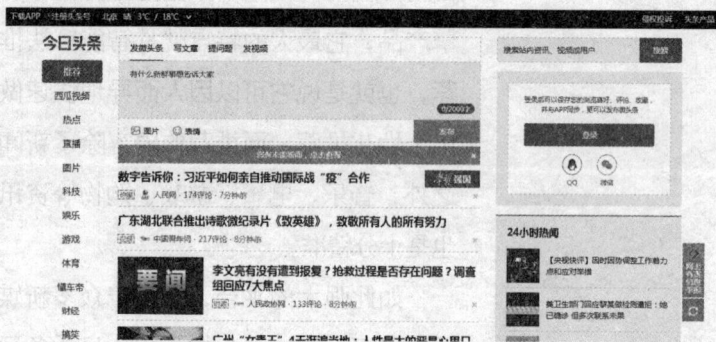

图3-1-1 今日头条页面

头条推荐流程

今日头条平台背后的支持就是强大的智能算法，根据用户的性别、年龄、职业、地理位置、社交行为、阅读行为等特点，进行快速分析匹配，推荐其感兴趣的资讯。例如，你在一个时段中点开了哪些头条文章，你在此文章阅读停留时间是多少，哪些文章你跳过未读等信息都可以作为头条后台的分析数据，以此进行筛选，向你推荐感兴趣的文章。

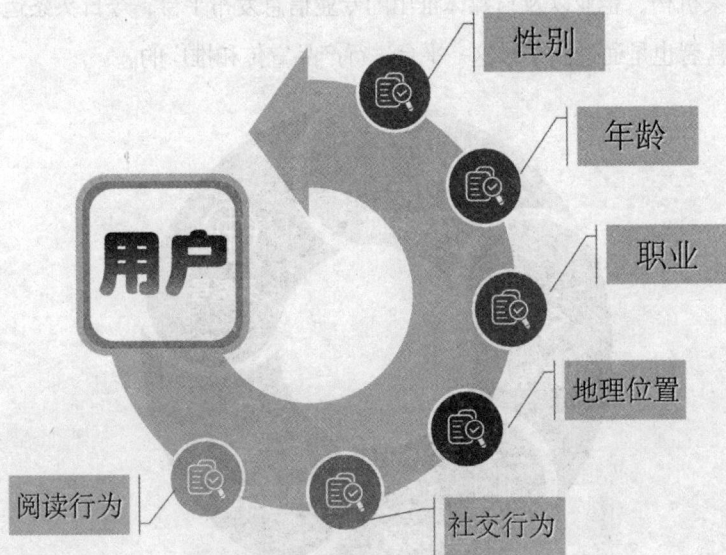

图3-1-2　个性化推荐流程

今日头条的文章并不是公司自产的，而是需要大量作者的投稿，才形成了源源不断的资讯库。头条账号注册便捷，文章审核，内容管理等也较为自由，因此吸引了很多自媒体运营者，而且头条不像微博等需要大量粉丝作为基础，它的文章发布是公开的平台阅读，头条后台则是你文章的推手。

头条功能强大

今日头条的功能主要有五种，分别为头条寻人、算数功能、头条号、精准辟谣和账号内搜索。其中，头条号是针对媒体、国家机构、企业以及自媒体推出的专业信息发布平台，今日头条运营者也是通过头条号这一平台进行产品宣传和推广的。

图3-1-3　今日头条功能

第二节　如何入驻今日头条？

今日头条自发布日起，用户数量在不断攀升，截至2016年11月底，已有超过39万个个人、组织入驻头条号，其中30万为自媒体入驻，如果您有兴趣成为今日头条运营者，那就要先做好以下准备工作。

今日头条账号形式

今日头条有两种形式的账号，形象来说一种是游客账号，能看不能操作，注册条件简单；另一种是玩家账号，这种是真正的运营号注册，条件相对严格。

1.今日头条账号

今日头条与众多平台联合，只要你拥有手机号、邮箱、新浪微博、腾讯微博、QQ、微信、人人网等任何一个社交平台的账号，即可用此账号注册今日头条账号。

这种类型的账号用户可以实现资讯浏览，参与讨论、留言与转发等操作，但是，不能在今日头条的平台上发布自己编辑的各

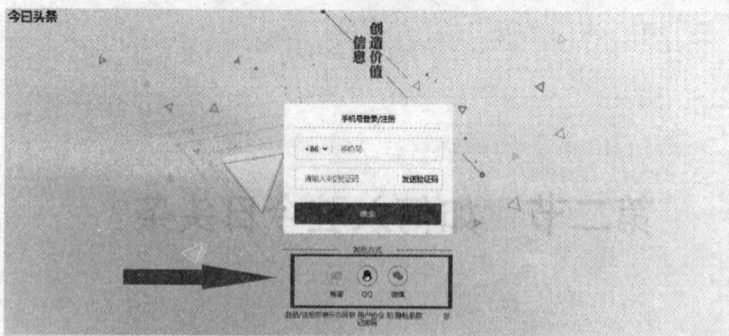

图3-2-1　今日头条账号登录

类资讯信息。

2.头条号注册

头条号注册条件相对严格，特别是运营者必须年满18周岁，注册时要提供真实的个人信息及可信的辅助材料。

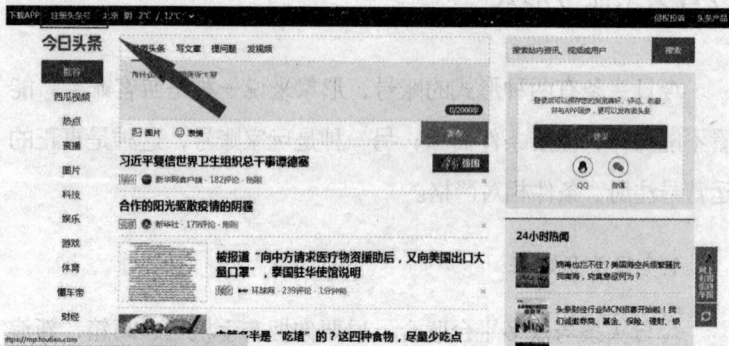

图3-2-2　注册头条号

头条号经过认证后，运营者除了浏览、评论、转载资讯文章之外，还可以将自己写的文章发布到平台上，以此来推广自己的产品，或者通过文章来获得收益。

注册必备资料

头条号有个人类型、企业类型、媒体类型、国家机构类型及其他组织类型几种，每种头条号针对的注册人群不同，功能不同，所需要的资料也不尽相同。

1.个人类型头条号

个人类型头条号是为新媒体运营者提供，适合在某一领域有着资深经验人士申请。根据今日头条的要求，在注册前需要先做好如下准备：

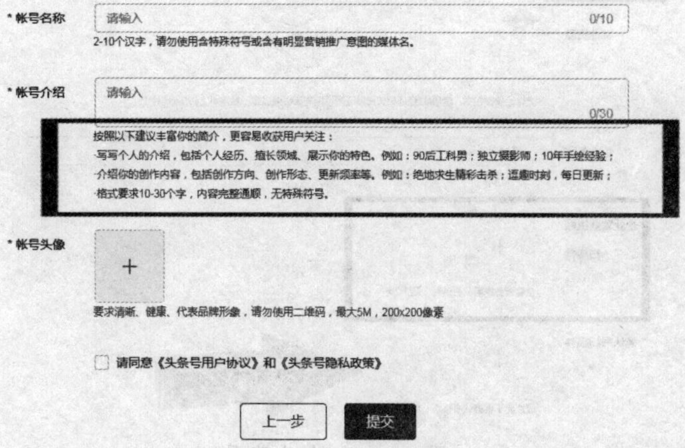

图3-2-3　个人注册

2.企业类型头条号

顾名思义，企业类型头条号针对的就是企业，适合于公司组织申请，申请时，除了需要准备个人类型头条号的资料外，还需要准备好营业执照和确认书的扫描件，其中确认书的模板由今日头条提供，下载后扫描即可，无论哪种扫描件，根据注册要求都不得大于2MB。

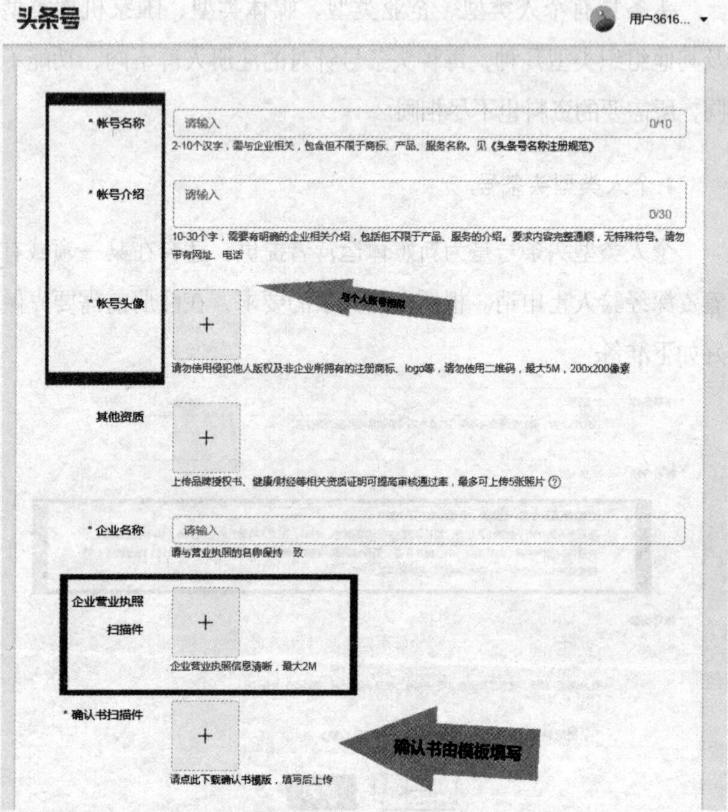

图3-2-4　企业账号

3.媒体类型头条号

媒体类型头条号适合于杂志、报刊、电视及电台等媒体类型的新闻单位申请，注册时除了需要准备个人类型头条号的资料外，还需要准备好组织机构代码证及确认书，确认书为今日头条提供的模板，如图3-2-5。

头条号帐号申请确认书

申请人单位为＿＿＿＿＿＿＿＿（请填写单位全称）、网站为（网址：
＿＿＿＿＿＿＿（选填））的主办单位/合法运营单位。本单位申请入驻头条号，
头条号名称为：＿＿＿＿＿＿＿。

　　本单位确认授权委托指定＿＿＿＿＿＿＿＿＿＿＿＿（请填写
姓名、身份证号）为负责该头条号日常内容发布推广、管理的运营人，联系邮箱
为＿＿＿＿＿＿。本单位确认认可上述邮箱代表本单位向今日头条发
送、回复需求及确认内容。

　　1. 本单位合法有效存续，提交资料真实无误，不可撤销地授权今日头条自
行或委托第三方对提交的资料进行核实。本单位对头条号上传发布的内容享有著
作权或已获合法授权（含转授权），并授权在今日头条和/或其关联公司产品使用。

　　2. 本单位理解并确认，该头条号的使用权属于通过资质审核的单位主体，
该头条号自注册产生的权利义务均由本单位承担。头条号内容发布推广、管理应
遵守国家法律法规、政策、《头条号用户注册协议》的相关规定。如有违反，由
本单位承担责任。

特此确认。

　　　　　盖章：　（请在此处加盖单位公章）
　　　　　日期：

提示：盖章字样须与页面填写的企业/组织/机构名称、营业执照/组织机构代码证名称一致。

图3-2-5　确认书模板

4. 国家机构类型头条号

国家机构类型头条号适合于国内外各级各类型的政府机构、事业单位及拥有合法行政职能的各个社会组织申请，申请时同样需要准备好确认书，如图3-2-5。

5.其他组织类型头条号

此头条号适合于高中、大学等学校及社会组织申请，申请时同样需要准备好个人资料、营业执照扫描件及确认书，准备方法与上述类型头条号相同。

企业	群媒体	新闻媒体	国家机构	其他组织
帐号头像	帐号头像	帐号头像	帐号头像	帐号头像
帐号名称	帐号名称	帐号名称	帐号名称	帐号名称
帐号介绍	帐号介绍	帐号介绍	帐号介绍	帐号介绍
运营者身份证姓名	运营者身份证姓名	运营者身份证姓名	运营者身份证姓名	运营者身份证姓名
运营者身份证号码	运营者身份证号码	运营者身份证号码	运营者身份证号码	运营者身份证号码
运营者完成实名认证	运营者完成实名认证	运营者完成实名认证	运营者完成实名认证	运营者完成实名认证
联系邮箱	联系邮箱	联系邮箱	联系邮箱	联系邮箱
企业名称	组织名称	组织名称	机构名称	组织名称
帐号申请确认书	帐号申请确认书	帐号申请确认书	入驻申请信息表	帐号申请确认书
营业执照/组织机构代码证	营业执照/组织机构代码证	营业执照/组织机构代码证		营业执照/组织机构代码证

图3-2-6　头条号注册资料

头条号注册流程

头条号的注册地址可以选择电脑端及手机端，下面我们以电脑端为例，介绍个人头条号的注册及认证流程，其他机构类型的头条号过程大致相同，只需要准备相应的资料填好即可。

第一步，单击注册头条号打开注册页面，单击"立即注册"，此时，页面会跳转到注册页。

第二步，输入手机号，获取验证码，阅读"用户协议"和"隐私政策"后单击注册，如果不打开阅读，系统默认同意，单击注册即可。

第三步，选择账号类型，个人账号直接选择"个人"，其他

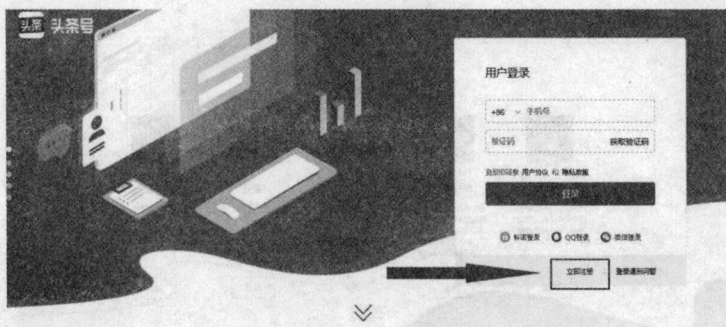

图3-2-7 立即注册

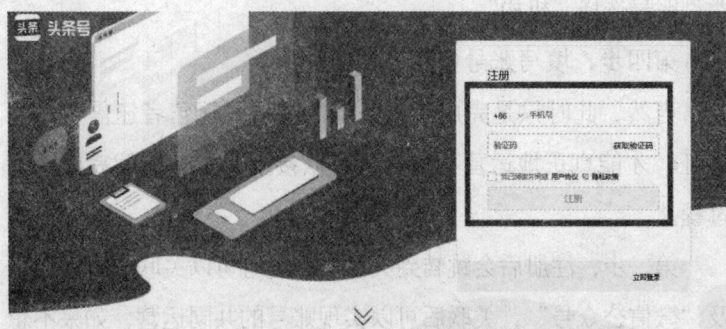

图3-2-8 手机验证注册

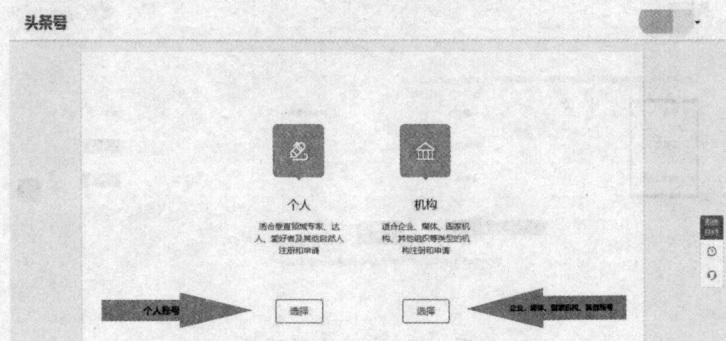

图3-2-9 账号类型选择

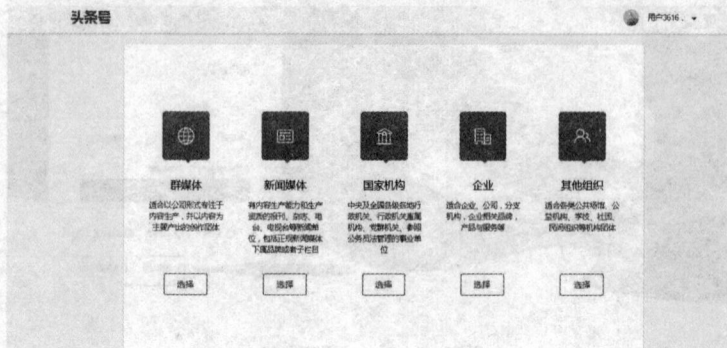

图3-2-10 机构类型账号

类型账号选择"机构"。

第四步，填写账号资料，完成注册。

当然，此时只是完成了头条号的注册，运营者还需要通过认证，才能真正地运营头条号。可以接上一步，继续完成认证过程。

第一步，注册后会跳转到关联页，此时可以关联"百家号"及"微信公众号"，关联后可以实现账号的共同运营，如果不想关联，可以直接跳过。

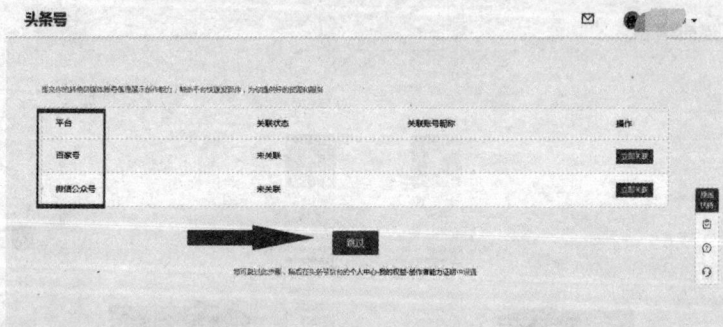

图3-2-11 关联页

第二步，根据弹跳出的窗口信息要求，完成认证，如果不小心关掉信息页，单击网页右侧的"前往认证"也可以进入完成认证。

图3-2-12　账号认证

头条的后台管理

头条号通过认证后，就可以进入后台管理系统了，头条号的主界面很简洁，左侧为功能区，主界面为数据详细显示区，而且在这个管理页面上，不仅可以用于今日头条的管理，今日头条孵化产品西瓜视频也可以在此后台进行管理。

图3-2-13 头条号主页

主页面最上方为数据统计区，向下滚动，你会发现三个重要区块——公告区、活动和学院，这三个区块可以让我们很好地了解今日头条官方资讯，随时调整运营。这是后期我们运用最多的功能，通过发头条来发布文章，运营头条号。功能及使用技巧将在下一节中详细介绍。

1.内容管理

此功能用于后期运营平台数据的管理，可以查看单条内容数据，实现修改和删除。由现阶段来看，发布14天以内的文章都可

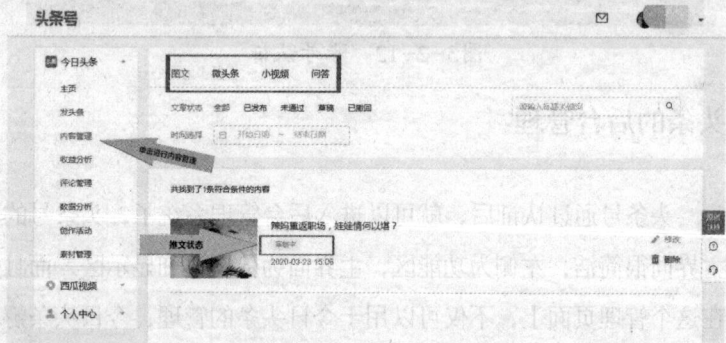

图3-2-14 内容管理页面

以进行修改，不过不建议运营者多次修改，因为这样会影响文章的推荐量，改变头条号的指数。删除内容时也要注意先从主页撤回后再进行删除，才可以完成此操作。

2.收益分析

收益包括两项——整体收益和头条广告，此条主界面除了总数统计外，还会有近期收益的趋势分析，可以说是运营者的便捷账本。

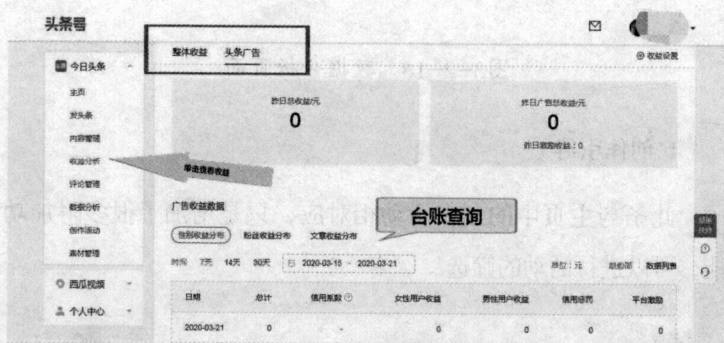

图3-2-15　收益分析页面

3.评论管理

评论管理的主界面可以用于查看今日头条用户对运营者发表图文及微头条的评论，运营者可以在这里进行回复、推荐、置顶及点赞，且这种互动可以增加今日头条后台推荐量，还可以提高头条号指数。

4.数据分析

此功能就是一个大数据库，不用运营者自己做统计，直接查看限定日期内的各种数据，甚至可以直接导出Excel，用于台账整理存档等。

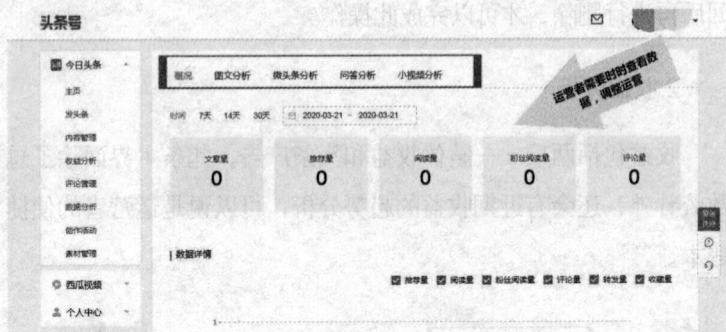

图3-2-16　数据分析页面

5.创作引导

此条与主页中的创作活动相对应，只是增加了很多附加功能，可以进行活动的筛选。

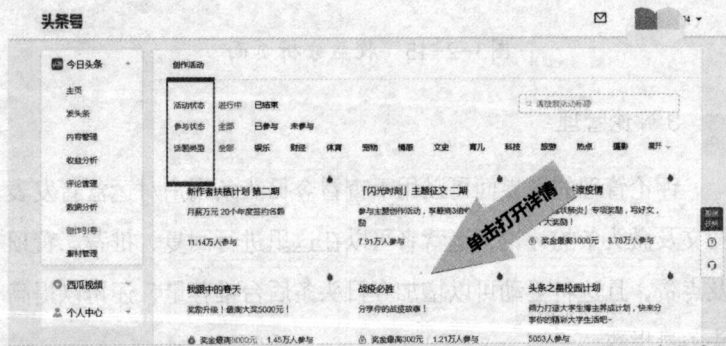

图3-2-17　创作引导页面

头条号个人中心

　　个人中心是对头条号的账号管理，在此处可以修改个人信息、查看账号权益、管理粉丝及结算变现等。运营头条号虽然不用特意"吸粉"，但是，头条号在个人账号中依旧为运营者提供了二维码，可以下载下来用于"地推"或者平台"吸粉"。

图3-2-18　功能实验室

　　头条号个人中心中的功能实验室也是头条号的一大便捷功能，在这里可以直达很多常用功能App，受到用户的青睐。

图3-2-19　头条号作者

第三节　发文实战，打响入驻"头条"的第一炮

今日头条运营文章很重要，虽然看起来似乎门槛较低，但是，发布文章的质量是很重要的，优质好文会得到更高的曝光率，毕竟今日头条的个性化推荐系统是很强大的。今日头条设计十分人性化，官网首页就可以完成微头条、文章、视频等的快捷发布。当然，我们一般还是用"发文"来发布，今日头条发文有"文章""微头条""图集""小视频""问答""音频"几种类型，下面就让我们进一步了解一下今日头条的发文功能吧。

发文类型及应用

微头条像一个小型留言板，也可以说是今日头条的"朋友圈"，运营者可以通过微头条与今日头条用户互动，也可以将其转发到微博、QQ空间、微信等。

头条文章是我们的"工作台"，运营者想将头条做好，最重要的还是要发文，赚人气，获得更多的推荐量，提高头条指数。

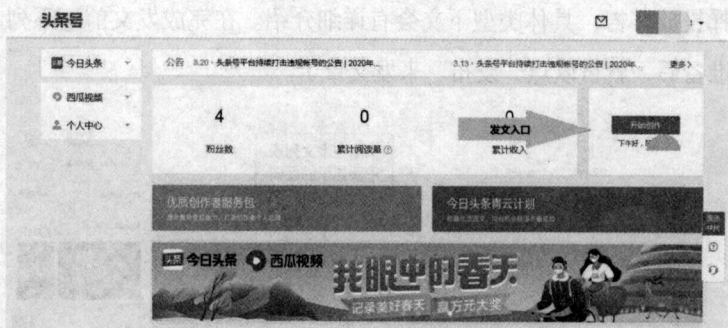

图3-3-1　发文入口

第一步，进入"发文"后台后，会出现一个编辑器，使用方法与普通的手写板相似，可以利用这个编辑器来编写文章。

第二步，在编辑器中编写文章，可以插入需要的图片、音频、视频，或者需要发起的投票，以及自营广告，也可以直接导入一篇已经编辑好的文章。

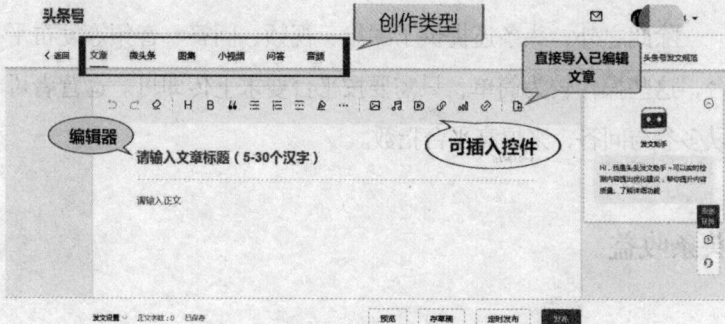

图3-3-2　文章发布页面

第三步，文章编辑好后，下拉会看到封面贴图，这是文章发布后的随文配图，官方配套了一些图片供作者选择，当然也可以上传自己备好，有利于运营且与文章相关的图片。在此也可以选

择投放广告，具体类型下文会有详细介绍。在完成发文前一系列
准备后，就可以点"发布"来发文章了。

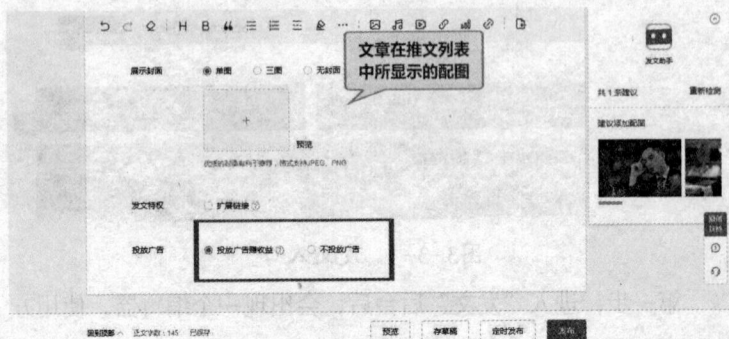

图3-3-3　文章发布

第四步，文章发布后，系统会自动跳转到"内容管理"页
面，你会发现文章正在审核中，当通过审核后，你的文章才会真
正地出现在今日头条页面中。

除此之外，头条还提供了图集、视频、问答、音频等发布平
台，这些操作较为简单，只需要按平台要求上传即可。运营者可
以多参与问答，来提高平台指数。

头条收益

1.自营广告

作为一名运营者一定对今日头条的"自营广告"十分青睐，
自营广告是头条号所特有的一种开放自由的推广方式，而且它还
是免费的。自营者可以自主上传推广素材，在内容页面中进行展

示，无论是自我宣传、活动介绍、App下载，还是传统的营销推广，都可以在自营广告中实现。

设置步骤：

登录头条号后台，在左侧菜单中点击"个人中心"后，点"账号权益"，在"账号权限"里进行设置。

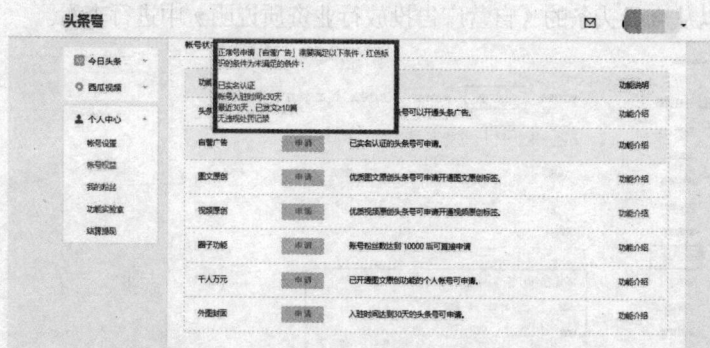

图3-3-4　自营广告

广告内容格式：

必须在移动端适配，大小不超过1M；不能进行二次跳转；不能含有自动播放的音频/视频；不能为第三方媒体平台页面；应用下载广告中的IOS系统必须使用iTunes原始链接。

广告规范：

第一，不得出现违法、虚假欺诈、低俗、敏感、色情类信息；

第二，不得涉及第三方的负面信息；不得出现无授权名人形象；

第三，不能有吸烟、饮酒形象；

第四，社交软件/内衣类广告图片不能使用真人形象；

第五，不能出现"日赚XXX元"兼职招聘类信息；

第六，广告中出现微信账号或微信公众号的，不能出现明显售卖倾向的描述。

类型投放规范：

禁止投放以下分类广告：健康，医疗，保健，彩票，财经，金融，法律，两性，教育，广告招商，微商，二类电商。大家可以从今日头条的《自营广告投放行业资质说明》中进行查看。

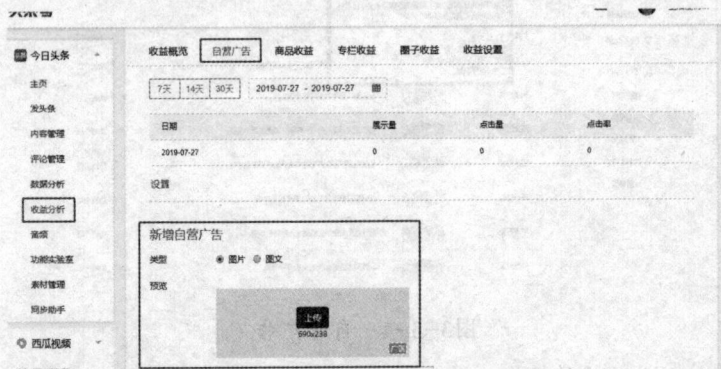

图3-3-5 自营广告收益

2.头条广告

头条广告是头条号运营者将广告位委托给头条号平台代为运营，由头条号平台对用户和广告内容进行智能匹配，实现精准推广，广告收益完全属于创作者。头条广告在运营者注册后就直接开通了，这种广告形式适用于个人、群媒体、新闻媒体、企业类型的头条号，在发布文章时可以自动或者手动选择，最终平台会按流量给予现金分成。

注意事项：

第一，只有投放了头条广告的内容才会有收益，每日的收益会展示在"我的收益"栏目中；

第二，账号分值与收益挂钩，不良行为引发的扣分，可能影响收益（开通了广告权限的账号，信用分值被扣至50分或以下会取消广告权限，分值恢复后广告权限不再恢复，也不能再申请开通广告）。

3.内容电商

平台为帮助运营者多元化变现上线商品卡功能，作者可在创作内容中插入商品卡，若读者产生实际购买并确认收货，作者可获得相应佣金收益。开通商品卡功能后，今日头条App会展示"电商工具箱"入口，支持橱窗管理、佣金收入、账号绑定、个人主页展示内容、意见反馈。

值得注意的是，发布低质、含违规信息等带货内容将面临扣

图3-3-6　内容电商

除信用分值处罚，违规情节严重或信用分值低于60分，权益将被关闭。

4.图文原创

原创权限是头条号平台给优质运营者的重要权益之一，为文章声明原创可以获得"原创"标识、更多的推荐和分成，同时支持站内的维权。

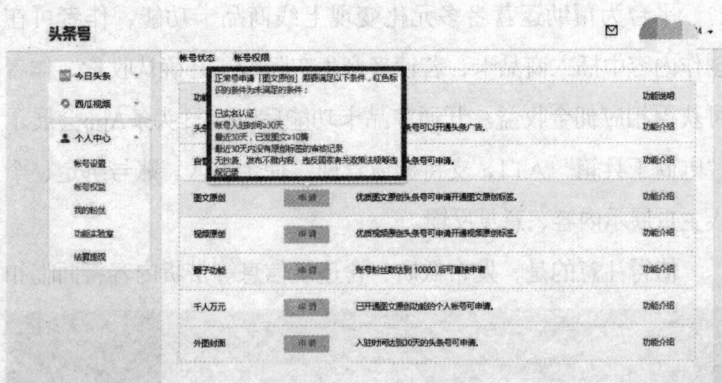

图3-3-7　图文原创

申请条件：

创作者申请"图文原创"需要同时满足以下条件：

一是已经加入"创作者计划"的作者，账号类型为"个人""群媒体""新闻媒体""企业"且已完成身份校验，信用分为100分。

二是暂时未加入创作者计划的作者，账号类型如上，且已经完成身份校验，无抄袭、发布不雅内容、违反国家有关政策法规等违规记录，当满足最近30天已发图文≥10篇，且最近30天内没有申请过"图文原创"权限时，也可以申请。

申请流程：

已加入"创作者计划"的作者，通过官网及客户端进入"个人中心"，加入"创作者计划"的作者，可申请"图文原创"；暂时未加入创作者计划的作者，登录官网头条号后台，在"个人中心"—"我的权益"—"账号权限"中可自助申请图文原创。

第四节　引流、吸粉、导流——"头条号"的运营技巧

　　头条号运营者运营的目的就是引流、吸粉和导流，要想获得更多的收益，说到底还是要有更高的阅读量和推荐量，那也是运营者最为困惑的事儿，很多新手往往也是被这两个量所困扰，下面就试试以下几个方法吧！

提高指数获取推荐

　　头条号指数为今日头条平台上十分重要的指数，这个指数由今日头条后台根据用户文章发布记录，并通过智能算法计算得出的。头条号指数满分为950分，初注册完毕分数是100分，之后通过运营者的文章量而评判指数，如果有违规现象也会相

图3-4-1　分析文章维度

应扣除。简单来说，运营者的头条号指数越高，文章的推荐次数也就越多，被推荐的概率也就越大。

运营者想要提高头条指数，可以从健康、原创、活跃、垂直、互动维度来分析自己的文章，查看缺陷，制定修改方案。

标题创作要规范

今日头条的后台对推文的审核是很严格的，推文标题作为用户选择阅读的第一印象，平台审核更为严格，在"写文"前，一定要仔细了解文章标题规范，平台对清晰、准确反映内容的优质标题很推崇，推荐量也很大，但是对于那些为获取点击而恶意误导用户或格式混乱不规范的标题是严厉打击的，严重者甚至会被罚或被封号。

标题的选择最忌讳的是夸张及文不对题，特别是"标题党"

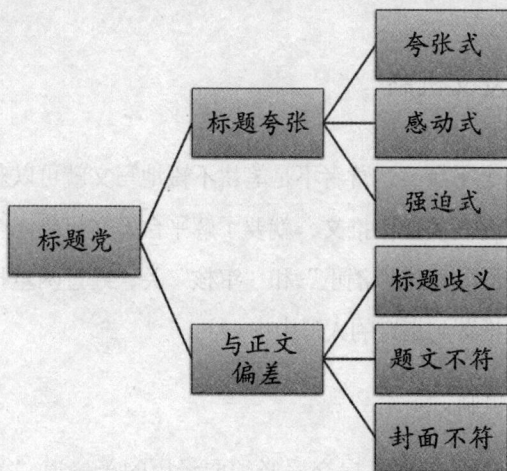

图3-4-2 标题党

式命题，平台一直在加大打击力度。运营者在发文前一定要仔细阅读《今日头条社区发文规范》，争取不走弯路，也不踩雷。

文章质量很重要

今日头条的文章是由机器人和人工共同审核把关的。如果说标题是敲门砖，那内容就是文章的灵魂。对于一些敏感、低俗、低质的文章，机器人第一时间就会把它筛选掉。比如，平台不允许发布"煽动破坏国家宗教政策，宣扬宗教狂热，危害宗教和睦，伤害信教公民宗教感情，破坏信教公民和不信教公民团结，宣扬邪教、封建迷信"的文章，你的文章中却包含了这类内容，那自然在机器人审核时就会被淘汰。由此来看，运营者在发文时一定要保证文章的质量，对于一些热点问题或者敏感问题，用词一定要斟酌，不要被淘汰后再交涉，这是很麻烦的。

今日头条发文机制

无论哪个平台，运营者不是笔耕不辍地写文就可以获得高推荐量的，想要高质量出推文，就要了解平台发文机制。今日头条的推文提交后要经过"消重"和"审核"关，经过两重把关后，推文才会被推荐到指定的人群中去。

1.消重机制

消重机制是在文章提交后必须要经历的第一道"关卡"，

顾名思义，这个"关卡"的意思就是消除重复。平台为了保证良好的用户体验，避免用户同一时间获推大量重复雷同推文，特意设立了这个机制，运营者必须熟悉掌握此机制，发文才会更加顺畅。

运营者在写推文时尽量自主找到可发内容，一些权威媒体或者原创作者会获得今日头条的保护，也就是说，自媒体运营者在发文时一定要申请原创，否则在消重机制下，如果你发布的内容与权威媒体或者原创作者相似度高，那么就会被淘汰。如果热点问题出现，自然会跳出很多高相似文章，此时，自媒体运营者拼的就是速度与立意了，如果你的速度太慢，或者立意不够新颖，那么也会被淘汰。

2.审核机制

今日头条的审核以机器人审核为主，人工审核为辅。机器人审核依靠的是算法，一些敏感、低俗、低质的词汇或者内容出现时，机器人算法就会审核出并淘汰掉。所以，运营者在发文时一定要注意文章质量，如果运营者的文章没有问题，只是因为一些词语影响了审核，那就得不偿失了。

严格的审核制度下，运营者还要注意，如果你发现文章推荐量及阅读量不高，想要修改，小修小改可以，千万不要一篇文章反复改，平台建议的修改次数为3次，如果运营者修改次数达到3次或者3次以上，系统就不会再推荐了，所以运营者发文要有"买定离手"的心态，提前把好关，发文后不可再三心二意。

独家首发指数高

今日头条平台的独家、首发、原创是很吃香的，其中"首发独家"比"独家不首发"所获得的推荐量要高很多，所以运营者要尽量发布原创文章，从而获得更高的平台指数。当然，如果运营者写不出原创文章，那也不要直接转发别人的文章，或者写一些相似度极高的文章发布，这样不仅得不到推荐，还有可能被投诉，受到平台惩罚。值得注意的是，如果运营者的原创文章已经在其他平台发布过，虽然是原创，但是也有可能已经被其他作者转发了，因此在严格的审核制度下也有可能被淘汰。

第四章

微信运营：线上线下，握在手里的"朋友圈"

对普通人来说，微信是日常交流的工具，但对企业、商家或自媒体人来说，它是一个有着巨大商业价值和广阔市场空间的新媒体平台，因为微信几乎覆盖了所有的智能手机，几乎人人都有微信账号。本章将讲述微信的运营技巧。

第一节 便捷营销模式——微信运营

依托互联网的发达，网络运营早已经成了运营发展的趋势，其中，微信运营便是新型且便捷的营销模式。微信账号人人都有，因此企业或者商家就可以利用微信平台发展潜在客户，经营品牌，这是营销的基础。因此，本章中，将向您介绍如何利用"摇一摇""扫一扫"等扩充潜在客户群，如何通过朋友圈、公众号等推广自己的产品，完成点对点营销。

微信（WeChat）是腾讯公司于2011年1月21日推出的一个为智能终端提供即时通信服务的免费应用程序。平台包括即时通信在内，很多功能都受到了人们的欢迎。如果想要利用微信运营，就要先做好以下几个工作。

拥有一个营销专用微信号

微信号是人的第二张脸，也是人的身份标志，或者说是一张与外界联系的名片，因此，一般工作号和私人号不要共用。申请工作号后，微信头像、昵称、签名等就成了一个免费的广告位。

图4-1-1　运营号名称

申请微信公众号，打造平台

要运营微信公众号就必须得有一个自己的公众号，在公众号发布微文，公众号平台会自主推送给微信好友，具体方法后面章节中有详细介绍。

图4-1-2 公众平台

微信平台开发功能

微信"发现"中的很多功能值得运用,"扫一扫""摇一摇""附近的人"等可以很好地"吸粉",发展潜在客户;"朋友圈""看一看""小程序"都可以成为营销平台。

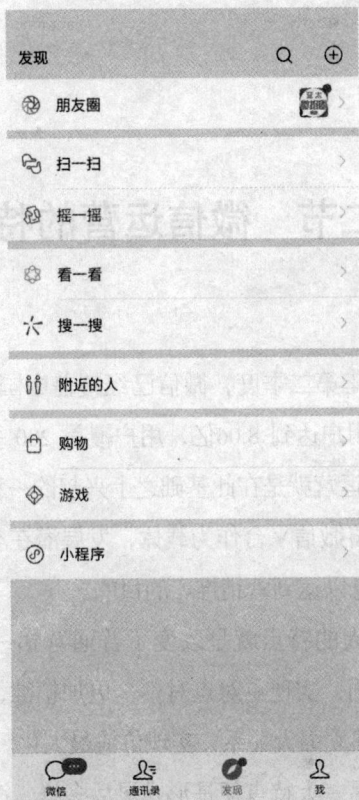

图4-1-3　"发现"页

第二节　微信运营的特点

截止到2016年第二季度，微信已经覆盖中国 94% 以上的智能手机，月活跃用户达到 8.06亿，用户覆盖 200 多个国家、超过 20 种语言。微信运营就是在此基础之上兴起的一种新型的营销模式。企业或商家将微信平台作为载体，发展潜在客户，推广自己的产品或服务信息以达到营销推广的目的。

微信运营最大的特点就是改变了普通营销一对多的营销方式，减少商榷空间，实现点对点对话，更加精准，免去不必要的干扰。且能很快建立强大关系，实现价值最大化。

微信运营的另一大特点便是形式灵活多样，微信上有很多免费"广告位"，为企业和商家提供了无限的资源。企业或者商家可以在微信"我"中进行设置。最常用的有头像、昵称、位置签名、二维码等。

头像

头像是微信最直观的广告位，可以用企业LOGO、产品等，当然也可以用一些有特色的图片，最重要的是给人留下深刻印象。但是，切忌头像过于杂乱，这样会给人留下不严谨的印象，影响企业形象。

昵称

昵称是留于客户头脑中最清晰的名片，一般企业微信的昵称以企业名或者产品名来命名，也可以用一些简洁、通俗且明快的词语来命名，最重要的是能使人快速记住。

位置签名

签名档是在进行微信运营时，进行宣传推广的重要广告位。用一句简单明了的话，宣传企业宗旨或者产品特征，高效便捷。

图4-2-1　个人信息页

二维码

微信运营的主体都有自己的独立二维码，微信的二维码营销

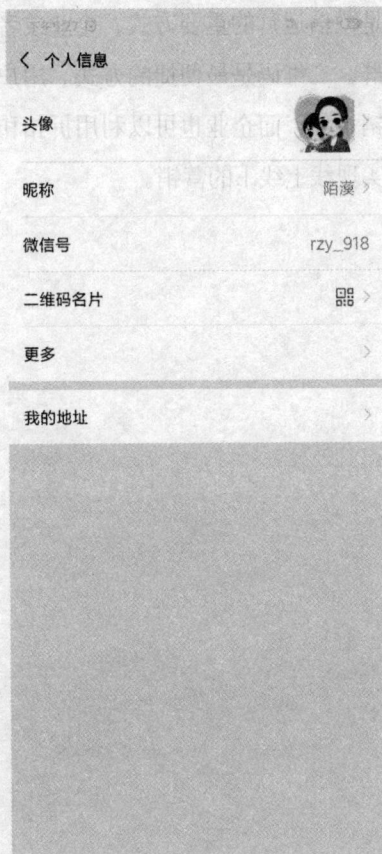

是微信运营的重要方式，企业或者商家寻找潜在用户，扩充客户群，二维码是最便捷的方式。用户可以通过扫描二维码来关注营销主体，而企业也可以利用折扣和优惠来吸引用户的关注，进而实现线上线下的营销。

第三节　扫一扫、摇一摇，认识微信的基础构建

微信平台早已告别了单一通信功能，而成了一种生活方式，一种社交媒体交流平台。再来看营销定义，它的目的是企业或发现或发掘准消费者需求，让消费者了解该产品进而购买该产品的过程。而微信运营最大的特色就是可以将发现并发掘消费者做到最简化，将产品推广做到最优化；同时，微信平台的许多功能也为客户提供了全方位、高品质的服务体验。

要想实现微信运营，首先要做好基础数据的构建，简单来说就是发现并发掘潜在客户，更通俗地来讲就是"吸粉"——吸引粉丝。下面通过微信——"发现"中的几项功能详细了解一下如何做好基础大数据的构建。

扫一扫

"扫一扫"是二维码在微信上的具体应用，操作简便，受到很多人的青睐。客户可以通过"扫一扫"扫描企业或者商家的二维码进行关注，而企业或者商家也因客户的扫码迅速建立了点对

点的潜在关系链。

有很多企业或者商家就是通过"扫一扫"迅速建立起自己的客户群的。如，扫码赠礼品、扫码领优惠券、扫码入群等都是不错的运作方式。最重要的是扫码对于大多数人来说简便易操作，不会与利益发生冲突，当加好友或者入群后他就会成为你的潜在客户。

温馨贴士：

打开方法：

第一种：打开微信"发现"，点"扫一扫"打开扫一扫

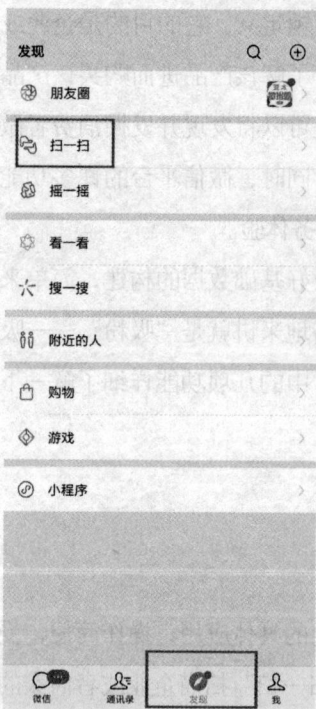

图4-3-1　找到"扫一扫"　　　图4-3-2　"+"按钮

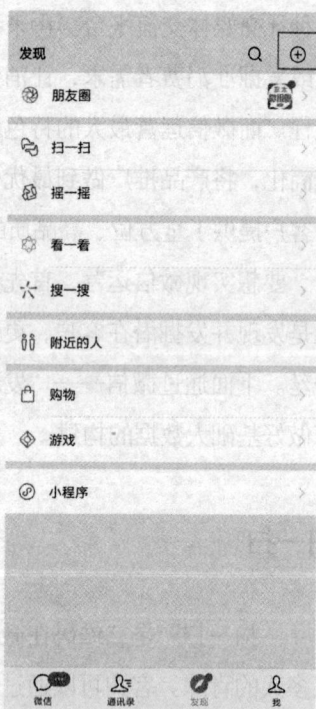

页面。

　　第二种：1.微信任一页面点下"+"按钮，跳出下拉菜单。

　　2.下拉菜单中找到"扫一扫"，点下打开。

图4-3-3　　"+"下拉菜单

附近的人

　　如果说"扫一扫"是需要双方对向操作的动作，那么附近的人就是"予人玫瑰"的行为，当你将玫瑰送出后，有意向的

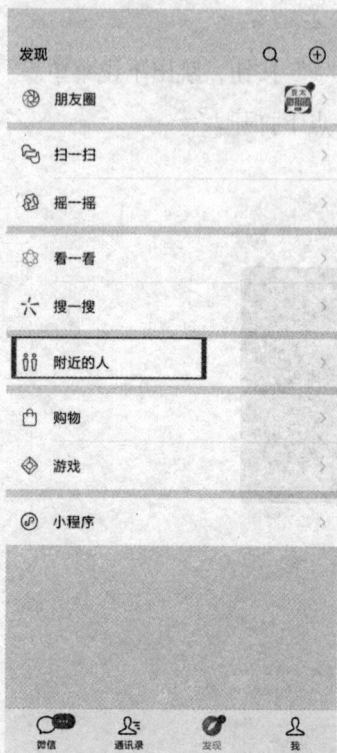

图4-3-4　附近的人

人自然会回复，不经意间已经完成了一次客户筛选。

打开"附近的人"，会出现身边的微信用户，用户名下方也会有距离标识。可以说，"附近的人"是为微信用户提供了一个结识身边人的大好机会，也是企业或者商家实现营销推广的一大切入点，并且可以根据自身产品和目标用户的定位选择LBS营销合适地段。

不过，"附近的人"也是有一定弊端的，这一功能是需要开启的，只有当对方开启这个功能后你才会完成"打招呼"的动作，因此，一些人为避免陌生人干扰也会关闭这一功能。

温馨贴士：

打开方法：打开微信后，选择下方的"发现"页，点下"附近的人"即可打开。

摇一摇

"扫一扫""附近的人"在发展客户时都是一对一的，有针对性的，"摇一摇"功能会变得更加随机，避免了对陌生人的干扰，对空白企业或者商家扩充"朋友"量时可以给予一定帮助。

但是，它的弊端也很明显，一般客户量达到一定程度后就不会再使用这一功能。

温馨贴士：

打开方法：1.打开微信后选择"发现"页，找到"摇一摇"点下即可打开页面。

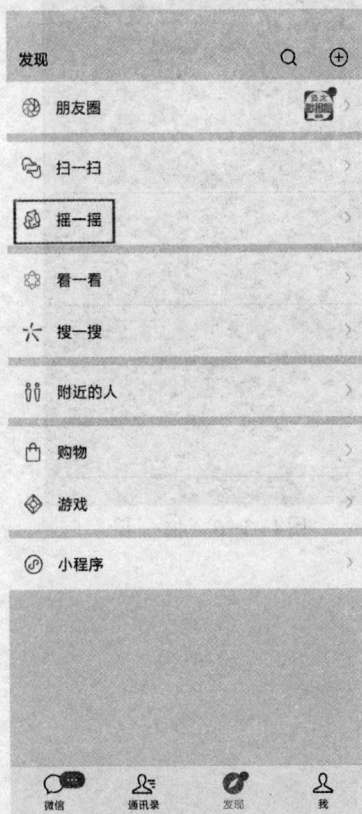

图4-3-5 摇一摇

2. "摇一摇"页面有三种可以"摇"——人、音乐和电视。用户可以左右摇动手机摇出目标，也可以点如图标志摇出目标。

图4-3-6　摇一摇

第四节　微信应该如何去运营

营销除了建立庞大的客户群外，最重要的还是以内容为主，无论是实地销售、网络推销还是现在的微信运营，都要以内容作为运营的关键点。

其实，并不是所有的行业和产品都适合微信运营，可一旦确立了微信运营的思路，就要将产品服务的特色定位找准，找出自身优势，进而对产品或者服务进行推广，维护客户群体的稳定。在微信运营中最常用且便捷的模式一般有两种，即公众号推广与朋友圈渗透。

公众号的推广

1.微信公众号的申请

微信公众号的应用范围很广，无论是国家机关部门，还是企业，抑或个人都可以自由申请。企业和商家运营者可以通过公众号建立专属于自己的营销系统，建立内部员工、外部客户的链接，实现产品推广及提升客户服务体验。

微信公众号可以通过网页搜索"微信公众平台"官网进行申请，微信公众平台提供了四种运营类型：

帐号类型	功能介绍
订阅号	主要偏于为用户传达资讯（类似报纸杂志），认证前后都是每天只可以群发一条消息。（适用于个人和组织）
服务号	主要偏于服务交互（类似银行，114，提供服务查询），认证前后都是每个月可群发4条消息。（不适用于个人）
企业微信	企业微信是一个面向企业级市场的产品，是一个独立APP好用的基础办公沟通工具，拥有最基础和最实用的功能服务，专门提供给企业使用的IM产品。（适用于企业、政府、事业单位或其他组织）
小程序	是一种新的开放能力，开发者可以快速地开发一个小程序。小程序可以在微信内被便捷地获取和传播，同时具有出色的使用体验。

温馨提示：
1、如果想简单的发送消息，达到宣传效果，建议可选择订阅号；
2、如果想用公众号获得更多的功能，例如开通微信支付，建议可以选择服务号；
3、如果想用来管理内部企业员工、团队，对内使用，可申请企业微信；
4、原企业号已升级为企业微信。

图4-4-1　各运营号功能

（1）订阅号。这个订阅号适用于个人及媒体注册，可以完成信息发布，拥有传播能力。商家或者个体工作室都可以选择这一类型进行推广。

（2）服务号。服务号适用于企业及组织注册，它拥有用户管理及业务服务的能力。

订阅号和服务号各有特色，用户在申请时可根据自己所需要的认真考虑后再做出选择。

（3）企业微信。顾名思义，企业微信就是提供给企业用户的特殊微信，原名"企业号"，可以实现企业内部协同及沟通，本章对此不做过多介绍。

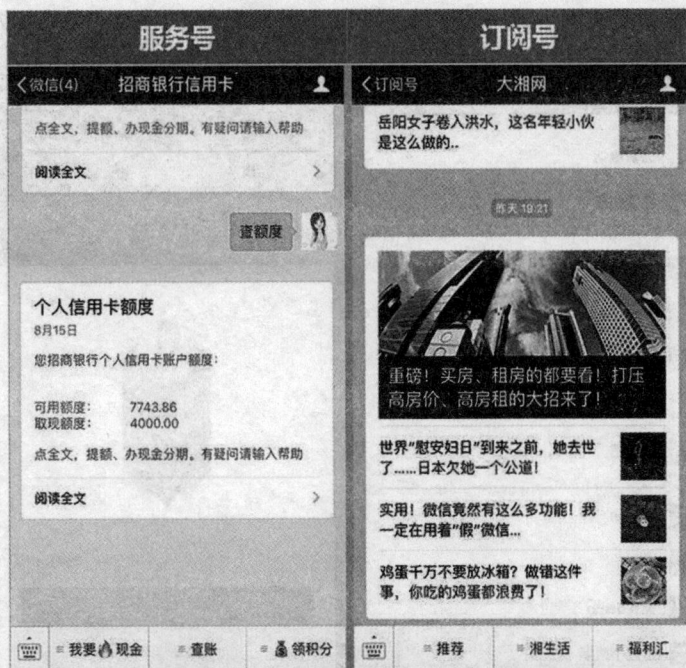

图4-4-2　服务号与订阅号页面

功能权限	普通订阅号	微信认证订阅号	普通服务号	微信认证服务号
消息直接显示在好友对话列表中			✓	✓
消息显示在"订阅号"文件夹中	✓	✓		
每天可以群发1条消息	✓	✓		
每个月可以群发4条消息			✓	✓
无限制群发				
保密消息禁止转发				
关注时验证身份				
基本的消息接收/运营接口	✓	✓	✓	✓
聊天界面底部，自定义菜单	✓	✓	✓	✓
定制应用				
高级接口能力		部分支持		✓
微信支付-商户功能		部分支持		✓

图4-4-3　服务号与订阅号权限

图4-4-4 企业号与小程序页面

微信企业号的功能很强大，对于一个企业号的运营者来说，微信的打卡、会议、支付等功能是十分实用的。

（4）小程序。小程序同样适用于企业及组织进行注册，在微信—"发现"—"小程序"中可以快速找到，也可以通过微信向下拉取获得，企业、商家及个人都可以通过小程序进行信息推广。

转发微信聊天记录

微信中的聊天记录、订阅文章，都可一键快速转发到企业微信。企业微信也可转发到微信。

公费电话

领取1000分钟公费电话时长，支持多人通话，方便与客户、同事电话沟通工作。

打卡

在手机上轻松考勤，支持固定时间上下班、灵活排班、自由上下班和外出打卡。

视频会议

高清稳定的视频会议，支持文档演示和屏幕共享，支持用电话接入，可9人同时参与。

可管理的群聊

可设置仅群主可管理群聊，设置群内禁言，发布群公告。支持发起2000人群聊。

审批

支持添加自定义审批模板，可设置固定审批人和抄送人，可查看申请记录。

通讯录管理

快速批量导入，统一管理；同事信息准确完善，方便查阅。

企业邮箱

获取专属域名的企业邮箱，实时收取邮件通知，及时查阅邮件，快速响应。

日报

员工通过日报、周报、月报汇报工作进展，管理者可在手机端方便的查看。

企业支付

提供完备的支付能力，企业可以在企业微信内给员工发红包，给员工付款或向员工收款。

丰富的配置

可个性化定义员工资料，设置通讯录查看权限和隐藏特殊部门或成员。还支持在手机启动页设置企业Logo、宣传图，打造企业文化。

可靠安全保障

协议全程加密，防止网络窃听，多重数据安全保护机制，抵御网络攻击和入侵。国内首家通过最高等级公有云个人隐私保护认证——ISO/IEC27018的企业产品。查看

图4-4-5　企业号功能

2.微信公众号的注册

要注册一个合适的微信公众号，企业或者商家首先要针对自己的特点及产品推广需求选择一个合适的类型，然后准备相应资料，完成注册。

（1）个人注册

公众号注册很简单，按照步骤逐步进行就可以，但是一些必备资料要真实，个体微信运营者在注册前，需要将以下资料准备好：

邮箱：一般作为登录账号，填写时注意填写未被微信公众平台注册，未被微信开放平台注册，未被个人微信号绑定的邮箱。

手机号：填写时要注意填写正在使用的手机号码，用于接收平台发送的验证码。

身份证：注册时需要填写真实有效的身份证号，所以一定要先准备好身份证。

接下来介绍个人公众号注册过程：

第一步，从网页中找到"微信公众平台"，并选择官网打开。

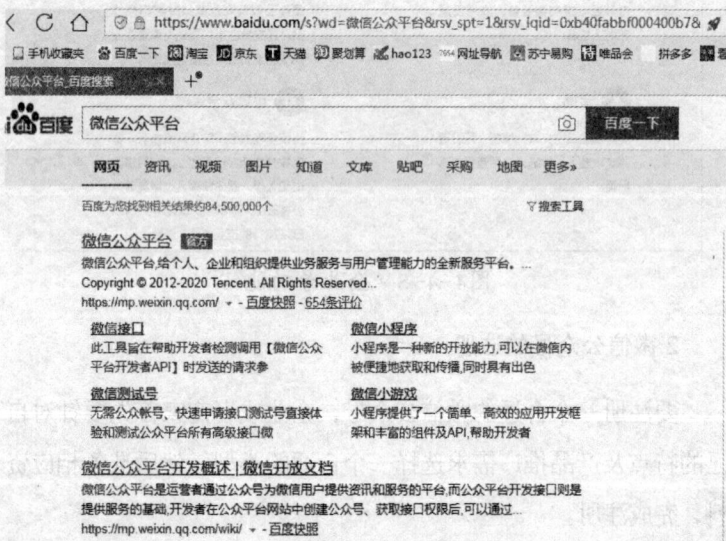

图4-4-6　搜索"微信公众平台"

第二步，点击"立即注册"，选择注册类型。

图4-4-7　注册类型

第三步，按流程填写好资料信息，点"注册"，等待审核通过即可。

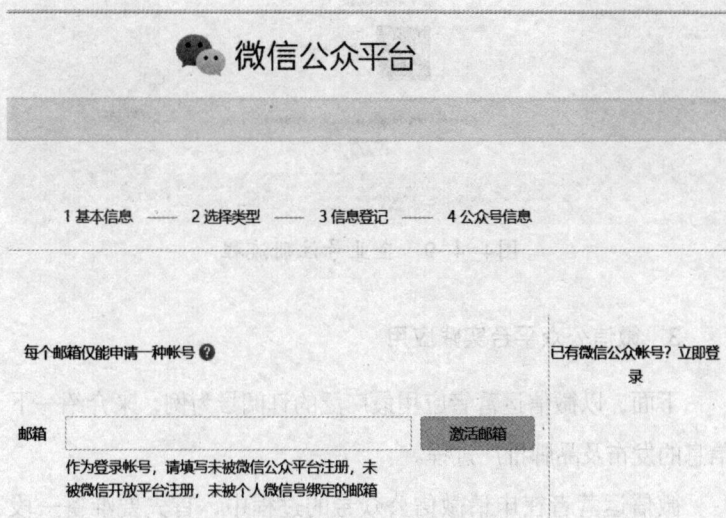

图4-4-8　注册流程

（2）企业及组织注册

微信运营者如果打算注册企业主体的微信公众号（企业号），除邮箱、手机号、注册人身份证的资料之外，还要准备营业执照，在注册的过程中需要输入企业的营业执照注册号或社会信用代码号。

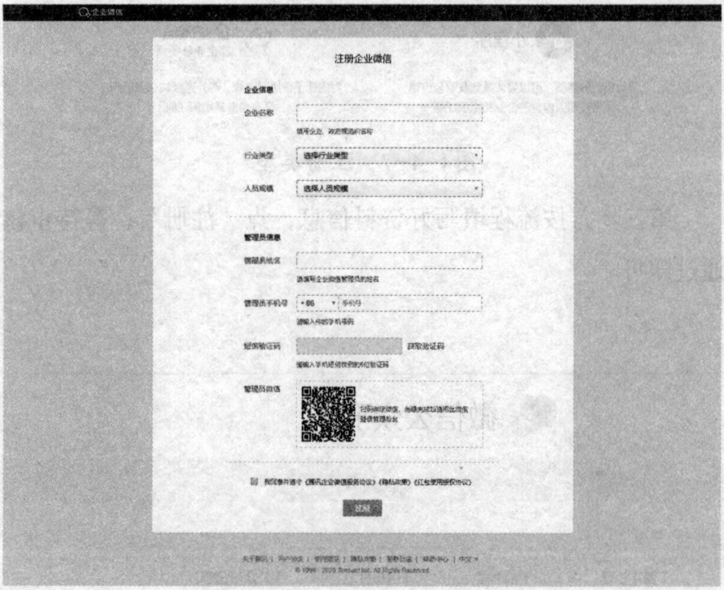

图4-4-9　企业号注册流程

3. 微信公众平台实践应用

下面，以微信运营者应用最广泛的订阅号为例，来介绍一下信息的发布及品牌推广过程。

微信运营者在申请微信公众号的过程中，首先要准备一段4~120字的资料，内容为自己的产品、品牌或服务宗旨的简介，此段文字放在每次订阅号发布推广内容的概述中，因一个月只可修改5次，所以要提前准备，避免仓促。

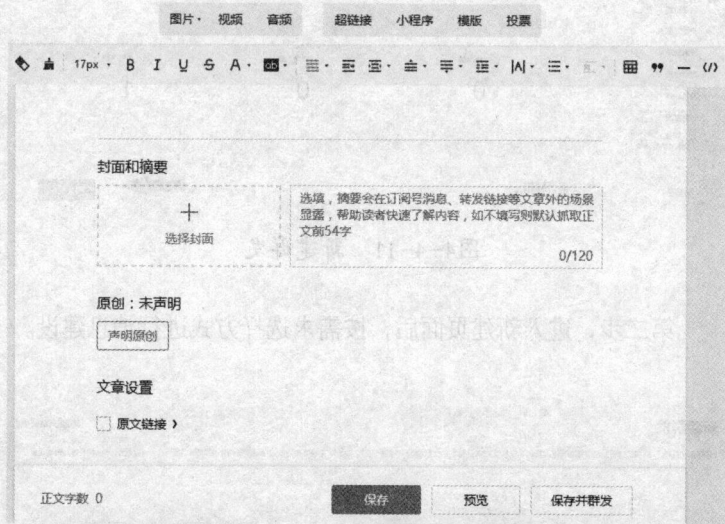

图4-4-10　订阅号文字发布页

4.订阅号头像设计

公众号的头像不同于微信号的随意、个性，它代表的是此订阅号的形象，达到吸引读者的目的，最好后期不要过于频繁地更换，因为这有可能使订阅者找不到你，减少用户量。

订阅号的头像推荐有三种：运营者品牌LOGO，所运营的产品，或者自己的真实照片。

订阅号的推文编写及发布步骤：

第一步，用网页打开"微信公众平台"，扫码进入后点击"新建群发"。

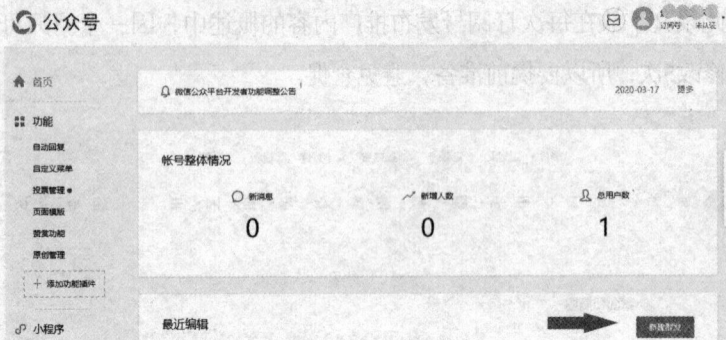

图4-4-11　新建群发

第二步，进入新建页面后，按需求选择方式进行消息建设。

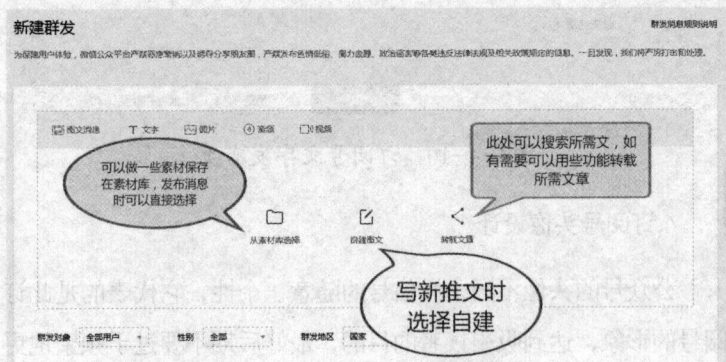

图4-4-12　新建群发方式

第三步，自建图文的页面与简易的word页面基本相似，可以直接输入文字、插入图片等，过程当中注意及时保存。有些公司开发的公众号助手之类帮助自建图文的程序也十分好用，可以让你的推文更加美观。

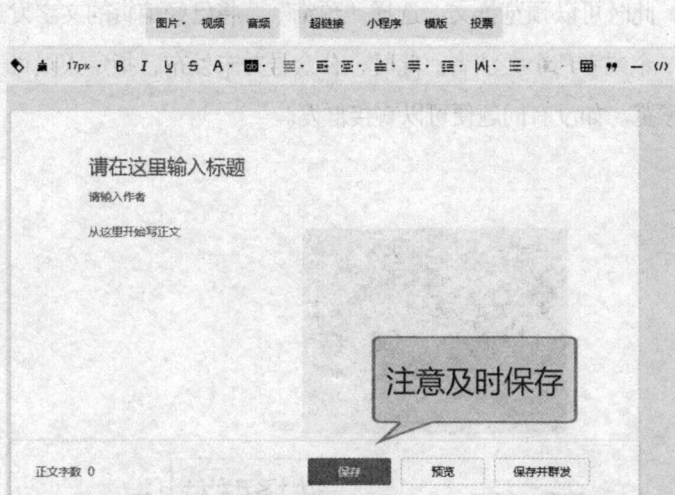

图4-4-13 图文编辑页

第四步，推文编辑完毕后可直接选择"保存并群发"。

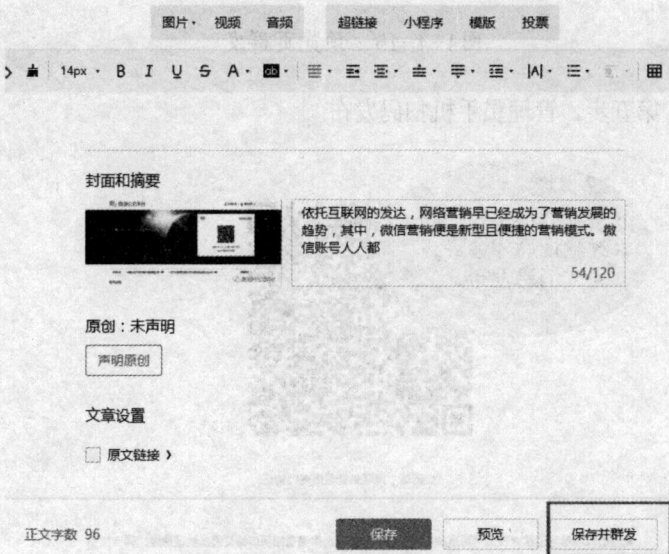

图4-4-14 保存并群发

　　此时可以预览推文，选择"预览"，将已经编辑的文字发送给一个或者几个关注者。此时，公众号并未发布，指定人员可实现预览。如没有问题便可以直接群发。

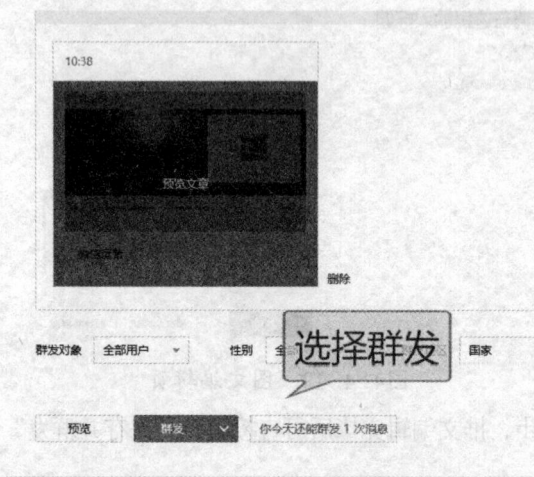

图4-4-15　预览页群发

　　第五步，管理员手机扫码发布。

图 4-4-16　管理员扫码确认

这时，所有关注你公众平台的"粉"就可以看到你新发布的推文了。

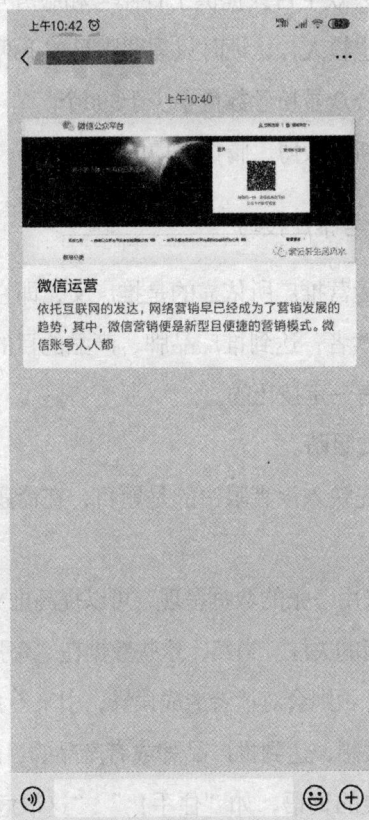

图4-4-17　文章显示

5. 订阅号的认证

订阅号申请之后，认证是很重要的，特别是一些品牌运营商的公众号尤为重要，认证后公众号的可信度及权威性可以得到提高，而且用户中文搜索的排行也将提前，更重要的是认证后可获得更多公众平台功能，提升服务体验。

目前，微信公众平台只提供了订阅号和服务号的认证，且认证主体对象范围也较大，认证时只需要满足如下两个条件即可：

第一，微信公众号粉丝数量不少于500个。

第二，具备新浪微博、腾讯微博的认证账号。

6. 微信公众号推广技巧

微信公众号运营推广所依靠的是推广文，即在公众平台发布一些文章，吸引读者，达到推广品牌、产品的目的，当然，这种推文的写作也是有一定技巧的。

第一，主题要吸睛。

一篇推文最先映入读者眼帘的是题目，在命题时，可以参考以下类型：

a.在标题上采用夸张的数据呈现，可以提高推文的可信度，从而更好地吸引读者的关注。当然，这些数据在"夸张"的基础上也要相对科学严谨，否则会对读者造成误导，引来不必要的麻烦。

b.引导读者联想，达到推广品牌或者产品的目的。

c.以震撼心灵的词语，如"住手！""这很危险"等，给读者留下深刻印象，吸引读者关注并读文。

d.选择符合产品定位的主题文章吸引关注，如用生活智慧、居家风水、人际关系、情感问题等有热度的话题，吸引读者。

第二，专题推文正文的撰写。

针对品牌或者产品的专题性推文正文撰写一定要避开商业

化，要有创意，语言风格要吸引人，可以插入一些真实的故事，增加可信度。但是，千万不要太过烦琐，引起读者阅读疲惫，也不要推送太多信息或者硬性植入广告。

微信运营者一定要注意，推文的目的是推广，吸引的读者越多，关注的人群越大，那潜在客户群也就越庞大，千万不要功利心过重，将公众号变成广告发布平台。

第三，公众号推送时间的选择。

现在微信公众平台的用户过多，完成推文后推送的时间就显得尤为重要，如果推送时间不合适，就会很容易被"压文"。所以，我们完成文章后保存，然后选择早、中、晚这三个时间段推送。早晨人们刚刚起床，信息需求量大；中午人们休闲，有时间翻看手机，也有时间阅读推文；晚上是一天最放松的时间，很多人喜欢在这个时间段刷微信。

微信公众平台运营不是朝夕之力就见成效的，一旦建立后要勤于维护，而且还要通过多种渠道进行推广，如各大网站发布公众号信息；搭建回复接口与读者一对一接触；策划有奖互动活动吸引客户等。

朋友圈运营

朋友圈运营与公众号运营相比，更容易上手，简单通俗来说，就是在自己的朋友圈中发布产品信息，达到做广告的目的。公众号运营好比中药，久服治病养身；朋友圈则更像西药，拿来就吃，见效极快，只是持久性较弱。

1.朋友圈运营模式

朋友圈作为微信信息量最大的平台一直有着"强大"的美名，于是凭借敏锐的商业头脑，很多人将朋友圈运营起来，而且收获颇丰，下面，我们就来总结一下朋友圈运营可以选择的模式。

一是直接营销。

直接营销，也就是直营，比如生鲜、水果、快消品之类，非常适合产地直营的模式，它可以跳过中间商，直接实现从商家到客户的沟通，也是客户十分喜欢的一种营销模式。微信直营的外地市场十分广阔，源头给货的理念受到消费者的追捧。

二是代理营销。

代理营销，简单来说就是代理商，是线下代理模式的线上形式，在化妆品、面膜行业应用较广，代理营销可以实现高效集中的管理，也不需要太多用户的关注，是流水较高的一种微信运营模式。

三是"微淘"联合。

很多淘宝商户已经利用朋友圈做起了营销，如利用淘宝购物返利券添加微信，再利用微信与客户多交流沟通，朋友圈发布信息等提高复购率。

四是O2O模式。

线下交易与线上交易的结合是商业发展的必然趋势，利用朋友圈实现O2O转型十分便捷，现在已经有很多线下商家开始尝试。

五是品牌营销。

品牌营销的目的与以上四种不同，它运营的并不是产品，而是品牌。利用微信建立自己的品牌团队，再对团队人员进行朋友圈运营培训，这是品牌营销的关键点。如果企业和商家做好品牌营销，就相当于种下了一棵树，随着营销的深入，就会枝繁叶茂起来。

2.朋友圈运营消息推送

"发朋友圈"这一操作并不是一件很困难的事儿，很多人几乎每天都在做，而且每天都在刷朋友圈中的信息，但是，作为微信运营商家，如何发朋友圈也是一门学问。

第一，切莫过度推送。

朋友圈信息发布是不是越频繁越好？试想一下，如果你本想打开朋友圈刷些朋友消息，结果被"广告"刷了屏，久而久之，你会怎么做？或者删掉这位朋友，或者屏蔽他的朋友圈。这并不是我们希望看到的。所以，在朋友圈运营过程中，过度推送只会适得其反。

在营销过程中，无论何种形式的营销，追其根本，成交开单的基础无非是一个"信"字。当你和客户建立起"信"时，成交量自然也就上去了。所以，朋友圈推送广告类消息要适度，下面向大家推荐几种朋友圈信息类型，可以参考一下。

直宣类广告。每天发1～2条广告类信息就足够了。如果你的头像或者签名足以让别人了解你所运营的产品或者品牌，可以将广告类信息减到最少，隔天发送一条甚至几天发送一条也是没有问题的。

客户回馈类信息。这类信息与直宣类广告推送频率基本相似，只是这类信息在编辑时要尽量真实、有趣，从而提高客户的阅读兴趣。

正能量信息。正能量信息指的是一些可以体现人格魅力或者追求的信息，如新闻评价、兴趣爱好等，这类信息更加贴近生活，容易给人留下深刻印象。

生活类信息。指的是运营者个人生活信息，大家知道如果进行微信运营尽量独立微信号，自然工作号与生活号是分开的，但是为什么要发生活类信息呢？这就是"情感"的问题了，要让客户知道你是一个有血有肉的人，而不是一个营销机器。但是，生活类信息也是需要选择的，不是将自己的所有生活都发上去。

刷朋友圈是为了维系与客户之间的关系，从短线策略来说，是为了激活客户的情绪，在他需要的时候能第一时间想到你；而从长线策略来看，借朋友圈潜移默化地塑造自身人格魅力，增进与客户之间的"信"才是微信运营的成功点。总之，朋友圈活跃的最终目的是增进互动、拉近关系，进而建立信任，最终宣传产品。

第二，掌握朋友圈信息编写技巧。

朋友圈信息编写时不可过度随意，也不能为了提高产品的销售额而虚假、夸张宣传。朋友圈运营本就是以"信"为基础的，所以在选择运营产品时一定要把好关，首先要把好产品内部质量关，不可只图某些小利而失掉"信"；其次要把好外部质量关，即将产品销售出去之后的客户体验，如果客户回馈欠佳，那么运营产品也是有问题的。

这两条所对应的推送信息也就是直宣类广告和客户回馈类信息，在编写时要严谨，如果没有百分之百的把握，就尽量不要选择"确定"性质的词，如"一定""肯定"；编写推送信息要科学，选择合适的时间去推送信息，且信息不宜过长；信息编写要注意字、词、句的斟酌，面对的消费者文化层次不一，不可因为一些字词使用出错，而让客户对产品质量产生怀疑……

在微信运营过程中，通过运营者的不断开发、设计，一些类别的信息也取得了预料之外的效果。如，知识问答信息，运营者发一条问题（针对产品的问题最佳），然后鼓励朋友们有奖回答，既达到了宣传的目的，又增进了客户参与体验。再如，点赞抽奖，运营者定期发一些点赞抽奖，或者点赞定数奖励等。除此之外，运营者要边运营边开发，不能只固求书本上的一点知识，要知道，朋友圈发布的原则是增进客户体验，提高参与度，最终达到产品的宣传及快速更迭。

图4-4-18

第五节　小心掉入微信运营的误区

微信运营作为新的营销形式，初入此种形式营销之时，很多运营者容易走进一些误区，经过多次曲折之后，才转向正确的方法，为此，借鉴很多成功者的经验，特意将以下比较明显的"坑"列出来，希望给新手运营者提供些参考。

过多依赖朋友

有些运营者在做微信运营时，最先想到的就是朋友，的确，如果你想做销售，最先想到的你认识的人一定是你的朋友，但是，一位成功的微信运营者绝对不是靠身边人发家的。道理很简单，朋友是有限的，且与你并不是单纯的客户关系，不如把朋友作为助力，请朋友帮忙宣传和推广，扩大自己的运营圈子，这样效果会更好。如果直白点说，如果你总是想"吃"朋友，久而久之，你也就没朋友了。

吸粉后无互动

运营者完成最初的"吸粉"后，就要将微信活跃起来，不能只单一以直宣广告为主，一定要增加活跃度，定期更新公众号、朋友圈，每天多在客户群中聊一聊天，人与人之间的"信"在没有大事件干预的情况下，是根据一点一滴的印象积累建立的，通俗点的词叫"混个脸熟"，试想一下，当你在"粉"头脑中印象深刻之后，当他们有了需求，那第一个想到的一定是你，这便增大了客户的价值利用。

迷信开发功能

微信运营依托的是微信平台，随着平台功能的不断开展，特别是小程序功能的开放，很多微信运营者开始迷信开发功能，如自动回复、微信投票、吸粉系统等，这就好比将本来有血有肉的营销活动放在了机器上，客户选择的虽然是微信运营者，但也是需要自我满足及别人的肯定的，所以在开发功能、设计小程序时也要以用户体验为主，不可盲目，也不可过多。

关注人越多销量越大

很多运营者在最初推广时，运用各种办法增加关注量，大量"吸粉"，这是无可厚非的，但是，微信运营者要注意一个问题，"吸粉"的目的是增加潜在客户，而不是加陌生人为朋友。如果盲目地"吸粉"，后期你就会面临两个问题——信息积压和"僵尸粉"占空间。真正高质量的"粉"指平日互动较多，有过咨询或者表达过购买欲望的人，要知道，只有高质量的"粉"才是真正的潜在客户，才是销售的保障。

当然，最初"吸粉"时如果筛选不到位，且不容易把握，那么后期可以通过建群的方式来区别，将潜在客户拉到一个群中，大家沟通交流，增加互动，而那些"不确定粉"就可以只停留到微信好友的程度上，这样之前的矛盾问题也就解决了。

第五章
抖音运营：小·视频，引爆大流量

人们在忙碌了一天后，习惯刷抖音来放松、娱乐自己，因为抖音上有大量的各种类别的原创短视频。因为用户量众多，使其成为重要的新媒体运营平台之一。如何运营抖音？本章将讲述抖音的运营技巧。

第一节　今天你"抖音"了吗？

抖音，于2016年9月上线，由今日头条孵化，是一款可以拍摄短视频的音乐创意短视频社交软件，截至2020年1月5日，抖音日活跃用户数已经突破4亿，点赞量最高的前5名国内城市为：北京、成都、上海、深圳、广州；国外城市前5名为：曼谷、首尔、东京、大阪、新加坡。抖音CEO张楠表示，4亿是一个新的开始，抖音会继续努力真正成为"视频版的百科全书"。

抖音主页

抖音的LOGO像一个抖动的音符，品牌口号为"记录美好生

图5-1-1　网页版主页

活"，在官网提供了苹果和安卓两个版本的App，也可以通过扫描主页提供的二维码下载到手机安装，或者通过手机"应用商店"下载安装。

抖音视频类别

抖音创始之初，实质上是一个专注年轻人的音乐短视频社区，用户可以选择歌曲，配以短视频，形成自己的作品。但是，随着平台的发展，它早已不再是专注做音乐的平台，现在用户视频种类很多。

1. 颜值类

一些漂亮的小哥哥、小姐姐是抖音上的靓丽风景，他们无论是BGM唱跳，还是说说笑笑，打打闹闹，总会吸引很多粉丝的关注，如果颜值在线，这是一个不错的选择类别。

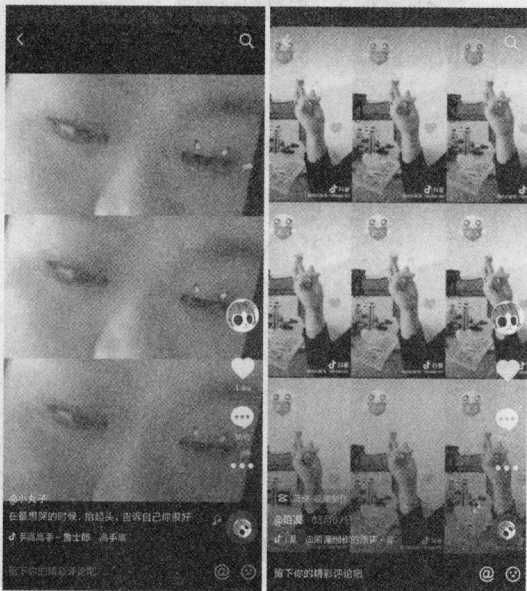

图5-1-2 颜值类

2. 名人类

这类账号的用户一般早已有一定名气，他们上线是自带流量
的，普通用户望尘莫及。

3. 才艺类

通过才艺获得更多的关注，是很多视频平台的常用门类，唱
歌、跳舞、魔术、技术流等，这类账号吸引了一些有相同兴趣的
人群，如果想做才艺类账号，那就必须有令人关注的才艺，否则
对于看过百万视频的用户来说，你只是沧海一粟，并无特殊。

图5-1-3　才艺类

4. 生活类

最近抖音出现了很多VLOG，通过记录那些日常生活中的事件，分享自己的理解或是表达自己的态度，这种视频的流量越来越大，吸引了很多用户的关注、点赞。

图5-1-4　生活类

5. 小品类

这类视频一般由团队运营，找到用户兴趣点，写出脚本，通过演员的演艺吸引用户。

6. 教学类

这类视频主要内容为教学，比如手势舞、做菜、PS、外语、办公软件使用

图5-1-5　小品类

图5-1-6 教学类

图5-1-7 其他种类

等，这类视频的吸引点与才艺类相似，也是吸引着有相同兴趣或者有需求的用户。

除以上常用的运营视频类型外，还有吃播、开箱、游戏等很多类型的视频，如果你想运营抖音，就要给自己一个定位，找到适合自己的类型，养号、涨粉、提高关注量，做好一切的准备工作，便可以带货或者利用抖音运营来推销产品或者品牌。

抖音变现

抖音可以通过短视频中的链接跳转带货，在视频内添加购物车功能，支持跳转店铺，实现流量快速变现。现在做抖音最适合的是淘宝客类账号，直接通过淘宝客获取收益。

　　除视频外，还可以通过直播直接销货，通过运营短视频涨粉后，跳转到直播，通过直播直接宣传产品。

图5-1-8　运营链接

第二节 轻松入门，教你如何进驻抖音

抖音App是面向大众的，所以入驻非常简单，只需要通过手机号直接注册/登录，或者通过今日头条、微信、QQ、微博等注册/登录。对于运营者而言，应该说是最简单的入门方式了。通过这种方式登录后，就可以发视频，做直播。

图5-2-1 抖音账号主页

账号管理

手机端抖音的首页为视频页，用户可以通过首页上方切换关注和推荐视频。因为用户通过向上刷屏的方式来切换视频，所以抖音用户都称其为"刷抖音"。首页下方有四个选项，分别为"首页""本地""消息""我"。

"本地"页打开后为列表式小视频，用户可以通过视频封面和文字来选择自己感兴趣的视频。

点"消息"进入消息管理页面，此页面中可以查看粉丝、点赞、@我的、评论等，也可直接链接到相关App。

图5-2-2　本地页　　　　图5-2-3　消息页

"我"是账号管理的主体页，抖音运营者一定要将此页的内容编辑好，因为本页相当于你的名片。用户在"我"的主页中可以很直观地查看到粉丝量、获赞量和关注量，对自己已经发布的作品进行简单的管理，视频的左下角所显示的就是抖音用户的观看量。抖音运营涨粉的方法之中，参加抖音发布的活动是最简单的方法之一，而抖音活动的发布页面就在"我"中。

做好个人资料设置。单击"编辑资料"会跳转到个人信息编

图5-2-4 "我"页

辑页，运营者一定要选择与运营相关且引人注意的头像及名字，因为当别人看到你的抖音号时，第一印象就是头像和名字，值得注意的是，头像和名字是可以随意更改的，但作为一名运营者，修改需要慎重，最好不要随意改变。

抖音还有一个特色，其他App账号一般都是系统随机发放的，而抖音号是可以修改的，抖音给用户一天内允许修改两次的权限，心思细腻的运营者也常常对抖音号做修改，使之与运营相关。

右上角的"三"点进去为账户的管理菜单。

"我的二维码"为用户提供了专属二维码，在抖音号推广涨粉过程中，扫码关注用到得最多。

"我的收藏"可以收藏在刷号过程中你所有感兴趣的资源，以备后期使用，收藏的项目很多，用户使用最多的收藏是"视频""音乐""道具""商品"，除此之外，还可以收藏"合集""地点""小程序""话

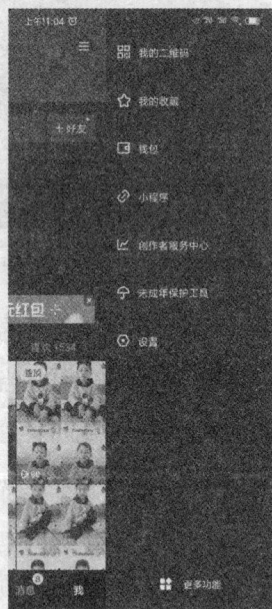

图5-2-5 设置管理菜单

题""影视综"等。

"钱包"当然就是运营者的钱包，在此可以清楚地查到自己的收入，"DOU+个人中心"，银行卡管理，用户最常用的就是账号提现。

"小程序"可以随时打开最近使用及收藏的小程序，用户体验感很高。

"创作者服务中心"的功能是为创作者提供快捷服务，在此处可以进入"商品分享"，加入服务后，你所发布的视频页就会出现商品了，不过，开通此功能需要进行个人认证，只有认证后的账号才有带货的能力。

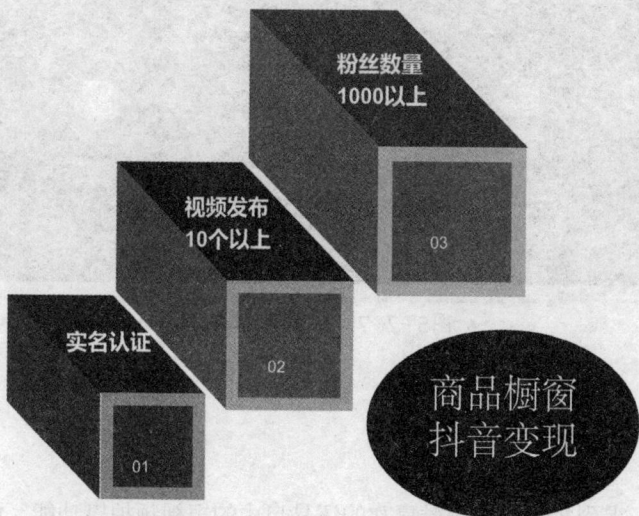

图5-2-6　开通商品橱窗要求

略过"未成年保护工具"，下面就是抖音最重要的"设置"了，点击后进入了各种设置，如账号、通用等。需要说的是，

　　"账号与安全"中有"申请官方认证"一项，需要满足的认证条件为视频发布1个或大于1个，绑定手机号，最重要的是粉丝量达到1W或1W以上，且无违规记录，就可以申请个人认证了，申请后得到抖音黄V，这个认证不仅可以提高个人账号形象，更可以提升整个账号的质量和流量推荐。

　　抖音运营者还可以做企业蓝V认证，认证后可以获得搜索结果前置显示、视频内容置顶，还可以得到营销工具、数据监测、粉丝管理等多项权益。

图5-2-7　机构认证步骤

短视频拍摄

　　提到抖音，用户最喜欢的还是自由的短视频拍摄功能，而抖音的运营者也是要通过短视频的拍摄来涨粉的。下面就以音乐短视频拍同款，以及自由短视频为例，介绍一下抖音短视频拍摄。

1. 音乐短视频

抖音作为一个音乐短视频平台，它的功能是很强大的，平台提供了各种各样的音乐，还有丰富多彩的道具和便捷的后期编辑功能，让拍摄人常常乐此不疲。在抖音主页中，点"+"打开拍摄页面，此页面就是用户的拍摄操作台，用户可以选择音乐、拍摄速度、视频长度，也可以拍照或上传手机内存中的视频。下面，就以常用的选择音乐拍摄为例，介绍下视频拍摄方法。

第一步，点击拍摄页面上方"选择音乐"，此页面提供了多种音乐，在此可以随意选择或者搜索

图5-2-8　音乐选择

想要的音乐，我们点击歌曲名，选择后方红色"使用"按钮，此时，音乐就出现在拍摄操作台了。

第二步，在页面下方选择视频拍摄长度及速度，红色按钮旁边选择喜欢的道具。在操作台的右边竖列，有手机摄像头的选择、拍摄速度开关、滤镜、美化、倒计时、广角、剪音乐、闪光灯、防抖功能，用户可以根据自身需要进行调整。

第三步，一切调整好后，点红色按钮进行拍摄，拍摄完成后再次点红色按钮关闭拍摄，此时视频进入预览状态，一切满意就

可以选择"√"完成拍摄。拍摄中点击红色按钮也可进入暂停状态，如果前段拍摄不满意，就点退格按钮进入删除，再次点击红色按钮进入新的拍摄。

第四步，后台编辑功能可以再次从右边选择滤镜、画质增强调整视频画面，如果觉得自己选择的音乐不合适，可以在画面下方再次选择新的视频替换。

后台编辑中特效深受用户喜欢，打开特效选项后，可以选择梦幻、自然、动感画面效果，长按特效按钮加入画面，视频时间轴也会有相应的颜色变化，这时特效就加入画面中了。也可以为视频添加转场，分屏视频，更改视频中的定点时间。最后，选择"保存"，保存特效。在特效编辑时有些特效是相互冲突的，只

图5-2-9 视频编辑

能选择一种，有的是可以重叠使用的，用户在实践编辑时要特别注意。

第五步，后台编辑好后，选择"下一步"进入发布页面，用户特别是运营者在选择视频标题时要用心，最好加入"#"话题，或者@好友，增加视频的推荐机会。最后，选择"发布"视频就进入了审核状态，如果视频没有问题的话，审核速度是很快的，很快就可以发布到抖音平台，如果审核未通过，后期会有通知，告知用户违规情况。运营者在上传视频时一定要注意这一情况，因为多次违规会直接影响运营者的权益。

图5-2-10 视频发布

2. 拍同款

很多抖音用户常常是在刷视频过程中，对感兴趣的视频或者音乐再次使用，拍摄自己的短视频，我们称其为"拍同款"。特别是抖音平台运营者，最初也可以通过拍同款来涨粉，因为同款视频是"蹭热度"最简便的方法。

拍同款的入口有很多，在视频的右下方点击旋转圆圈，或者点滚动音乐可以选择同款音乐进入拍摄；点击道具，可以选择同款道具拍摄；选择"…"进入菜单，也可以进入同款道具拍摄。

图5-2-11　同款拍摄

选择好音乐或者道具后，进入页面选择下方红色"拍同款"，跳转到已经设置好的道具或者音乐的画面，此时就可以进入拍摄了，具体拍摄方法及后台编辑流程参考"音乐短视频"拍摄。

3. 自由短视频

抖音平台发展到现在，已经不再是一个单纯的音乐短视频拍摄平台了，很多人利用这一平台来发布自己设计的短剧，或者展现自己生活的VLOG，或者展示各种才艺、吃播、拆箱等，特别是很多运营者就是通过这些视频来涨粉，提高关注量的。

这种视频拍摄方法不拘一格，不过，大多数运营者一定是提前设计好拍摄内容，经过拍摄、后期加工等再上传到抖音的。后期加工视频时，可以用抖音推出的视频剪辑工具——剪映，它可以做更多的剪辑，也可以直接分享到抖音。

抖音平台对这类视频的审核也是非常严格的，运营者一定要注意，不要触碰违规内容，严重者甚至可能封号。

第三节 "内容"和"量"——抖音运营的两大关键点

抖音运营有两点最重要——内容和量。"内容"指的就是视频或者直播内容，"量"自然就是完播率、推荐量、点赞量和粉丝量。只有在更多人关注的情况下，你的运营才会更加顺畅，后期无论是做商品营销还是单纯靠量变现，都是没问题的。

不过，需要注意的是，"量"是需要时间和"内容"的积淀，在严格遵守抖音机制的情况下，将视频内容做优质，哪怕开始有瓶颈，也有厚积薄发的力量。

抖音反馈考核维度

完播率　　点赞量　　评论量　　转发量

图5-3-1　抖音反馈考核维度

抖音采用漏斗机制算法，也就是说，当平台将我们的作品分发给初始流量，平台会根据初始流量的反馈来判断我们的内容是否受欢迎，如果受欢迎，平台会将我们的作品分发给更多流量，反之则不再过多推荐。

根据这一推荐机制，在最初注册抖音号后不能过急发布作品，要将视频做优质，在视频标题描述或者开头、结尾可以有引导用户点赞、评论、转发或者看完视频的动作，以此来获得更高的推荐量；也可以在描述中设置一些互动话题，提高用户留言评论量；也可以发动身边人或者已有粉丝平日多帮自己刷一刷视频，多点赞，多评论……

无论什么采取动作，总的来说，目的就是以"内容"来提高"量"，以此得到抖音的推荐。

借势平台涨粉

抖音平台上会不定期推出一些活动，如各类创意挑战赛，这是抖音与营销平台合作的主要导流途径和短视频品牌营销特色，除一些知名企业外，很多自媒体人、新媒体平台也常常发起挑战，吸引更多的抖音用户参与其中，运营者可以通过积极参加热门活动，或者自己发起活动来引流，从而涨粉。

优质视频引关注

抖音平台自发布之初到现在，已经引领了很多网络时尚，热门活动类，如"烤冷面挑战"活动，引起了全国甚至世界各地"烤冷面"；网络用语类，如"好嗨哟""我太难了"等；舞蹈类，如手势舞等……

在视频发布中，还有5秒黄金时间，也就是前5秒一定要抓住用户的注意力，出现爆点，如果不能在前5秒抓住用户的注意力，很有可能用户没有看完视频就直接刷走了，完播量自然就下降了。

这些优质视频，除了单纯的拍摄之外，一定要经过前期设计及后期剪辑，特别是语言类的后期剪辑中的字幕也很重要，就像看电视剧时，虽然说的是中文，可是很多人还是下意识地看字幕，而且文字类的东西更能引发人的记忆。当然，视频中的字幕如果不想全部加上，也可以适当地将有代表性的字、词、句加入。

除字幕外，BGM也有可能带火一个视频。

一定要选一个好的BGM，因为它可能会带火一个视频，每个抖音用户在刷视频时都会发现，在一段时间中，会有同一个BGM反复出现，而这段时间中这段旋律就会停留在你的头脑中。

选择恰当发布时间

抖音运营者视频发布的黄金时间是有一定规律的，我们可以简单概括为"两天四点"，"两天"即周六、周日两天，这两天是休息日，很多人在休息，流量会加大，自然抖音平台的推荐量也会加大。

"四点"指的是工作日中的四个时间段，分别是早上7～9点，中午12～13点，下午16～18点，晚上21～22点。这四个时间段自然也是人们间息或者休闲的时间，如果运营者已经将自己的号运营起来，也可以固定发布时间，或者找到你的粉丝活动量最大的时间段，最终找到最恰当的时间段发布。

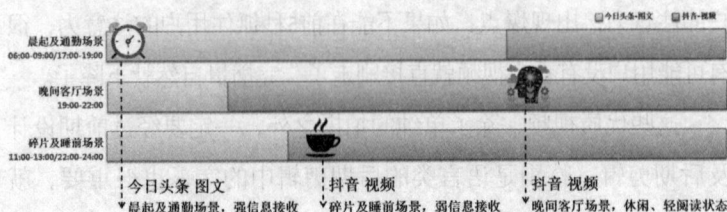

图5-3-2　用户使用习惯

投资加热一把

在抖音首页"分享"菜单下，有一个"DOU+"功能，这是抖音平台做的视频"帮上热门"工具，购买并使用后，运营者的

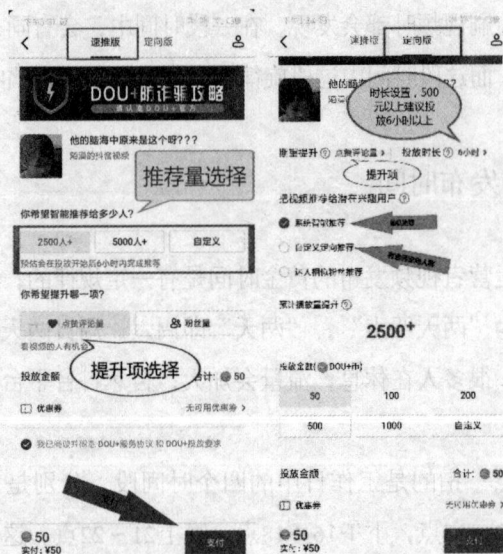

图5-3-3　"DOU+"

视频就会出现在抖音首页，根据抖音的高效能推荐算法，视频会被推荐给更多兴趣用户或潜在粉丝，从而提升视频的播放量和互动量。"DOU+"功能有两个版本——速推版和定向版，价格是一样的，用户可以根据实际需求选择。

DOU+冲量有两个单项供选择，分别为提升点赞评论量和粉丝量。且每个单项都分为了诸多档次，例如，粉丝量的单项提升，最低50元对应预计粉丝量为2500+，最高20W元对应预计粉丝量为1000W+，值得注意的是在选择"量"时需要为1000的倍数选择，不可有零数。

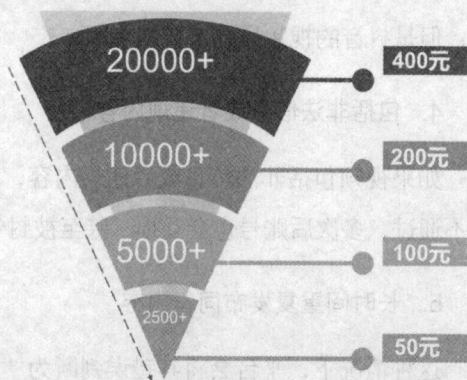

图5-3-4 "DOU+"量与价格

不可触碰的雷区

在抖音推荐机制下，有些用户的"量"似乎莫名其妙地减少了，其实，是触碰到了抖音的雷区。

1. 视频模糊，分辨率低

抖音视频上传后会降低画质，如果上传的视频分辨率很低，那就会出现画面模糊的现象，用户的体验感会很差。

2. 出现广告内容

在抖音打广告应该尽量含蓄，千万不要让LOGO或者商品名称长时间在视频中停留，否则可能会被审核机制筛选掉。

3. 视频带水印

水印是很多人怕视频或者图被人盗用而保护版权的一种方法，但是抖音的视频最好不要加水印。

4. 包括非法信息或者违规内容

如果视频包括非法信息或者违规内容，这种情况会被通知审核不通过，多次后账号也会受损，甚至被封号。

5. 长时间重复发布同一内容

这种情况下，平台会将其错误判断为"僵尸号"，一段时间后就会自动封号了。

抖音现在的用户很多，潜在粉丝也有很多，运营抖音是打算做新媒体人的不错选择，也是很多做淘宝或者网购平台的用户的不错选择，现在抖音平台的直播功能也强大起来，可以下方"购物袋"直通。总的来说，无论做哪种新媒体运营，都是要付出时间和精力的，犹如夹缝中求生存，出了夹缝便是天高地阔，出不了也只能被淘汰。

第六章
新媒体，文案就得这么写

新媒体平台是企业宣传、推广的低成本平台，在做新媒体运营时，必不可少的一环就是写文案。什么样的文案既能吸引到用户，又不惹用户的厌烦呢？本章将从主题、标题、内容、展现形式等多个方面来讲述新媒体文案写作的要点和技巧。

第一节 优质的文案主题是如何诞生的

新媒体运营的核心是吸引用户。用什么来吸引用户？当然是靠内容。因此，发布的内容是否能吸引流量，对新媒体运营十分重要。在不同的新媒体平台，内容展现的形式是有所差异的，但都少不了一个版块，就是主题和拟标题。而这一节主要讲述的是主题。

主题需要满足的条件

仔细观察各大新媒体平台的公众号，会发现优秀的公众号运营的内容都是与企业属性、企业产品相关，或是企业的垂直领域，所运营的内容领域绝不会与企业属性有较大的跨度。优秀的自媒体公众号所运营的内容也是单一的，或者为垂直领域。这是因为，选择与企业属性和个人擅长的内容来运营，能够展现专业性，吸引流量。

譬如，很多汽车类企业会在新媒体平台上运营公众号，发布的内容几乎是与汽车有关，再不济就是交通方面的讯息，而交通也是与汽车息息相关的，属于汽车的垂直领域，给人一种专业感。倘若跨大尺度去运营美食、美妆类的内容，就会令人觉得不伦不类，缺乏专业性。所以，在运营新媒体公众号前，一定要精准定位自我属性，选择与自我属性相同、相关的内容来运营。因此，新媒体运营的文案主题，要符合自我属性。

当然，主题除了符合自我属性外还不够，因为有时候专业的内容也会无人问津。只有主题满足共鸣、实用或趣味中的任何一个条件，才有可能成为爆文，吸引到流量。

"共鸣"，是指人与人之间能感同身受，能够挑起人的情绪，这里的情绪可以是温情的，也可以是愤怒的。以某豪车企业公众号为例，该企业旗下的豪车被剐蹭无数次，在车主无责任的情况下，车主的处理方式通常有三种：一是让肇事者免赔；二是正常赔付；三是羞辱性索赔。其中，能引起情绪共鸣的为第一种和第三种，第一种为温情共鸣，第三种为愤怒共鸣。温情共鸣在吸引用户的同时，也能树立企业形象，无形中对企业产品进行了宣传和推广。愤怒共鸣在吸引用户的同时，还会令用户继续关注事件的后续发展，也能令企业和企业产品得到宣传和推广。

"实用"，是指有实际使用价值。文案主题偏向于实用性，能引起需要相关帮助的人们的注意力。同样以汽车类公众号为例，随着中国经济的发展，几乎家家户户都有汽车，那么在使用过程中，必然会碰到各种问题，而这些问题就是实用性的问题。汽车类企业公众号可以以旗下某款产品为例，写相关的实用性文章。用户觉得文章的实用性很大的话，会对文章进行收藏、转发，帮助企业公众号吸引到更多的用户。

"趣味"，是指能令人感到愉悦，文案主题偏向于趣味性。

因为，许多读者在经历了一天的紧张工作后，渴望趣味来进行放松。趣味性的文章令读者感到愉悦的同时，还会转载，将愉悦分享出去。从一定程度上来说，趣味性的文章可以提升公众号的曝光率。

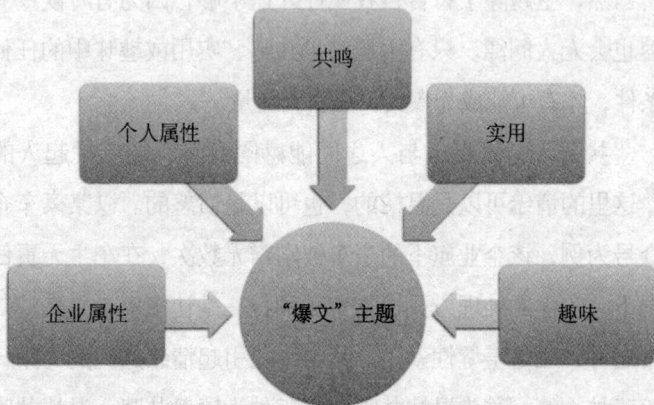

图6-1-1　"爆文"主题满足条件

根据人群明确主题方向

十全十美，是人们追求的极限，然而没有人能做到十全十美。在新媒体运营中，几乎每个新媒体人都希望自己的文案能受到所有读者的喜爱，但事实上是不可能的，总有一些读者会因为这个或那个原因而不感兴趣。在这样的情况下，可以针对不同的人群来确定文案主题的方向，这样也能吸引到大批的流量。

怎么针对人群来确定主题方向呢？可以从以下几个方面来划分人群：

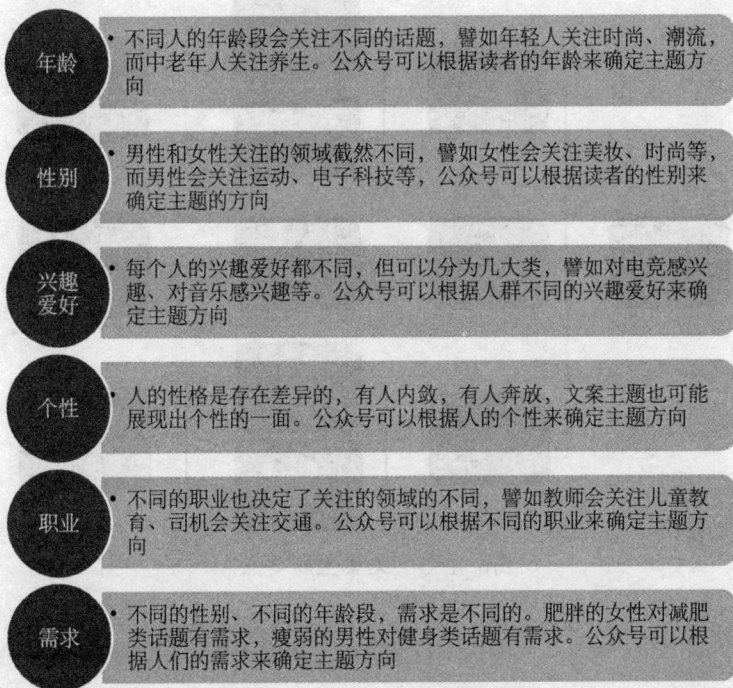

年龄	不同人的年龄段会关注不同的话题，譬如年轻人关注时尚、潮流，而中老年人关注养生。公众号可以根据读者的年龄来确定主题方向
性别	男性和女性关注的领域截然不同，譬如女性会关注美妆、时尚等，而男性会关注运动、电子科技等，公众号可以根据读者的性别来确定主题的方向
兴趣爱好	每个人的兴趣爱好都不同，但可以分为几大类，譬如对电竞感兴趣、对音乐感兴趣等。公众号可以根据人群不同的兴趣爱好来确定主题方向
个性	人的性格是存在差异的，有人内敛，有人奔放，文案主题也可能展现出个性的一面。公众号可以根据人的个性来确定主题方向
职业	不同的职业也决定了关注的领域的不同，譬如教师会关注儿童教育、司机会关注交通。公众号可以根据不同的职业来确定主题方向
需求	不同的性别、不同的年龄段，需求是不同的。肥胖的女性对减肥类话题有需求，瘦弱的男性对健身类话题有需求。公众号可以根据人们的需求来确定主题方向

图6-1-2　文案主题方向

文案主题的3大要点

　　文案不仅仅是企业就企业形象和企业产品宣传、推广的产物，因为优秀的文案可以是一篇独立的文章。所以，文案撰写者不能想到什么就写什么。关于文案，还需要注意这样一些问题：

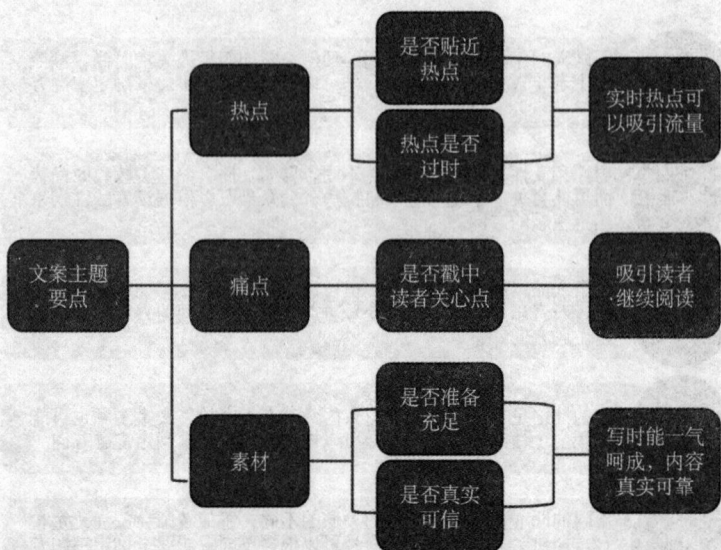

图6-1-3 文案主题要点

第二节　文案标题：先声夺人，才能让读者逗留

　　在新媒体运营中，明确文案主题是第一步，而拟标题则是第二步。如果标题拟不好，再优秀的内容也无法曝光，无法吸引读者逗留。因此，学会拟一个吸引力强的标题在新媒体写作中尤为重要。

四大要素

　　这是个新媒体遍地开花的时代，不只新媒体平台多不胜数，类别也是五花八门。在各大新媒体平台上，所看到的每一篇文章，每一条视频，必不可少的一部分就是标题。

　　以读者的视角去看这些发布的内容，我们在随机浏览时，不可能点击每一条信息，只有在看到自己感兴趣的标题时，才会点开阅读。而那些令人不感兴趣的标题，会被平台更新出来的内容所覆盖，最终成为一条散发不出光与热的内容。

　　什么样的标题能吸引读者呢？它需要具备这样一些要素：

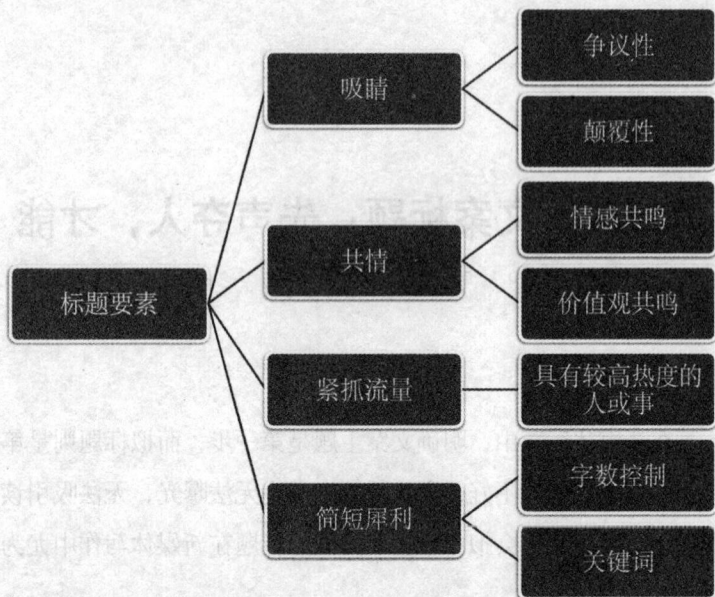

图6-2-1　文案标题要素

要素一：吸睛

几乎每一天，都会有热搜话题产生，而这些热搜话题是新媒体内容运营的重要组成部分之一。在新媒体平台上，如果话题的热度极高，有可能整个首页都是有关热搜话题的文章。所以，企业公众号除了要与专业的新闻网抢热度，还需要与自媒体、其他企业公众号竞争。

从内容上来说，每一篇文章的区别不大，而想要从众多内容相似的文章中脱颖而出，就需要挖掘内容的独特之处，拟一个足够吸睛的标题。

吸睛，简而言之，就是与众不同，令人眼睛一亮。在大家拟的标题大都不差的情况下，我们所拟的标题要打破传统，要具有争议性和颠覆性，才能令读者点开链接。

要素二：共情

于企业公众号而言，读者就像是一条鱼，如何让鱼心甘情愿跃进池子里呢？答案是要与读者共情。这里的共情，可以是情感上的共鸣，也可以是价值观上的共鸣。

情感上的共鸣与文案主题中的共鸣相同，可以为温情类标题，也可以为挑人怒火类的标题。譬如旅游类企业在宣传、推广李白墓园时，可以拟的温情类标题有《千年守墓，只为先祖一句承诺》，这样的标题虽然朴实无华，但却能戳中读者心中柔软，传播出积极向上的正能量。与此同时，读者也会点击阅读，想要看一看是哪个家族为李白守墓千年！而价值观上的共鸣，倾向于心灵上的共鸣，譬如心灵鸡汤类，有数据表明，在新媒体运营中，心灵鸡汤类的文章阅读量极高，收藏和转发的数据也十分可观。

要素三：紧抓流量

以婚恋企业公众号为例，所运营的内容多是与情感、婚姻相关的话题，一篇描写普通夫妻离婚原因的文章浏览量可能会破万，而一篇描写明星夫妻离婚原因的文章，浏览量可能会破百万。这就是紧抓流量与热点去运营内容的好处。同样的，在拟标题时，也要凸显出热点所在，这样才能吸引读者注意，譬如《天王也是普通人，婚姻不维系依然会破碎》等。

要素四：简短犀利

不同的新媒体平台，对文章标题字数的限制不同，有些平台的标题字数可能高达百字。在拟标题时，千万不能拟很长的标题，因为这样的标题读者在看到后，都会懒得看，直接划过。通常来说，标题的字数要控制在30字左右，标题内要含有犀利的关键词。

八种套路

在新媒体运营中，懂得拟标题，可以说已经成功了一半。因为，标题是公众号的窗口，只有先点开标题，才能进入公众号。新媒体平台对标题都有字数限制，通常我们拟的标题也在30字左右，但就是这短短几十字，却难倒了大批的新媒体运营文案撰写者。

总结来说，新媒体平台上的标题共有八种套路：

数字	• 这类标题中含有数字，且数字是对某方面内容的归纳和总结，而数字标题可以给人直面冲击感，令读者阅读轻松，紧抓文章要点，譬如《想要瘦身吗？跟她一起5步走》《美丽妆容的7个步骤》等
揭秘	• 这类标题中不是含有"揭秘"二字，就是含有揭秘的意思，可给人一种神秘感，引人迫切地想去探究。譬如《瘦身秘诀大揭晓》《原来美丽如此简单》等
悬念	• 这类标题通常会引人遐想，令人在好奇心的驱使下，点开标题看文中的内容。譬如《第一个拿到小米新款手机的居然是他！》等。需要注意，悬念标题要把握好尺度，如果标题与内容名不副实，会招读者厌恶
疑问	• 这类标题通常以问题为标题，在激起人的好奇心的同时，还极易令人产生共情，譬如《国产手机中有哪些战斗机》等
抓痛点	• 这类标题往往能直戳有着相同经历的读者的心灵，令读者在阅·读文章的同时，对照自己。譬如《新一代剩女：90后》《人到中年，你是否还在如浮萍一般漂泊》等

警告	• 这类标题内含有"警告"二字，或者是含有警告性的词，这可以激发读者的求知欲，继而点击阅读。譬如《含有这些化学元素的美妆产品，千万不要买》等
趣味	• 这类标题幽默搞笑，令人感到轻松愉悦，是疲惫人群的"解疲鸡汤"。通常标题内含有双关语或网络热词。譬如《男二号，快到我的碗里来》等
对比	• 这类标题中通常含有两个事物，属性相同又存在一定的区别，读者在看到这类标题时，会迫切地想要知道两者的区别在哪儿。譬如《美丽无界限：三十岁的她和五十岁的她》等

图6-2-2　文案标题的八种套路

第三节 完美布局，让文案内容更精彩

在新媒体运营中，明确主题，拟出了一个吸引人的标题，可以说成功了一半，而成功的另外一半，则是内容上的写作。如果标题独特、内容普通，就会给读者强烈的反差感，当内容与读者的期望值相差甚远时，所运营的公众号就会被读者拉入黑名单。哪怕往后运营的内容有所进步，读者也会视而不见。可见，新媒体运营中，内容与标题同等重要。

文案的整体布局

优质的文案会令读者收藏、转发，劣质的文案则会令读者大骂不通，气愤之余还会将公众号拉入黑名单。被一名、两名读者拉黑似乎没什么大不了，倘若长久不注重内容质量，胡乱写一通，无异于是将海绵放在烈日下暴晒。当用户运营崩溃了，又谈何营销，谈何盈利呢？

新媒体运营的核心是用户运营，而内容运营是为用户运营服务的。不管是写软文，还是一些日常内容，都需要花费心思。文案撰写者不能将文案只当作文案，要将其看作文章。先不说文笔要如何，至少要做到令读者读懂。因此，文案的整体布局就显得尤为重要。

　　在新媒体运营中，常用的整体布局有以下几种：

总分总	• 开头为总结通篇内容讲述的是什么；中间部分分点讲述内容；结尾归纳，总结中间内容的重要性
分总	• 开头和中间部分为并列关系，讲述要写的内容的每一个点，结尾为所有小点的归纳总结
并列	• 内容没有主次之分，开头、中间和结尾都同等重要，所以为并列关系
对照	• 整体结构上呈对照模式，譬如先写虚后写实、先写好后写坏等
设问	• 通常由种种疑问开头，中间为揭秘疑问，结尾为疑问和解答的归纳总结
定义	• 开头对要写的事物下定义，中间部分为定义的释义，结尾为释义的归纳总结
递进	• 结构上为层层递进模式，开头的要点要次于中间部分的要点，而中间部分的要点又次于结尾部分的要点

图6-3-1　文案整体布局

　　这些文案的布局是写作中的通用结构，每一种结构都展现出了逻辑顺序，使人在阅读的时候能一目了然、一气呵成。哪怕文笔上有所欠缺，也会被文章的通顺、明朗所弱化。因此，在做新媒体运营时，先别急着写，要对文案整体布局一番再动笔。

7种开头

在新媒体运营中，一篇文案有了一个出彩的标题，在很大程度上能决定读者是否会点开阅读窗口。不过，不要以为读者进入了阅读界面，就一定会读完。因为文章的开头，也能决定读者是去是留。

文案开头写得是好是坏，既决定了读者是否要继续往下读，又决定了读者对企业公众号的印象，再往深处去想，也能影响到企业的营销。可见，开头于文案而言，有画龙点睛的作用，于企业而言，能吸引用户达成营销。所以，不管是企业公众号，还是个人公众号，所写的文案一定要开出好头。那么，怎么开出好头呢？

通常来说，文案的开头主要有以下几种：

平铺直叙	·这类开头很平静，开头就是叙说某件事。但可以令读者一气呵成地读完，有一个好的阅读体验
故事式	·以故事为开头，且故事与文案主题相呼应。这类开头可读性强，令读者不由自主地继续往后读
点明主旨	·每一篇文案都有主旨，以主旨为开头，就是先总结，点明文章的核心内容，可以令读者一目了然。想要了解主旨细节，只能往下继续阅读
悬念式	·这类开头在新媒体文案写作中用得较多，通常以种种疑问开头，激发读者的好奇心，产生强烈的想要继续阅读的欲望，极具吸引力

名人名言 • 名人名言蕴含了哲学道理，用名人名言开头，能够彰显文章的品质、内涵，令读者油然而生一个良好的阅读心态。需要注意的是，文章正文和结尾的质量要与名人名言相应和

幽默式 • 幽默的开头可以令读者神经放松，感到心情愉悦，继而顺其自然地继续往下阅读。通常，可以以幽默的小故事，或简短的幽默情景来开头，且不能内容过长，否则就会对正文喧宾夺主

联想式 • 这类开头通常脑洞大开，会令读者联想翩翩，继而产生浓烈的阅读欲望。需要注意的是，联想不能太过脱离现实，否则就会令用户在读完后觉得文章有夸大之嫌

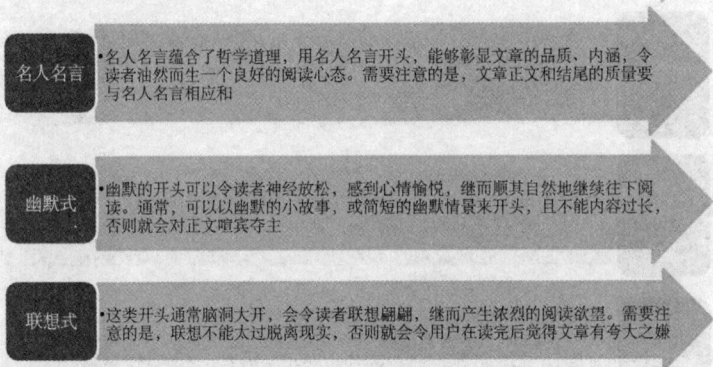

图6-3-2　文案开头

5种结尾

很多新媒体人在写文案时，在绞尽脑汁地起好标题，写好开头和主要内容后，到了结尾就有点江郎才尽了，最后随随便便写了个结尾。当读者通篇读完后，就会有一种虎头蛇尾之感，当读者有了一个不美妙的阅读体验后，又怎么会关注公众号呢？又如何会成为营销对象呢？所以，新媒体运营中，文案的结尾同等重要。

通常来说，文案的结尾有以下几种方式：

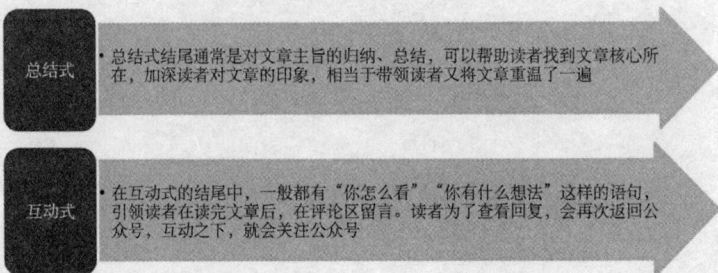

总结式 • 总结式结尾通常对文章主旨的归纳、总结，可以帮助读者找到文章核心所在，加深读者对文章的印象，相当于带领读者又将文章重温了一遍

互动式 • 在互动式的结尾中，一般都有"你怎么看""你有什么想法"这样的语句，引领读者在读完文章后，在评论区留言。读者为了查看回复，会再次返回公众号，互动之下，就会关注公众号

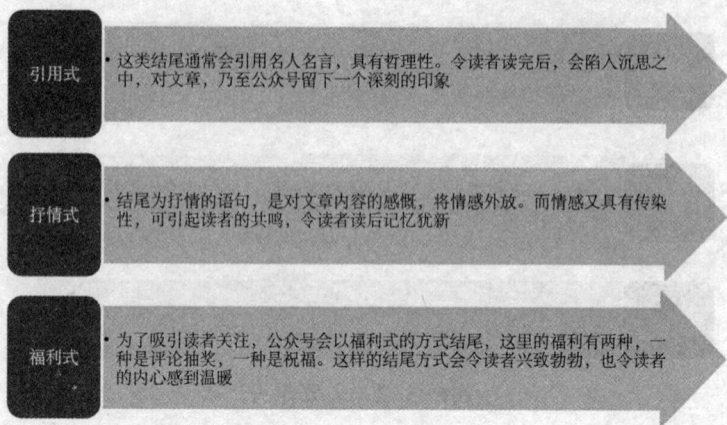

图6-3-3　文案结尾模式

第四节　文章为何不精彩？写作误区揭秘

可能很多文案撰写者很迷茫，明明自己的主题很热，标题很棒，文笔也十分出彩，布局上也尚可，怎么阅读数据低得可怜呢？对此，需要思考是否走进了文案写作的误区当中。这些误区就像地雷，只要踩中，一篇文章就会报废。

误区1：忽略关键词

在一些新媒体平台上，我们时常会发现，两个运营相同领域的公众号，在不对外推广的情况下，阅读量上却有着很大的差距。那么，高阅读量的文章是如何做到提升阅读量的呢？

在新媒体运营中，一篇文章的阅读量，主要来自两个方面：一个是关注了公众号的粉丝们的阅读，一个是对外推广游客们的阅读。很多平台的首页都会实时更新公众号发布的内容，或是随机抽取公众号发布的内容，所以依靠平台首页推广带来阅读量，是十分困难的。在平台走不通的情况下，只能依靠搜索引擎来提升阅读量，即在文章中设置关键词。

不管是百度、谷歌、UC上的搜索引擎，还是新浪、微信、

图6-4-1　百度关键词搜索

图6-4-2　微信关键词搜索

今日头条等新媒体平台的搜索引擎，都有字数限制，只有输入关键词，才会搜索出相关的信息。

仔细观察这些信息，都有什么特点呢？

就百度、谷歌而言，搜索出来的信息来自各个门户网站或新媒体平台，就新浪、微信等新媒体平台而言，搜索出来的信息不是来自企业公众号，就是来自门户网站或自媒体发布的内容。此外，搜索到的信息，不管是标题，还是展示出来的部分内容里，都含有输入搜索栏中的关键词。因此，只有含有了关键词的文章，才能被搜索引擎搜索出来。

当然，关键词的重要之处不单单是用于搜索，它也有被平台推送的作用。可以说，很多网友几乎都是在新媒体平台的首页随机阅读、观看内容，当选择观看的内容领域频繁相同，平台就会推送相关的文章。譬如在UC头条上，频繁地观看科技类内容，那么平台就会频繁地推送科技类内容。平台靠什么推送相关内容领域相同的文章呢？很大程度上也取决于关键词。

在新媒体运营中，关键词既可以提高文章的曝光率，也可以令文章的搜索排名靠前。然而，很多文案撰写者往往忽略了关键词的重要性，踏上了新媒体运营中文案写作的误区之一。

每一篇软文，都需要含有关键词，但关键词不是随意设置的，它需要做到两个方面才有助于提升阅读量。这两个方面，一个是挖掘高搜索率的关键词，一个是如何在文章中插入关键词。

如何挖掘高搜索率关键词呢？需要从以下几个方面出发：

1.企业属性

利用搜索引擎搜索的用户，对需求的内容有明确的指向性，所以输入的关键词，一般为企业属性加后缀。譬如"汽车保养""手机维修"等，其中"汽车""手机"为企业的属性。

2.领域关键词

在挖掘出企业属性的关键词后，接下来就要挖掘企业领域内的关键词。譬如美妆类企业，其领域内的关键词有"护肤""化妆"等。对此，可以根据各搜索引擎的搜索指数来确定领域内的关键词。

3.用户需求

这种挖掘法，是站在用户的角度去寻找关键词，主要是以用户的需求为主。譬如对减肥有需求的女性，关键词通常有"瘦身""健康减肥""快速减肥"等，这些就是客户的需求。在写文案时，就可以将这些内容加入用户需求的关键词。

在挖掘出关键词后，接下来就是如何在文章中插入关键词。

4.关键词在正文中出现的频率

正文中的关键词出现的频率越高，在搜索中就越靠前。但需要考虑的是，高频率出现的关键词，是否会妨碍读者阅读，惹来读者的反感？倘若妨碍到了读者的阅读体验，惹来了读者的反感，这与设置关键词的初衷是背驰而行的。

因为，设置关键词的初衷，就是为了提升文章的阅读量，为公众号吸引更多的目标用户，最终实现营销。倘若用户将公众号拉入了黑名单，又如何去营销盈利呢！所以，在正文中插入关键词时，一定要注意频率的问题。

通常，关键词在正文中出现的频率与文章的长度息息相关，短篇幅的文章关键词出现的频率为4到6次，长篇幅的文章关键词出现的频率为5到8次。

5.关键词的放置

在文案中，关键词很重要，但不能因为关键词的重要，而刻意地插入关键词，这样的操作无疑会给读者带来糟糕的阅读体验。所以，在关键词的放置上，一定要谨慎，要注重自然，令读者感受不出突兀感。

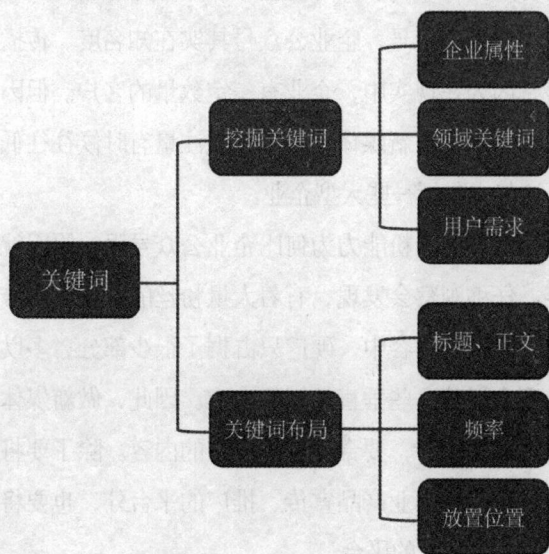

图6-4-3　关键词注重要点

误区2：专注于做硬广

新媒体平台是一个低成本宣传、推广的平台，所以，很多企业纷纷入驻做起了新媒体运营。然而，很多企业发布了很多内容，结果并没有令营销数据提升。其中原因，就是踏入了新媒体文案写作的第二个误区——专注于做硬广。

之前说过，硬广是毫不掩饰地为企业、企业产品打广告，不管是文字形式，还是图片、视频形式，展现的内容就是企业的产品。在新媒体运营中，硬广既没有可读性，还显得很无趣。尤其是企业公众号内发布的内容全都是硬广的话，无疑是在挑衅用户的忍耐力。这就好比在微信朋友圈看到微商天天发广告，时间一久，就会将其拉入黑名单，会设置对方的朋友圈权限。

相较于个人公众号，企业公众号其实在知名度、传播度上更占据优势，因为在现实中，企业有一定数量的客户。但因为专注于做硬广，以至于在新媒体平台上的关注量有时候往往低于个人公众号，这其中包括一些大型企业。

个人公众号的吸粉能力为何比企业公众号强？原因就在于运营的内容。仔细观察会发现，有着大量粉丝的企业公众号或个人公众号内，发布的内容中，硬广只占据了很少部分，多以软文为主，此外还会运营一些垂直领域的内容。因此，做新媒体运营切不能单纯地只做硬广，要合理安排发布的内容。除了要将新媒体平台当作对企业和企业产品宣传、推广的平台外，也要将其当作一个互动的、多元化的平台。

新媒体营销

实用文案与活动策划

张爱萍◎编著

吉林出版集团股份有限公司
全国百佳图书出版单位

图书在版编目（CIP）数据

　　新媒体营销.实用文案与活动策划/张爱萍编著
. -- 长春：吉林出版集团股份有限公司,2020.8
　　ISBN 978-7-5581-8943-2

　　Ⅰ . ①新… Ⅱ . ①张… Ⅲ . ①网络营销 Ⅳ .
① F713.365.2

　　中国版本图书馆 CIP 数据核字（2020）第 141503 号

前 言

任何商业活动要想取得预期的成效，都需要事先做好文案与策划。一个主题鲜明、逻辑缜密、富有创意的文案与策划，会详细记录活动内容及执行程序，让所有的工作都有迹可循，引领企业在强手如林的商战中所向披靡，更好地突出自身的品牌优势，促进企业健康可持续发展。

在不少人看来，文案策划只是点子、创意而已，其实不然。它是企业生存发展的一大"利器"，是一项牵涉面广、操作复杂的工作，需要对企业内外部环境予以客观准确的分析，有效运用现有资源，对既定时间内企业活动的目标战略、行为方针、实施方案及具体行动做出精心设计和计划。

你是否经常因产品推广没有头绪或为想出有创意的广告点子而绞尽脑汁？你在漏洞百出的活动策划中扮演过"救火队员"的角色吗？优秀的文案策划人员应当具备运筹帷幄的智慧和掌控大局的能力。精心的文案策划和良好的活动运作就是最好的证明。

文案策划的应用范围十分广泛，包括经营计划、市场调查、产品开发、劳动合同、促销推广、招商活动、专题会议等内容。好的文案策划不仅要有周密的总方案、实施计划、组织规范，还要构思独特、富有创意、易于传播，从而率领、引导、指挥、协调和控制各部门完成预定目标和任务。这不是理论上的简单加总和拼凑，而是有机合成、综合提高，形成具有可操作性的系统。

本书将不同领域、不同类别常用的文案策划尽收其中，紧密围绕各项工作深入展开，从结构与章法、决策与执行、规划与预算等方面，全面涵盖文案撰写与活动策划的各个主要环节。格式范本与实用范例紧密结合，理论知识和实战能力有效整合，为广大读者提供有益指导。

这是一本非常实用的从业必备手册，能使效率轻松提升5倍的秘籍。

目 录

第一章 写不出好文案，你缺的是战略

第二章 调研有价值，才会有妙构思

第三章 定好位才有好地位

第七章　招商办得好，抵得上半个 CEO

第一章
写不出好文案，你缺的是战略

好的文案绝不是简单的文字堆砌，而是对企业战略和目标的呈现，通常涉及经营计划、营销范畴等内容。撰写文案一定要有战略思维，必须是企业核心战略的表述，必须是富有竞争力的表述，必须是解决冲突的方案。这正是文案的整个构建过程。

经营计划书

◆撰写技巧

经营计划是根据企业的经营战略决策，结合当前和长远的发展需要，在一定的时间和空间内，对企业全部经营活动所做的统筹规划。

具体来说，制订经营计划主要有以下目的：

1. 助推企业实现经营业绩方面的提升

2. 实行有效措施，促进企业可持续发展

3. 为企业开发潜在市场提供有利条件

4. 积极探索各种可能性，促使企业进一步发展壮大经营计划直接关系企业的生存与发展。经营计划书的撰写必须准确、规范、严谨、专业，倘若思路不清晰，语言不明确，表达不贴切，或者基础数据不规范，容易导致执行人员认知上的偏差，出现不准确甚至错误的推断，系统运作将寸步难行，如此自然难以实现真正的目标要求。

公司的经营内容有别，经营计划书的书写亦有别。基本而言，写作的原则、程序、方法几乎是一样的。

1. 清楚地了解并分析公司的经营范围、经营状况、市场销售情况、相对竞争优势等，掌握真实准确的基础数据。获得数据的目的不是掌握大量信息，而是可以依据这些数据进行客观、准确的分析。

2. 人员参与方式直接影响经营计划书的科学与否。依赖个人权威和经验制订经营计划，往往难以适应组织发展。因此，要尽可能给员工参与计划的机会，如此才能有针对性、有效地拟订各种行动方案。

3. 经营计划书不能泛泛而谈或言过其实，应当尽可能做到实事求是，简明紧凑，突出重点和中心。这有助于外界快速了解公司的真实情况。

4. 经营计划书应留有一定的余地，实施计划中要有应变措施，保持严谨而不失灵活性。毕竟，经营计划是面向未来的，而未来的不确定性往往难以完全预料，必要时及时做出适当调整，才能真正达到预期目标。

◆ 实例参考

XX钢铁集团年度经营计划书

一、集团概况

XX钢铁集团是一家专业生产和加工钢结构系列产品的企业，经营范围包括钢材、建材（木材除外）批发等，建厂生产已届14年，历年平均钢材产量为210万吨，最低为180万吨，2019年销售额已突破120亿元。

二、年度经营计划概况

1. 经营计划的基本观念

（1）计划在三年内新设2～3家分厂。

（2）做好客户开发与维护，根据市场变化情况调整销售策略，不断扩展销售市场，实现业绩的持续高增长。

（3）紧贴当前市场形势，用科技创新提升全产业链，加大新品牌、新品类和新渠道的投入，进行可行性评估。

（4）拟订长期人才培育计划，增强集团的凝聚力和向心力。

2. 经营计划的基本方针

（1）以客户为关注焦点，保证所有产品的高质量、高标准，维护广大顾客的利益，以求在竞争中立于不败之地。

（2）集团为当地知名企业之一，必须积极响应政府节能降耗的政策，在由对能源的粗放式管理转向精细化管理过程中承担起重要责任与使命。

（3）重视员工薪酬、人性化管理、福利待遇、个人发展等，不断提高员工的工作主动性和积极性。

三、企业发展回顾

近几年，随着城镇化的推进，当地对钢材的需求量持续增长，集团获得了不错的生存和发展机会。但竞争压力也日益增加，当前主要面临两大困境：一是行业盈利水平急剧下降；二是产业水平比较低，排放大，能源消耗大。在转型升级中提速增效，是集团的根本出路。

四、各个部门工作计划

1. 生产部工作计划

（1）积极推行目标管理，以年生产250万吨为目标。

（2）生产总值能耗下降4.92%，单位成本控制在2500元/吨以内，加强市场竞争力。

（3）不断钻研转炉提钒、半钢冶炼等技术，提高机械化程度，加快工程进度，节省人工费用，提高经济效益。

（4）严格执行各项工序的操作规程，保质保量完成各项生产任务，杜绝返工浪费现象。

2. 物资部工作计划

（1）提前做好各种材料的采购工作，按时、保质、保量地保障所需材料与设备的供应。

（2）强化降低成本目标，倡导资源高效利用、能源高效转化、代谢物高效再生。

（3）及时了解机械设备情况，规范管理周转使用的钢护筒、钢模板等，减少库存物料闲置、浪费等现象，以免积压资金。

（4）强化集中采购优势，建立稳定的物资供应机制，提高采购效率。

3. 市场部工作计划

（1）根据集团年度销售总目标，合理地确定员工的个人销售任务。

（2）深入合作厂家车间、班组等了解第一手资料，每周编制投料信息，与生产部、物资部密切配合，超前策划钢材供应方案。

（3）全面提高服务意识，通过完善供应链体系，建立客户评价系统，积极维护客户关系，为集团赢得竞争优势。

4. 质检部工作计划

（1）做好生产和质量的指导、监督工作，及时做好检查化验和质量检验结果的统计，防止错检、漏检现象的出现。

（2）开展质量意识教育以及培训工作，积极研究影响钢材质量的主要因素，并同生产部一起制订预防、纠正、改进措施。

（3）加强与各部门的沟通、合作，做好产品质量宣传工作，把品牌理念灌输给集团每位员工。

5. 人事部工作计划

（1）根据集团各部门岗位定编、缺编情况，及时准确地做好调配、招聘工作计划，力争使人力资源达到最佳配置。

（2）准确把握每位员工的工作状况，建立合理的人事考核评价制度，为员工的奖惩、晋升、调整等提供客观依据。

（3）定期参加大型人才交流洽谈会，积极引进技术过硬、品德优秀的人才，以保证员工队伍的高效率、高素质。

（4）积极开展员工在职培训，有效提高员工的综合素质。

6. 其他部门（略）

五、计划的实施与检查

为增强本次年度计划的可行性，各部门可自行开会讨论并完善具体制度。此外，每月XX日例行会议中，各部门经理要及时汇报工作进展和完成情况，并根据部门职责拟订和调整月度工作任务，务求任务具体、节点清晰、责任明确，以供管理者决策参考，推动经营计划更好地实现。

销售计划书

◆撰写技巧

制订市场营销计划时，企业会根据销售数量和销售收入编制一份具体的书面材料，即销售计划书。销售计划书规定计划内的经营范围、所需资源、销售策略等，有利于协调企业各部门和各环节的关系，减少经营工作中的盲目性，确保企业的生产和经营有条不紊地进行，进而达成最终目的。

一般来说，销售计划书由以下几个部分构成：

1 商品计划，即销售的是什么产品

2 顾客计划，即销售的目标对象是谁

3 售价计划，即商品售价是多少

4 组织计划，即销售渠道有哪些

5 销售计划，即如何将商品卖出去

　　销售计划书是企业战略管理的最终体现，需要把各部门的计划内容、进度、负责人综合起来，这涉及方方面面的统筹与安排，是一项艰巨而复杂的工作。只有善于思考，勤于总结，找对方法，才能取胜。

　　1. 为保证销售计划书的有效执行，计划应当设定恰当的目标，不能太高也不能太低。目标既具有挑战性，又有实现的可能，才能激励参与者努力达成。

　　2. 为了实现各部门的互相配合，发挥整体效益，销售计划书中有必要加入评价及反馈制度，以便检查计划的执行进度，及时发现并解决存在的问题。

　　3. 销售计划书的措施方法应与实际情况相符，编写时应留有一定的空间，以便根据实际情况进行修正。

　　4. 销售计划书的制订目标是为了推销产品，消费者对千篇一律的内容已经略显疲态，适当加入一点新意，富有创意，才能更吸引人。

◆ 实例参考

"XX美纤"饮料上市销售计划书

一、前期分析

1. 市场分析

当今饮料市场竞争日趋白热化，运动饮料和功能饮料几乎占据半壁江山。但消费者对品牌的忠诚度不高，口味变化越来越快。想要抓住更多的消费者，延长产品生命周期，必须敢于创新。

从消费者角度分析，女性消费者占比为45.7%。现代女性的收入逐渐增多，消费水平也相应提高，开始追求健康、营养、时尚的饮品，这为我们迅速进入女性饮料市场奠定了基础。

2. 自身分析

自身优势：

（1）"XX美纤"饮料以女性爱美的特点为主线，是一种低浓度、低热量、低脂肪、富含维生素的果汁饮品，口感清香、爽口、顺滑，不仅消暑解渴，而且具有美容、养颜、排毒功效。无疑，这一饮料满足了当代女性消费者的心理需求，具有广阔的市场前景。

（2）作为XX饮品集团旗下的产品，依托集团的知名度和宣传推广，"XX美纤"可以迅速进入市场，让消费者更容易接受。

自身劣势：

"XX美纤"作为XX饮品集团旗下的新生代品牌，初入市场，知名度不高，缺乏营销推广经验，市场占有率低。

二、销售目标

推出女性专属的"XX美纤"饮料，借此提高XX饮品的市场占有率，扩大产品的知名度和影响力，从而逐渐推出系列产品，全力打造美容、养颜、瘦身的饮品形象，争取一年内达到8000万元的市场销售额，达到市场占有率的7%。

三、制订销售计划

1. 行业销售

第一阶段（2018年3—6月）：通过电视、广播、网站等广告进行广泛传播，让消费者充分认识"XX美纤"的特点，逐渐接受"XX美纤"的产品理念。

第二阶段（2018年6—12月）：通过营销策略提高销售业绩，在竞争激烈的饮料行业获得精准突围，完成预定的销售额。

第三阶段（2019年1—5月）：做好产品创新工作，继续推出系列饮品，以便更好地维护新老顾客，进一步扩大品牌影响力。

2. 渠道销售

（1）采用传统的分销模式，即厂家——一级分销商——二级分销商——零售店——顾客的五级通路，将产品销售给终端客户，最大限度降低营销成本。

（2）针对区县市场有一定的行业和社会关系，有发展潜力的经销商可以采取代理、加盟或者设立办事处等形式进行市场整合。

（3）与各大商场、美容店、花店、健身俱乐部、女性购物网站等第三方销售渠道合作，共同推广，全方位提高市场占有率。

3. 产品策略

由于"XX美纤"饮料的主要消费群体为追求健康、时尚的年轻女性，所以产品的设计、颜色等要突出健康、时尚的元素，同时追求一定的美感。另外，附加针对女性的健康小贴士，以此体现对女性的呵护和关爱。

四、筹备销售资源

1. 团队组成：对销售人员进行管理和培训，组建一支熟悉产品、业务流程的精英团队，注重对大客户渠道的维护与开发。

2. 薪酬确定：基本工资+考核工资+业绩提成+奖金+福利，促使销售员始终保持高昂的士气，实现产品销售和服务的爆发式增长。

3. 营销流程：编写业务流程和销售话术，有针对性地对员工进行培训，如进入销售主题的技巧、产品展示和说明的技巧等。如有条件，可现场模拟演练销售技巧。

五、评估流程

1. 安排专人定期进行市场调查，了解市场占有率、销售情况、销售团队情况等，根据实际情况，及时调整销售计划。

2. 定期对代理商、零售商和消费者做回访，增加大家对公司的认可度和信任感。如有较好意见，予以采纳并给予奖励。

3. 在网络上多渠道开展多轮问卷调查活动，全面摸清品牌在消费者中的知名度、渗透率、美誉度和忠诚度。

理财顾问XXX销售计划书

一、销售目标

根据公司整体销售目标，个人年度销售目标为2000万元，新增客户800个。

二、市场分析

1. 公司情况：经营规模大，资金雄厚，投资理财产品多样化，大多收益较好。个别投资产品正在导入期，各方面还不成熟，缺乏稳定的客户资源。

2. 个人情况：由于刚接触金融行业，缺乏相应的工作经验，对公司业务不够熟悉，和客户交流时不能快速地独立操作。

三、销售策略

1. 与现有客户保持经常性的联系，勤拜访，多沟通，最大限度地稳定与客户的关系，促成客户返单或转介绍客户，实现联动营销效果。

2. 主动通过大型产品推介会、重点客户上门推介、交友等途径，不断累积客户信息，寻找并开发潜在客户。

3. 对重点客户建立档案，根据客户实际情况，从家庭收入、支出、理财投资、风险规避等方面，全方位、多角度设计与规划，提供满足客户个性化需求的金融投资项目。

四、工作计划

1. 克服懒惰和担心被拒的心态，坚持每天和10个以上的客户详谈，每月保证开拓25个新客户，至少与2～4个客户达成合作。

2. 和客户交流之前做好调查工作，多站在客户的角度思考和分析，对每个客户提出的问题认真分析，不能敷衍了事或置之不理。

3. 坚持一周一小结，每月一大结，分析工作失误，及时找出原因及解决方法，总结经验，取长补短，提高工作效率。

4. 加强业务和专业知识的学习，全面掌握基金、证券、保险、期货、信托等知识，深挖各个产品的特点，与自己的产品进行对比，找出产品中的优缺点，做到知己知彼、百战不殆。

5. 平时和同事多交流、多探讨、多总结，改正自身的缺点与不足，营造和谐上进的工作氛围，促使整个团队共同进步。

6. 考取基本的从业资格证书，如CFA专业证书。

7. 始终贯彻公司理财理念和观点，给客户留下良好的印象，维护公司形象。

以上便是个人销售计划。这是一个充满挑战性的计划，但相信只要能够保持努力和进取，一步一个台阶地开展业务，我们一定可以克服种种困难，确保业绩蒸蒸日上。

第二章

调研有价值，才会有妙构思

没有调查就没有发言权，文案撰写亦是如此。要带着明确的目的和具体的计划，运用一定的手段，获取有用的数据和信息，通过消费者调查、行业市场分析、竞争对手调查等，在真实的用户场景进行验证，从而为公司制订营销决策提供有力支持。这是一项艰辛的工作，要求具备专业知识、实践经验和技巧，还必须有耐性、创造性和持久性。

市场调研文案

◆撰写技巧

一家企业要想获得更好、更快的发展，必须根据市场需求合理配置资源，科学制订经营决策。市场营销的调研工作可以从多角度、多渠道、多层面了解市场供求现状、消费者需求信息等，通过进一步的整理、比较、综合处理，能够对整个市场的信息进行宏观掌控。

市场调研堪称企业发展的"风向标"，撰写市场调研文案是市场营销中至关重要的环节，也是营销策划人员必须具备的技能之一。如果这项工作没有做好或者没有做到位，可能会导致后续的一系列工作都是徒劳。因此，写好市场调查文案的重要性不容忽视，必须严格认真执行，同时遵循一定的规则。

1 明确调研任务

为决策者提供决策所需的信息，这是市场调研的任务。既然这是一项有目的性的活动，撰写的市场调研文案就应当清晰明确地指出此次市场调研的意义、要求和实施办法，将其层次分明地罗列出来。这样才能让市场调研员把握重点，重视问题，提高敏感度，精确锁定真正的调查人群，有效筛选信息，进而帮助企业结合自身条件进行判断，做到扬长避短。

2　确定调研内容

为了得出有效的调研结论，必须充分收集有价值的资料，这和调研内容密切相关。调研内容必须从市场调研的任务、目的出发，不仅要解决企业当前存在的实际问题，而且要兼顾消费者的消费心理。市场调研具有一定的局限性，调研内容一定要短小精练，具备可选性，最好通过一个调查问题反映多种实际情况，这样的数据会更有意义，准确度会更高。

3　丰富调研模式

随着科技的飞速发展，获取信息的方式变得多种多样。在传统调研方式的基础上，市场调研可以选择多元化、灵活的方式，如电话访问、计算机辅助电话访问、网上调研等。无论调研模式如何改变，其根本目的都是相同的，即调研文案必须与主题契合，简洁明确，突出重点，实操性强。

4 掌握调研进度

市场调研属于阶段性工作，无论采用哪种调研形式，文案中必须有具体的进度。调研员只有及时上报实地调研工作进度，上级才能及时把握当前的调研情况，了解调研中遇到的问题，进而精准地进行调整，使执行更加完善到位，调研结果更加真实、准确。

◆ 实例参考

关于XX高校XX美食城的调研报告

一、调研目的

随着XX高校招生规模的不断扩大，校园周边商铺迎来巨大的消费需求。XX美食街在给学生带来便利的同时，也出现了很多管理问题，投诉情况时有发生。此次调研，旨在通过深入了解问题根源，精准施策，有的放矢，将XX美食城打造成顾客满意、店主盈利的场所，形成多方共赢的和谐局面。

二、调研对象

XX美食城的客户群主要为XX高校全体师生，这是一个拥有20000多人口的庞大市场。另外，周边社区的部分居民也是重要的消费群体。

三、调研方法

（1）通过现场拦截、定点抽样的方式调查，即在人员密集地点拦截访问，由访问员对消费者进行讲解后，进行一对一的直接交流。

（2）以到店消费和观察的形式，了解一般的、不同层次的消费者对菜品、菜价、口感等的评价和要求。

（3）部分资料通过网络渠道收集、获取。

（4）除了对消费者的调查，我们也进行了对XX美食城内部管理的调查，最大限度地保证调查的全面性，提高调查的准确度。

四、XX美食城经营状况

> XX美食城毗邻XX高校，交通十分便利，地理位置优越，面积约1000平方米，餐位500个（餐桌80张，包厢10间），共设有28家餐饮档口。经营主体复杂，店主流动性大。

五、调研内容

1. 消费者方面

（1）消费者对XX美食城的认知：是否对XX美食城有所了解？是否在此就过餐？

（2）消费者对XX美食城的评价：满意度如何？对就餐价格和档次的接受程度如何？哪些方面存在不足？哪些方面更能吸引消费者？

（3）消费者对XX美食城的期待：哪些方面需要改进？是否有好的建议？希望增加哪些菜品或服务？重在了解消费者的潜在消费倾向。

2. 内部调查

（1）对美食城的管理和服务是否满意？实际工作中，工作人员是否遇到过问题或麻烦？

（2）店主希望美食城从哪些方面提供支持，做出哪些方面的改进？

六、流量统计

为保证调研的执行性和可行性，本次样本人数不宜过多，建议为100~150人。

样本总人数		样本批次	
抽查总天数		样本进度	
抽查时段		其他	
样本日均人流		实际日均人流	
样本人流与实际人流比率			

七、报告撰写与发布

通过此次调查项目，对问卷中的各个数据进行系统整理，根据调查问题进行深入分析，即可得出大致的调查结论。

市场调研问卷

◆撰写技巧

市场调研过程中，要想获取准确、全面、有价值又符合要求的市场信息，往往依赖一份高质量的市场调研问卷。问卷调研具有操作简单、易于使用、客观真实、便于整理、反馈快速等特点，是一种常见的市场调研方法。其中，问卷设计至关重要，甚至决定调研的成功与否。

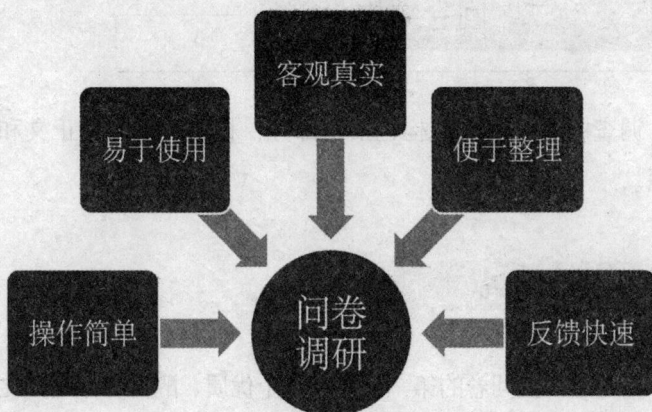

图2-1 问卷调研的优势

　　根据调查行业和调查方向，调研问卷在形式和内容上有所不同，但无论何种类型的问卷，在设计时必须遵循以下原则。

一、问卷内容

　　1. 问卷不是一系列问题和选项的简单罗列，往往需要保持目的的一致性，确保每个问题都具有代表性，和调研目标紧密联系。

　　2. 设计问题的时候要考虑实操性，即适合大多数的被访者，减少主观性的干扰，使被访者愿意如实地回答问卷中的问题。

　　3. 避免使用一些不常见的专业术语或生僻字词，内容力求简洁精练、文字简明扼要、问题通俗易懂，能在短时间内收集大量的相关信息。

二、问卷结构

　　调查问卷的主要结构包括四部分：标题、前言、正文和结束语。

1　标题

　　标题是调查问卷的第一部分。一个优质、醒目的标题，往往可以让被调查者迅速明白调查的大致内容和方向，大大缩短调查的时间成本。

2　前言

（1）对被访者的称呼，如"XX先生，您好！"

（2）调查者的自我介绍，如"我是XX公司的市场调研员XX"。

（3）调研目的及意义，如"我们想了解一下您对XX化妆品包装、功效、使用体验等的看法，您的回答将有助于我们改良产品，为您提供更优质的产品和服务"。

（4）如果被访者有所犹豫，可以进一步阐释以引导其作答。比如，说明作答不会耽误对方太多时间，不会给对方带来任何麻烦，填完问卷后可获得礼品等。

3　正文

正文是市场调研问卷的主体部分，具体内容视调研项目及任务而定，一般包括被访者姓名、问卷编号、性别、年龄、电话号码、访问时间等资料。

问题是正文的主要部分，为避免被访者随意作答，或答题时出现疲劳状态，题量最好限定在15～30道，保证在20分钟内完成。而且，问题设置要有内在的逻辑性，内容集中，先易后难，循序渐进。这符合人类的思维逻辑，有利于被访者深入思考，保证问卷质量。

　　问卷一般分为封闭式问题和开放式问题。封闭式问题多为两项选择题、单项选择题、多项选择题等，是带有指向性的问题，被访者只需在备选答案中选择即可，需要调查者事先拟定好各种可能的答案；开放式问题一般有完全自由式、语句完成式等，是没有明确指向性的问题，调查者只需在问卷中提问，不必列出所有答案，以便被访者有较大的思考空间。

　　这两种形式各有利弊，可根据实际情况自行选择。

4 结束语

　　当被访者完成问卷之后，调查者要简短地表达谢意，如"您的回答对于我们得出正确的结论十分重要，谢谢您的配合和支持！"

◆ 实例参考

XX App手机广告投放效果调查问卷

尊敬的先生/女士：

　　您好，我们是XX App市场调研员，正在进行一项关于智能广告效果的调查，想邀请您抽出五分钟时间帮忙填写这份问卷。题目选项没有对错之分，您依据自己的实际情况如实填写即可，谢谢您的配合。

　　Q1. 您的性别

　　　　○男　　　　○女

Q2. 您的年龄段

○18岁以下

○18～30岁

○31～45岁

○45岁以上

Q3. 您目前的职业是_____

Q4. 您的智能手机内App的数量是多少?

○10个以下

○10～20个

○21～30个

○30个以上

Q5. 您经常使用的App类型有哪些? （多选）

○社交通信类

○阅读学习类

○日常购物类

○系统工具类

○新闻资讯类

○影音图像类

○游戏娱乐类

○生活服务类

○其他

Q6. 目前，您下载使用XX App已有多长时间?

○一年以上

○半年以上

○一个月之内

○一个星期之内

Q7. 您观看XX App广告的频率是多少？

○经常打开看看

○选择性观看

○很少看

○从来不看

Q8. 您对XX App中植入广告持怎样的态度？

○感兴趣的会点击详情

○无所谓，看广告的内容而定

○不去看，马上点击关闭按钮

○只要有广告的App就不用

Q9. 您认为，哪些要素对App的体验非常重要？（多选）

○内容丰富实用，吸引人

○所耗流量小

○占内存小，运行速度快

○操作步骤简单，易于上手

○互动性强

○无广告或强制推送

○其他（可自由填写）

Q10. 您愿意点击XX App内置广告的原因有哪些？（多选）

○有相关需求

○广告美观醒目，吸引人

○广告极具娱乐性，互动性强

○可获得积分或优惠信息

○亲朋好友推荐

○打发时间

○其他

Q11. 您有没有受XX App广告的影响而产生消费行为?

○经常

○有时

○从不

Q12. 请您根据对下列App广告形式的态度，在符合的方框内打勾。

广告形式	喜欢	一般	不喜欢	反感
横幅广告				
公告				
插屏广告				
信息流广告				
下拉刷新				
视频广告				
私信通知广告				
其他				

Q13. 您觉得XX App内置广告存在的不足是什么？（多选）

○广告形式不够有趣，十分乏味

○可能影响App的正常使用

○容易导致使用过程中的误操作

○费流量，增加资费

○广告内容不是个性化定制

○没有奖励

○其他

Q14. 你愿意付费去除App中的广告吗？

○愿意

○看情况

○不愿意

Q15. 对于去除广告的费用，您每月愿意接受的范围是多少？

○小于5元

○5～10元

○11～15元

○16～20元

○大于20元

Q16. 您对XX App中哪个广告比较有印象？请说说原因。

本次问卷调查已经完毕，感谢您的积极参与！祝您生活愉快！

市场推广方案

◆撰写技巧

在某一产品或服务的销售过程中，市场推广可以迅速将相关信息传递出去，有效促使目标消费者接受、认可以及购买，是抢占市场非常有效的手段之一。

那些市场做得好的公司，往往是从一份好的市场推广方案开始的。市场推广方案主要由消费群体分析、推广营销策略、具体操作方法三部分组成。

1. 撰写市场推广方案之前，必须进行充分的市场调查与分析，如企业产品或服务的信

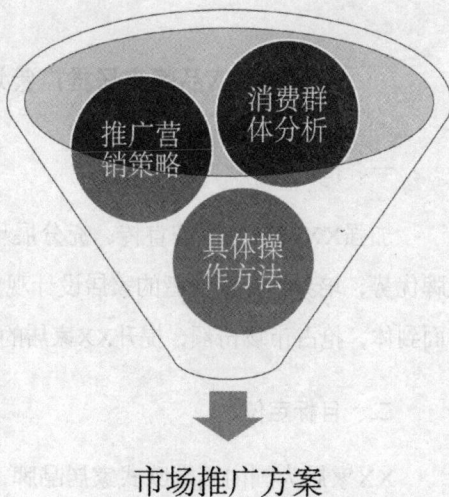

图2-2　市场推广方案的组成

息、竞争对手的信息、市场及目标消费者的信息，以便最大限度地提高核心卖点，制订相应的推广计划。缺乏必要的市场调研，采取"闭门造车"的推广策略，这在许多知名企业中都有失败的案例和教训。

2. 一场大型的市场推广活动，往往需要以全员参与为基础。市场推广方案中，只有明确人员职务分工，设置工作推进计划等，才能形成强大的团队张力，发挥企业的最大效力。

3. 市场推广解决的是消费者信任的问题，方案中的若干细节决定了营销的最终成果。谁能严格按照行业标准把细节做得完美，谁就是赢家。

4. 制订的计划要科学、合理，具有可行性和操作性。

◆ 实例参考

XX品牌家居推广策划方案

一、推广目的

加强XX家居的品牌宣传，充分展现时尚、轻奢、环保的品牌优势，培养目标消费者的家居设计观念与意识，由点到面，由面到体，抢占市场份额，提升XX家居的销售业绩。

二、目标定位

XX家居为国内高端欧式家居品牌，在庄严气派中追求奢华优雅，价位属中高档，其消费群体有一定的经济基础，且倾向于选择能够彰显自身品位的产品。

综上所述，本次推广活动的目标人群有以下几个特征：

1. 主要为中青年群体，年龄在25～45岁。

2. 追求高品质生活，注重自我风格展现的白领阶层。

3. 对家居文化氛围有特殊需求的消费群体。

三、推广形式

1. 广告促销

以立体媒介多点进行品牌宣传，强化XX家居时尚、轻奢、环保的品牌概念，刺激消费者的购买欲，扩大产品销量。

2. 人员推销

对目标人群进行针对性推广，推销人员直接与潜在顾客接触和洽谈，面对面地向顾客宣传产品，答疑解惑，进行推销。

3. 营业推广

采取满赠、打折、抽奖等促销活动，在短期内刺激顾客的购买欲望。

4. 公共关系宣传

采用专家评论、行业评选活动等形式，在各种媒体上发布软文或商业新闻等，从而达到广告宣传效果。

四、具体方案

本项推广活动周期为半年，拟分为品牌造势期、品牌爆破期、品牌持销期三个阶段。

1. 品牌造势期

执行时间：6月底7月初。

具体以海报宣传、媒体播报、全员互动等形式，全方位宣传品牌理念、产品种类、优惠活动等，创造良好的品牌传播效应，使大众完成对XX家居形象的认知。

宣传内容："轻奢是一种态度，奢华不流俗""于此，遇见你的理想家"等。

2. 品牌爆破期

执行时间：十一"黄金周"。

十一"黄金周"是结婚旺季，也是消费者看房、买房的高峰期，可以新婚夫妇作为宣传诉求点，进行新房装修的相关折扣活动。

具体形式：在家居卖场打造"家"文化，通过环境氛围强化消费者的感受、联想。同时，在推介中融入游戏环节，以信息植入的方式渗透宣传，聚集人气。

宣传内容：提炼几个核心的广告语，推出一系列主题活动，如"XX家居祝福有情人，新房装修送彩礼""XX家具，建造幸福家庭的一砖一瓦"。

3. 品牌持销期

执行时间：春节前后。

具体形式：以展览形式开展家装知识咨询活动，免费回答消费者关于家具的任何问题，如家具的保养、摆放、选购等，含产品展示、样板间介绍。与消费者建立融洽、互信的友好关系，为公司带来更多的业务增长机会。

宣传内容："XX家装知识咨询周""一站式采购，XX家居省心又省力"等。

五、终端设计

1. 陈列布置

在家具商场因地制宜，布置X展架、KT板、易拉宝、拉挂横幅、大幅海报、氢气球等造势，内容一定要配合主题，气氛一定要浓厚，最大限度地汇聚人气。

2. 人员形象

推广人员仪容仪表要端庄大方，面对顾客表现出热情、真诚、亲切、友好、专业的工作态度，努力创造让顾客感到满意和惊喜的购物环境，维护企业的整体形象。

3. 执行进度表

有待商定。

第三章

定好位才有好地位

在行业竞争白热化的今天，一个企业或产品要想更好地站稳脚跟，就要集中火力"轰炸"既定目标，这就是"定位"。策划品牌定位时，需要明确自身的核心特点和优势，确立与竞争对手的差异，满足当前和潜在客户某一特定需要等，并通过适当的营销和推广活动，在客户心中占有独特位置，如此便能打造规模销量，提高品牌溢价能力。

产品定位说明报告

◆ 撰写技巧

客户为什么购买某一产品?

客户为什么购买你的产品?

成功的企业在设计某一产品时,首先考虑的是产品的定位。确定产品在用户心中占有的位置和形象,这解决的是为谁提供什么样的核心功能或服务,解决什么需求的问题。产品定位至关重要,可以引导市场上的目标用户了解和认识本企业的产品,进而激发购买欲望和购买行为。

更准确地说,产品定位是将目标市场与企业产品相结合的过程,遵循产品设想阶段、产品定位完成、用户需求分析,发现用户需求、分析需求、描述需求、正式产品设计的流程。如果一开始就定位错误,非但难以实现预期目标,还容易造成时间、人力、物力等方面的无端消耗。

因此,产品定位的计划和实施应立足市场定位,为产品创造个性化、特色化的特点,塑造并树立鲜明的市场形象,以便更好

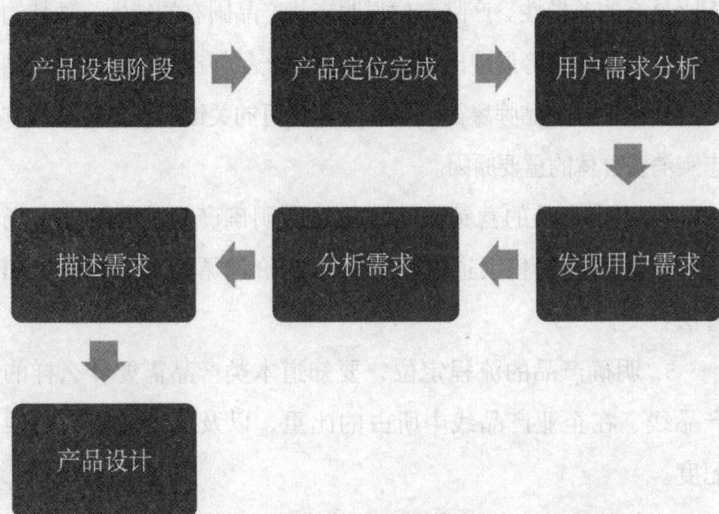

图3-1　产品定位流程

地适应目标客户的需要和偏好。

产品定位说明报告一般包括以下内容：

1. 产品的功能属性定位，也就是产品的品质、价值、服务及选择性等。产品具有哪些功能？能给目标用户带来什么价值和意义？消费者为什么需要我们的产品？我们的产品满足了消费者的哪些需求？进行产品定位时，要和目标市场的特征、需求、欲望等结合起来考虑。

2. 产品的外观及包装定位，是对产品附加值的提升，包括产品的大小、形状、规格及包装的设计风格等。最理想的设计是突出产品最核心、最本质的因素，形成比较强烈的视觉冲击力，能够迅速吸引人的注意力。

3. 产品一定要有独特的卖点定位，即公司销售的产品与对手相比具有的差异性。产品定位说明应将产品固有的特性、独特的优点、竞争优势等展现出来，让自己的产品与市场上的同类产品区分开来。这是品牌赢得市场和顾客认可的关键所在，也是拥有忠实消费群体的重要原因。

4. 确定产品的营销策略定位，即明确产品能否填补市场空缺？采用的销售渠道有哪几种？定价遵循的是什么程序和方法？

5. 明确产品的流程定位，要知道本类产品需要什么样的产品线、在企业产品线中所占的比重，以及与企业能力的匹配度。

6. 好的产品定位说明不宜长篇大论，而要言简意赅。越简单越明确，越能说明对产品价值、用户需求等有深刻的认识和思考。

◆ 实例参考

"XX"棉麻女装定位说明

一、品牌定位

"XX"棉麻女装创立于2011年，多年专注棉麻材质衣物的设计开发，强调简洁又精致的极简生活追求。棉麻柔软透气，质地飘逸轻盈，可以让人的身体和心灵更轻松、自在。时尚、简洁、舒适，是我们的核心品牌定位。

二、产品特色

棉麻服饰的面料由麻和棉混合纺织而成，兼具棉料的轻柔质地、麻料的干爽透气，衣服强度高，耐腐蚀性好，易于吸汗和散湿，具有透气、舒适、垂感好等优势，是当代人们追求品质生活的最佳选择。

三、目标市场

该品牌针对的目标群体是25～45岁，热爱生活，追求自然、随性、舒适体验的女性，重点满足她们日常生活及休闲旅游的服装需求。

四、产品设计

"XX"棉麻女装以清新淡雅的江南水乡为设计背景，采用柔和、素雅的中间色调配色，给人一种恬静之感，符合现代文艺女青年的审美观念，使其在众多的女装品牌中，具备极强的识别度。

时尚、淡雅风格的包装盒，更凸显了"XX"棉麻女装的高品位。

五、系列定位

该品牌以可供消费者选择的裙装为核心产品，输出的是自由、随性、舒适的生活理念。围绕这一理念，适当给予一定的组合搭配，包括T恤、衬衫、毛衫、大衣、裤子、包包、配饰、鞋子等品类，致力于将每位顾客打造成"棉麻艺术家"，展现自身独特的搭配风格，爱上棉麻布衣的生活。

六、价格定位

春装价位：XX～XX元

夏装价位：XX～XX元

秋装价位：XX～XX元

冬装价位：XX～XX元

"XX"棉麻女装价位适中，在实用中讲求品质感，给人一种物超所值之感，可有效形成消费者在使用中的信赖感和认同感。

七、品牌传播

1. 以文化气息浓郁的优美画面和文字，将服装与消费者的文化素养、生活品位联系起来，在情感上打动消费者，激起她们对品牌的关注。

2. 利用网络传播范围大、效率高的特点，开展微博微信营销、网络活动营销等，增加品牌知名度，占据一定的市场覆盖率。

3. 邀请忠实顾客一起参与品牌传播，如分享穿着体验、参观考察公司等，通过良好的口碑营销，提升品牌认知及美誉度，同时挖掘潜在的客户群体。

4. 定期举行服装展示会和经销商会议，通过新闻媒介扩大品牌的影响力，获得大众的关注和支持，进而促进销售的全面展开。

"XX"男士护肤品定位说明

一、产品简介

为了展现更加完美的个人形象，越来越多的男士开始使用护肤品改善自己的皮肤，对护肤品的要求也逐渐提升。"XX"男士护肤品早在20年前就开始研究男士功效型护肤产品，所有产品研发均基于亚洲人的肤质特点，草本精华，温和不刺激，深层修复，堪称男士肌肤的呵护者。

二、消费定位策略

为了多层次满足消费者的需要，克服目前市场上男性化妆品特色不明显的弱点，"XX"男士护肤品针对不同层次、不同肤质的消费人群，设计了不同档次的护肤产品，功效不同，质量和价值感也有所不同。其消费群体按照年龄和社会地位，大致划分为以下三个阶层。

1. 18～25岁

该阶层的消费者比较年轻，自身皮肤状况较好，主要问题在于油脂分泌量大，容易长痘，护肤的重点在清洁、保湿、控油上。"XX"系列产品具有良好的控油功效，质地比较清爽，防水防汗都很好，预防长痘，一般肤质都适用。

这个阶层多为学生和刚参加工作的人群，自身消费能力不高，价格一般为首要考虑因素。"XX"系列产品价格低，更容易受人青睐，销售量较大。

2. 25～45岁

这个阶层的消费者是社会的中坚力量、家庭的支柱，大多整日为工作和生活忙碌，长期暴露在阳光和各种辐射下，皮肤的主要问题在于干燥、粗糙。"XX"系列产品含有补水、保湿因子，能够迅速为肌肤补充大量水分，对抗肌肤缺水、干燥、脱皮等问题。

这个阶层的人群已经具有一定的消费能力，而且拥有自己的品牌观和价值观，是时尚的追随者。针对这些用户，"XX"男士护肤品在产品研发上更注重质量和价格的双向结合。

3. 45岁以上

此阶层的消费者经济相对富足，拥有一定的社会地位，对品质和品牌的要求很高，更重视皮肤的保养和修护。"XX"男士护肤品推出具有抗氧化及促进肌肤紧实及保湿多重功效的"XX"系列产品，长期使用可减淡细纹，肤色更均匀，毛孔更细腻，使肌肤保持健康状态。

"XX"系列产品护肤功效更好，价格偏贵。

针对不同肤质、不同年龄段，"XX"男士护肤品推出不同功效、不同价格的系列产品，价格随着年龄的增加而上升，符合消费者的消费心理，克服了诸多男士化妆品产品重叠化、价格重叠化的问题。

三、产品包装

1. 内外包装明确标注产品配方，使用突出功能性、纯天然的形象识别，让消费者一目了然，放心购买，安全使用。

2. 启用多位形象代言人，根据不同年龄阶段的产品，代言人或活力四射，或温文尔雅。包装风格迥异，便于准确区分消费人群，有效细分市场，促进整体销售。

3. 经常变换产品包装，根据使用场合，设置随身携带款、实惠家用款等不同规格，与众多常见规格形成视觉差异，始终让消费者保持新鲜感。

四、系列定位

为了提升品牌价值，提高消费者的忠诚度，"XX"男士护肤品进一步细分目标市场，从洁肤、护肤、保养到洗发、护发、沐浴，以及剃须用品等一应俱全，大大增强了对市场的应变能力。

五、营销策略

1. 与各大商场、健身馆等建立合作关系，采取店铺+推销人员的直销模式，直接获得消费者的需求，体现品牌实力与信任度。

2. 加强销售人员的培训工作，使其能熟练地针对消费者的个人肤质，提供明确、合理的针对性建议，坚持做消费者的专业护肤顾问。

3. 定期举办现场招商或促销活动，向符合条件的男士赠送试用样品。

新产品开发计划书

◆撰写技巧

创新是引领企业发展的第一动力,其重要表现在于不断开发新产品,以新的服务满足用户的需求,实现新的市场收益。新产品开发计划书是根据企业新产品开发的理念和要求,有计划、有步骤地对新产品开发定位策略、实施策略和方案进行总体谋划,是企业的一项重大经营管理决策。

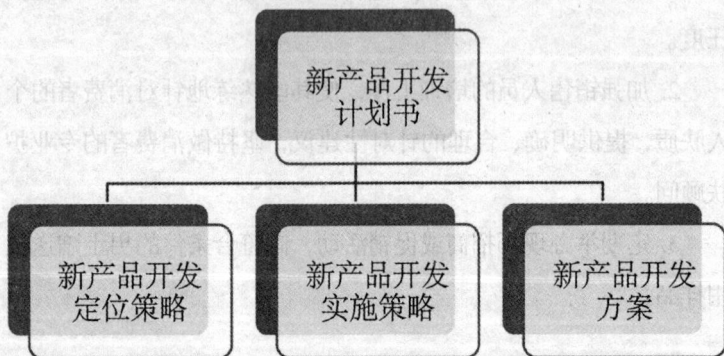

图3-2 新产品开发计划书所包括的内容

注意，这里所谓的"新"是相对的，并非特指新发明的全新产品，很多时候是相对原有产品而言，如新的原理和结构、新的用途和功能、新的质量水平、新的配色、新的价格水平、新的生产型号等。只要和原有产品有所不同，都可以统称为"新产品"。从严格意义上说，新产品包括能够给消费者带来某种新的感受、满足消费者新的需求、让企业产生新的效益的所有产品。

一般而言，一项完整的新产品开发计划需要从四个方面研究。

1 新品选择研究

当今市场上，产品同质化现象越来越严重，如何选择一款与众不同、具有开创性的产品品类或形态，是新产品开发首先要解决的问题。只有从一大堆产品中筛选出最具差异化和竞争优势的产品，才可能实现预期销售目的。

2 消费行为研究

满足现实的市场需求，发掘潜在的市场需求，开拓未来的市场需求，这是企业不断进行新产品开发的重要原因。因此，新产品开发计划要结合消费心理及消费观念等方面的相关信息，全面分析消费者的各种行为。如果新产品与消费者的认同脱节，再好的产品恐怕也难以打开市场。

3 竞争环境研究

准备开发新产品时，建立一个竞争环境分析框架非常重要。它包括了解其他企业的营销政策、研究竞争对手的产品和技术、了解某个领域的投资回报率等。这样可以找出本企业与竞争对手相比存在的优势和劣势，从而为企业制定新产品开发战略提供依据，避免工作的盲目性和无效性。

4 市场开发计划

做好先期的市场调研工作，可以使新产品的开发计划具有可行性和科学性。一个成功的新产品要能够快速得到市场认可，并且符合企业的中长期发展目标，具有统领性、延展性和品牌带动性。

◆ 实例参考

"XX"机械集团XX家用电梯系列新产品计划书

一、企业概述

"XX"机械集团原是一家专业从事建筑吊篮、施工升降机及施工电梯的企业，最近新推出XX家用电梯系列产品。这是集团在自身品牌效应与产品技术优势的基础上，针对家用电梯行业的市场资源而实施的战略性业务转型，是满足市场需求和获得卓越业绩的重要方略，也是实现可持续发展的重要手段。在充分做好产品投入市场前的准备工作后，此次家用电梯系列产品将XX作为产品推广商标，计划于20XX年XX月正式投放市场，其中XX省区为率先启动市场。

二、市场现状分析

1. 市场状况：近年来，随着人们对居住水平要求的逐渐提高，现代独栋、复式、多楼层、别墅等纷纷出现，国内家用电梯产业呈现一片生机，市场发展快、规模大。巨大的市场需求是企业转型的重要原因。

2. 产品状况：目前，市场上的各类家用电梯品牌有几十种，较好的品牌有XX、XX、XX、XX等，其中大部分为欧洲进口，价格昂贵。

3. 竞争状况：行业竞争日趋激烈，经常大打价格战。

三、SWOT分析

1. 优势："XX"机械集团经济实力雄厚，具有独立自主的科研与开发实力，电梯安装案例遍布全国100多个城市，拥有稳定的客户和良好的口碑，品牌优势明显。为了顺利打开市场，新品上市时，集团会适当给予优惠促销政策。

2. 劣势：XX家用电梯系列为"XX"机械集团的新产品，市场份额小，缺乏相应的营销运作经验，若想在市场中占据一定的份额，绝非易事。

3. 机会：XX省区经济比较发达，现代独栋、复式、多楼层、别墅等项目相对较多，对家庭电梯的需求量较大，拥有难得的市场机遇和空间。同时，"XX"机械集团在该省区10多个城市拥有项目展厅。

4. 威胁：国内家用电梯行业处于起步阶段，在国外企业的挤压下，发展较缓慢，名牌相对少，市场不规范和不成熟，售后服务大多不完善，消费者信赖度较低。

四、产品特色

1. 多种尺寸，自由选择，可配合建筑设计提供定制服务。

XX家用电梯产品介绍（略）

产品设计尺寸与规格（略）

2. 严格遵循最新的国家标准，采用全球领先的复合钢带、可编程序控制器等，提升智能维保管理效率，具有安全可靠、运行舒适、经久耐用等优点。

运行控制系统介绍（略）

3. 简约设计，占地空间小。

用户使用效果——案例展示（略）

五、营销策略

本集团将利用自身品牌和技术优势，并突出XX家用电梯的独特优势，在XX省区采取全方位、立体交叉式的促销和分销手段，以最强的竞争力迅速抢占市场份额，步步为营，再攻占其他省区市场。具体措施如下：

1. 价格体系

采用"高、中、低"梯形价格体系，全方位、多层次满足不同阶层消费者的需求，最大限度地抢占市场份额，获取收益。

2. 市场细分

针对知名品牌竞争激烈的情况，XX家用电梯主要拓展市场相对熟悉的XX省区，特别是在XX、XX、XX、XX等拥有项目展厅的地级市，充分展示产品和服务特色，创造良好的口碑效应。等时机成熟，再向全省和全国大举进军。

3. 分销渠道

分销渠道主要有三条：一是批发商户（一、二、三级），二是终端代理（一、二、三级），三是和具有一定实力的建筑公司、物业公司等达成合作。多形式的分销渠道，可解决终端市场铺开率不高、渗透深度不足等问题，使自身产品能够及时、准确、迅速地通过各渠道到达终端。

4. 售后服务

（1）确保出厂产品合格率为100%，上门维保1年1～2次。

（2）根据客户要求时间，安排交货及安装完成时间，一般为3～5天。

（3）在各地市（含县）建立售后服务站，提供优质的售后服务。

（4）定期定时对所有客户回访，提高客户满意度，稳定客源。

六、渠道维护

1. 渠道考核和权宜事项（略）

2. 渠道佣金和奖励制度

与经销商建立契约式的合作关系，是新品入市抢占市场的重要举措。XX家用电梯系列产品属于新品入市，集团可设立相对较高的返利政策，增强经销商的经营信心，彼此形成强大的战略协作联盟。

3. 渠道运作方式

（1）一个地区只设一个独家代理，不会产生同一品牌相互竞争的问题，保障渠道经销商的利益，确保市场稳定有序运行，也利于集团对市场的整体控制。

（2）定期对经销商进行市场开发、促销能力、管理能力等的培训，保证整个营销队伍的高能力、高素质、高水平，全面提升企业的市场竞争能力。

七、宣传策略

一个新产品即使品质再好，如果宣传工作不到位，品牌的知名度始终不高，它的销路也难以进一步扩大。因此，宣传策略是重中之重。广告、促销、终端，每个环节都可以有效传播品牌知名度。

1. 广告形式：利用传统和现代宣传媒介，通过报纸杂志、电台电视广告、张贴广告、实物广告等方式进行XX家用电梯系列产品的介绍和推广。

2. 促销活动：新品不适宜大打价格战，但要适当地给予一定的优惠，在满足顾客价值概念的同时，营造一种物超所值之感，能够轻松赢得消费者的认可和青睐。

3. 终端营销：终端是产品直接面对消费者的窗口，定期在终端市场进行订货会、产品展会、门店宣传等，可以强化终端市场。这里的关键是，通过详细的市场调研，找到竞争对手的弱点，以己之长，克敌之短，力求清楚简明。这样不仅便于消费者进行品牌识别，也有助于品牌的有效传播。

八、发展前景

1. 近期目标：举办X场新产品展示活动，年度销售额达到XX万元，预计新产品的市场占有率比现在扩大XX%。

2. 远景规划：在X年的时间内，建立XX家战略客户，占据国内家用电梯行业约XX%的市场，成为深受消费者信赖的品牌。

九、具体的实施步骤（略）

新产品推广宣传策划书

◆撰写技巧

对于全新的产品而言，如何让消费者快速认可和接受，这是一个具有挑战性的问题。不过，有一条捷径就是做好市场推广宣

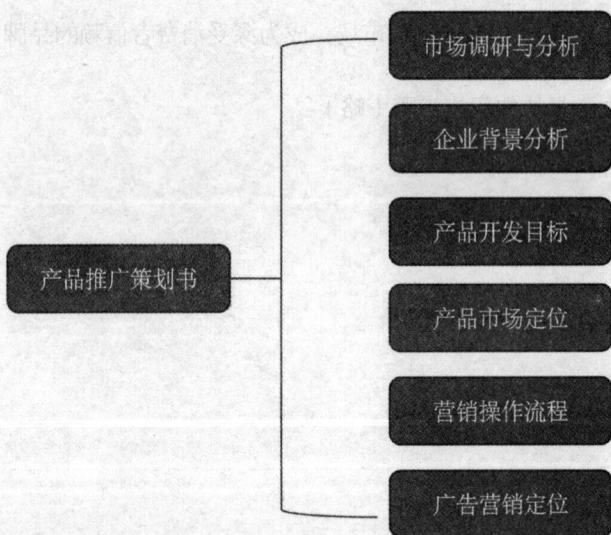

图3-3 产品推广策划书所包括的内容

传。产品推广策划书就是产品进入市场的具体实施方案，包括市场调研与分析、企业背景分析、产品开发目标、产品市场定位、营销操作流程、广告营销定位等方面。

根据以上内容，新产品推广宣传策划书应当切实做好以下工作：

① 市场调研与分析

以新产品特定的市场以及特定的消费者为调查对象，进行系统的收集、整理、记录和分析，预测市场未来的发展情况。

② 企业经营现状分析

企业经营现状分析包括企业的基本状况分析、开发产品的特点等，是在全面分析自身的优势与劣势，把握市场面临的环境机会，防范可能存在的风险与威胁。

③ 选择产品开发目标

根据市场竞争状况和企业自身特点，选择产品开发目标，评估核心机会和卖点。这不仅仅是新产品和新服务的创新，也包括对现存产品的升级或改变。

4 制订营销操作流程

针对产品的具体情况，综合考虑目标市场、竞争关系、客户需求等，形成价格、分销、促销等具体营销操作方案，搭建传播的主要资源、渠道平台等。

◆ 实例参考

"XX"补益药酒推广宣传策划书

一、市场环境分析

中医药酒素有"百药之长"之称，不仅具有温肠胃、通血脉的作用，还能起到很好的养生防病功效。如今，服用药酒已经成为不少人的养生方式之一，日渐成为各大商家争夺酒类市场的主力军，以年均XX%的速度增长，目前总规模已经突破XX亿元。这为我们提供了较大的潜力市场。

二、竞争环境分析

随着人们养生保健意识的日渐增强，以及中药被国际市场认可，众多企业纷纷看中药酒市场这块"蛋糕"。目前，国内品牌药酒包括XX、XX、XX、XX、XX，其中，XX、XX为我们的主要竞争对手，市场占有率分别为XX%、XX%。其中，XX在华南、西南、西北三个地区的市场综合占有率均名列第一。

三、消费者分析

1. "XX"补益药酒的目标消费群体以中老年为主，为具有中等以上收入、有养生保健需要、平常有饮用药酒习惯的人群。

2. 潜在消费者以中老年为主，有中等以上收入。这些人还没有喝药酒的习惯，但已经出现年迈体弱、肾气虚衰等迹象。我们需要向他们宣传药酒的好处，介绍本款药酒的功能，引导他们成为目标消费群体。

3. 一些中青年人因工作繁忙、烟酒无度、精神压力大等，导致精血耗伤，机体功能下降，他们也是我们的目标消费群体。

四、产品分析

1. 产品优势

（1）"XX"补益药酒精选长白山山参、宁夏枸杞子、甘肃陇西当归、江苏杭白芍等多种传统药材，将以上原料捣碎后，密封浸泡14日，过滤去渣而成，可有效调节生理机能，滋阴补肾，益气养血，补气健脾。

（2）适用于体质虚弱、气短无力、失眠多梦等人群，拥有广泛的消费群体。

（3）口感温和绵柔，适合大多数人的口味。

2. 产品劣势

（1）品牌形象比较模糊，产品包装普通，消费者的辨识度不高。

（2）入市时间相对晚，品牌影响力和知名度不高，与竞争对手存在一定差距。

五、产品定位策略

1. 价格定位：药酒饮用不宜过度，以每天20毫升左右（半两）为宜。为了满足消费者每日喝一点的需求，"XX"补益药酒的价格定位不宜过高，中高价位比较合适，以争取更多的潜在消费者。

2. 包装定位：包装设计要具有鲜明的辨识度，既符合产品的功能性定位，又要凸显与其他同类产品的精准差异化，不断提高消费者对品牌的认知度和辨识度。

3. 广告宣传语（略）。

六、广告策略

由于本次推广活动是"XX"补益药酒的首次面市，企业准备投入较多费用，所以建议采取全方位的媒介策略，营造理想的销售环境。

1. 媒介策略：以电视广告、报纸、电台广告为主导，以张贴广告（公交车海报、街边吊旗等）、发放宣传单（页）等为补充，向目标消费者做重点诉求，传达产品的原料、功效等丰富信息，争取达到最广泛的覆盖面。

2. 促销活动：与媒介广告相配合，选择具有亲和力的超市、商场、社区或者售卖店铺，开展各种主题的促销活动，如国庆节大酬宾、现场免费品尝、购满XX元赠送XX元，以吸引更多的消费者购买本产品。

3. 公益活动：定期组织一些送爱送温暖的公益活动，如向孤寡老人、退伍军人免费赠送产品，前往养老院开展慰问活动等。可以适当邀请一些新闻单位现场报道，以达到良好的宣传效果。

七、营销目标

1. 产品目标：在整个市场态势中，打造"XX"补益药酒的知名度与美誉度，拉动市场促销终端，取得初步的经营业绩。

2. 市场目标：把"XX"补益药酒逐渐培养成为药酒行业中的强势品牌之一，树立其良好的企业形象和品牌形象。

3. 销售目标：企业年度销售额达到XX万元。

4. 市场占有率目标：积极扩大市场占有率，争取在X年内达到XX%的目标。

第四章

流量都是浮云，转化才是王道

新品上市往往需要快速吸引流量，但流量多并不代表转化率高，商家或厂商最期待的应该是让用户尽可能多地下单。那么，如何提高产品转化率呢？产品推介、包装设计、限时折扣、赠品促销、免费试用等方式和手段，都能对提高转化率起到立竿见影的效果。做好以上活动的策划和执行，需要遵守一套详细的专业规则。

产品推介书

◆撰写技巧

在向客户销售某款产品或服务时，销售人员不是说得越多越好，而是需要遵循一定的方法和策略，能够让客户迅速从产生兴趣发展到立即下单，这时往往需要一份产品推介书。

产品推介书是一种解说性文书，是以文字描述的方式对具体产品进行详细表述，可以使品牌形成形象、直观的视觉效果。目标受众了解并购买某一产品，往往是从认识产品推介书开始的。说到底，这是运用语言文字与目标受众沟通的过程，在很大程度上决定了推销成功与否。

一般来说，产品推介书没有固定的结构，其正文大致包括以下内容：

1 产品主要功能介绍

产品主要功能介绍一定要尊重事实，讲究客观真实性，不可为达到某种目的而夸大其词，鼓吹产品的作用和性能。

2　产品的保养和维修

产品推介书不仅要介绍产品的优点，还要清楚地说明产品使用中可能产生的问题和维修注意事项。

3　产品主要性能指标

性能指标包括产品结构、尺寸参数、适用范围等。

4　产品工作原理及系统

为了更好地满足用户需求，销售人员要不断升级自己的知识体系，运用通俗易懂、言简意赅的语言，介绍关于产品的复杂且系统的知识。如果单一的文字不够形象，则要适当借助实拍或动画视频等。

其他未尽事宜根据客户需求另行补充。

◆ 实例参考

XX厨房收纳盒产品推介书

一、每个家庭都需要的厨房收纳盒

厨房是一日三餐的烹饪之地，是联系一家人亲情的纽带。然

而，厨房用品种类繁多，各式各样，很容易呈现凌乱的状态。这不仅会降低烹饪效率，还容易滋生多种细菌。你是否经常在杂乱的物品中手忙脚乱？是否因为厨房的清洁工作而大伤脑筋？一个真正热爱生活的人不仅要掌握一手好厨艺，还要有办法将厨房安置得整齐合理，在干净整洁的厨房里，生产美食与温暖。

二、这就是XX厨房收纳盒

超实用的多功能收纳盒，你的厨房好帮手来啦！

告别脏乱差，XX厨房收纳盒，还你一个干净整洁的厨房。

小体积大用处，XX厨房收纳盒，因你而变。

三、产品示意图（略）

四、主要特点

1. 采用PP材质，无毒无味，健康环保，使用放心。

2. 多重规格可供选择，还可以根据实际需求DIY尺寸。不管是大件的炒锅、烤箱，还是小件的汤勺、调味罐，都能井然有序、摆放整齐。

3. 采用半透明材质，表面标记刻度，物品放置和余量一目了然。

4. 密封性好，防潮防水，确保物品不容易变质和腐败。

5. 亮丽糖果色，红、黄、蓝、粉一应俱全，让厨房变得色彩缤纷，带来愉悦的心情。

6. 适用于厨房，但不限于厨房，无论是上班、上学，还是郊游、野餐等，都可以使用。

7. 做工精良，质量可靠，经久耐用。

8. 设计简约，可以自由组合，属于百搭款。

9. 操作简单方便，按照安装说明书徒手即可完成。

五、客户使用场景（略）

六、产品市场定位：中等价位、优质日用品

七、让收纳成为一门艺术

这款厨房收纳盒除了提供强大的收纳功能外，还传递了让收纳成为一种艺术的价值观。我们定期以讲座、沙龙等形式，交流厨房收纳方法，向客户提供免费咨询服务。如果客户有需要，我们还提供本地上门服务，跟客户面对面沟通生活习惯及整理诉求，并进行尺寸测量、收纳诊断等工作。

你离理想的完美厨房有多远，取决于你行动的早晚。

XX阅读App推介书

一、产品定位

XX阅读App是一款以电子书、杂志、网络文学为基础阅读内容的在线阅读器，致力于为广大用户提供便捷、轻量、优质的电子阅读体验，使用户每时每刻都可享受到阅读的乐趣。

二、受众描述

喜欢阅读、热爱学习、渴望自我成长的群体，尤其以学生、

白领、行业专家、文学人士、教职人员等为代表，普遍受过良好的教育，有一定的知识结构和较高的审美情趣，年龄层次相对集中在18~55岁。

三、系统界面设计

1. XX阅读App追求沉稳、优雅、大气的视觉风格，设计简约、平实、有序，用色以稳重、干净、大气的中性色系为主。同时，充分考虑到读者的阅读舒适度，通过漫画、插图、表格、图示、影像等多种方式，造就图文并茂的视觉感受，从而体现文化品位，彰显高端品质。

2. 根据受众群体的特点和品位，每个版块有固定的风格和内容。多个版块互相呼应，形成整体的风格和品质。

3. 系统界面展示（略）

四、关于XX，你可以这样理解：

1. XX，你手中的移动图书馆

XX内置图书、期刊、报纸、音视频少儿读物等各类阅读资源，内容涉及经济、管理、生活、小说、少儿、传记、艺术等，每天实时更新并提供在线阅读。同时，支持epub、pdf、txt、doc、ppt等格式。海量资源从此装进口袋，成为一个可随身携带的图书馆，随时随地享受阅读的快乐。

2. XX，你的私人网络图书馆

这是一个立体化、全方位的移动阅读App，注册后即可拥有个人图书馆，实现一键保存、同步更新、自动书签、智能搜索、历史查询、图书续借等个性化自助服务，点击"个人主页"模块，还可进行手势操作、目录导航、亮度调节、书摘以及批注等多项操作，使阅读更丰富、更自由。

3. XX，改变你生活状态的App

XX的视野和立意，不仅仅停留在"阅读"这一层面，而是透过阅读启发更多的思考，挖掘人生的价值与意义。这是一个彼此交流、表达、分享的互动平台，这里有高端优质的讲座和直播。通过干货文章、书籍解读和精品课程等形式，我们向用户传递丰富、实用的价值资讯，致力于引领每位用户实现自我迭代和成长，将知识有效运用到工作和生活中，从此改变生活状态。

五、下载途径（略）

六、操作指南（略）

产品包装策划书

◆撰写技巧

产品的包装如同一个人的脸面，总是以"第一印象"进入消费者的视野，发挥对消费者购买心理的诱导作用。相信不少人

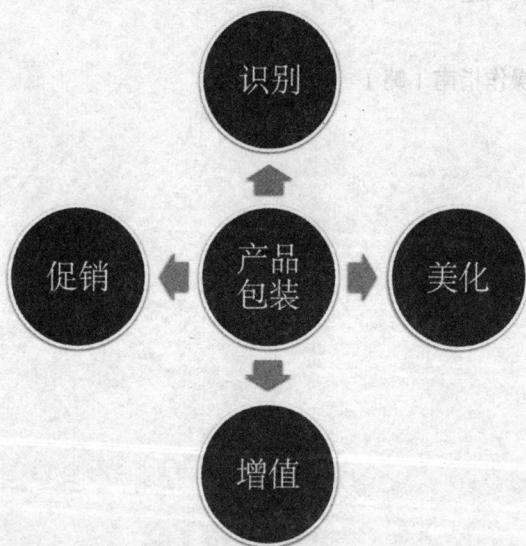

图4-1 产品包装的功能

有这样的体验，购买某种并不熟悉的产品时，首先会注意它的包装，如果产品造型美观，色彩艳丽，设计独特，我们会更有兴趣看看里面的东西，做出购买决定。

产品包装是产品策略不可或缺的部分，具有识别、美化、增值和促销等功能。产品包装策划方案的正确与否，是影响产品销售成败的重要因素。

一份优秀的产品包装策划主要包括以下方面：

1　包装结构的设计

产品包装策划书中，包装结构的设计是关键，包括包装材料、包装形状、技术条件等。这里没有固定的模式，但应该注意这样几个基本原则：一是保证包装结构的牢固性，以便更有效地保护商品；二是尽可能缩小体积，应为运输、携带、保管和使用提供方便；三是既能显示产品的特色和风格，恰当地突出品牌形象，又能对消费者产生视觉刺激和心理影响。

2　包装的文字策划

文字是产品包装设计中必不可少的要素，不仅在画面中起着装饰作用，更重要的是，能向消费者展示商品的价值，表达产品功能，是商品和消费者之间的沟通纽带。现在，不少产品包装甚至是以文字的组合与变化组成图案的。为了更好地达到宣传产品、介绍产品的目的，包装上的文字一定要简练、鲜明，位置突出，严格按照国家规定标准撰写，使消费者易于识别，便于记忆。

3　包装图案的设计

　　包装图案是产品信息的主要载体，由于图案具有直观性、生动性，它对顾客的刺激更具体、更强烈、更有说服力。包装图案设计遵循的基本原则是充分展示商品，以吸引顾客留意为主，通常采用摄影图案、绘画图案、抽象图案等形式，可适当增加相关的传统图案、装饰纹样、吉祥图案、民俗图案等。前提是必须尊重消费者的宗教信仰和风俗习惯，符合相关法律规定等。

4　包装色彩的策划

　　色彩极具视觉冲击力，能快速激发人的情感反应和变化，因此包装设计中的色彩是宣传产品的重要手段。运用色彩，既要像运用文字一样恰当地宣传和美化产品，又要考虑广大消费者的用色习惯和爱好，能够巧妙运用色彩暗示的作用，增强包装设计的表现力，有效吸引消费者的关注和兴趣。

5　包装标签的策划

　　包装标签是指附于商品包装上的一切附签，包括产品成分、使用说明、生产日期、产品编号、合格证明、有效期限、质量等级等内容。成功的标签设计策划，可以向消费者有效传达商品信息，表现商品特点或优势，进而提高商品的竞争力，增进消费者对商品的好感和信任，进而促进销售。

　　进行包装设计与改进之前，要进行整体方向性的规划定位。无论是包装的哪一部分，都要基于企业产品特色与生产条件，结合市场变化与人们的消费需求，做到主题突出，色彩调和，文字清楚，画面清晰，设计要素统一，富有新意，明显区别于其他商品，从而达到宣传效果。

◆ 实例参考

XX酸奶包装设计方案

　　XX酸奶是XX乳业旗下的王牌产品，进行产品开发时，我们对包装做了不同设计。

一、包装的内容及要点

1. 商品的名称

2. 商品的形态与样式

3. 商品的味道

4. 商品的价格

5. 与其他商品的比较

二、现有包装的调查

目前，市场上酸奶系列产品的包装存在以下问题：

1. 大部分产品包装采用纸塑复合包装，不能回收再利用，不够环保、健康。

2. 包装体积比较大，不适合出门携带。

3. 包装设计过于简单和雷同，对消费者的吸引力不足。

三、调查程序

第一步：将XX酸奶进行纸塑复合包装、PET塑料瓶包装、透明瓶（杯）装三种包装，让消费者先不予品尝，通过观摩外形评价。

1. 你更喜欢哪种包装？

2. 你认为哪种包装的酸奶更好喝？

3. 哪种包装与酸奶更相称？

第二步：邀请消费者逐一品尝，选择各自认为好喝的酸奶。其实，三种包装内同为XX酸奶，目的是考察包装对味觉的影响。

1. 你能准确说出这三种酸奶的口感吗？

2. 你最喜欢哪一种包装的酸奶？

3. 你认为哪一种包装更安全？

第三步：告诉消费者三种包装都是XX酸奶，再次询问消费者。

1. 你真正喜欢的是哪一种外形？

2. 你认为哪一种包装与XX酸奶更相称？

四、产品包装设计

1. XX系列酸奶是一款专门针对儿童开发的产品，由于纸塑复合包装不利于回收，玻璃重量较大且易碎，我们选择了环保安全、阻氧、阻光性好的PET塑料瓶包装。

2. 当前，传统单一的酸奶口味已经不能满足消费者的需求，为此我们在原味基础上新增了草莓味、蓝莓味、香橙味、香蕉味，分别选用白色、红色、蓝色、橙色、黄色五种颜色。活泼亮丽的颜色代表了酸奶丰富的品种及多样的口味，更凸显了儿童的欢乐与童真，满足包装艺术的需要。

3. 为了提高人们的环保意识，XX酸奶外包装上标有"垃圾分类属性"，注明为可回收物，应投入可回收垃圾桶。

促销活动文案

◆撰写技巧

促销是营销中最常用的手段之一，无论是实体店还是网店，针对消费者的促销活动屡见不鲜，其效用在于引起消费者的注意和兴趣，激发他们的购买欲望和购买行为。在某一确定时间针对某项促销活动进行整体运作和安排，即促销文案。一份系统、全面的促销文案是促销活动成功的保障。

一般来说，促销文案包括以下几个部分：

1 活动目的

阐述活动目的是促销文案的首要内容。开展这次促销活动的目的是什么？是为了提升品牌认知度及美誉度，还是同竞争对手争夺市场份额，抑或是为了低价处理库存商品？千万不要单纯地为了促销而促销，拥有明确的目的，才能使促销有的放矢，实现效益最大化。

2　活动对象

选择正确的目标市场和目标顾客是促销成功的关键。这就需要在开展促销活动前，对顾客群体进行有效细分，通过特定的促销措施满足特定的需求。

3　活动主题

活动主题是促销文案的核心部分。一个好的活动主题不仅要"抓人眼球"，还要淡化促销的商业目的，使活动更接近消费者，打动消费者。

4　活动时间和地点

略。

5　组织形式

一次成功的促销活动需要促销员、厂家、媒体、经销商等全方位的人员配合，这一部分主要阐述活动的开展方式。

6　前期准备

物资准备、人员安排、流程安排等。

7　中期操作

中期操作是在文案中对参与活动人员的纪律规定和职责安排。各方面做出细致规定，各个环节安排清楚，才能确保对促销方案的有效控制。

8　后期延续

后期延续针对的主要是媒体宣传，选择哪些媒体合作，采用何种方式宣传，这意味着不同的受众抵达率和费用投入。

9　费用预算

花尽可能少的钱，达到最佳促销效果，这才是真正成功的促销。促销文案应对促销费用投入和产出提前做出预算，最好能详细列出费用表格，帮助负责人合理分配促销费用结构和流向。

10　效果评估

任何促销活动都会设定业绩目标，效果评估就是预测促销活动会达到什么样的效果，包括客流量分析、成交率分析等，让人清晰地看到促销的意义。

这里提供的只是促销方案的基本框架。在实际操作中，文案策划人员应当认真分析，考虑周全，把握好实与虚的关系。如果只在形式上做秀，很可能流于花拳绣腿，导致消费者不会进一步掏钱购买。让活动方案更具指导性、可行性和操作性，才能真正使促销活动起到四两拨千金之效。

◆ 实例参考

XX超市六周年店庆促销策划书

一、超市简介

XX超市是N市知名连锁超市，自20XX年开业以来，以丰富的品牌资源、良好的价格优势及优质的运营服务水平，获得广大市民的认可。经过六年稳步发展，目前已拥有五家连锁门店，销售额、利税、利润等各项指标年均递增速度分别为XX%、XX%、XX%，企业总规模达到XX万亿元。（详细数据省略）

超市主营商品：糖茶烟酒、生鲜食品、粮油米面、服装鞋帽、日用百货等。

二、促销目标

利用六周年店庆开展一系列的促销活动，使消费者切实地感受到XX超市的品质、实惠、便利等，提升XX超市的整体品牌形象，增加顾客黏性和信任度，实现销售额的大幅度攀升。

三、促销主题

本次活动以"六周年店庆，疯狂低价，省钱到家"为主题，以"特价秒杀""开心早市""免单幸运儿"为切入点，与所有超市内场促销相结合，营造六周年店庆的热烈氛围，在本市掀起消费热潮。

四、促销时间

促销活动时间定为周年店庆前后两周，即从XX年XX月XX日到XX月XX日。

五、促销策略

根据对各促销策略的分析，结合本身实际情况，本次周年店庆采取以折扣类促销和会员制促销为主的促销策略，尤其是利用会员卡向会员提供各种优惠和特别服务，借此有效增加会员数量，培养消费者的忠诚度。

1. 创意促销活动

"特价秒杀"：活动期间，每天推出部分特价商品，限时限量，特卖抢购，让顾客感到实实在在的优惠。

"开心早市"：早上XX：XX—XX：XX（上午时间段），购物享受折上折，有效刺激客流量。

"免单幸运儿"：免单抽奖活动充满不确定性，可引发顾客的期待，给顾客制造悬念感和惊喜感，使促销活动变得有趣、好玩。

2. 内场促销活动

（1）活动期间，全场7.5折，满XX元返XX元购物券，提高客单价，促进顾客复购。

（2）累计购物满XX元以上均可凭购物小票到服务台，免费办理会员卡，并参与抽奖。

抽奖概率：设置一等奖X个，二等奖X个，三等奖X个，幸运奖X个。设置3~5种奖项即可，中奖概率分别为X%、X%、X%、X%，除奖品外设置"谢谢参与"。

奖品设置：可选择超市爆品、新品、时令商品等，给用户体验产品的机会。

特别说明：建议将"免单幸运儿"设置为头等奖，数量斟酌安排。

（3）会员除享有以上优惠及活动外，活动期间可免费领取XX元优惠券，满XX元使用，所有门店通用。一人一卡限用一次，打孔作废，限活动时间使用。

（4）积分奖励：不同积分兑换不同的商品。

六、促销媒介

考虑到XX超市拥有自己的网站、公众号等，本次促销采用多渠道推广活动。

1. 线上活动：网站主页放置活动宣传图、微博、公众号自定义菜单、日常推文等，共同联手开展促销宣传。

2. 线下活动：以报纸广告、宣传彩页进行促销预热，第一时间将促销政策告知消费者。同时，超市门口放置促销活动海报、易拉宝、地贴、楼梯台阶广告等，尽可能简洁醒目，传达促销内容。

3. 场内广播滚动宣传促销活动、特价商品及获奖信息等。

4. 导购人员现场做好顾客引导和接待工作。

七、活动细则

1. 所有特价商品数量有限，售/换完为止。

2. 礼品一经领取，除质量原因外，不可退换，不可折现。

3. 未按期使用购物券、积分抢兑等，视为放弃相应资格。

4. 本公司对此次活动有最终解释权。

八、活动管控

1. 鉴于本次周年店庆促销活动力度大，涉及面广，参与人员多，负责人要提前组建活动组委会，分工实施，责权到位，多位一体，确保活动的顺利开展。

2. 各门店负责人每天归纳总结，及时反馈本店销售情况及消费者反应，并及时改进销售策略和销售形式。

3. 考虑不可抗力或突发事件，提前做好应对措施，确保活动现场秩序。

九、活动配合

企划部：负责公司内外宣传、环境布置以及媒体整合。

市场部：负责产销的组织、协调、培训工作。

采购处：与厂家、供应商等洽谈活动力度和赠品的相关事宜。

管理部：将具体规则公之于众，接受公证机关的监督，确保一切行为活动符合相关法律法规。

十、促销预算

内场装饰费用：6000元左右

物料费用：10000元左右

促销活动费用：26000元左右

合计费用：42000元左右

十一、活动效果评估

活动期间，营业额比上月增长近一倍。可根据各门店每天的实际销售情况，全面评估促销效果与促销目标之间的差距。

XX保健品重阳节进社区促销方案

一、活动背景

农历九月初九是重阳节，又称"老人节"，是尊老、敬老、爱老、助老的传统节日。这个特殊的节日，是以情感纽带维护和开发顾客的最佳时机。

二、活动目的

1. 借助重阳佳节这一时机，在社区开展公益性讲座，普及中老年人健康养生理念，拉近与社区居民的心理距离，在提升企业美誉度的同时，寻找和开拓潜在顾客。

2. 活动现场设置"九九欢乐颂"促销环节，通过丰富多彩的让利营销方式，有效刺激节日期间的销量。

三、活动主题

"情暖社区，爱在重阳，XX关爱生命大行动"。

四、活动时间和地点

时间：XX年XX月XX日至XX年XX月XX日，XX：XX—XX：XX（具体时间）。

地点：XX社区（具体地点，选择社区人流集中区域，如社区广场、活动中心等）。

五、活动内容

1. 健康知识讲座：邀请医务人员为社区居民开展健康知识讲座，讲解老年人起居、运动、饮食、防病以及日常生活注意事项等健康知识。可现场提供健康咨询和测试服务，同时免费发放健康教育宣传资料等。

2. 保健品安全知识讲座：用通俗易懂的语言普及保健品安全知识、常见诈骗手段、防骗技巧等，引导居民合理选择、科学食用保健食品。

3. "九九欢乐颂"

（1）活动期间，凡购买XX保健品系列满额即可参与转盘抽奖游戏，享受折扣或赠品优惠，其中满99元抽奖一次、满199元抽奖两次、满299元抽奖三次（当日小票有效），以此类推。

（2）生日为重阳节的60周岁以上老人，凭本人有效证件可获赠生日蛋糕一个。

（3）满90周岁老人可免费获得会员卡一张和精美礼品

一份。

六、现场布置

1. 场地20平方米左右，现场布置产品堆头、X展架、易拉宝、活动地贴以及转盘等游戏用具等，制造与渲染现场促销气氛。

2. 提供必要的服务项目，如桌椅、水果、甜点、饮水等，突出活动的服务档次，确保到场的每位顾客有愉快的体验。

3. 产品陈列须以简洁明了的视觉方式呈现，要在第一时间给人留下深刻印象。

4. 设置人流动向指示线，避免发生拥挤、踩踏等事件。

七、活动流程

活动时间	活动内容
08:30—09:00	循环播放温情音乐，穿插活动介绍，工作人员和过往行人互动
09:00—09:10	主持人上场，介绍活动主题，介绍重阳节来历
09:10—09:20	养生保健操，引入"保健"概念
09:20—09:40	健康知识讲座
09:40—09:50	互动游戏
09:50—10:00	主持人宣布促销政策
10:00—10:10	保健品安全知识讲座
10:10—10:20	有奖问答
10:20—10:30	主持人宣布促销政策
10:30—12:00	现场检测、促销、抽奖等

八、现场促销

这一环节是决定促销成功与否的关键，需要特别注意。

1. 活动开始前一周，需要在社区派发针对目标人群的活动宣传单，进行促销活动的信息发布与预告，扩大活动影响力。

2. 活动前进行全面检查，确保所有促销产品的质量。

3. 促销人员要本着优质服务和行业健康发展的理想、信念，做到眼到、耳到、口到、手到和心到，用心对待每位顾客，认真对待每一环节，还必须灵活把握时间，做到话术简明扼要、通俗易懂。

4. 根据活动进程和销售情况，及时合理地调整货品结构。

5. 保证物流畅通，及时补充货品，促进活动期间的持续销售。

6. 会场总监负责监督现场秩序，确保活动的顺利开展。

九、活动经费

根据活动次数、活动规模、参与人数等总体安排。

赠品促销文案

◆撰写技巧

　　赠品是商家常用的促销方式之一，一方面可清空商家库存，快速回流资金；另一方面，可有效传达优惠信号，进而吸引消费者尝试或大量购买。一个好的赠品营销策略，能让生意起死回生，效果立竿见影。

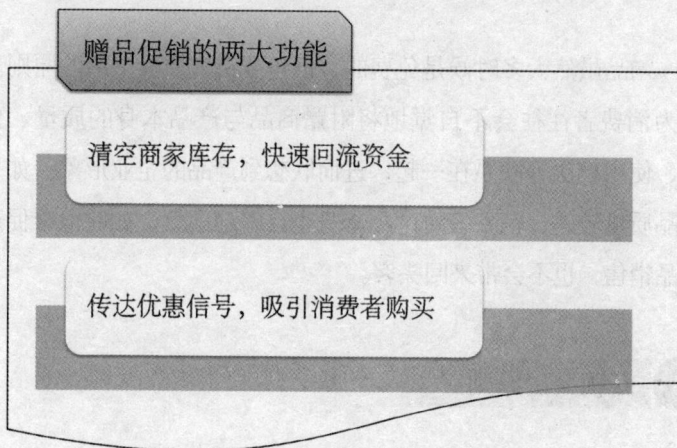

赠品促销的两大功能

清空商家库存，快速回流资金

传达优惠信号，吸引消费者购买

图4-2　赠品促销的两大功能

买赠促销活动看似十分简单，但如果赠品选择不恰当，往往很难激发客户的兴趣和热情。那么，在实际运作中，赠品促销方案应该如何操作呢？

大致来说，需要遵循以下几个原则：

1 方便实用原则

方便实用是所有赠品的通用属性，即所选的促销活动赠品一定要有实用价值，能够满足消费者某一方面的需求，这是非常重要的。赠品主要是为了增强商家与消费者之间的关系以及情感，实实在在的价值最实惠。因此，赠品的实用价值越高，往往越容易赢得顾客的青睐。

2 质量上乘原则

赠品虽然大多时候是免费的，但也要讲究质量上乘的原则。因为消费者往往会不自觉地将附赠商品与产品本身的质量、价值、使用档次等联系在一起，进而联想到产品的企业形象。如果赠品质量较差，消费者对产品本身也会兴趣索然，如此很难促进产品销售，也不会带来回头客。

3 新颖突出原则

赠品可以是多种多样的，但要想取得理想的效果，并非最大限度地让利顾客，而是要力求新颖突出，做到人无我有、人有我变、人变我新，如此才能给消费者带来更多的愉悦感和惊喜感，有效起到传播企业产品、品牌形象的功效。品牌宣传越广，销售机会就越多。花最少的钱做最有效的营销，这才是真正成功的促销。

4　应时应季原则

商家赠送客户的礼品，最好符合时节，让顾客短期内就能用得上，第一时间享受到回馈，如夏季赠送凉席，冬季赠送围巾、帽子等，这可以快速赢得顾客的认可和信赖。如果一个赠品要等大半个季度才能用得上，顾客很容易失去耐心，觉得赠品不实用，进而削弱对产品的购买欲望。

5　关联性和互补性

商家选择赠送的礼品时，切忌风马牛不相及的随意赠送，而要充分考虑消费者的相关需求，最好与产品本身具有关联性和互补性，即消费者需要或必须有这个赠品后，方能使用或更好地使用所购产品，如购买空调时赠送空调被，购买微波炉时赠送隔热手套等，如此才能有效发挥促销作用。

6　避免将产品作为赠品

赠品促销是营销的重要手段，但要尽量避免将产品本身作为赠品，如买一赠一或买二赠一活动等。这种促销虽然短期内可以刺激一部分消费者的购买欲望，但从长期看存在很大的市场风险，对于产品的档次和价值感都会有所影响。促销活动一旦结束，产品很难再恢复原价出售。

7　清楚地展示赠品

　　进行赠品促销的时候，要充分地将赠品展示出来，与产品一起挖掘好的宣传主题，让消费者能够第一时间了解赠品是什么，具有哪些实际用途。同时，要与公司VI（视觉设计）的应用有机结合，起到品牌宣传和推广的效果，如此才能快速打消消费者的种种疑惑，更好地激发消费者的购买意愿和购买行为。

◆ 实例参考

XX家纺赠品促销方案

一、活动概述

1. 促销目的

（1）运用礼品赠送形式，拉动产品的购买需求。

（2）降低销售难度，抢占市场份额。

（3）扩大品牌知名度，快速提升销量。

2. 促销主题：XX家纺倾情回馈，百万商品免费送。

3. 促销时间：2019年XX月XX日—2019年XX月XX日。

4. 促销范围：XX家纺所有专卖店。

二、促销策略：本次促销采用满赠形式，具体情况如下：

1. 活性印花四件套满XX元，赠送水洗全棉靠垫被。

2. 提花四件套满XX元，赠送精美蚕丝被。

3. 婚庆套件满XX元，赠送乳胶枕芯加精美礼品。

三、活动布置

由于当前我市正值深秋时节，本次促销以秋冬产品为主，重点突出年末活动价格优势和产品的功能性，营造热销氛围，强化单品诉求，激发购买需求。

四、陈列方式

1. 常规陈列：正价货品按照常规方式集中陈列，所有商品摆放整齐。

2. 促销陈列：根据客流和促销力度，适当增加促销货品的陈列排面和数量，可以采用地推形式辅助海报、贴纸、展示架等，营造热烈的活动氛围。

3. 主题陈列：按照货品的类别、性能、规格等，营造出不同的主题和氛围。比如婚庆系列产品，整场布置以红色为基调，运用多种婚庆元素，营造浪漫、温馨的氛围。

五、促销费用（略）

六、活动细则

1. 所有工作人员必须熟悉本次活动内容，并严格按照相关规定执行，严禁在执行过程中出现多赠、少赠、不赠、私自挪用和截留等违规行为。

2. 领取赠品时，顾客须凭借真实有效的购物小票，并真实填写个人姓名、联系方式、赠品数量、赠送时间、购物小票流水号码。

3. 总部对各专卖店赠品的具体发放过程进行监督、核查，以确保赠品的正确发放。

免费试用促销文案

◆撰写技巧

相信许多人对"免费试用"不陌生，每到超市，我们总能看到各种试吃试用活动。这种策略通常是将新产品或者试用装免费赠送给消费者，搭建起消费者与产品的直接联系。

众所周知，新产品进入市场，首先要解决的问题就是打消消费者的顾虑，而免费试用可以让消费者无须花费任何代价，通过试用对该产品产生直接的感性认识，在短期内对产品功效有所体验。如果消费者感觉良好，打消心理疑虑，对产品或企业产生好感和信任，自然而然就会引发购买行为。

这种促销方法不仅容易让消费者满意，而且商家的销售机会也会大增。为了达到更好的营销效果，撰写免费试用促销文案时，我们需要注意以下写作要点：

1 过硬的产品质量

免费试用的营销策略，对质量好的产品来说，绝对是一种很好的销售手段。只有拥有高质量的产品保证，拥有优异的品质和独特之处，实行免费试用之后，才能获得消费者的认同和信赖，迅速打开市场。如果产品质量不好或者尚未成熟，不建议采取该种营销手段，因为一旦产品无法取得消费者的认同，只会对产品和品牌形象造成损害，恐怕连免费送出的试用装成本也收不回来。

2 选用合适的促销形式

免费试用的促销形式可以采用临街发送、上门派送等方式，直接将新产品或者试用装派送给目标消费群体，也可设置广告或广告所附优惠券，引导消费者到指定地点享受免费服务或免费领取样品。具体来说，商家可以根据自身条件和规模进行选择。但无论选择哪种促销形式，目的都是为了缩短消费者和产品之间的距离，让产品更高效地触达目标用户。

3 具有较强的针对性

无论哪一种免费试用促销形式，都需要针对目标群体进行小众派送，而不是大范围的大众派送。派送范围过于广泛和分散，会使促销的成本与效果无法估量。这就需要活动组织者通过市场调查，研究目标消费群体的特性，甚至对目标市场进行细分。免费试用只有选择合适的受赠对象，具有较强的针对性，才能有效地进行直接沟通，提高样品的使用率，实现理想的成本控制效果。

4　适当进行媒体推广

新产品上市前4～6周，是举办免费样品促销活动的最佳时机，除了赠送样品外，还要适当通过媒体广告向消费者宣传赠送样品的消息。广告文案要语言精简，画面清晰，清楚地介绍促销消息。只要消费者前来索取样品，产生尝试的意愿，即达到了预期目的。

有一点必须注意，免费试用的货源必须充足，铺货渠道必须顺畅。只要能够迅速推而广之，就能有效打击竞争对手，抢占较大的市场份额。

◆ 实例参考

XX黑发膏免费试用促销文案

一、促销内容

对很多人来说，长白发是一件糟心的事情，因为很多时候白发就是衰老的象征。XX黑发膏，针对衰老性白发、遗传性白发、抑郁性白发等所有白发困扰。无须染发，洗几次头就能解决，重返乌黑亮发。为了回馈广大消费者对XX黑发膏的厚爱，厂家现在全国范围内举行大型试用活动！

二、产品内容

1. 产品名称：XX黑发膏。

2. 产品描述：本品采用何首乌、黑豆等植物原料萃取液，结合现代生物技术，科学配比，直达发根，形成黑色素，有效阻断白发形成机理。温和不刺激，清香不刺鼻，持久固色！

3. 产品规格：瓶装，120ml（试用装）。

4. 生产批号及限制使用日期（略）

5. 检测报告（略）

三、招募标准

1. 年龄65周岁以下，男女皆可。

2. 白发出现时间在10年以下。

3. 白发不超过全部发数的70%。

4. 身体状况正常，未报告有重大疾病。

四、活动说明

本次共招募1000名免费试用者。

在XX月XX日—XX月XX日报名参与者，均可免费领取XX黑发膏试用装。每人限领一份，我公司将收集并审核用户信息，统一安排寄出样品！

五、报名方式

客服热线：XXXXXXXX。

网络报名：手机或电脑登录公司网站，联系在线客服咨询后，详细填写报名表。

根据以上方式报名，本次招募名额有限，报满即止。

六、注意事项

1. 过敏测试：打开包装挤压少许产品，在小臂内侧或者耳后涂抹，20分钟后无过敏反应即可使用。一旦出现干燥、脱皮或发红情况，暂停试用，并致电客服。

2. 养护措施：洗发后，取适量本品均匀涂抹，轻轻搓揉十分钟，再用清水清洗即可。避免接触眼睛，若不慎入眼，请立即用清水冲洗。

3. 使用演示（略）。

详细情况另行公布，感谢您的参与！

第五章

向会议要效益，好会议是策划出来的

会议是现代办公必不可少的部分，但繁多、低效、拖拉的会议，不仅难以为企业创造效益，还会影响团队凝聚力。如何才能开一场高效的会议？向会议要效益！好会议是策划出来的，一定要经过深入思考和统筹安排，需要明确会议目的和方向，坚决落实流程、细节及注意事项等，对执行过程全盘把控。过程越完满，结果越理想。

报告会策划

◆撰写技巧

报告会是针对某一问题或某一现象，由一人或若干人利用专门集会所提供的讲台和场所，向广大群众做专题演讲和交流研究

报告会的种类与特点

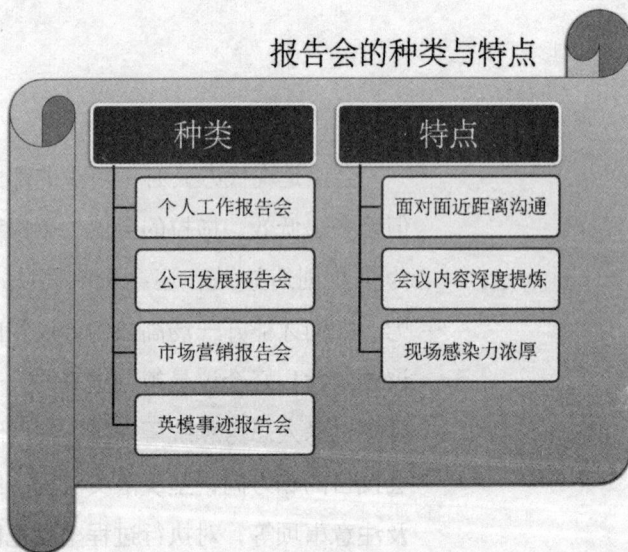

图5-1　报告会的种类与特点

的一种会议形式。报告会的种类有个人工作报告会、公司发展报告会、市场营销报告会、英模事迹报告会等，通常具有三个突出特点，即面对面近距离沟通、会议内容的深度提炼、浓厚的现场感染力。正是凭借这些优点，报告会成为重大典型宣传的普遍方式。

要策划组织好一场报告会，必须切实运用好以下四个基本原则：

1　精挑细选陈述人

无论做哪一类型的报告，都有必要精挑细选陈述人。陈述人应具有一定的代表性，具有经典案例或典型定位，如业绩突出，成绩斐然；人格高尚，享有威望。陈述人力求做到观点正确、思路清晰、举止得体、表述生动，富有说服力和感染力，这样报告会议才能更好地实现预期效果。

2　目标主题要明确

会议主题是会议的灵魂，报告会亦是如此。笼而统之、大而括之的主题往往会偏离中心思想，使整个会议流于形式。一场成功的报告会，一定要有明确鲜明的目标主题，围绕既定主题进行讨论、交流，要把最重要的核心价值体现出来，找准研究的关键点和侧重点，尽量做到有的放矢。

3 提供有效的思考路径

成功的报告会应该少说空洞的理论知识，多从实际细节出发，采用提问、讨论等方式，引导人们加深对先进典型精神的理解，有所感悟和思考，从中升华认识、启迪人生，激发奋发向上的精神，发挥先进典型的带动、辐射、引领作用。这样的报告会才能让人记忆深刻，并且产生影响。

4 会议规模以中等为宜

报告会应以中等规模为宜，出席人数控制在100～1000人。人数过少，报告会的影响面狭窄，势必影响会议效果。人数过多，容易出现众口难调的局面，现场秩序不好维持。

◆ **实例参考**

XX集团职工读书演讲报告会

一、会议主题

"书香伴我行，智慧润心灵"。

二、会议时间

2017年9月26日，14:30—17:30。

三、会议地点

行政大楼1号会议室。

四、参会人员

公司全体员工（值班人员除外），总人数约××人。

五、会议形式

1. 本次会议紧扣"书香伴我行，智慧润心灵"这一主题，让参与者以自己的读书经历为总纲，以读书的感悟、心得与思考为出发点，结合PPT或相关视频，进行读书笔记演讲和读书方法的探讨。

2. 报告的具体内容可成功励志或贴近生活，题材自选，但必须有深度的认识和阐述，有鲜活的事例，内容丰富，内涵深刻，有激活、引爆、启发思维的力度，力求对他人起到积极的引导作用。

3. 每人报告时间为5～8分钟，字数在1200字左右。

4. 参考题目："好的阅读即是成功的开始""2018年改变我的一本书""以书为侣，悦享人生""××读后感"等。

六、会议目的

本次报告会给全体职工提供读书交流的机会，丰富职工文化生活，增强爱岗敬业意识和团队凝聚力。同时，培养职工求知上进、善读善思的习惯，进一步提升职工综合素质、文化品位和道德素养。坚持文化引领，提升公司"软实力"，为企业持续发展提供强大的精神动力和智力支撑。

七、会议筹备

1. 9月初召开动员会议，初步公布活动设想方案。

2. 各部门领导下发活动方案，组织召开内部的读书报告会。

3. 各部门择优选出3名人员，9月20日前上交报告人名单及报告题目和内容。

4. 组织部进行资料汇总，确定所有报告人的出场顺序。

5. 选拔男女主持人各一名。

6. 邀请相关领导参加活动。

7. 宣传部负责活动策划和宣传，并布置会场。

8. 准备饮用水、音箱、纸笔、投影仪、计时器等活动用品。

9. 严格落实专人专岗专责，使各项工作安排就位。

八、会议流程

1. 主持人开场致辞，并简单介绍报告会内容。

2. 播放有关读书的相关视频。

3. 邀请报告人按顺序依次上场演讲或朗诵读后感。

4. 自由提问和讨论环节。

5. 领导对读书报告会进行点评。

6. 有关读书知识的竞答活动。

7. 主持人做简短总结，活动结束。

8. 合影留念。

9. 工作人员整理相关资料，清理活动现场。

九、会议附件——《1号会议室使用申请表》

十、会议要求

1. 会议期间，所有人员将手机调为震动或静音，不得大声喧哗或随意走动。

2. 所有上台做报告者必须提前到场，到指定区域就坐。因特殊情况不能参加会议或中途退出者，请提前向部门领导请示。

3. 报告作品须为自己的原创内容，严禁抄袭。

4. 主持人积极调动现场气氛，有策略地控制时间和节奏，保证报告会在规定时间内开完。

5. 注重文明礼仪，做到礼貌发言，积极鼓掌。

6. 不抢行、不争道、不滞留，有序地进场和退场。

7. 未尽事宜，另行通知。

年终总结会策划

◆撰写技巧

　　每到年终岁尾，各单位、各部门就会组织年终总结或盘点工作。所谓"总结"，就是对过去一年、某一时期或某项工作加以回顾、分析和研究，这是对以往工作实践的一种理性认识，据此可以总结成功的经验，吸取失败的教训，得出比较规律性的认识，进而用以指导下一阶段的工作实践。

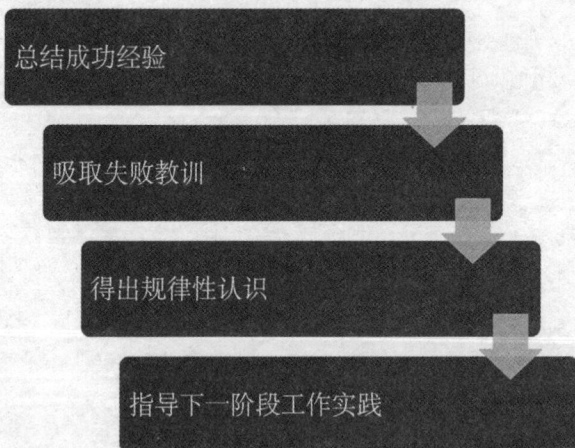

图5-2　年终总结

说到底，年终总结会议主要针对的是"今年怎么看""明年怎么办"两个问题，是实践—认识—再实践的过程。通过它，我们可以全面地了解以往的工作情况，系统地认识以往工作中的优缺点，进而明确下一步工作的方向，少走弯路，少犯错误，提高工作效率。

既然年终总结会议是工作中的重要环节，那么，策划年终总结会议时应注意哪些问题呢？

1 内容一定要丰富全面

年终总结会议内容一定要丰富全面，既要展现目前所取得的工作成效，肯定采取的主要工作措施，又要指出工作中存在的问题，以及下一步的工作计划；既要看到事关企业经营的关键问题，也要关注影响企业发展的潜在因素。比如，进行内部排名时，不能只把销售收入作为唯一指标，而应把市场表现、渠道现状、终端争夺、队伍建设、传播维护等指标综合起来考虑。

2 客观公正地进行总结

年终总结会议要如实地反映情况，严谨地做好考核总结工作，不能泛泛而谈、弄虚作假。为此，需要紧密结合工作实际，少用笼统的形容词，多用数据、案例、现象进行说明，既要表扬好的一面，也要批评不好的一面，做到实事求是和客观公正，才能提高年终总结会的效率。

③　会议中重视"拨亮点"

　　年终总结会议要内容丰富全面，进行全面回顾，归纳总结经验，但这不等于面面俱到。不能突出工作重点，不能反映工作亮点，这是会议大忌。因此，年终总结会议要重视"拨亮点"。所谓亮点，就是精彩的地方，如需要重点表彰的部门、团队、个人、事件，一般要既有灵活性、活力与创新精神，又有凝聚人心、示范带动的功效。

④　真正关注基层的呼声

　　既然年终总结会议是对工作的全面总结与汇总，那么就要善于挖掘每个员工的智慧和工作经验，重视每个员工的意见和建议，同大家一起分享。现代企业经常举办一些内部年度会议，但一些管理者从不真正关注基层的呼声，缺乏实际案例的讲解和员工参与，会议效果自然不会理想。

⑤　注重未来工作的展望

　　年终总结会议所要解决的中心问题，过去占30%，未来占70%。企业明年的战略目标是什么？各项工作是否有新的突破？明年市场情况有什么变化？企业会做出哪些方面的调整？无论是公司老板还是员工，总是希望新年有新的变化、新的不同、新的成果。将大家关心的未来筹划好，才能有效地将所有员工的精、气、神充分调动起来，这正是年终会议召开的重要目的。

6　聚焦迫切需要解决的问题

找准主要矛盾是解决复杂问题的重点，年终总结会议也是如此，一定要找准企业最迫切需要解决的"难点""痛点"。比如，针对部门或员工出现的问题，具体了解需要进行哪些方面的技能培训，或者进行相关知识培训。根据团队阵容的"短板"，进行有效的"补位"，才能起到最佳的会议效果。

◆ 实例参考

XX银行年终总结会议筹备方案

一、年会主题

"砥砺奋进铸华章、继往开来启新程"

——XX银行2018年度年终总结会

二、年会时间

2018年12月22日15:00—21:00。

三、年会地点

XX酒店二层多功能宴会厅。

四、与会人员

公司全体员工、政府相关部门领导、文艺界特邀嘉宾，共计

XX人。

五、年会流程

活动时间	活动内容
14:30—15:00	人员进场，签到就座
15:00—15:10	开场VCR+暖场乐队
15:10—15:20	主持人热情开场
15:20—15:30	总经理新年致辞
15:30—16:00	各部门工作汇报
16:00—16:20	节目表演
16:20—16:30	现场抽奖（第一轮）
16:30—16:40	互动游戏环节
16:40—17:00	节目表演
17:00	宣布晚宴开始
17:00—17:10	现场抽奖（第二轮）
17:10—17:30	节目表演
17:30—17:40	互动游戏环节
17:40—18:00	节目表演
17:40—18:00	宣读年度表彰名单
18:00—18:20	颁奖环节
18:20—18:50	获奖代表发表感言
18:50—19:00	互动游戏环节
19:00—19:20	2019年年度规划
19:20—19:40	节目表演
19:40—20:00	现场抽奖（第三轮）
20:00—20:10	全员大合唱
20:10—20:20	全员大合照
20:20—20:30	主持人结束语

备注：以上活动时间和内容，可根据具体情况适当做出调整。

六、节目表演

1. 年会表演节目多种多样，以歌曲、舞蹈、小品、朗诵等为主，最好能反映银行职工的日常工作、生活，表现本银行爱岗敬业、勇于奉献的精神面貌。

2. 节目数量：每个部门至少两个节目，特邀嘉宾X个节目，共计XX个节目。

七、互动游戏设置

游戏1："金手指"点钞大赛

游戏规则：准备不同数额的人民币，让参与者现场比赛点钞。点钞速度+识别假币，看谁最快、最准。为加大游戏难度和趣味性，可设置各种干扰因素。例如，当参与者开始点钞时，主持人在一旁提问或指挥动作："昨天你的早餐是什么？""你是哪年加入公司的？""请向前走一步""向左转"等。

游戏2：微笑传递游戏

游戏规则：准备一个较重的物体，用红色的绳子穿起来。两组或多组比赛制，一组10人左右。参与者口咬一根筷子，呈微笑状，用筷子依次往后传递重物，看哪个组传递的速度最快。假如物体中途掉落，从第一位开始再次传递。

游戏3：抱双球接力赛（略）

八、抽奖奖项设置

入场时，所有人按照编号填写个人信息，作为抽奖券投入抽奖箱。邀请当日出席的重要领导上台抽奖，宣读获奖名单及奖品。

一等奖X名，奖品为XX。

二等奖X名，奖品为XX。

三等奖X名，奖品为XX。

奖品种类和数量可根据预算进行调整。

九、评优标准及内容

见《优秀团队及优秀员工评选方案》。

十、会议任务分配

1. 秘书组：编写会议方案、活动流程及颁奖词等，负责会议进行过程中与会人员发言的提示，控制节目时间，安排节目上场顺序。

2. 企划部：负责制发会议请柬、会议摄影录像、宣传报道、会场布置、文化娱乐活动组织与安排等工作。

3. 组织组：负责与会人员的签到、座次布置，各奖项锦旗、证书的制作，以及会中信息的传递、安排茶水等工作。

4. 外勤组：有效落实会议各项要求，切实维护会场秩序。

5. 其他（略）。

十一、物品及物料采购

提前准备邀请函、席位卡、笔纸、矿泉水、花篮、游戏奖品、抽奖箱以及会场布置所需气球、拉花、条幅、海报等，见《物品及物料采购清单》。

十二、活动预算（略）

十三、注意事项

1. 全员着工装出席会议，按照通知要求的时间、地点，准时参加会议。

2. 听从领导以及接待人员的指示，按照现场座位编排就座，自觉遵守会场秩序，不得大声喧哗、互相打闹。

3. 讲究文明礼仪，适时礼貌鼓掌，积极配合互动环节。

4. 保持会议场所的清洁卫生，不可随意吐痰、乱扔果皮纸屑等。

5. 会议结束后有秩序退场，携带好个人随身物品。

十四、会议附件（略）

座谈会策划

◆撰写技巧

座谈会是把与某一主题或某一事实有关的当事人、知情人召集起来，以谈话的方式进行集中性讨论的一种会议形式。座谈会的参与人数较多，通过有效的沟通，可以征求不同的意见，深入探讨问题，广泛收集信息，有助于组织者全面了解目标市场的情况，是重要的定性研究方法。

一场优秀的座谈会可以起到点石成金的作用，由于这种会议参与人数较多，任务复杂繁重，会前的策划案一定要考虑周全，

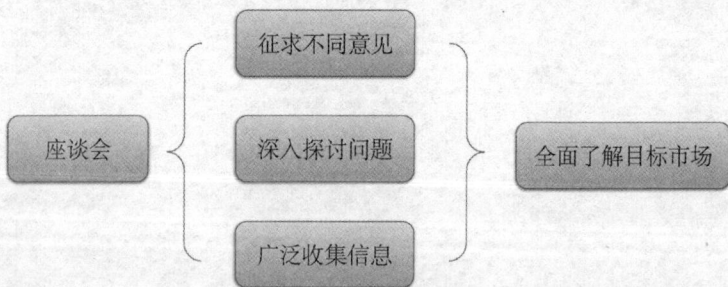

图5-3 座谈会的作用

安排具体，才能确保整个会议顺利进行。

具体来说，座谈会策划应该注意以下几个方面：

1. 任何一场座谈会的举办，首先需要明确主题、目的，参会人员要围绕主题、目的进行讨论和交流。如果主题、目的不明确，势必影响会议效果。

2. 为了更好地展开讨论，组织者需要事前做大量的调查研究，如行业资料、企业资料、客户资料等，这有助于对整个讨论过程起到推进作用。

3. 座谈会的人数通常为6~10人，为收到良好的会议效果，应当慎重选择参会人员，要对某一主题或某一事实比较熟悉，个人意见具有一定的代表性。

4. 作为小组座谈会的核心，主持人起着引导讨论的重要作用。主持人要训练有素，善于把握时间进度，调节现场气氛，与参会人员保持良好沟通。

5. 座谈会不同于一问一答式的面访，要鼓励每位与会者发表自己的意见和想法，从多个维度进行"头脑风暴"式的广泛讨论，保持良好互动，产生更多的信息，从而进一步打开思路。

6. 座谈会的时长通常为1.5~2小时，具体根据讨论主题及内容而定。当座谈会上出现讨论偏题或对某一问题的讨论时间过长时，主持人和组织者应及时做出引导和调整。

7. 座谈会结束后，应及时做出全面而系统的总结，以便有针对性地开展下一步的工作。

◆ 实例参考

XX学院党员先进事迹交流座谈会

一、活动背景

2019年是中国共产党建党98周年。为了庆祝党的98岁生日，深入推进学习型党组织建设，在七一即将来临之际，我学部根据省教育局开展学习型党组织建设的文件，特提出开展学习优秀党员先进事迹的交流座谈会。

二、活动主旨

本次活动旨在通过深入学习优秀党员的先进事迹，引导广大学生党员干部学思践悟、知行合一，以加强学生基层党组织建设为基础，发挥党员先锋模范和榜样示范作用，进而促使全院广大学生形成积极进取、创先争优的人生观和价值观，以便更好地度过人生中美好的四年大学生活。

三、活动概况

1. 活动名称："党旗飘扬在我心"学生党支部交流座谈会。

2. 活动时间：2019年6月28日。

3. 活动地点：行政楼3楼会议室。

4. 组织部门：XX学院学生党支部。

5. 与会嘉宾：党委书记XX、副院长XX。

四、活动流程

1. 前期准备

（1）提前三天通知各党支部学生党员，确定出席人员，要求每个党支部至少三人到会。

（2）会前做好充分的准备工作，提前一天做好会场布置工作。

（3）提前收集有关问题并归类整理，做好提问和引导工作。

2. *活动主体：现场交流座谈会*

（1）由主持人开场致辞，宣读座谈会的主题和细则，邀请党委书记XX发表讲话。

（2）党委书记XX发表重要讲话。

（3）各党支部结合党建工作实际情况，就开展学习型党组织活动的进程、效果以及发现的问题开展交流，并发表实质性意见和建议。安排专人做好会议现场记录工作。

（4）以建党98周年的话题为切入点，现场进行党员先进典型表彰及先进事迹宣讲，由副院长XX为优秀党员颁奖，并发表总结性讲话。

（5）主持人根据会议记录，对座谈会情况进行简单总结，宣布会议圆满结束。

五、讨论主题

1. 学生党员在学风建设中的角色定位

2. 学生党员培养发展和教育管理工作

3. 学生党支部的绩效考核与激励机制

4. 学生党员如何发挥先锋模范作用

5. 如何解决党支部当前存在的问题

六、活动宣传

本次宣传活动由党支部宣传部负责，线上通过党支部交流群、学校网站等进行宣传，线下做好校内横幅、海报等宣传品的张贴悬挂工作。

七、注意事项

1. 提前和学校领导、主持人、优秀党员代表确认能否保证按时参加会议。如果不能按时出席，是否有替代人选或备选方案。

2. 座谈会的会议通知、会议流程等要提前打印出来，以正式的文件发放给相关人员，而不能只是口头通知。

3. 召开会议之前，把各种辅助器材，如笔记本、麦克风、投影仪等准备妥当。

4. 工作人员提前布置会场，打扫卫生，摆好桌椅，备好茶水等。

5. 会议内容及时用文字记录下来，以便在后续工作中察看。

6. 会议结束后，工作人员进行场地清理工作。

八、经费预算（略）

第六章

跟对节点做策划，营业额翻 N 番

消费中的顾客体验是顾客与企业之间的交流。如今，顾客愿意花更多的时间和金钱在一个愉快的"体验"上。带有仪式感的节点式架构，恰恰更加注重满足顾客的心理需求，以丰富多样的表现形式，给消费生活增添美妙乐趣，有效刺激购买率和复购率。跟对节点做策划，重在求变，年年出新，次次惊喜，带给顾客新鲜感。

情人节活动策划

◆撰写技巧

　　2月14日，是西方的情人节。在中国，一般把传统节日七夕，称作"中国情人节"。在这个充满爱与浪漫的节日里，无数情侣会安排种种庆祝活动，相互表达爱意。各大商家也会适时推出气氛热烈的情人节活动，以达到扩大知名度和影响力、增加顾客认知度、增加销售量的目的。

　　那么，情人节的活动策划该如何写呢？

　　1. 情人节活动应以制造浪漫惊喜为出发点，满足目标对象对浪漫、惊喜、交友的向往，从而达到引起消费者关注的目的。

　　2. 以情人节元素为主题，打造具有吸引力的活动方案，最好做到形式新颖、与众不同，最大限度地刺激目标对象参与的积极性，经过朋友圈和微博的二次传播，能快速增加品牌的知名度和受众面。

　　3. 根据情人节的主题，组织相关文艺活动，如"我的爱对你唱""真情告白""心语星愿"等，为有情人提供韵味十足的传情方式，起到活动宣传及氛围营造的作用。

◆ 实例参考

XX酒店情人节活动方案

一、活动目的

为了回馈会员及感谢新老顾客的支持，提升酒店的知名度和品牌形象，在七夕情人节到来之际，XX酒店将营造浪漫温馨的就餐氛围，并根据自身经营特色、熟客的消费习惯，特制订以下情人节推广计划。

二、活动主题

"浪漫七夕，情定XX"。

三、活动时间

2019年七月初七。

四、活动地点

XX酒店。

五、活动内容

1. 活动当天，消费满XX元，即可获赠爱心甜品、红酒或者代金券等，以直观代利的方式获得顾客的好感，提升酒店的知名度和美誉度。

2. 推出多款超值情侣双人套餐，让饱含浓浓爱意的菜单，为浪漫约会增加情调。

3. 举办主题晚会，引爆全场气氛，制造新闻话题。

六、活动亮点

1. 在酒店入口处设置鹊桥造型门头，在征得进店顾客的同意后，由专人进行现场拍照，照片处理后制作成水晶饰品，免费赠与顾客。

2. 现场填写爱情卡片的顾客，可以换取一支玫瑰花，增加活动的互动性。

3. 无论消费多少，每对情侣增加77元，即可DIY情侣专属蛋糕。

七、场地布置

1. 现场布置以红色、淡黄色为主色调，营造浪漫热烈的现场气氛。

2. 以传递心意的玫瑰花、心形饰物为主要装饰材料，令节日气氛更加浓郁。

3. 在特设场区，进行水晶饰品制作、填写爱情卡片、DIY专属蛋糕等互动活动。

4. 循环播放浪漫情歌。

八、前期宣传

1. 活动前期，在周边街区、办公楼、商场等人流较多的场所，进行活动海报、宣传单、邀请卡等物料宣传。

2. 在酒店楼体上悬挂活动条幅、电子屏滚动展示活动内容、准备易拉宝和KT板等，进行落地的活动宣传。

3. 针对会员和重要客户，酒店可以通过电话邀约的方式进行邀请。

4. 通过公众号、网站、客户群、XX新闻网等发布本次活动的相关信息，进行线上推广。

九、活动准备

1. 邀请主持风格轻快、善于引导话题、调动情绪、调节气氛的主持人。

2. 做好物料购置和准备工作，如气球、彩带、蜡烛、水晶饰品、卡纸、签字笔、玫瑰花、蛋糕坯、奶油、水果、糖果等。

十、实施细则

1. 餐饮部提前列出情侣套餐，合理搭配，营养丰富，色香味俱全，并配以"情深似海""一见钟情""永恒的爱"等套餐名称。

2. 前台服务人员针对顾客积极营销，并介绍相关活动内容。

3. 财务部做好折扣优惠政策，将政策知会酒店收银员。

4. 宴会部提前做好现场布置工作，并对餐台餐位进行适当装饰。

5. 保安部维护场内外秩序，保证活动的顺利进行，避免突发事件的发生。

十一、费用预算

1. 物料购置费：预计XX元。

2. 推广宣传费：预计XX元。

3. 场地布置费：预计XX元。

4. 人员培训费：预计XX元。

共计：XX元。

十二、效果评估

通过本次七夕情人节促销，XX酒店预计可以达到以下效果：

1. 本次活动虽然让利大，投入多，但情人节是一个有吸引力的主题，对顾客有较强的消费刺激力度，能在短时间内实现多销，达到利润高峰。

2. 给顾客营造美好愉快的回忆，增加客户黏性，赢得更多的会员，进而提高酒店的区域竞争力，为酒店的未来发展打好基础。

3. 通过媒体推广、活动宣传、客户口碑等形式，有效增加酒店知名度和美誉度。

母亲节活动策划

◆撰写技巧

母亲节，一个感谢母亲的节日。随着女性社会地位的提升，母亲节越来越受到人们的重视，各大品牌也争相发力。想要利用这个节点，打好一场品牌营销战，必须与客户进行更具人情味、更富个性化的促销沟通。或真实，或熟悉，或温暖，让大众更好地释放心中的情感，抒发对母亲的爱。

1　明确目标用户的定位

精准识别是成功营销的基础，只有明确目标用户的定位，立足用户的情感需求，才能策划出真正有效的活动形式。

母亲并不是笼统的"妈妈们"，而是多个不同的消费群体。比如，20多岁的年轻妈妈，崇尚浪漫、时尚，更喜欢新潮、富有创意的产品；40多岁的妈妈多了一些成熟的内涵，消费相对理智，更注重产品的质量和性能。针对不同群体策划特色母亲节促销活动，针对性越强，效果越好。

2　为文字注入真情实感

母亲节针对的是天下最伟大的母爱，在这么富有爱心的日子里巧妙地进行营销活动，可以有效提升品牌的形象和口碑，因此撰写活动策划案时一定要为文字注入真情实感。从产品和节日的共同点切入，以共情思维去运作，辅以高度匹配的活动，才能真正打动消费者，引发共鸣和品牌联想。

3　引导参与式互动推广

对任何活动而言，参与度越高，活动效果越好。活动前，可在线上线下设置互动环节，通过视频、表情包、话题的投放形成热度的延续，有条件的，可以争取与省、市妇联办或者举办"最美妈妈代言人"评选活动等，制造广泛的社会影响，增加受众的参与感，提高活动的传播度。

4　打造现场活动气氛

打造温馨、感人的活动气氛，无论主题广告宣传还是装饰品的布置，或者活动现场的播音与音乐，都要突出母爱的伟大和无私。这将会在很大程度上刺激目标受众的购买欲望和购买行为。

◆ 实例参考

XX厨卫家电母亲节促销方案

一、活动目的及意义

为了迎接母亲节的到来，XX家电特推出一系列特价促销活动，一为天下所有母亲献上衷心的祝福，二为回馈广大客户的认可和支持。本次活动融入温馨的亲情、文化氛围，采用立体式整合传播，以形成强势的舆论效应和传播效果，提升、挖掘潜在消费群体的购买力，从而产生直接的经济效益。

二、活动周期

15天（5月中旬）。

三、活动思路

充分利用"母亲节"这一契机，通过特惠酬宾、情感营销、体验营销等一系列促销手法，提升消费者的参与度，提高公司产品销量。

四、活动地点

XX厨卫家电直营店。

五、活动形式及内容

1. 推出母亲节特惠活动，各直营店全场特价，要求特价与原价有一定差距，把真正的实惠让利给消费者。

2. 借助"母亲节"这一节点，以"小身板爆发大用途，让妈妈不必当超人""XX厨卫家电，轻松做快乐主妇"等为宣传口号，传播"关心和爱护女性"的概念，提醒目标消费者对"母亲"的关注，用真情打动目标消费者，巩固加强品牌的亲切感，进而提高品牌知名度，实现增加购买率的营销目标。

3. 现场展示XX厨卫智能家电产品，如无油烟锅、自动洗碗机等，专业人员进行详细讲解的同时，邀请顾客现场进行产品体验，让他们通过看、听、嗅、触摸、使用等方式，对产品进行更加直观、深入的了解，感受智能家居产品的便捷性、实用性，进而刺激和调动购买欲望、购买行为。

六、宣传推广

1. 争取首位效应，制造热门话题。"母亲节"活动包含浓烈的情感因素。在母亲节前夕利用网站、公众号等抢先开展有关"所有人都该看看，当家庭主妇有多辛苦""妈妈日渐老迈，是时候让她解放双手了"的话题讨论，可以引发广大受众潜在的情感需求，造成一定的社会轰动效应，使活动成为公众的焦点话题。

2. 为了精确锁定目标消费者，本次活动通过征集勤劳持家、教子有方的个人故事，评选出15位伟大妈妈，邀请她们参加母亲节当天的庆祝活动，现场将各种厨卫家电作为礼物赠送，整体活动强调社会公益性，增进消费者对"XX"的印象和记忆，扩大品牌在中高端消费者中的口碑效应。

3. 直营店内外、附近街道悬挂"母亲节"的活动条幅，并向消费者派发活动宣传单。

4. 活动当天，凡是进店的女性，均可免费获赠康乃馨一束。

七、活动要求

1. 各部门要充分重视本次活动，以此节点为契机精心组织，合理分工，保证活动有序、高效开展，实现最佳的活动效果。

2. 为了增强目标消费者的参与性，活动内容要积极向上，活动形式要容易执行，同时可以适当创新，让整场活动变得更有趣、更鲜活。

八、活动预算（略）

端午节活动策划

◆撰写技巧

　　农历五月初五，是中国传统的节日——端午节，又称端阳节、午日节、五月节等。作为一个缅怀先辈、传承民族精神的特殊节日，端午节有着十分独特的风俗活动，如吃粽子、赛龙舟、喝雄黄酒、挂蒿草、熏艾叶、佩香囊等。那么，一个优秀的端午节活动策划方案，应当包括哪些内容呢？

1　准确进行活动定位

　　进行端午节活动策划时，首先要准确定位，明确活动目的是进行品牌形象宣传还是现场售卖，要根据实际情况制订相关的活动方案，如礼物派送、折扣优惠等。

2　制订详细的推行计划

　　制订详细的推行计划，事前进行周密的计划和人员安排，把活动目的和主旨深入传达到每个员工心中，发挥整个团队的作战优势，这是保证活动方案顺利实施的前提。

③ 将产品信息融入其中

以端午节的风俗为切入点，开展一些内容丰富、形式多样的活动，如包粽子比赛、知识问答竞赛、手工制作香囊等，巧妙地将企业及产品信息融入进去，既能增强与目标受众的互动性，又能突出自身的优势和卖点。

④ 严格控制促销成本

端午节是一个严肃而庄重的日子，其活动策划不提倡大肆造势、挥金如土，或者盲目与竞争对手大搞价格战，而应理性预测并控制投入产出比，做到独辟蹊径、因己制宜，这样才能取得好的效果。

◆ 实例参考

XX售楼部端午节活动方案

一、活动背景

端午节是我国的传统佳节，又是国家法定节假日，许多单位放假，务工人员返乡，是楼盘项目客群吸流的绝佳节点。目前，项目一期工程马上封顶，已交购房定金的客户约160人。8月，二期项目即将开售，利用端午佳节做相应的推广活动，正是再次加固客户、加大推广力度的良好时机。

二、活动目的

1. 通过现场互动活动，提供销售人员与业主交流的机会，通过业主的口碑传播，为项目做广泛性传播，树立良好的企业形象。

2. 有效吸引客户的关注，增加项目知名度，提高项目人气，为二期开盘造势，制造销售契机。

三、活动概况

活动主题："粽叶飘香，情满XX"。

活动时间：端午节当日，上午9:00—12:00。

活动地点：XX项目售楼中心。

活动对象：新老意向客户及楼盘周边群众。

活动规模：300人左右。

四、活动细则

1. 提前通过电话、短信、宣传单等邀请客户及意向客户参加活动。

2. 置业顾问做好客户信息登记、项目介绍及业务跟进等工作。

3. 确定进入包粽子比赛的人数，根据人数进行恰当分组。

4. 每位参赛者分发相同材料，时间限定5分钟。现场哪位参赛者的粽子包得又快又好，群众举手投票计数评定，优胜者将获得奖品。

5. 合理安排比赛场地、布置观众区域。

6. 制作知识竞答题目，答对问题者将获得一份礼品。

五、活动流程

活动时间	活动内容
08:00—08:30	所有工作人员到位，准备工作就绪
08:30—08:50	置业顾问接待来宾并讲解项目
08:50—09:00	主持人开场，宣读活动内容
09:00—09:40	公布优惠政策及楼盘参观
09:40—09:50	趣味竞答比赛
09:50—10:50	包粽子比赛
10:50—11:10	名次评选，颁发礼品
11:10—11:20	主持人现场抽奖
11:20—11:30	领导进行活动总结及客户答谢
11:30—12:00	主持人讲结束语，合影留念

备注：具体时间根据实际情况调整。

活动当天，到访客户可免费领取粽子礼盒一份，数量有限，先到先得。

六、物料准备

1. 提前做好桌椅、台布、茶水等场景布置工作。

2. 落实所需物料，如江米、粽叶、红枣等相关原料及盆勺等辅助工具。

3. 准备粽子、香囊、粽子造型毛巾等活动礼品。

4. 在售楼部门口挂横幅、艾草、粽子造型等，渲染节日气氛。

七、人员分组

接待组：负责接待到访客户，提供项目咨询、引领参观等工作。

现场组：负责组织现场活动，并维持现场秩序。

媒体组：负责现场拍摄、后续报道、媒体推广等工作。

机动组：负责应急解决停电、风雨、物资短缺等突发情况。

八、注意事项

1. 所有员工做到热情主动、文明礼貌、大方得体，使客户产生亲切感，获得情感上的满足，对企业产生好印象。

2. 现场物品必须摆放整齐有序，便于取用和清点，保持环境的干净、整洁。

3. 注重食材卫生、安全，确保食材的新鲜、干净程度。

九、活动预算（略）

中秋节活动策划

◆撰写技巧

农历八月十五中秋节，是一个阖家团圆、寄托思念的日子，也是商家创造价值的大好时机。抓住消费者的消费心理，利用中

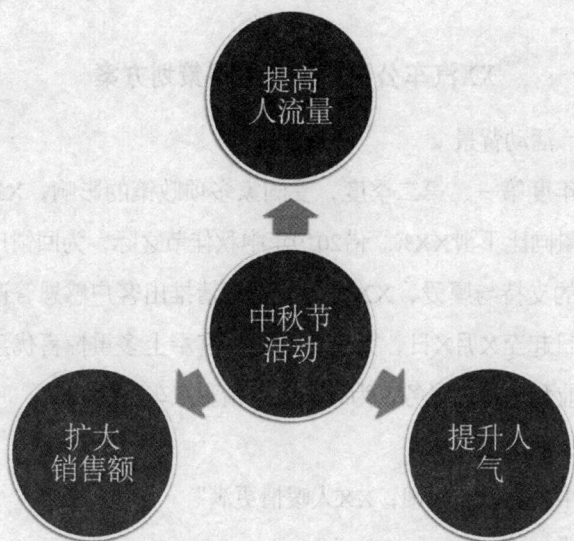

图6-1　中秋节活动策划

秋佳节开展系列活动，势必可以有效提高人流量、提升人气以及扩大销售额。

"团圆"是中秋节的主旋律，花好月圆、家人团聚、思念家乡……围绕这些关键词，可以延展出很多活动素材，还能在促销活动中融入孔明灯、玩花灯、猜灯谜、赏明月等风俗习惯，促进文化交流，提高人们精神上的愉悦感，从而激发目标受众的情感共鸣，打造完美的借势营销方案。

一份好的中秋节活动策划方案，除了内容丰富、形式多样外，总体的活动框架要明晰，最好在流程上进行细节分析，如促销思路、主题活动、人员安排等。

◆ 实例参考

XX汽车公司中秋感恩周策划方案

一、活动背景

本年度第一、第二季度，受国家多项政策的影响，XX汽车公司销量同比下滑XX%。借2019年中秋佳节之际，为回馈广大新老客户的支持与厚爱，XX汽车公司倾情推出客户感恩答谢周活动。即日起至X月X日，为所有到访顾客奉上多重惊喜优惠，以更加专业和贴心的服务，为顾客创造精彩汽车生活。

二、活动主题

"中秋感恩大回馈，XX人暖情更满"。

三、活动形式

1. 根据公司实际情况，在各大4S店、直营店，适时推出购车有礼、免息贷款、置换补贴、转介绍返礼等多项优惠措施。

2. 开展以"中秋"为主题的文娱活动，形式新颖多样，内容丰富多彩，营造欢乐、喜庆的气氛，增加进店的客流量，聚集人气及注意力。

3. 推出"优质服务周"活动，提供满意试乘试驾、X年或X万公里X次免费保养、代办汽车保险等服务，通过优质服务，突出竞争优势。

四、活动对象

回访现有客户；邀约意向客户；招募团购客户。

五、活动时间

2019年9月10—9月17日

六、活动内容

（一）促销政策

1. 活动期间，凡是购买本公司汽车的客户，均可获得XX元成交大礼。

2. 活动期间，凡是购买本公司指定车款的客户，即可享受XX折优惠。

3. 活动期间，所有参加二手车置换的客户，均可享有XX元置换补贴。

4. 活动期间，凡老客户介绍新客户购车成功，即可获得XX元回馈大礼。

5. 活动期间，所有到访客户均可获得中秋大礼包，包括汽车香水、汽车坐垫等。

（二）文娱活动

1. 以"中秋"为主题，设置有奖问答题目，答对者即可获赠精美礼品。

2. 活动现场设置DIY月饼区域，邀请到访客户动手DIY月饼，现场将客户制作的月饼烤制成型，包装好回赠客户做中秋佳节礼品。活动新奇有趣，让人印象深刻。

3. 在活动现场的特定区域，在规定的范围内设置障碍，如车辆不得触碰障碍物、必须完全停入规定位置，通过充满挑战趣味的试驾游戏，让客户获得真实的汽车驾驶体验。

4. 现场设置带有中秋元素的拍照区域，到访客户在此区域可拍照留念。

（三）服务政策（略）

七、活动宣传

1. 在各大主流门户和汽车网站投放广告，大量发布本次活动信息及内容，让活动在短期内获得大量的流量。

2. 通过电话、微信、上门拜访等方式邀约新老客户，及时传达活动信息及内容，收集客户有关信息，挖掘客户需求，增加销售机会。

3. 制作简短、易传播的广告视频或音频，根据活动预算，选择在当地电视台、广播电台、户外车载、写字楼电梯等播放。

4. 活动现场，一对一、点对点地对客户进行精准宣传和营销。

八、活动预算（略）

九、活动补充问题

1. 将相关政策、操作细则传达到位，做好经销商活动开展的监控工作。

2. 将人员进行责任分组，做到定岗定位，各尽其责，确保活动正常有序进行。

3. 做好应急预案，一旦出现问题，能及时做出反应。

十、活动预期

本次活动以"中秋感恩"为主旨，为客户群体带去人文关怀，可有效传递本公司的文化、品牌理念，引发参与者的认同感和归属感，提升公司的美誉度。

本次活动规模大，宣传广，可有效吸引市场关注度，聚集人气，积累更多意向性客户，进而增加公司的汽车销量，有效达成年度销售任务额。

十一、活动总结

1. 活动结束之后，根据活动期间达成的销售额，及时对活动效果进行评估。

2. 根据活动期间的支出情况，重新计算活动费用。

"双十一"活动策划

◆撰写技巧

"双十一",是指每年的11月11日。这一天是"光棍节",但对电商而言,则是一个重大的网络促销活动日。

图6-2 天猫"双十一"

"双十一"起源于2009年,由淘宝商城(天猫)举办。在11月11日当天,全网商品都有不同力度的折扣,营业额远超预期。基于如此好的销售成绩,天猫便将11月11日定为固定的促销日,也被称为"双十一购物狂欢节"。

发展至今,"双十一"已经不单单是天猫的专属促

图6-3 京东"双十一"

图6-4 苏宁易购"双十一"

销日，其他电商平台或独立的电商也会在这天推出促销活动。开展活动之前，商家少不了要撰写活动策划方案。那么，如何撰写以"双十一"为主题的活动策划方案呢？

"双十一"的活动策划方案主要分为以下几个版块：

1 活动主题

"双十一"是活动策划主题，具体活动主题则需要自行拟定。通常，拟定的主题名称会发布在店铺首页。主题名称一般都很简短，拟定技巧要围绕这样几个方面：吸睛、展现促销力度、温情、与店铺商品属性相关等。

2　活动日期

"双十一"活动的具体日期是在11月11日，不过电商可自行决定活动日期的范围。譬如，一些电商会将活动日期确定在11月8日—14日，其中11月11日的促销力度最大。

3　活动内容

通常来说，活动内容分为三个阶段，分别是活动前、活动中和活动后。不同的阶段，有不同的活动内容，但大致包括以下方面：

（1）选择参与活动的产品和备货

每家电商在参与"双十一"活动前，需要查看库存、各产品的销售数据，根据这些数据确定参与活动的具体产品。备货量需要对比以往"双十一"活动平台的销售数据和店铺销售数据来确定。同时，也要制订好补货机制。

（2）店铺的装修

店铺的装修风格要迎合"双十一"主题，渲染出"双十一"的气氛。装修分为活动前、活动中、活动后三个阶段。

活动前的装修风格以渲染"双十一"活动为主，可以提前发布促销方案，制造神秘感，以此吸引消费者关注店铺；活动中，店铺要呈现出最大的促销力度，营造销售火爆的氛围；活动后，则要营造出活动还在继续的氛围。

（3）活动的宣传和推广

通常，"双十一"活动的渠道分为外部推广和内部推广，电商可根据推广经费来选择渠道。

（4）促销方案

"双十一"活动中，促销方案是重中之重，在很大程度上决定店铺的销售业绩。我们制订的促销方案分两个版块：一是电商平台的促销方案，二是店铺制订的促销方案。参与电商平台方案既有利于推广，也有利于提升销售额。店铺制订的促销方案需要结合店铺的影响力、会员数、同行电商的促销力度等因素来决定。

（5）人员准备

可以说，"双十一"是一年中活动力度最大的促销日，营业额占据年营业额很大的比例。所以，一定要慎重对待"双十一"活动。在人员准备上，要做到人员充足和合理分工。通常，将人员分为商品部、策划部、推广部、客服部、物流部、后勤部等。

4　活动总结

活动结束后，需要进行活动总结，这样才能知道"双十一"活动的战绩。总结内容分为销售额、盈利、活动中遇到的问题、下一个"双十一"的目标等版块。

另外，也可按照活动流程来写活动内容。活动流程分为活动前、活动中和活动后。活动前的内容流程为选择参与活动的商品、制订促销方案、活动推广、人员培训、商品入库、店铺装修等。活动中的具体内容包括确定活动当天在平台的推广渠道、做好客服管理和交接、实时记录销售数据做好补货准备等。活动后是指11月11日之后的活动内容，如果参与"双十一"返场，就要做好返场活动策划；如果不参与，就要安排发货、处理售后等事宜。

◆ 实例参考

XX品牌服装"双十一"活动策划方案

一、活动主题

狂欢"双十一"，史上最低价

二、活动时间

11月11日

三、预热时间

10月XX日至11月10日

四、活动目的

1. 清理积货。

2. 薄利多销。

3. 为店铺带来新客户。

五、活动准备

1. 确定客户群

XX品牌服装为轻奢女装品牌，主打年轻、时尚，主要客户群为有一定经济能力的年轻爱美女性。

2. 商品准备

（1）确定参与活动的商品

去年，XX品牌服装存在大量积压情况，这些积压服饰为

"双十一"活动主推产品，新款服饰为辅推产品。其中，主推商品占店铺库存的60%左右，辅推商品占库存的30%左右，剩余为赠送产品，如袜子、围巾等。

（2）参与活动的商品要充足

所有商品在11月11日之前的一周必须完成入库。为防止货物不足，应提前制订补货机制，确保补货及时。

（3）检查、录入参与活动的商品数据

便于后期的出库、发货，活动前做好商品的条码管理、检验工作。活动开始前3～5天做好商品盘点，并将真实库存数据录入后台。此外，也要录入服装的图片、各项参数等。

3. 人员准备

"双十一"前后，为防止商品咨询、订单数暴涨，需要招聘临时兼职人员。为了给予客户一个不错的"双十一"购物体验，树立品牌形象，要做好对临时兼职人员的培训工作，解决服务客户咨询、处理订单等细节问题。

4. 店铺页面设计

店铺装修要凸显"双十一"的主题，陈列出活动的优惠方案和活动商品，营造出一种火爆的购物氛围。

六、制订促销方案

1. 折扣促销

（1）产品折扣：1件XX折，2件XX折，3件XX折。

注：为响应"双十一"，购买的商品数量越多，给予的折扣要越大。

（2）包邮折扣：商品满XX元，商家包邮。

注：包邮也是一种折扣。关于包邮的价格、商品的搭配，要按照顾客的承受度来设置。

（3）买赠促销：购物满XX元可赠送XX产品，购买X件商品赠送XX产品。

注：赠送的商品价格适中，既不能超出利润范围，又不能令顾客觉得不值。

（4）满额换购聚划算：一次性消费满XX元加XX元，可换购XX元以内的商品。

活动说明：打折是目前最常用的促销方案，可以让消费者直接感受到实惠。虽然折扣会令单件商品利润下降，但销售量上去后，总收入就会得到提升。此外，折扣促销还可以提升店铺人气，在留住老客户的同时，也能吸引到新的客户。

2. 积分促销

购买XX元可获得XX积分。

积分说明：

（1）积分达到XXX，可以享受XX折扣。

（2）积分满XX，可兑换XX产品。

（3）积分满XX，可兑换现金使用。

活动说明：采用积分促销可以使客户持续性回购，既能巩固客户群，又能拓展新的客户。

3. 红包促销

（1）关注红包：关注本店铺，立享XX元红包。

注：满XX元可使用，使用时间为2020年X月X日至2020年X月X日。

（2）店铺满减优惠券：X元，满XX元可使用。

注：优惠券金额不等，按照满减使用，使用时间为2020年X月X日至2020年X月X日。

（3）淘金币：淘金币可抵XX元。

4. 抽奖活动

凡在"双十一"期间购买本店商品满XX元，可参与抽奖活动。

一等奖X名，奖品为XX；

二等奖X名，奖品为XX；

三等奖XX名，奖品为XX；

四等奖XX名，奖品为XX；

五等奖XX名，奖品为XX。

注：通常，一等奖1名，依次往下人数增多。奖品价值要具有鲜明的对比，依次往下，价值越来越低。抽奖方式为刮刮卡，中奖者联系客服，确认后以邮寄的方式送达。

5. 参与平台促销活动

"双十一"期间，平台会推出不同的促销方案，如跨店满减活动。参与平台促销活动，能够提升店铺的曝光度。

七、推广方式

1. 手机短信推广

推广内容：XX服装品牌11月11日0点火爆开抢，多种折扣享不停，给您史上最低价。前一小时可享受XX折，满XX元立减XX元。

注：短信推广一般发送于"双十一"预热期间，发送对象为店铺的老客户。

2. 微淘推广

推广内容：距离11月11日0点还剩X小时，XX服装品牌邀您一起狂欢，给您呈现最美的服饰，最低的折扣，我们不见不散。

注：微淘推广，通常为店铺的关注客户，推送文字的同时，也可推送商品。

3. 店铺首页活动通告

推广内容：11月11日，一年一次最低价。1件XX折，两件XX折，店铺红包、平台满减诸多优惠活动享不停。

注：通常店铺首页的推广，重点在于店铺促销方案和促销产品的展示。

4. 平台内页推广

5. 平台首页推广

6. 其他推广

主要推广渠道为各大新媒体平台、传统媒体等。

八、活动后续工作

1. 订单处理

"双十一"活动期间或结束后，常常会存在客户"提交订单"但未付款的情况，客服须及时跟进未付款的订单，以保证商品最大限度地销售出去。

2. 打包发货

"双十一"活动结束后，按照规定的发货时间，按照订单顺序，依次向客户发货。发货时要做好产品的核对、快递信息录入等工作。

3. 售后服务

"双十一"活动结束后的一两个星期内，会出现大量的退货、换货等情况。为树立品牌形象，店铺客服要做好售后服务。

圣诞节活动策划

◆撰写技巧

12月25日，是大部分西方国家最隆重的节日——圣诞节，各国基督教徒都会举办隆重的纪念仪式，就像中国的春节一样重要。与西方情人节一样，圣诞节在国内也十分盛行，不少人会装扮圣诞树，给亲友送礼物，分发圣诞糖果等。对商家来说，这无疑是一个很好的营销时机。

每当圣诞节临近时，很多商家会在内部及外墙增加圣诞节装饰元素，推出各种打折促销活动。一般来说，圣诞活动会以派发圣诞贺卡、圣诞糖果、圣诞帽子的形式展开，以开圣诞派对、吃圣诞大餐等推动活动气氛，再辅以抽奖活动、圣诞节许愿活动等，拉动消费的强劲增长。

为了更好地调动消费者的积极性，策划圣诞节活动时要精心设计，可以把相关产品组合形成节日礼包售卖，或者围绕梦想、亲情、回忆等主题展开，触发消费者的内心情感，或营造温馨浪漫的合家欢元素，将艺术作品与商业空间完美融合，为消费者创造多元的文化社交体验。

当然，实际营销活动中，要想最大化地提高客户的关注度和转化率，具体的实施方案需要根据自身实际情况决定，做到具体问题具体分析。

◆ 实例参考

XX手机卖场圣诞节活动策划方案

一、活动时间

20XX年12月23日—12月30日

二、活动主题

"XX圣诞大酬宾，引爆全城狂欢趴"。

三、活动地点

XX手机卖场。

四、卖场圣诞氛围营造

1. 在卖场入口处摆放一棵或多棵（按照场地大小）圣诞树，配以各种彩灯、装饰品等，适当融合驯鹿、马车和烟囱等元素，呈现出童话般的幻彩效果。

2. 卖场内部张贴活动海报、条幅、地贴等，并划出圣诞商品区域，陈列各种圣诞礼品，渲染圣诞氛围，用广告语和场景刺激顾客消费。

3. 循环播放经典圣诞节音乐，如《铃儿叮当响》《雪绒花》《平安夜》等。

4. 工作人员统一佩戴红色圣诞帽，主动问候顾客，送上节日的祝福。

5. 圣诞节前夕，安排数名工作人员身着圣诞老人服装，背上礼物糖果袋，在卖场内或附近向路人发放糖果、巧克力、气球等礼物，最好是巡回走动。

五、"欢乐圣诞趴"活动内容

1. "圣诞购物趴"：本次圣诞节促销采用满减形式，如满500减50、满1000减100，以此类推，上不封顶。立买立减，以实实在在的优惠吸引顾客消费。

2. "圣诞心愿趴"：凡于活动时间购买手机的顾客，即可将自己的心愿和本人姓名、联系电话填写到电脑小票背后，投入指定的抽奖箱。1月1日当天，卖场公开抽出XX张，幸运顾客即可实现自己美好的心愿。备注：所许心愿须为本店在售商品，商品总价值不超过XX元。

3. "圣诞狂欢趴"

12月25日当天，在卖场大厅划出专区摆放蛋糕，上面写有"圣诞快乐"几个字。蛋糕可以做得尽量大些，也可分为几个大蛋糕。XX：00—XX：00，顾客凭规定时间的购物小票可前来领取一份蛋糕，分完为止。如果条件允许，可以邀请顾客一起许愿、分切蛋糕、唱圣诞歌等。

为了更好地展示手机功能，可在现场设置互动拍照环节，在线制作节日贺卡等，用多种方式帮助消费者定格幸福时刻，留下专属的温情圣诞记忆。

4. "圣诞惊喜趴"

凡在活动期间，消费金额达到XX元，即可凭购物小票领取抽奖券。其中，满1XXX元获得一张抽奖券，满2XXX元获得两张抽奖券，以此类推，多买多送。

奖项设置（可根据实际情况决定）：

一等奖：XX名，奖品为XX；

二等奖：XX名，奖品为XX；

三等奖：XX名，奖品为XX；

幸运奖：XX名，圣诞贺卡一张。

所有抽奖券上标有"Merry Christmas!""圣诞快乐！"等字样。

六、特别企划——爱心公益活动

顾客在卖场内每完成一笔消费，商家将自动捐出X元（额度有待商榷）爱心公益基金到指定爱心机构，用于帮助贫困山区的孩子，让顾客的每一笔消费有爱、有温度。这种"消费捐"的公益形式，有助于引导顾客关心和爱护弱势群体，有效提升XX手机卖场的营业额、知名度和美誉度。

操作说明：邀请公证单位对本次活动进行公证。

七、宣传形式

1. 12月15日左右，将此次活动内容及优惠政策发布在网络上，可选择XX的官方网站、合作伙伴网站或者各大手机论坛，吸引人们的关注。从活动宣传到活动进行，拍摄照片进行软文推广，让越来越多的人参与进来。

2. 12月20日开始，将促销宣传海报、X展架、横幅等挂好或摆好；做好圣诞树、圣诞帽、圣诞彩灯、气球等外在装饰；准备糖果、巧克力、圣诞卡等礼品，在卖场周围进行分发，全方位营造喜庆的圣诞节日气氛，吸引消费者主动进店。

3. 如活动预算充裕，可适当选择电视台、广播电台等推广。

八、活动备注

1. 提前对促销人员进行严格培训，要求熟记促销活动的具体内容，熟练掌握促销活动的相关技能，快速挖掘顾客的消费需求。要知道，好的促销不是强有力地销售，而是帮助消费者满足自身需要。

2. 做好顾客信息登记工作，争取让每位顾客留下联系方式，信息越详细越好。一方面，便于登记归档，筛选优质客户；另一方面，通过与顾客保持联系，及时获知顾客需求，有针对性地销售，效果极佳。

3. 考虑到活动期间客流量比较集中，提前做好客户引流工作，注意维持好现场秩序，以免阻塞客流，发生拥挤、混乱局面。

九、活动预算（略）

第七章
招商办得好，抵得上半个CEO

招商即招揽商户，需要招商人员依据客观环境和条件，运用自身知识和智慧，筹划一系列行动来吸引外来资金和项目落户。一场成功的招商活动，不但能够吸引资金和项目，而且富有创新力和创意力，能完美展示品牌实力与自信，甚至引领行业发展。从容应对每个接踵而至的营销节点，玩点不同的花样，带给顾客新鲜感。

场地招商

◆撰写技巧

　　随着经济发展，越来越多的楼盘崛起。这些楼盘里，除了住房外，还有众多的商场、写字楼等项目。

　　所谓商场，是指聚集在一起的各种商店组成的大市场。通常来说，商场的店铺涉及衣食住行、娱乐等多个方面。写字楼则是企业或个人用来办公的高楼大厦。不管是商场还是写字楼，建成之后，都需要商家、企业或个人入驻。这时候，这些场地需要组建招商办，对外广泛招商。这类招商，被称为"场地招商"。

　　招商之前，需要撰写招商宣传文案和招商策划方案，因为它们都对招商结果起着重要作用。场地招商宣传文案通常包含以下几个板块：

1 公司简介

　　不管是商场还是写字楼，楼盘都是房地产公司开发的。详细介绍房地产公司，有助于增强他人对企业的信任感。

2　项目简介

撰写场地招商宣传方案，是为了将场地租赁出去，所以要对招商项目做一个简单的介绍。在场地招商方案中，最不可缺少的就是对场地性质的介绍。譬如，在"XX商场招商策划方案"中，商场性质为多功能一站式购物中心。

3　招商项目的具体介绍

不同的招商项目，有不同的介绍，但大致包括以下几个方面：

（1）招商项目时间

场地招商不可能在一天之内就完成，需要一段很长的时间，所以招商时间要有规划，从某个时间起到某个时间止。

（2）招商项目地点

这一部分主要写项目的详细所在地。

（3）招商项目细致介绍

场地招商中，招商项目可能是商场，也可能是写字楼，不管是哪个项目，都会有多个楼层。每一层的具体规划是什么，都需要详细写出来。以停车场为例，具体介绍包含停车场面积、停车位数量等。

4 项目前景分析

场地宣传方案中，最重要的是项目前景分析这一内容。只有项目前景足够诱人，才能吸引到众多的商家、企业或个人的入驻和租赁。通常，场地项目的前景分析可以从两个方面来写：

（1）项目的地理优势：地理优势可以从多个方面来写，如交通优势、环境优势、公共设施优势等。

（2）项目本身的优势：想要将场地租赁出去，就要让他人知道场地的优势所在。具体优势可以从停车、电梯、消防、物业、场地规划等方面撰写。

5 招商方式

招商方式对有意向的人来说，是一个必看的信息。在此，可以站在商家、企业或个人的角度来思考他们最想知道的信息，无外乎是场地招商项目中的具体招商楼层、租金以及招商流程等信息。

6 项目平面图

这里的平面图，包含停车场平面图、楼层平面图、项目所在地的地图（GPS地图）等。

7 总结

　　总结包含两个方面：一是招商项目的优势，二是对外招商的诚意。

　　在招商宣传文案的结尾，还需要留下招商热线和招商办地址，便于有意向的人联系。

　　需要注意的是，招商策划方案又称招商计划书，撰写版块比招商宣传文案多出两个：一是招商项目的宣传和推广；二是招商项目的跟进。招商项目的宣传和推广，包含推广渠道、推广方案等。招商项目的跟进，包含与有接洽意向的人考察场地、签订租赁合同、跟进装修等。

◆ 实例参考

XX商场招商宣传文案

一、公司简介

　　XX房地产开发公司成立于XX年XX月，注册资金为XX万元，总部坐落于XX市。自公司成立至今，已开发面积高达XX万平方米，开发完成项目有XX写字楼、XX别墅区、XX高尔夫球场，以及近期的新项目XX商场。

　　XX房地产开发公司是XX市的明星企业，所开发的每个项目都有着良好的口碑。未来，XX房地产将再接再厉，开发出更多优秀的项目。

二、XX商场简介

XX商场是XX市的重点项目，共有7层（含地下2层），总面积XX万平方米，是一家集生活休闲、娱乐、购物、美食等多功能于一身的一站式购物中心。XX商场位于XX地段，周边公共设施完善，住宅区多，人流量大。所以，它有着巨大的升值空间，十分适合各商家入驻。

三、XX商场位置、楼层规划介绍

1. 商场地址：位于XX市XX区XX路。

2. 商场楼层规划介绍。

（1）地下2层：地下停车场，车位共计XX个。

（2）地下1层：该楼层规划为东、西两区，东区为超市，西区为美食小吃。其中，东区面积为XX平方米，西区面积为XX平方米。

（3）地上1层：该楼层规划为东、西、南、北四区，东区为珠宝黄金专柜，西区为护肤美妆专柜，南区为手表专柜，北区为其他百货专柜。

（4）地上2层：该楼层规划为东、西两区，东区为女装专柜，西区为女鞋、内衣等专柜。

（5）地上3层：该楼层规划为东、西两区，东区为男装专柜，西区为男鞋、箱包等专柜。

（6）地上4层：该楼层规划为东、西两区，东区为童婴专柜

（含奶粉、童装、孕妇用品等），西区为儿童游乐场。

（7）地上5层：该楼层规划为东、西两区，东区为美食城，西区为娱乐区（含KTV、健身房、娱乐场等）。

四、投资前景分析

1.地理位置优势

（1）交通便利：XX商场位于XX路段，道路极为宽敞，整个路段设有三个公交站牌，公交车班次众多，出租车也络绎不绝。在XX商场的周边，大大小小的停车场共计XX个。

（2）环境优美：在XX商场几百米处有一座环湖公园，公园内绿树成荫，花香四溢。人们逛完商场后，可以去公园走一圈，也可逛完公园后再来商场购物、享受美食等。

（3）设施完善：XX商场周边有银行、酒店、肯德基、麦当劳、地下步行街等设施，这些设施使人们的一般需求都能得到满足，所以能留住客流。

2.XX商场配置优势

（1）停车优势：XX商场配置了地下停车场，共计XX车位。停车场1小时内不收费，超过1小时，每小时收费X元，如有商场内购物小票，可免费停车4小时，超出4小时，每小时收费X元。XX商场的停车收费机制，有利于促进消费者购物。

（2）电梯优势：为解决人员流动问题，XX商场设有XX部垂直电梯，每个楼层设有XX部扶梯，以及XX部安全出口楼梯。

（3）商场内部规划优势：XX商场只规划出了楼层的具体功能区，并没有规划摊位、专柜、店铺的面积，具体面积规划可根据入驻商家的实际需求来划分。商家可根据需求面积进行个性化装修。

（4）消防优势：XX商场每个楼层配备XX个红外线监控，几乎没有死角。消防方面，每个楼层按消防要求装有自动报警喷淋系统、消防栓XX个、消防通道XX条等。

（5）物业优势：XX商场的物业承包给XX物业公司，承包期为X年。XX物业公司是XX市最好的，拥有良好的口碑，物业工作包含商场的安保、卫生等。

五、招租方式

1. 除地下2层停车场外，其余楼层都对外招租。

2. XX商场根据楼层的规划、分类来招商。

3. 租金面议。

六、楼层平面图

1. XX商场地理位置图。

2. XX商场效果图。

3. XX商场地下车库、各楼层规划图。

七、总结

XX房地产公司是一家实力雄厚的企业，可持续对XX商场进行维护。XX商场地段好，设施齐全，具有很大的发展前景。XX商场非常有诚意向广大社会招商，并以长期租赁的方式对外招商。XX商场期待您的入驻。

联系地址：XX市XX区XX路

咨询电话：XXXXXXXX

联系人：XX商场招商办

XX商场招商外包计划书

一、XX商场简介

XX商场位于XX市XX路，由XX房地产开发公司承建，竣工已有X年。商场面积共计XX平方米，店铺XX个。迄今为止，店铺入驻率高达70%。XX商场共有X层，每层有不同的功能划分，主要经营餐饮、服装、珠宝、娱乐、化妆品、日用等项目，是一站式消费购物中心，销售额每年都在提升。

二、招商概况

1. 招商时间：2020年X月X日至2020年X月X日。

2. 招商项目划分：此次招商项目有3个。

（1）项目一：XX商场1层。

面积：XX平方米，共计店铺XX个。

经营项目：化妆品、珠宝首饰等。

店铺出租率：XX%。

楼层平面图：（略）。

（2）项目二：XX商场2层、3层。

面积：2层面积XX平方米，3层面积XX平方米，共计XX平方米，共计店铺XX个。

经营项目：服装、箱包、鞋等。

楼层平面图：（略）。

（3）项目三：XX商场4层、5层。

面积：4层面积XX平方米，5层面积XX平方米，共计XX平方米，共计店铺XX个。

经营项目：饮食、娱乐等。

楼层平面图：（略）。

3. 项目投标租赁年限：X年。

三、XX商场经营分析

1. 地理优势

XX商场位于XX市XX路段。XX市是全国著名的旅游城市之一，有著名景点XX山、XX影视城、XX古城等，每年吸引游客高达XX万人次，旅游消费高达XX亿元。XX路段临近XX影视城、XX古城，人流量大，路段极为繁华。地理位置的优势，使得XX商场有着广阔的前景。

2. 商场优势

（1）人流量大。

（2）商场经营类别丰富，为一站式购物商场。

（3）商场入驻率高，有XX%的商家签订了长期租赁合同，缴租及时，信誉良好。

（4）商场电梯、扶梯、监控、厕所等公共设施完善。

（5）商场配有仓库，物流配送成熟。

（6）商场消防设施完善，每层装有自动报警喷淋系统。

（7）商场物业由信誉、服务极好的XX物业公司承保，可令投标者在商场的安保、卫生等方面无后顾之忧。

3. **劣势分析**

（1）XX商场位于旅游区，旅游有旺季、淡季之分。旺季的时候，人流量大，商场销售额很高；淡季的时候，人流量少，销售额有所下降。

（2）商场位于郊区，在交通设施的便捷上有所欠缺。

（3）商场位于旅游区，商场客户多为游客。

四、招商推广

1. **传统媒体推广**

XX商场招商办可利用条幅、招商画册、地铁或广告牌投放、广播广告投放等方式进行招商宣传。

2. **新媒体推广**

XX商场招商办可通过微信平台、微博或抖音平台（与自媒体合作）、电话、短信等方式进行推广。

五、招商方式须知

1. 本次招商采取招标方式，由XX商场招商办自行招标。

2. 项目一标底为XX万元/年，项目二标底为XX万元/年，项目三标底为XX万元/年。

3. 有意投标者须准备以下材料获取投标资格。

（1）制订商场经营计划书。商场经营计划书的主要方向为商场的年度经营计划。对投标者来说，承包XX商场不仅仅是为了收租，也要对商场的整体经营状况负责。所以，商场经营计划书中应包含如何稳定客流量、提高入驻商家营业额、策划年度商场活动等内容。招商办审核通过后，可参与投标。

（2）具备投标资质。此次投标私人也可参与，需要准备个人信用材料和投标资金证明。

4. 中标公布时间：2020年X年X月。

六、招商跟进

1. 签订招商协议。

2. 完成商场交接。

XX商务大厦招商策划方案

一、XX商务大厦简介

XX商务大厦由XX房地产承建，迄今竣工X年。它是一座高端写字楼，主要是为金融、科技、文化、旅游等企业服务的主题式办公楼。

二、XX商务大厦概况

1. 大厦面积、楼层概况：XX商务大厦共有X层，其中地下X层，地上X层，建筑总面积XX平方米。

2. 楼层概况

（1）地下X层、X层：该两层为地下停车场，地下X层面积为XXX平方米，地下X层面积为XXX平方米，车位共计XXX个。

（2）地上X层：该层为商业店铺和接待服务中心。

（3）地上X层：该层为生活服务区、美食小吃、娱乐健身等。

（4）地上X至X层：高端写字楼办公区。

三、XX商务大厦价值介绍

1. 地理价值

（1）地段：位于XX市XX区XX路段。此路段交通便利，周边商业设施功能完善，商务氛围浓郁，是未来的商业中心位置。

交通：距离地铁X号线XXX米，距离公交站牌XX米（公交路线有X路、XX路等），距离高铁站XXX米，距离XX国道XXX米，可直接开往XX飞机场。

2. 项目价值

（1）定位：设计极具地标性，定位为高端甲级写字楼。

（2）写字楼自身优势：

①上下层可拆卸，入驻企业可根据自身需求来搭建。

②每层楼高X米，楼层可以根据企业需求规划面积。

③采用节能玻璃，每层楼有X个垂直电梯、X个公共厕所，且设有共享绿化平台。

④消防配置完善，大厦物业由XX物业公司承保。

四、招商宣传

1. 制作宣传文案

宣传之前，需要制作出宣传文案，包括写字楼的概况、平面图、配套设施和优势等。

2. 宣传推广

（1）传单派发：XX商务大厦将印刷好的宣传文案由招商办工作人员按照XX市的区域划分进行派发。派发方式可以为路上随机派发、进小区派发（由于XX商务大厦为高端写字楼，派发的小区可以为中高档）等。

（2）短信群发：XX商务大厦招商办可上网查询各公司的电话和资料，进行短信群发。短信文案中要包括写字楼的概况、配套设施和优势等。

（3）电话推广：XX商务大厦招商办可上网查询各公司负责人的电话，留意租赁网、当地论坛求租写字楼的信息，以电话方式寻找潜在客户。

（4）新媒体和传统媒体宣传、推广：XX商务大厦招商办可在微信、论坛等新媒体平台做宣传，也可在报纸、广播、地铁广告牌、房屋中介等刊登招商广告和信息。

五、价格定位

XX商务大厦诚邀长期租赁企业，租金根据租赁年限来定。

租赁1年，每平米X元；

租赁2年，每平米X元；

租赁3~5年，每平米X元；

租赁5~10年，每平米X元。

注：租赁企业须自行承担水电等杂费，物业费由XX商务大厦承担。

六、招商跟进

1. 招商办对有意向租赁的客户进行联络、看房。（注：中途不要随意更换接待人员。）

2. 招商办对客户信誉、资金等进行审核，如没有问题，可约好洽谈合同。

3. 签订租赁合同。

4. 跟进企业后续装修情况。

连锁招商

◆撰写技巧

当一家企业有了独立的项目，并产生一定的影响力后，就会拓展新的市场。这里的拓展方式有两种：一种是自己开分店，另一种是连锁招商。

常见的连锁招商有餐饮业连锁招商、超市连锁招商、培训机

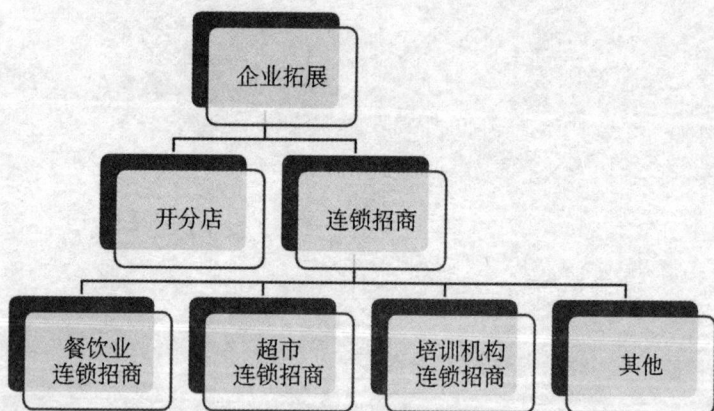

图7-1　企业拓展的方式

构连锁招商等。进行连锁招商前，需要撰写连锁招商策划方案和连锁招商宣传文案，这样才有利于招商的进行。

连锁招商的宣传文案撰写技巧包括以下版块：

1　公司简介

招商策划方案和宣传文案中，公司简介都是必不可少的，也是重点所在。通常，公司简介分为三个点来写：第一个点为创始人简介，包含公司是如何建立的，项目是如何研发的等；第二个点是企业发展历程，主要讲述企业发展过程中的大事记；第三个点是企业结构框架，包含企业部门有哪些、企业是如何运作的等。

2　加盟项目的优势

这一版块与商场招商前景分析的作用是一致的，可从品牌优势、产品优势、管理优势、研发优势、服务优势、店铺装修风格等方面来撰写。

3　项目的具体介绍

通常，连锁招商的加盟项目较多，在策划方案和宣传文案中都需要具体介绍。

④ 招商加盟的价格

有些宣传文案会直接写出加盟费，有些会面议，撰写者可按照公司实际情况来写。

文案的结尾，依然少不了地址和联系电话。

连锁招商的策划方案比连锁招商宣传文案多出宣传和推广、招商加盟跟进两个版块。宣传、推广可以根据预算来撰写推广渠道；招商加盟跟进包含收集信息、电话回访、参观总部、合作商谈、签订合同、学习和培训、门店的选址和装修、投入运营等方面。

◆ 实例参考

XX奶茶招商加盟宣传文案

一、品牌介绍

XX奶茶创立于XX年，由知名演员XX先生创立，现为XX餐饮管理有限公司旗下的品牌。它是一款特色健康饮品，发展至今，一直秉承精选优质原料的原则，以"健康、绿色、个性"为品牌理念。

XX年，XX奶茶开设了第一家门店，店内产品深受消费者喜爱，再加上品牌创始人是XX先生，令XX奶茶店一度成为网红店。鉴于询问XX奶茶是否可以加盟的人太多，XX先生经过深思熟虑，带着将XX奶茶发扬光大的想法加入XX餐饮管理有限公司旗下。现今，XX奶茶加盟店共计XX家，遍布全国。未来，XX奶茶的目标是走出国门，走向世界。

二、XX奶茶加盟优势

1. 产品优势

XX奶茶是一款健康的茶饮，在制作手法上得到古老手法的传承。它结合当代人对健康的追求，旗下产品具有低糖、绿色的特点。现今，XX奶茶共研发出X个系列茶饮，总数XX款，兼具各种口味，可以满足不同人群的需求。

2. 品牌优势

XX奶茶因为秉持"健康、时尚、个性"的品牌理念，在消费者当中口碑极好，发展至今，已有很高的知名度和影响力。此外，XX奶茶的创始人兼代言人为XX先生。XX先生是一位很有影响力的演员，获得过很多奖项，他就是XX奶茶最好的宣传。

3. 价格优势

研发产品时，XX奶茶坚持采用高品质、低成本的原料，所以在售价上十分平民。

三、XX奶茶加盟保障

1. 店面选址保障

门店所处路段很大程度上决定销售额，所以，加盟商与XX奶茶签订加盟合同后，XX奶茶会派出专员前往加盟商所在地，对各路段进行多方面考察，选出最佳的开店地址，并协助加盟商洽淡店面租赁事宜。

2. 协助经营保障

加盟商经营初期，XX奶茶会派专员协助经营，直到加盟店走上正轨，可以独立经营为止。后期，XX奶茶会不定期到加盟商所在地进行市场调查，无条件地给予指导，以求加盟商获取最大利润。

3. 原料低价保障

XX奶茶给加盟商提供的是高品质、低成本的原料。只要原料生产厂家不涨价，XX奶茶保证不会对加盟商涨价（该保障会纳入签约合同）。

4. 新品研发保障

茶饮的更新换代速度很快，跟不上时代步伐，就会被市场淘汰。所以，XX奶茶每一季度都会推出X款新品，令加盟商拥有经营优势。

5. 加盟服务保障

（1）提供培训

XX奶茶会定期组织加盟商来总部学习，进行相关培训（含茶饮手法、营销技巧等）。

（2）装修优势

XX奶茶有独立的品牌商标和装修设计，每家加盟店的装修都很统一。XX奶茶的装修风格偏向英伦风，给予消费者个性时尚感。XX奶茶不收取加盟商装修费用，会根据加盟商的装修预算来装修。

四、招商加盟价格

具体加盟价，有意向者可电话咨询。

全国加盟热线：XXXXXXXX。

地址：XX省XX市XX区XX路段。

XX餐饮招商加盟策划方案

一、公司简介

1. 发展历程

XX餐饮有限公司成立于XX年，总部位于XX市，创始人是XX先生。XX餐饮有限公司的前身为XX饭店，XX年，公司正式成立后，才开始招商加盟。

公司成立的第一年，XX餐饮有限公司发展出X家加盟店，经过多年发展，加盟店共计XX家，且旗下每家加盟店都效益良好。未来，XX餐饮将继续对外招商加盟，为加盟商提供更优质的服务。同时，XX餐饮也将继续以"弘扬中华美食文化"为己任，致力于将中华传统美食文化发扬光大。

2. 公司管理

XX餐饮经过多年发展，公司管理越发完善，并发展出一套适合门店和加盟店的管理方式、理念。XX餐饮在各部门的配合下，公司有条不紊地运营。现今，XX餐饮有以下部门，且每个部门都有对应的工作划分。

（1）市场部

①部门人数：XX人。

②部门总监：XX。

③部门职责：负责对外招商和加盟项目的运营等。（注：含对加盟店装修、运营、宣传推广等工作的培训和指导。）

（2）企划部

①部门人数：XX人。

②部门总监：XX。

③部门职责：下设人事部和企划专组。人事部主要负责公司的人事安排，企划专组主要负责企业各项企划方案的撰写和跟进。

（3）前厅部

①部门人数：XX人。

②部门总监：XX。

③部门职责：主要负责门店前厅的接待和对加盟店前台的培训工作等。

（4）厨务部

①部门人数：XX人。

②部门总监：XX。

③部门职责：主要负责门店厨房内的工作和对加盟店的厨房管理培训工作等。

（5）配送部

①部门人数：XX人。

②部门总监：XX。

③部门职责：主要负责对门店和加盟店的食材采购、食材运输、库存管理等。

（6）财务部

①部门人数：XX人。

②部门总监：XX。

③部门职责：主要负责XX餐厅有限公司的财务工作。

3. 公司经营模式

XX餐饮向加盟店传输管理、运营技巧，输送半成品食材，时刻关注加盟店经营状况。加盟店定期来XX餐饮的总部学习，向总部汇报运营状况。保持紧密联系，才能促进XX餐饮和加盟店的共同发展。

二、投资优势

1. 品牌优势：XX餐饮的前身XX饭店是一家有着几十年历史的老品牌，在各地都有一定的知名度和影响力。XX餐饮有限公司也是国内知名的餐饮加盟品牌，先后获得明星企业、优秀企业等殊荣。

2. 产品优势：XX餐饮的菜谱十分丰富，共计XX个，其中特色菜谱XX个，宫廷菜谱XX个，且每道菜的摆盘都经过美学设计。此外，XX餐饮的定价很平民，十分受消费者青睐，回头客不断。

3. 店铺风格优势：XX餐饮的加盟店有统一的门脸和装修风格。因为XX餐饮具有多年历史，所以装修风格偏向复古风，极具个性，能引起消费者的恋旧情怀。

4. 管理优势：XX餐饮经过多年发展，已经形成一套完善的管理方案。这套管理方案有助于加盟店快速投入运营，短时间内就能实现盈利。

5. 研发优势：XX餐饮的产品、管理和运营都处于不断研发的阶段。加盟期间，XX餐饮会不断推出新的菜谱，完善管理运营方式，令加盟店无后顾之忧。

三、招商加盟项目、定位、合作方案

项目一：旗舰店

定位：有品牌、形象，店铺面积在XX～XX平方米，精装修，适合一线、二线城市，投资较大。

合作方案：一次性收取XX万元，之后不再收取品牌年费，装修费按面积计算，服务管理费每年X万元，食材费用按季度结算。

项目二：标准店

定位：有品牌、形象，店铺面积在XX～XX平方米，简单装修，适合三线、四线城市，投资中等。

合作方案：一次性收取XX万元，之后不再收取品牌年费，装修费按面积计算，服务管理费每年X万元，食材费用按季度结算。

项目三：平价店

定位：有品牌，店铺面积不限，自行装修，适合县城、小镇，投资较小。此加盟项目适合外卖。

合作方案：一次性收取XX万元，之后不再收取品牌年费，食材费用按季度结算。

四、招商加盟推广

1. 宣传与推广

（1）网站推广

XX餐厅有自己的官网。为了达到宣传与推广的目的，XX餐饮可以和百度、搜狗等搜索引擎公司合作，令网站在搜索页面置顶。

（2）广告投放

广告投放渠道有微信、广播、地铁广告牌，以及与微博美食博主合作等。

2. 推广预算：XX万元。

五、招商加盟跟进

1. 收集信息

市场部从XX餐饮官网、论坛、他人介绍等渠道，收集加盟餐饮人的信息，并进行整理。

2. 电话回访

根据收集到的信息，可打电话询问对方意向，或是利用短信来宣传。（注：电话、短信中都要介绍XX餐饮的特色和优势。）

3. 参观总部

安排有意向加盟的人来总部参观，并详细介绍XX餐饮的发展史、优势等。（注：为吸引有意向者来总部参观，可报销参观者的午餐。若有意向者当场决定加盟，可报销来回路费、住宿费等，最高不超过XX元。）

4. 合作商谈

双方就加盟中的争议商谈，最终达成一致，进行合作。

5. 签订合同

签订加盟合同前，须告知加盟商仔细阅读合作条款，确定没有问题后再签约。签约结束后，加盟商须支付加盟费用。

6. 学习和培训

安排加盟商进行相关的学习和培训。

7. 门店选址和装修

XX餐饮派专业人员帮助加盟商选门店，并进行装修指导。

8. 投入运营

加盟商运营初期，XX餐饮会派专业人员指导。等加盟店走上正轨后，XX餐饮会给予远程指导。此外，XX餐饮会主动与加盟商交流运营数据，给出优化方案等。

电子商务平台招商

◆撰写技巧

互联网的发展和移动终端的普及改变了人们的购物方式。电商可以通过平台对外营销，而消费者通过电商平台，可以购买到各种商品。所以，电商平台起到为电商和消费者搭建桥梁的作用。

电子商务平台一方面要吸引更多的消费者注册，吸引更多的流量；另一方面，需要寻找优秀的商家来入驻。招商之前，电子商务平台需要撰写招商宣传方案和招商策划方案。

电子商务平台招商宣传文案中，所需撰写的板块主要包括以下内容：

1 公司简介或概况

公司简介包括：电子商务平台属于哪家网络科技公司？平台成立于什么时间？平台的性质是什么？平台的成绩有哪些？最重要的是介绍平台的各项运营数据，如流量、用户注册数、商家数、交易额等。公司概况则指详细介绍公司的创始人、公司团队、平台发展历程、平台业务范围等。

2 招商优势

招商优势，其实就是前景分析，可从两个角度来写：一是平台的角度，二是电商的角度。前者可从平台的知名度、流量、平台系统功能、平台服务等方面来写，后者可从平台的入驻费用、平台为商家带来的效益、招商待遇等方面来写。

3 招商条件

招商条件的撰写有助于有意向入驻的商家核对自己是否具有入驻资格。

招商宣传文案的结尾，要留下招商热线和地址。

电子商务平台的策划方案中，同样少不了宣传推广和招商跟进板块。具体写法可根据公司的推广预算、规章制度来撰写。

◆ 实例参考

XX电商平台招商方案

一、公司简介

XX电商平台成立于XX年，隶属XX网络科技有限公司，是综合类C2C网上购物平台，发展至今，已经成为国内前五名的网购零售平台之一。

最新数据统计，XX电商平台现有商家X万，每日在线商品数高达X亿件；注册用户数高达X亿，每天的访客量高达X千万，日交易额高达XX亿元。在网络促销日，日交易额高达XX亿元。

2020年，XX电商平台以XX亿元的品牌价值位列XX品牌价值榜第X位。未来，XX电商平台将秉承XX战略，继续服务于商家和消费者，欢迎更多的商家入驻。

二、公司概况

1. 创始人简介（略）

2. 公司发展历程

XX年X月X日，XX电商平台成立。XX年之前，XX电商平台是一家B2C式购物网站，直到XX年，才发展成综合类的C2C网上购物平台。XX年，XX电商平台交易额为XX亿元，并于这一年在XX国上市。

3. 公司团队

现XX电商平台设有X个部门，分别为XX……，共计员工XX人。（具体部门职责略）

4. 业务范围

XX电商平台作为国内最大的电商企业之一，包含的业务类别有：服装、美妆、母婴用品、家电、运动器材、饰品、百货、保健品、数码产品、奢侈品、图书、食品等。

三、招商优势

1. 平台优势

（1）知名度

XX电商平台已经成立X年，经过多年推广，众所周知，再加上平台秉承服务好入驻商和消费者的理念，令其拥有一个十分不错的口碑。

（2）流量大

最新数据统计，XX电商平台日平均流量约X千万。在网络促销日时，日流量高达X亿。

（3）价格自定义

商家可以自行决定产品价格。

（4）直播功能

平台有直播功能，商家可以通过直播对外营销。

（5）其他功能

平台推出多项帮助商家对外营销的功能，如XX功能、XX功能。

2. 入驻费用优势

XX平台只对入驻商家收取店铺押金X万元（商家退出平台时，可申请退回押金），每年需要缴纳管理费XX元。如需技术服务，则需要另行缴费。

四、宣传推广

1. 宣传推广预算：XX万元。

2. 主要推广渠道：传统媒体广告投放、公众号推广。

五、招商条件

1. 有信用。（注：需要相关证明。）

2. 有稳定货源。

3. 产品为正品。（注：一旦发现出售质量不过关的产品，XX平台会对商家进行惩罚。）

4. 有理想、有追求。

六、招商跟进

1. 收集信息，利用短信或电话与有意向入驻的商家洽谈。

2. 签订合同后，协助入驻商家办理相关资质。

3. 对入驻商家店铺的装修、后台操作等进行相关指导。

4. 帮助商家做好初期运营工作，直到商家可独立运营为止。

5. 持续跟进入驻商家的销售情况，帮助商家解决问题，提供营销方案等。

XX电子商务公司招商宣传文案

一、公司概况

XX电子商务公司成立于XX年，是中国最早一批进入电子商务领域的公司之一，员工XX人。旗下有两家B2C式的购物网站，经过多年发展，注册量高达千万，入驻商家很多。

XX电子商务公司旗下产品种类十分丰富，包含食品、美妆、护肤品、服装、时尚家居、汽车用品和配件、休闲娱乐、玩具、家电等多个类别。很多知名品牌与公司达成合作，如XX品牌、XX品牌等。也因这些优秀商家的入驻，旗下的电子商务网站发展得越来越好。

XX电子商务公司采用招商模式对外营销，为入驻商家提供平台和技术服务，也承担帮助电商宣传、推广的重任，与商家互利互惠，共同进退。

二、招商项目优势

XX电子商务公司为了开拓更广阔的市场，现对外广泛招商，期待优秀的商家入驻。

1. 技术优势

（1）管理系统：公司旗下购物网站采用的管理系统极为先进，为商家提供了多种工具，如商品库存管理、订单查询、运营数据分析等，以及诸多利于商家营销的工具。

（2）支付系统：公司旗下的购物网站支持多种付款方式，如货到付款、银行卡支付（含信用卡支付）、银行汇款等。

（3）网站系统：公司旗下网站具有个性化、便捷化等特点，主要体现在搜索引擎和浏览选择上。搜索引擎可支持图片、关键词搜索，能帮助消费者快速搜索到所需的产品；浏览选择后，商品页面含有"加入购物车"功能，可供消费者浏览完毕后一键购物。

2. 合作优势

XX电子商务公司只为商家提供对外销售平台，入驻的商家可以独立自主地经营，自定义产品的价格。

3. 市场优势

XX电子商务公司成立至今，各项数据都在持续增长。根据最新数据，公司旗下的两家购物网站注册量高达X千万，日浏览量高达X千万，日交易额高达X千万元。随着网购越来越流行，XX电子商务公司将有更广阔的市场前景。

三、招商条件

1. 企业具有一定的知名度。
2. 企业具备一定的口碑和信誉。（注：需要相关纸质证明。）
3. 企业具有合法性。

四、入驻费用（具体面议）

五、招商热线和企业地址

全国招商热线：XXXXXXXX。
总部地址：XX市XX区XX路。

新媒体营销

创意文案与营销策划

张爱萍◎编著

吉林出版集团股份有限公司
全国百佳图书出版单位

图书在版编目（CIP）数据

新媒体营销 . 创意文案与营销策划 / 张爱萍编著
. -- 长春 : 吉林出版集团股份有限公司 , 2020.8
ISBN 978-7-5581-8943-2

Ⅰ . ①新… Ⅱ . ①张… Ⅲ . ①网络营销 Ⅳ .
① F713.365.2

中国版本图书馆 CIP 数据核字（2020）第 141500 号

前 言

先简明扼要地介绍一下"创意文案"与"营销策划"这两个概念。

"文案"一词，现多用于广告行业，是"广告文案"的简称，多指以语词进行广告信息内容表现的形式。广告文案有广义与狭义之分。广义的广告文案包括标题、正文、口号的撰写与对广告形象的选择搭配；狭义的广告文案包括标题、正文、口号的撰写。创意则是创造意识或创新意识的简称。

上述是词典里对"创意""文案"的解释。笔者认为，创意文案是用文字作为表达形式，准确地促使目标用户对所宣传的产品形成主动的购买行为。换言之，创意文案是一份会让目标用户主动购买产品的通知。营销策划是根据企业的营销目标，通过企业设计和规划产品、服务、创意、价格、渠道、促销，从而实现个人和组织的交换过程的行为，以满足消费者需求和欲望为核心。

创意文案和营销策划的最终目标都是为了让目标用户购买产品或服务，且不断重复这一购买行为。营销活动中，文案和策划密不可分。文案涉及的主要内容刚才已经提及，策划则涉及前期市场调查、分析、提炼等一系列庞杂繁复的工序，并决定后续文案的创作方向。

本书是在总结众多经典文案、成功营销活动的基础上，归纳、提炼出我们很容易就能掌握的方法，以便更好地创作出迅速打动目标用户的文案，策划出让产品或服务很容易畅销起来的营销活动。

相信你更感兴趣的是这些问题：什么文案能迅速打动目标用户？怎样的营销策划能让产品在短时间内有一个很好的销路？

通过研究分析所有成功的营销活动，我们发现，想迅速征服目标用户，撰写文案和做营销策划的时候，一定要懂得换位思考。也就是说，要站在对方的角度考虑问题，找出对方最希望从你这里得到的东西。当你找出来了，然后根据它撰写文案，策划营销活动，就一定会成功。

本书中，无论是分享最有效的情感营销套路、营销人员必须掌握用户心理、用痛点营销或故事营销让用户抢购产品的方法，还是用"说人话"与"瞬间吸引用户眼球"的秘诀迅速征服用户，其实归根到底，都是站在用户的角度，考虑用户最想要得到什么，最怕失去什么，或最想避免什么。当你考虑清楚这些问题，你的产品一定会很畅销，服务也一定会让用户抢着来体验。

由于本书所讲的文案、营销策划等都是为整个营销活动服务的，所以统称为"营销文案"，以方便论述。最后，愿你从本书里得到尽可能多的收获。

目 录

第三章　解决用户痛点，商家就能赚大钱：痛点营销文案的类型

第四章　会讲故事，顾客都听你的：故事营销文案的写法

第五章　瞬间吸引关注，用户不断光顾：用文案锁定眼球的秘诀

第一章

善于传达情感，产品卖成爆款：情感营销文案的套路

人都是情感动物，很容易被情感牵引。做营销文案时，针对用户某一种或几种情感进行产品营销，很容易打动用户，进而激发用户购买欲。

情感营销文案往往有几种常见套路：传递浪漫爱情；描述初恋的美好与忧愁；煽情，催人泪下；用趣味与拟人化手法，诱发爱心，如母爱、父爱等；卖情怀，让人感同身受，迅速共鸣。

文案里有爱情，就算再贵也要买

经典文案：

　　炎热的夏季，宁静的午后，在甜品屋来一杯冰淇淋，街头来一支雪糕，那股香甜凉爽劲儿仿佛能沁入骨子。哪怕是在冬季，也会忍不住想尝尝那股香甜味儿。所以，冰淇淋是人们最爱的甜品之一。

图1-1-1

冰淇淋最早可追溯到唐朝，供皇家食用，后来传到欧洲，并得到产业化的发展。现今，冰淇淋风靡全球，口味也多种多样，受到各年龄段人群的喜爱。

任何物品都分三六九等，冰淇淋也不例外。便宜的冰淇淋几块钱，贵的冰淇淋几十到上百块不等，而哈根达斯冰淇淋就是全球最有名、最昂贵的冰淇淋之一。它的闻名得益于它的那句富有浪漫气息的文案——"爱她，就请她吃哈根达斯"。

哈根达斯的文案源自哈根达斯创始人鲁本·马特身上发生的一则故事。

据说，在20世纪中期，有一对年轻人光顾了鲁本的小冰淇淋店。女孩对男孩说，她再陪他吃最后一次冰淇淋就分手。鲁本听到女孩的话后十分生气，但看到男孩眼里卑微的请求后，他沉默了，想起自己曾经为了爱情也是那么卑微。

鲁本告诉女孩，他的冰淇淋只出售给情侣。他劝说女孩不要离开男孩，因为他在男孩的眼里看到他对她的爱。他不想这对年轻人重蹈自己的覆辙，错过爱。在鲁本的真心劝说下，这份爱情被挽救了回来。

后来，鲁本的冰淇淋店越开越大。他在出售冰淇淋的时候，总会附带自己的爱情故事。再后来，"爱她，就请她吃哈根达斯"成为哈根达斯的经典广告文案。这句文案仿佛有魔力一般，哪怕哈根达斯的价格再高，每一对相爱的情侣都会光顾哈根达斯冰淇淋店，用哈根达斯冰淇淋来见证爱情的美好。

之后，哈根达斯又陆续推出多个文案，但无一不是围绕爱

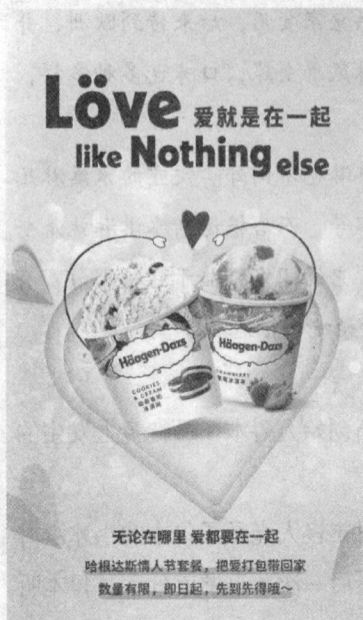

图1-1-2

情这个主题，如"哈根达斯，爱情沉淀在第一口的味道，直到永恒""哈根达斯，爱情的颜色，就是这么鲜明""哈根达斯，红色的恋人，冷冻的永恒"等。

市面上的冰淇淋品牌那么多，为什么哈根达斯能成为冰淇淋中的劳斯莱斯呢？它凭什么卖那么贵，还有广阔的市场？这是因为，哈根达斯的文案里有爱情，令顾客觉得就算再贵也要买。

1.给产品设置高端定义

任何一件产品，入驻市场前，都需要有明确的定位。哈根达斯进驻冰淇淋市场时，当时市场上已经有很多低端、中端的冰淇淋品牌，且处于饱和状态。这些品牌为了争夺客源，打起了很长一段时间的价格战。如果哈根达斯将产品定位于与这些品牌相同的位置，可以预见，也会陷入价格战。所以，哈根达斯另辟蹊径，将产品定位为高端产品。

作为高端产品，自然要有高端的地方，首先就体现在用料上。当时，几乎所有对外出售的冰淇淋里都添加了大量的甜味剂、食用色素、防腐剂等，这些人工化学剂虽然令冰淇淋的口感很好，但长期食用会给人体带来伤害。哈根达斯采用的却是纯天然原料，不添加任何人工化学剂。所以，在早期的哈根达斯的文案中，含有"不含任何防腐剂"这样的语言。此文案一推出，立马令顾客认知到哈根达斯的与众不同，不知不觉就将其摆放在高端产品的位置，接受了它的高价格。

对企业来说，想要将产品卖高价，就要表现出高级感，只有这样，才能够从众多相同性质的产品中脱颖而出。譬如牙膏市场，走进超市，展示柜上摆满了密密麻麻的牙膏，它们品牌各异，但云南白药牙膏却总能吸引人们的注意力。

图1-1-3

在其他牙膏品牌的文案围绕"亮白"的时候，云南白药牙膏已经将文案的主题提升到"营养"上。它的经典文案有"牙膏有营养，牙齿好喜欢""牙牙长得壮要营养，牙牙乐有营养"等。在顾客心中，有营养的牙膏自然是高端的。所以，这些文案奠定了云南白药牙膏在顾客心中的地位。

因此，想要产品卖高价，可从产品的高端之处入手撰写文案。当顾客接受了产品高端的定义后，接下来需要用与"高品位"相关的文案来维护产品的贵。

2.与高品位相挂钩

高品位的生活是什么？是简单，是优雅，是不为金钱而困扰，是不为世间的喧嚣而烦恼。高品位的生活是当下年轻人最渴望的。将产品的文案与高品位的生活相挂钩，无疑会提高产品的档次，令顾客产生一种计较价格会很低俗的感觉。

哈根达斯冰淇淋并不单单注重满足顾客的味蕾，它更注重为顾客营造一种高品位的生活方式。所以，在哈根达斯的平面广告中，我们看到它的拍摄场景有浪漫的纽约街头，有在喜庆节日的户外聚餐，有居家慢生活等，这些都彰显了哈根达斯的高品位。所以，哈根达斯有一句高品位的文案，即"尽情尽享，尽善尽美"。

这样的文案仿佛塑造出一种高品位的生活氛围，似乎只要购买哈根达斯的冰淇淋，高品位的生活就触手可得。此外，哈根达斯特别注重售卖地点，它常常出现在高雅的餐厅、安静的咖啡厅等高端场所。所以，更多的时候，人们聚焦的并不是哈根达斯冰淇淋的味道有多么好吃，而是它代表的高品位的生活方式。

同样，与高品位生活相挂钩的，还有德芙巧克力的文案。德芙是巧克力中最知名的品牌之一，它的价格也不低。它能占据广阔的市场，令人们接受它的价位，与它的文案"心随心动，愉悦丝滑，愉悦随时随地，享受心随时随地的愉悦"有很大关系。这句文案是对高品位生活的态度，也是人们所渴求的。所以，人们购买德芙巧克力，很多时候是受了文案的影响，购买的是一种生活态度，与巧克力的味道关系不大。

图1-1-4

做产品文案时，将产品与高品位的生活挂钩，是将对产品的感受升华到心灵上的共鸣。当产品碰触到人的心灵时，它的价格已经在人们的思维中模糊化，价格变得不再重要。所以，想要将产品卖高价，就要挖掘出产品高品位的一面。

3.将文案与爱情相融合

顾客在购买一件产品时，都会在"买"与"不买"之间挣扎徘徊，在内心打心理战，其实商家也在打心理战！文案就是商家输出心理战术的渠道之一。很多时候顾客购买产品是受到产品文案的心理暗示。哈根达斯在用文案打心理战上绝对是一个老手，它的战斗武器就是"爱"。

哈根达斯冰淇淋的口味有多种，并详细地进行了分类，每一类都有一个以爱为主题的名字，如"浓情蜜意"系列、"宠爱一生"系列、"给我的爱"系列。每一系列仿佛都透露着浓浓的爱意，并推出以爱为题的文案，如"哈根达斯，爱情的色调，幸福的拥有""哈根达斯，一口融化在心里的眷恋"等。

当一对热恋中的情侣来到哈根达斯的冰淇淋店，当为其高价格而犹豫时，受到哈根达斯文案的心理暗示，哪怕再贵，他们也会咬牙买下，仿佛只要买下了，就会拥有爱情，拥有幸福，就会证明他们之间的爱。

虽然哈根达斯的消费者定位是情侣，但"爱"的定义很广泛，如父母对孩子的爱、孩子对父母的爱、朋友对朋友的爱，但凡心中对爱向往的人，都会成为哈根达斯的潜在客户。这也是哈根达斯文案的高明之处。

费列罗巧克力的文案是"只给最爱的人"，Darry Ring求婚钻戒的文案是"男士一生仅能定制一枚"等，但凡文案与"爱"相关的产品，价格就算很高，也能令人接受。这是因为，爱情是无价的，与其说人们购买的是产品，不如说购买的是爱情。用爱情来与顾客打心理战，顾客又怎会不屈服呢！

文案里的小悸动，心随心动

经典文案：

2005年的大街小巷里，少年们的耳朵里塞着耳机，耳机里播放着一首欢快的歌曲："我喜欢酸的甜，这就是真的我，青春期的我有一点点自恋，大人们的世界，等待着我去冒险……"手里可能还拿着一盒蒙牛酸酸乳。

这一年，蒙牛集团旗下的乳饮料爆火，风靡全国。年轻人视蒙牛酸酸乳为流行时尚，仿佛不喝酸酸乳就out了！蒙牛酸酸乳为什么会卖得那么好？这得益于它的文案"酸酸甜甜就是我"。

当时，蒙牛酸酸乳的视

图1-2-1

频广告是，张含韵手里拿着蒙牛酸酸乳，嘴里哼唱着《酸酸甜甜就是我》的主歌，一群年轻的男孩女孩听她唱歌。在视频广告的最后，男孩女孩喊出"蒙牛酸酸乳"，张含韵紧跟着说"酸酸甜甜就是我"！就是这一则广告，令蒙牛酸酸乳家喻户晓。

2004年，15岁女孩张含韵参加了选秀节目，并获得季军。清纯的样貌，可爱的嗓音，令她火遍全国。2005年，张含韵发表首张个人专辑《我很张含韵》，其中一首歌为《酸酸甜甜就是我》。同年，蒙牛酸酸乳签约张含韵为代言人，并将《酸酸甜甜就是我》这首歌的主歌部分作为文案，主推的广告文案为——"蒙牛酸酸乳，酸酸甜甜就是我"。

时隔多年，蒙牛酸酸乳换了很多代言人，文案也更改了多次，但张含韵的这支广告依然令人印象深刻。"酸酸甜甜就是我"这句文案仿佛有魔力，令人们在货柜上看到酸酸乳后，总会不由自主地寻找蒙牛品牌的酸酸乳。

"酸酸甜甜就是我"这句文案看起来很普通，为什么却能令人认定了要买它呢？它的神奇之处在哪里呢？

1.确定目标消费者

很多人面对一个未知的产品时，尤其是食品类产品，总会有一些顾虑，如味道怎么样，是不是自己喜欢的，再三犹豫之下，最终还是选择自己尝过的、喝过的产品。

蒙牛酸酸乳作为乳饮品，在推出之前自然也考虑到这些。所以，为了告诉顾客产品的口味，便将"酸酸甜甜"作为文案。当顾客对产品的味道有了认知后，就知道是不是自己需要的，间接地确定了消费人群，即喜欢酸甜口味的人。

　　与蒙牛酸酸乳的文案有异曲同工之妙的，还有王老吉、红牛等饮料。王老吉的文案围绕"上火"，它最经典的是"怕上火，就喝王老吉"；红牛的文案围绕"运动能量"，如"汽车要加油，我要喝红牛""轻松能量，来自红牛"……这些文案都确定了目标消费者，令需要这些产品的顾客在购买时能立马想起它们。

图1-2-2

2.在文案里加点小悸动

　　文字不单单能向人类传递信息，也能向人类传递情感。用文案表述出情感，引起顾客的共鸣，顾客又怎么会不对产品印象深刻呢！将情感融入文案，可以令产品在顾客的心中留下深刻的烙印。

　　蒙牛酸酸乳的文案"酸酸甜甜就是我",除了传递给人们产品的酸甜口味,也传递给人们初恋时悸动的情感,因为初恋的味道是酸甜的,不见时是酸,相见时是甜,仿佛给初恋的人、暗恋的人一盒酸酸乳,就能将心中那股初恋般的滋味传递给对方。这也是蒙牛酸酸乳为何受到年轻人喜爱的原因之一。即使在后期的文案里,蒙牛酸酸乳的文案也依然围绕"初恋""暗恋"这些令人悸动的情感主题。

　　优乐美奶茶的文案也以令人悸动的爱恋为主题,它有三个版本,都是以对话的形式展开的。每个版本都令优乐美奶茶得到很好的宣传和推广,其中有两个版本最扣人心弦。

　　第一个版本为:

　　"你喜欢我什么啊?"

　　"喜欢你优雅、快乐,又美丽。"

　　"你是在说优乐美奶茶吗?"

　　"你就是我的优乐美啊!"

　　第二个版本为:

　　"我是你的什么?"

　　"你是我的优乐美啊!"

　　"原来我是奶茶啊!"

　　"这样,我就可以把你捧在手心里了。"

　　优乐美的文案里透露出爱恋的气息,每一句都能令人悸动。不管是看视频广告,还是单纯的文字,都令人有种脸红心跳,仿佛掉入蜜罐中一般的感觉。可见,在文案里加点爱情的小悸动,可以令产品迅速走进顾客的心里。

爱恋的滋味
——你是我的优乐美

图1-2-3

3.将文案与流行乐曲相结合

人们能记住蒙牛酸酸乳文案中的"酸酸甜甜就是我"，与歌曲《酸酸甜甜就是我》有很大的关系。首先，《酸酸甜甜就是我》这首歌在当时非常火，几乎每个年轻人都能哼唱出几句；其次，《酸酸甜甜就是我》这首歌的歌曲欢快，令人听后很难忘记。将文案与流行乐曲相结合，是蒙牛酸酸乳推广成功的又一个主要原因。

之后，蒙牛酸酸乳又签约王心凌、TFboys等为其代言，文案依然与流行乐曲相结合，包含代言人最火的音乐。这些音乐有多广阔的传唱度，蒙牛酸酸乳就得到了多大的推广。

将文案与流行乐曲相结合的创意并不是蒙牛独创。譬如，999感冒灵签约周华健为代言人，那首《朋友》中的歌词"朋友不曾孤单过，一声朋友你会懂"就作为了视频广告的文案；步步高手机将《我在那一角落患过伤风》这首歌的主旋律作为文案，尽管这首歌曲并没有明确的歌词，只是一段优美动听的旋律，但却能令人记忆深刻；等等。这些将文案与流行乐曲相结合的产品，几乎每一个都得到了成功的宣传和推广。

图1-2-4

在新媒体、自媒体的各大平台上，很多企业或商家也在文案中加入流行乐曲。可见，将文案与流行乐曲相结合，不失为一个宣传、推广的好方法。

有"内涵"的文案，也不失为好文案

经典文案：

相对于外国人，中国人在谈论"性"这个话题时是含蓄的。很多两性健康用品也迎合国情，在做产品文案时表达都很含蓄。但是，过于含蓄的文案并不能令产品得到好的宣传和推广，也很难在人们心中留下痕迹。不过，有一个品牌却靠含蓄但又有"内涵"的文案在众多的两性健康品牌中杀出重围，这个品牌就是杜蕾斯。

杜蕾斯是文案营销中的"老司机"，它最火的文案有"下雨天鞋子要戴套""最快的男人并不是最好的，坚持到底才是真正强大的男人""光大是不行的""薄，迟早要出事"等。每个文案的背后都有一个热点事件。

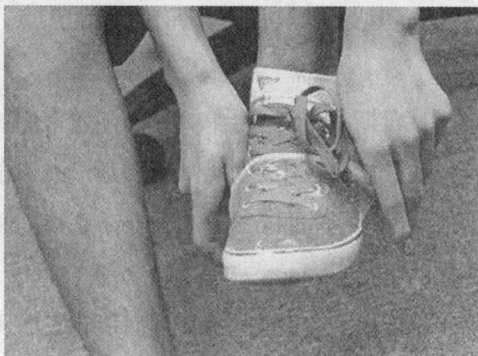

图1-3-1

有一年，北京下了一场很大的雨，路面积水很深。在人们热议这场大雨有多严重、积水何时能退下去的时候，杜蕾斯以图片的形式在微博上发布了一个文案。这个文案是，一双平底鞋套上了避孕套。

这个将避孕套套在鞋子上防水的创意文案，一个小时内得到上万次的转发。这个转发数量放在现在不算多，但在那一年，在微博用户不多的情况下，绝对是一条爆文。它的这个文案，也成为经典的营销文案。

2012年奥运会，刘翔跨栏时摔倒受伤，但还是坚持走到终点。当时，铺天盖地都是有关刘翔跨栏的报道。杜蕾斯对这个热点再次出手，它在微博上发布的文案是"最快的男人并不是最好的，坚持到底才是真正强大的男人"。

隔年，光大银行闹出一则乌龙事件，被网友热议，并上了热搜榜。杜蕾斯借此热点，再次发布文案"光大是不行的"。之后，几乎每一次热点事件，杜蕾斯都能发布出创意文案。

就蹭热点来说，杜蕾斯一直是领头标杆。所以，文案界也流传着一句话，"只有杜蕾斯不想蹭的热点，没有杜蕾斯蹭不到的热点"。

杜蕾斯品牌诞生于1929年，随着人们对性观念的开放，它的产品也开始多样化。如今，杜蕾斯产品遍布全球各地，占据两性健康用品市场的四分之一，几乎各超市的两性用品货架上都能看到它的身影。

杜蕾斯的文案乍一看是对时事热点的评论，但事实上是杜蕾斯对旗下产品推出的创意文案。杜蕾斯的文案传播度之所以那么广，除了蹭热点外，最大的原因是文案有"内涵"，令人浮想联翩。尤其是想到文案真实含义的那一刻，豁然开朗的同时，对产品也印象颇深。

那么，该怎样写出有"内涵"的文案呢？

1.挖掘产品的特点

这是个互联网、手机普及的时代，人们忙碌了一天，渴望在互联网上寻找段子来解除疲劳，其中，令人浮想联翩的"内涵"段子最受关注。这是因为，"内涵"段子就像一个谜，解开的那一刻会令人很有成就感。

不管是人还是产品，与"内涵"段子挂钩，就会获得很多的关注量。譬如著名歌手费玉清，说到他，人们想到的一是他的歌，二是他的那些很"污"的段子。杜蕾斯也是如此，人们对它的印象，除了它是两性健康用品外，还有它那很"污"的文案。这也证明，那些文案在营销方面很成功。

在文案中加入有"内涵"的字句，并不单单是两性健康产品独享的权利。只要挖掘产品特点，任何产品都能加入那些"内涵"。譬如某葡萄酒品牌，文案里时常会融入令人浮想联翩的话语，如"魅力无法阻挡，每时每刻，魂牵梦萦。最终，臣服于它""享受穿越唇齿的甘洌与柔滑，浪漫与温情在肺腑之间随波荡漾"，令人越品味，越觉得有"内涵"。

2.从广义角度看"内涵"

狭义上的"内涵"是令人浮想联翩的，但广义上的"内涵", 是可以让人有众多不同的感受的。在给产品文案加"内涵"时, 思维绝不能受到局限, 只要是有趣、有看点、有议论点的"内涵", 都可以融入文案。

　　"凡客"是一个服装品牌, 其代言人曾与一位作家陷入骂战。当众人以为凡客会与代言人解约时, 凡客反其道而行, 不仅没有解约, 还推出了一些很有"内涵"的文案, 即"有春天, 无所畏, 我是凡客""不被KO, 我就OK, 我是凡客"等。这些文案, 它的"内涵"在于对骂战的无惧, 同时也展现出凡客的无所

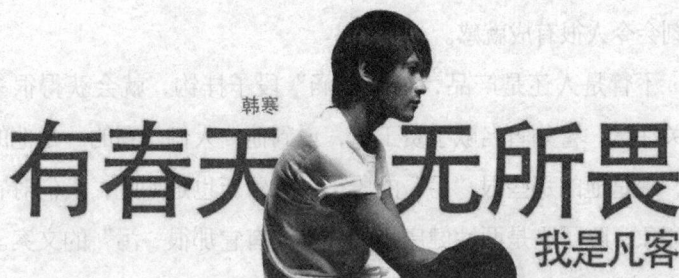

图1-3-2

图1-3-3

畏惧。毫无意外，这些文案给人留下了深刻的印象。

　　为产品写有"内涵"的文案，绝不能局限在某个胡同里，不管是热点事件还是段子，都能将其转化为"内涵"文案。不过，需要注意的是，有"内涵"的文案绝不能捧高踩低，否则只会翻车。

催人泪下的文案，直抵人心灵

经典文案：

谷歌虽然是一家搜索引擎公司，但旗下有很多的业务和产品，并且遍布全球。在不同的国家，谷歌推出的文案也不相同，其中谷歌（印度）公司就发布了一支十分煽情的广告，令无数网友感动不已。

文案以"旧友重逢"为主题，场景是一对祖孙坐在屋子里看老照片。

爷爷指着照片上一个小男孩对孙女说："这是尤瑟夫，他是我童年时期最好的玩伴，不过我和他失散很多年了。"爷爷告诉孙女这张照片的合影地在哪儿，并讲述了他与尤瑟夫幼时发生的很多趣事。爷爷说得越多，就越伤感。

孙女见爷爷非常伤心，就用谷歌搜索、谷歌地图等多种应用，成功找到爷爷失散多年的朋友，并与尤瑟夫通了一次电话。与此同时，尤瑟夫的孙子也利用谷歌查询如何办理签证。最后，在两个年轻人的帮助下，这对失散多年的好友终于得以相见。这

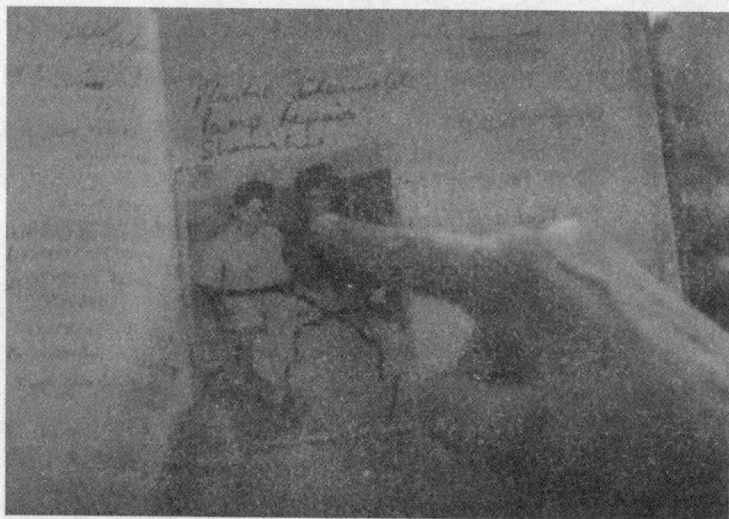

图1-4-1

支广告中虽然有很多谷歌产品的画面，但一点也不妨碍它催人泪下的魔力。

　　还有一回，谷歌在宣传中发布了两封简短的信，以此作为文案。这两封信相对其他品牌的宣传动作，显得有些微不足道，但它们带来的宣传效果却是惊人的。因为这两封信拼凑在一起，发挥出了"洋葱"的魔力，令人忍不住热泪盈眶。

　　这两封信的内容是：

　　"亲爱的谷歌，你可以在我爸爸上班的时候给他放一天假吗？比如让他在星期三的那天休息一天。因为我的爸爸每周只能在星期六这天休息。来自：凯蒂。附言：星期三是我爸爸的生日。再附言：你知道现在是暑假。"

　　"亲爱的凯蒂，非常感谢你的来信和你提出的请求，你的父亲是一个工作很努力的人，他为谷歌和全世界上百万的人设计出了很多漂亮而又令人欣喜的东西。考虑到你父亲的生日快要到了，以及现在正是暑假，我们决定给他放一个星期的假，就在7月的第一个星期。祝你开心。来自：丹尼尔·西普兰科夫。"

　　第一封信来自一个小女孩之手，第二封信来自女孩爸爸的上司。就是这样两封简短的信，令无数网友感动不已，并在短短数小时就得到几十万次的浏览量。

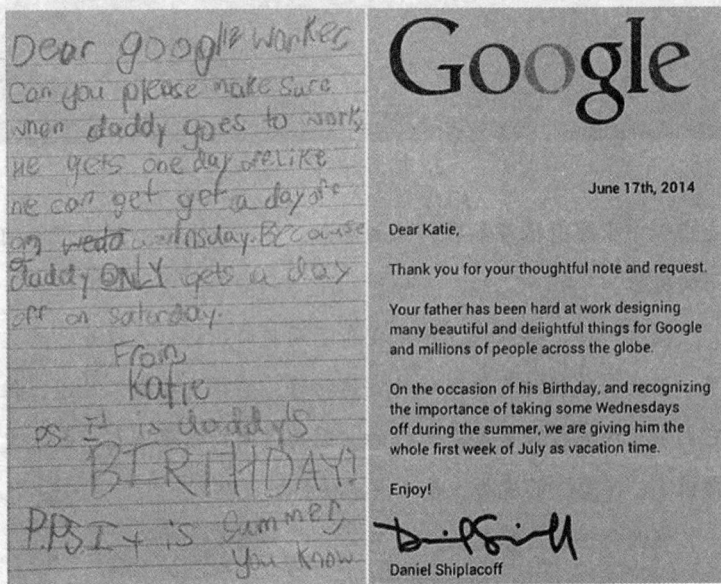

图1-4-2

　　很多人认为，与科技产品挂钩的广告，总显得僵硬而冰冷。对于这个传统的观念，谷歌硬是将其打破。谷歌用文案告诉人们，科技产品的广告也可以那么煽情，也可以那么催人泪下。可见，煽情的文案能够为产品带来流量，达到好的宣传和推广效果。

那么，如何才能写出一篇催人泪下的文案呢？

1.采用对话的情景模式

虽然文字能够传递出情感，但寥寥数字却不能传达出震撼人心灵的情感，需要由句子来传递，而最能传达情感的方法之一，就是采用对话的情景模式。譬如谷歌，不管是"旧友重逢"的文案，还是"小女孩为爸爸请假"的文案，都采用情景对话的模式，因为对话最直白，能快速地引出人的情感。

中央电视台推出了几支公益广告，其中一支广告的主题是"常回家看看"，也以对话的形式展开。电话这头，老人盼望孩子能回家看看；电话那头，孩子以"忙"为由纷纷不回家。这些普通的对话是很多家庭的真实写照，但看后令人忍不住想起在家等候自己的老人，尤其是那句"常回家看看"的结尾文案，更是直抵人的心头。

图1-4-3

图1-4-4

2.文案内容要有画面感

文字是神奇的，当众多的文字汇聚在一起时，就能描绘出一幅幅画面。当人们阅读这些文字时，眼前仿佛会出现一幅幅画面。所以，写煽情的文案时，要格外注重画面，用文字来塑造出画面感。

在用文案塑造画面感上，江小白的文案绝对算得上顶尖。江小白是白酒品牌，不管人们有没有喝过，但对它的文案却印象深刻，这是因为它的文案非常有画面感，比如，"默契共闯，还好有三五挚友，赛场从来靠下半场，有多少终场挥汗，队友庆功时"。简单的几句话，塑造出三五挚友一同打球、挥洒汗水的画面，从中体味到"好友不在多，互相懂得就好"的真谛。因此，创作煽情的文案，一定要塑造出画面感，给予顾客心灵上的冲击。

3.任何情感都可以煽情

人世间有很多情感，如欢喜、愤怒、忧愁、思念、悲伤，可以发生在朋友之间、同事之间、爱人之间，甚至是陌生人之间。只要将情感表达到位，有故事情节，都可以达到催人泪下的效果。

IT集团方正企业为旗下的一款笔记本发布了一条煽情的文案。文案是：年轻的女孩出了车祸，男友因为担忧女孩而变得苍老。女孩醒来后，却失去了记忆，并将男友错认为父亲。男友看着女孩忐忑的目光，他选择了默认。之后，男友照顾女孩的生活，而女孩却交了新的男朋友，并且决定要结婚。男友看到女孩很幸福，他留下一封信，伤心地离开了。在文案的结尾，女孩终于想了起来。女孩是否去找男友，文案里没有给出答案。这个文案围绕的情感主题是"爱情"。

中央电视台还有一个十分知名的公益广告，妈妈一边给孩子洗脚，一边给孩子讲小鸭子的故事，帮孩子洗完脚后，又去帮老人洗脚。但孩子看到妈妈帮自己的妈妈洗脚的画面时，他端了一盆洗脚水，跌跌撞撞地走到妈妈面前，并对妈妈说："妈妈，洗脚，我也给您讲小鸭子的故事。"这个公益广告的文案以"亲

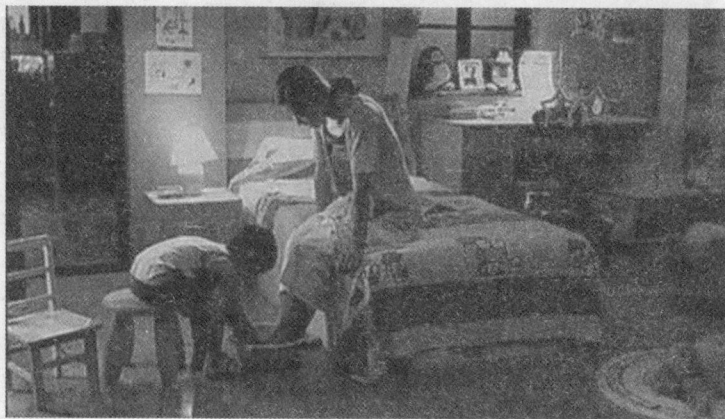

图1-4-5

情"为主题，一经播出，感动了无数人。即使现在这支公益广告已经停播，但凡看过这支广告的人，依然记忆犹新。这就是文案煽情的魔力。

因此，创作令人煽情的文案时，不要局限于何种情感。任何情感运用得好，都可以催人泪下。

拟人化的文案更具亲切感

经典文案：

　　方正集团发布了一则方正地铁售检票系统的文案。在视频广告中，人群是快节奏的，而方正地铁售检票系统却是慢节奏的。鲜明的画面对比，令人的目光一下子投注到从不起眼的地铁售检票系统上，广告中的独白更是让它在人们心中的形象鲜活起来。

　　方正地铁售检票系统的文案采用拟人化的手法，低沉温和

图1-5-1

的男音是方正地铁售检票系统的化身。他说："每天我都在这里，向从不迟到的他说一声早安；向刚刚踏上社会的她，讲一句加油；或是跟离别的他们道一句珍重。这里只是大都市的平凡角落，人来人往中我祝福所有的出发，也迎接所有的到达。我是谁？你看不见我，我是方正地铁售检票系统。"在文案的最后，是方正IT的经典文案——"方正IT正在您身边"。

车水马龙的城市，川流不息的人群。晚起的人争分夺秒乘坐地铁赶去公司，下班晚的人也将地铁当作小憩的客栈。高节奏的生活令人们需要关注太多，但唯独鲜少将目光放在每日都接触的地铁之上。IT企业方正集团发布的这则文案，令人发现了，原来地铁比人还繁忙，但它却从无怨言。

产品不会说话，不具备情感，也不具备思考的能力，但通过对文案的拟人化撰写，却能够赋予产品人格，令人们觉得，产品不单单是产品，而是具备情感的"人"。所以，拟人化的文案可以令产品突破物种的限制。

撰写拟人化文案时，方正企业尤为走心。方正医疗信息管理系统的文案也采用了拟人化的手法，令看到这支广告、听过广告独白的人，发现医院里除了医生外，医疗信息管理系统也在默默为人们服务。

方正医疗信息管理系统的文案中，依然采用温和的男音作为系统的化身，在柔和煽情的悲剧音乐下，念出独白："这一刻，你的心情我知道。我知道你无力奔波；我知道你无心等待；我知道你想对一切都了如指掌；我知道你要让遥远不再遥不可及；我知道你越多，就为你做得更多。因为，你看医生，医生看我。我是谁？你看不见我，我是方正医疗信息管理系统。"

图1-5-2

有人做过一项问卷调查，题目是：人对什么最感兴趣？答案是，人对人最感兴趣。这是因为，人是群居动物，而人对人的情感是最原始的。因此，拟人化的文案才有广阔的传播力度。

产品的文案是死的，但人是活的。当人赋予文案人格，为产品塑造出丰富饱满的形象时，产品将会在顾客的心中鲜活起来。当顾客对产品产生情感，自然会认定它。

拟人化的文案能对产品起到良好的宣传和推广作用，只是该如何写一则优秀的拟人化文案呢？大家可以从以下方面着手。

1.设定拟人化的形象

正如之前所说，产品是静止的，是不具备人的特性的，但我们可以通过文案，赋予产品人的形象。在撰写文案之前，撰写者要将自己视为造物主，在观察产品的特性后，如女娲造人一般，将产品幻化为人。

譬如方正地铁售检票系统，它拟人化的形象是地铁的售检票员，在撰写文案的时候，是站在地铁的售检票员角度去写的。所以，当人们看完广告后，会下意识地认为，地铁售检票系统就是地铁售检票员的化身。这个拟人化的形象与地铁售检票系统十分切合，令人感觉不到一丁点儿的突兀。

饿了么平台为展现食物的干净新鲜，其文案采用的就是拟人手法，让食物化为人，自己为自己代言。譬如虾的文案为"吃虾之前请务必洗手，我干净了一辈子，给我的牺牲一点尊重"、蔬菜的文案为"凌晨采摘4点上路，在你赶早高峰之前，我已跨过巴蜀十万高峰"等。

图1-5-3

拟人化文案令产品不再显得冰冷，令顾客觉得，产品是有灵魂的，而有灵魂的产品，才能算得上是好产品。

2.赋予产品人格特性

什么是拟人化？是指将事物人格化，赋予其人的特性。那么，人的特性有哪些呢？人会行动，会说话，会思考，会有情感。因此，在写拟人化的文案时，也要赋予产品人的种种特性，这样才会令顾客觉得更真实。

东芝曾为旗下的灯泡发布了一则文案，文案中，灯泡没有独白，也没有设计出"人"的卡通形象，但文案赋予了灯泡人的视角，人的情感。文案中，灯泡以人的视角看着男主人恋爱、结婚、生子，不离不弃整整陪伴了男主人十年。这支广告因为太过煽情，令无数顾客感动，又因为广告的创意和温情细腻的拍摄手法，令其获得了广告界中很有分量的奖项。

DAY 2760

图1-5-4

3.给拟人化的文案加点趣味

情感固然令人印象深刻，能够打动人心，但趣味也会令人回味无穷。在产品无法展现出情感时，不妨在趣味性上做文章，即在拟人化的文案里加点幽默、加点趣味。

在幽默趣味的拟人化文案中，M牛奶巧克力豆的文案绝对是翘首，它的文案几乎都采用拟人化手法，并将幽默、趣味融入拟人化手法中，其中最为经典的文案是将巧克力豆都设置为卡通人物形象。人与巧克力豆的对话为："快到碗里来！""你才到碗里去！"令人看后觉得十分有趣。这两句趣味性的文案一度在年轻人中大火。

图1-5-5

在文案撰写技巧中，拟人化的文案是永不过时的，它的传播力度、宣传和推广效果都是排在前列的。

人格特质让文案拥有"自传播"的魅力

经典案例：

淘宝的"双12"购物节上，三只松鼠的广告文案是："要啥就有啥，只有你想不到的，没有我办不到的。"然后，屏幕上是一只戴着眼镜萌萌的卡通松鼠形象在笔记本电脑上打字：包裹除了坚果，不能吃的有哪些？

知名坚果品牌三只松鼠一开始就非常明确地赋予自己"萌萌

图1-6-1

哒"的人格属性，不仅形象设计将卖萌进行到底，而且在营销过程中，所有的销售人员都要以松鼠宠物的口吻与顾客交流，文案设计上始终体现"宠物与主人"的关系。极具戏剧性的文案以及沟通过程，让消费者有眼前一亮的感觉，而且这种卖萌的定位会让人产生沟通和交流的欲望，更易赢得消费者的好感。

很明显，这是一个对话设计的推广文案，拟人化的品牌形象用口语化的对话向消费者传递着品牌信息与促销内容。这种模式简洁、逗趣、活泼，比起那些毫无生命的物品，消费者显然更容易对一个形象丰满、性格鲜明，并和自己有一定相似度的品牌形象产生感情，而且这种感情也有一定的持久度。

日常生活中，无论在何种场合，如果你留心观察就会发现，低头族无处不在，人们似乎时时刻刻都在专心盯着手机屏幕。有人做过统计，一个人平均每天会"拿起并解锁手机79次，在手机上花费4小时50分钟"，其中60%以上的人是使用各种社交媒体软件。

有位策划高手说过这样一句话："人们的时间花在哪里，就决定了哪种传播形式成为时代的主宰。"因此，在当今这个社交为王的媒体时代，大家愿意花时间去分享、转发的信息才能形成巨大的影响力，只有引发自传播、在社交媒体软件刷屏的产品和营销才能有关注和影响力。这对如今的文案创作者有着非常重要的参考意义。

那么，如何让文案创意具备"自传播"特性？答案之一就是文案创作者要学会用人格特质去升华文案的内在含义，毕竟"好看的皮囊千篇一律，有趣的灵魂万里挑一"。如今，人们对社交媒体的痴迷决定了那些有趣的东西总是会引起更加广泛的转发和分享。一个文案的设计如果能够具备这样的特质，必然引发"裂变式"的自传播风暴。

作为文案创作者，要如何设计这样的文案呢？

1.文案一定要有趣味性

在自媒体时代，广告文案形式千变万化，却万变不离其宗，归根到底，"有趣"是王道。因为现在的社交媒体使用者以年轻人为主，而如今的年轻人，没点有趣的"存货"，还真没办法一起玩。

就像微博上的"一句话毁掉小清新"之所以大受欢迎，转发量呈井喷式增长，就是因为它的内容实质就是"有趣"，如"我曾经说过：你若安好，便是晴天，看看最近的天气，想必你是不在了""春风十里吹不动你"等。这种"神转折"产生的落差感、吐

图1-6-2   图1-6-3

槽感组成独特的趣味感,从而引发大量用户的自传播行为。

2.情感是最通用的设计语言

20世纪90年代初,威力洗衣机有这样一则广告文案:春节将至,一辆小货车翻山越岭,跋山涉水来到一座小山村。溪水边冒着严寒洗衣服的老大娘擦着手快步回到家,发现从车上搬下来的是一台洗衣机,那一刻眼眶湿润。文字内容浮现:威力洗衣机,给母亲的爱。

图1-6-4

时隔多年,相信仍有不少人能记起这段经典的广告语。它用最质朴的语言,抓住当时那个时代外出打拼的年轻人对日渐苍老的父母的思念之情,从而口口相传,引起巨大反响,这就是情感的力量。毕竟人都是情感动物,无论何时何地,文案策划者永远都不能忽略这最通用的设计语言。

卖的不是货，而是情怀

经典文案：

"江小白"是一个平价的酒品牌，哪怕不喝酒的人，也会听过这个品牌，并能说上一两句这个品牌的文案。

在品牌文案中，江小白的文案被誉为最走心的，因为它能令顾客感受到满满的情怀。

它最为经典的文案有：

"如果是对的人和对的味道，什么下酒菜都不重要。"

"有一种孤独，不是做一些事没人陪伴，而是做一些事没人理解。"

"纵然时间流逝，我们依然年轻。"

"我们那些共同的记忆，是最好的下酒菜。"

"总觉得没喝够，其实是没聊透。"

……

在中国，酒是一种文化，一种礼仪，一种情怀。通过喝酒，

图1-7-1

可以拉近人与人之间的距离。可是，渐渐地，酒文化变得不再纯粹，含有了利益、消极的杂质。譬如，请人喝好酒，才能体现出主人的看重；酒喝得越多，才越显尊重；等等。直到"江小白"的出现，才令人重新认知到，喝酒喝的是一种情怀。

江小白是一个小众品牌，每瓶上都会有一张图片文案，画面温馨，文字走心。

每一个看过江小白文案的人，都能被勾出内心最柔软的一面。所以，江小白才能如此之快地打开市场，占据市场。并且，江小白也打破了人们对卖货的认知，让人们觉得，它卖的不是货，而是一种情怀。可见，能打动人情怀的文案，是利于营销的。

那么，如何撰写出有情怀的文案呢？有以下一些技巧。

1.令人能感同身受

所谓的感同身受，就是事情不发生在自己身上，但作为旁观者，仿佛能感受到事情发生在自己身上。简言之，就是能够引起顾客的情感认同。所以，撰写文案时，需要创造出与顾客情感上的共鸣。

这样的文案不注重文笔，注重的是情感。所以，我们撰写的文案可以基于生活、工作中有着大部分相同经历的场景，这样的文案才

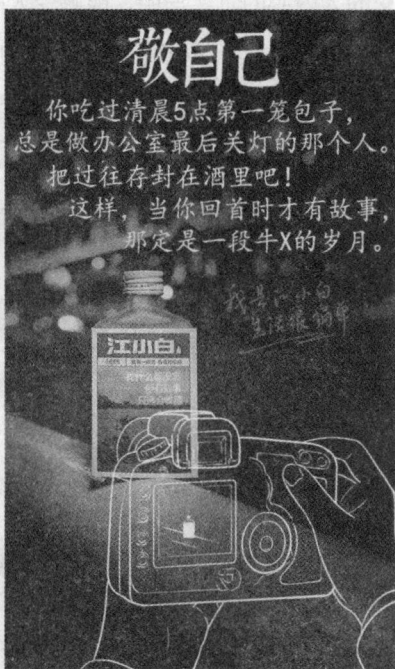

图1-7-2

能走进别人的心里，拉近人与产品的距离。

譬如江小白就"职场"发布了一系列文案，如标题是"午餐时，一个不熟的同事坐到了旁边"，其正文为"糟了糟了，说点什么？今天的菜不错？旁边明明还有空位。要不假装吃完了？算了不讲话，敌不动我不动"；又如标题是"只剩你一个人没有敬酒时"，正文为"快来个电话把领导叫走吧！说点什么，'生日快乐'还是'新年好'？装晕骗过去？有什么酒桌礼仪？忘了忘了，谁来救救我"；等等。

职场中，很多人会有社交恐惧，这些文案其实完全是恐惧社

交的人内心的真实写照，能够令人感同身受。当你的文案令顾客感到走心了，产品也就走到了顾客的心里。

图1-7-3

2.采用短句写法

写令人产生共鸣的文案不难，但写出能令人记忆深刻的引人共鸣的文案是很难的。通常，撰写文案的句子不能过长，因为过长会令阅读的人失去耐心，且情感会随着阅读时间而渐渐淡去。当然，如果文案是一个完整的煽情故事，那么就没有字数上的限制。

仔细观察江小白的文案会发现，其文案采用的是短句写法，如"你说你不缺朋友，应酬多了才清楚谁是朋友""你用三杯酒碰出往日故事，一杯好久不见，二杯你还没变，三杯保重常见"等。这些句子虽短，但却字字珠玑，触动人心。

图1-7-4

3.引人向往的文案也是种情怀

时代在发展，人们与城市一般，心中都充满喧嚣，极其渴望有一片净土。所以，能够引人向往的文案，也能够令人产生情感共鸣。自媒体人李子柒，其发布的文案都是人们向往的生活，她也因此获得庞大的关注量。

这里的向往，可以是人，也可以是物。譬如江小白最经典的文案之一，"愿十年后，我还给你倒酒，愿十年后，我们还是老友"，这可以引起人们对友情的向往。又如服装品牌"步履不停"的文案："你在写PPT时，阿拉斯加的鳕鱼正跃出水面。你看报表时，白马雪山的金丝猴刚好爬上树尖。你挤进地铁时，西藏的山鹰一直盘旋云端……"这则文案中，除了有令人向往的场景，还对当前人们的生活方式做对比，令人印象更为深刻。

想要文案暗藏情怀，文案撰写者必须先有情感。只有自己被打动了，消费者才能被打动。

图1-7-5

第二章
满足用户心理，用户对你着迷：做营销文案要利用的心理

广告要迅速打动用户，营销文案必须针对用户心理去写。优秀的文案与营销策划人，都深谙用户心理学，懂得针对某种用户心理做营销文案与营销活动。

能满足用户心理，用户就会对我们的产品或服务着迷，不断重复购买。我们经常利用的用户心理包括攀比心理、从众心理、炫耀心理、好奇心理、恐惧心理、紧迫心理和戒备心理。

利用比较心理，价格不再是焦点

经典案例：

在20世纪90年代，乐百氏奶的广告频繁地出现在电视上。

乐百氏奶最经典的一支广告文案是：一个扎着羊角辫、长相非常可爱的小女孩"哇"了一声，正式拉开这支广告的帷幕。紧接着，一群卡通人物欢歌起舞，几个清脆稚气的童音像是说顺口溜似的，介绍起了乐百氏奶。

"乐百氏，好营养……纯牛奶，鲜草莓，酸酸甜甜，喝完还想要。"

之后，扎着羊角辫的小女孩手里拿着一瓶乐百氏奶，对着镜头笑着问道："今天你喝了没有？"然后画面切换到一群小朋友的身上，他们齐声回答："我们都喝乐百氏。"

在广告的结尾，有一段表述了当年乐百氏奶的销售情况的文案。

在20世纪90年代初，说起儿童奶，人们想到的非乐百氏奶莫属。而当时，乐百氏奶在同类产品中，市场占有率也名列前茅。

乐百氏奶的销量为什么那么好呢？这与其文案有很大的关系。首先，乐百氏奶的广告高频率的出现在电视上。其次，乐百氏奶的广告词如顺口溜一般，让人一听就印象深刻。当然，最为关键的一点是，乐百氏奶的文案利用到了人的比较心理。

回顾乐百氏奶广告中的文案，"今天你喝了没有""我们都喝乐百氏"，这会让观看广告的小朋友不自觉地产生比较的心理，觉得自己不喝乐百氏奶就会跟不上潮流。又比如乐百氏奶的其他广告文案"乐百氏奶，无言的爱"，这句文案看似温柔，但是却会令家长产生一种别人给孩子买乐百氏奶是因为爱孩子，自己也很爱孩子，所以也要买的想法。这种思想，其实就是因为比较心理产生的。

图2-1-1

对商家来说，他的最终目的是销售出产品，所以在文案中加入激发人比较心理的字句，是很常见的一种手段。那么，怎么才能写出激发人比较心理的文案呢？

1.展现产品的优越

文案是对产品的宣传和推广，而一个好的文案，它具备了暗示人心理的魔力。很多奢侈品有广阔的市场，正是因为有一个高端的定位，并打出了"限量"、"高端"这样优越感十足的标签，才令人们觉得，这就是最好的。

在电动车领域，雅迪电动车的知名度很高，且在销量上也名列前茅，它给产品的定位也是高端的，其文案"雅迪，更高端智能电动车"让人们有购买电动车的欲望时，脑海中会不由自主的闪现出雅迪这个品牌。

图2-1-2

所以，想要利用人的比较心理来实现产品营销，要先给产品来个高端定位，再在文案中展现出产品的优越之处。

2.迎合客户的攀比心

想要迎合客户的攀比心，得先明白什么是攀比。从心理学角度来说，攀比是自尊心的过分表现。攀比心强的人，通常表现欲也很强，过于看重他人的想法和评价，喜欢比较，喜欢炫耀。不同的年龄层，不同的性别，攀比的事物是着不同的，男人在事业、名誉、金钱等方面攀比心要高，而女人对外表、名牌、金钱等方面的攀比心高。在撰写文案时，可以根据不同的年龄层、性别来迎合顾客的攀比心理。

宝马汽车的文案，"有钱的人仍在花钱，只不过花得更明智"；香奈儿的文案，"每个女孩都该做到两点：有品位并光芒四射"；古驰的文案，"想要让人嫉妒，就要拥有嫉妒"，等等。这些文案都有一个相同的特点，就是都迎合了客户的攀比心。

图2-1-3

3.把握文案的尺度

文案是用于对产品的宣传、推广，最终目的是为了营销，所以，我们撰写的文案是要博得客户的好感。只有令客户对产品有了好感，才会心甘情愿地去购买。

　　用文案来激发客户的攀比心理来购买产品，这是营销手段之一，然而，一旦没有把握好撰写的尺度，令文案透露出满满的攀比之风，那么就会败坏产品的形象。譬如某乳制品因为文案里透露着赤裸裸的攀比之风，令顾客觉得起了不好的示范，就遭到了顾客的抨击，其在电视上播放的广告，也被撤下。因此，在撰写刺激客户攀比心理的文案时，一定要把握好尺度。

从众心理，顾客不知不觉就买了

经典文案：

很多人对奶茶情有独钟，因为它有着牛奶般的醇香，又有着令人回味的甜腻。为了便于人们随时随地喝到奶茶，杯装奶茶出现了。香飘飘奶茶就是杯装奶茶的开创者。之后，相继出现多个杯装奶茶品牌，但香飘飘的销量依然占据榜首，这是因为它的文案助力了它的营销。

香飘飘成立于2005年，每一年都会有新的文案，如：

"香飘飘，杯装奶茶开创者。一年卖出三亿多杯，杯子连起

图2-2-1

来可绕地球一圈。好味道当然更受欢迎。香飘飘，连续五年全国销量领先。"

"香飘飘奶茶，一年卖出十亿多杯，杯子连起来可绕地球三圈，好味道当然更受欢迎。香飘飘，连续七年全国销量领先。"

"下午茶，我喝香飘飘。香飘飘10年绕地球20圈。"

"香飘飘奶茶，累计卖出111亿杯，杯子连起来可绕地球34圈。"

这些年，香飘飘的文案发布了很多条，但都没有改变核心内容。它主要围绕两个点：一个是销量，另一个是畅销。甚至香飘飘奶茶在新媒体平台的公众号上，其简介文案"没错，我们就是那个绕过地球，小饿小困就要喝的香飘飘"，也是围绕着销量。

为何香飘飘要将文案主题定在"销量"和"畅销"上呢？从表面上说，是为了告诉人们，香飘飘的奶茶有多么受欢迎。实际上，它是以销量数据和畅销情况来刺激消费者的从众心理。

什么是从众心理？它是

图2-2-2

指个体受到群体的影响，以至于在知觉、判断和认知上不自觉地靠拢他人的行为方式。就像香飘飘的文案，令很多看到其文案的消费者想要喝奶茶时，第一个想到的就是大家都喝的香飘飘。

可见，利用消费者的从众心理撰写出的文案是能够刺激消费、助力营销的。因此，很多企业在撰写文案时，都会利用人们的从众心理。那么，怎么撰写才能令文案有刺激消费者产生从众心理的效果呢？

1.在销量上做文章

站在消费者的角度，想要知道一件产品好不好，目光首先要放在销量上，认为大家都买的，一定是好的。人们有这样的思维，也是从众心理在作祟。

好比我们去餐厅吃饭，一家餐厅的顾客寥寥无几，另一家餐厅顾客满座，我们会自然而然地认为顾客满座的餐厅菜品好，哪怕是等候，也会选择在满座的餐厅用餐，这就是受到从众心理的导向。所以，撰写刺激消费者从众心理的文案时，不妨告知消费者销量数据，营造出门庭若市的画面感。

香飘飘从成立以来，它发布的文案中都含有销售杯数，甚至在新媒体平台的公众号上，也会时时发布含有最新销量数据的文案。在这些数据潜移默化的影响下，消费者会不自觉地认为香飘飘是杯装奶茶中做得最好的。

在文案中放入销售数据，并不是香飘飘奶茶的先例。很多企业为刺激消费者的从众心理，也会放入销售数据。譬如君乐宝奶粉，它的文案中含有"每天110万妈妈的放心选择"，家电品牌

TCL以销售额来彰显产品销量。所以，想要用文案激发顾客的从众心理，就要告诉顾客自己的产品卖了多少。

2.表明产品的畅销

在撰写刺激顾客从众心理的文案时，销售数据是直观的，能够告诉消费者产品卖得有多好，但是并不能明确的告知消费者自己的产品在同领域的产品中的销售市场有多么广阔。所以，激发顾客从众心理的方法之二就是表明产品的畅销。

怎么用文案表明产品的畅销呢？最直接的方法就是告知消费者产品在同领域的销售市场。在这儿，有个撰写技巧：如果产品的销量在领域内排行靠前，那么可以在文案加入"销量领先"这样的信息。

图2-2-3

在文案里表明畅销，不仅能激发消费者的购买欲，还能博得消费者的信任。

3.突出产品的销售速度

告诉消费者一年卖出多少产品，其冲击力要远远弱于告知消费者一分钟、一秒钟卖出多少产品。在文案中放入产品销售速度的信息，更能激发消费者的从众心理。

譬如哈弗汽车，近两年的销售业绩激增，这与其文案中突出产品的销售速度有很大关系。哈弗H6在媒体平台发布的文案中，不管是标题还是正文，几乎都含有"每1分钟卖出1.1辆"这样的信息。又如美妆品牌雅诗兰

图2-2-4

黛，其在新媒体平台上推广的文案，标题和正文重点突出"每15秒卖出1瓶雅诗兰黛小棕瓶"这样的信息。再如小米手机在做产品预售时，销售额达到每1分钟1000万元，这样的信息也被纳入小米的宣传、推广文案。

在文案中表明产品的销售速度，可以给人心灵上的震撼，令人立马认知到产品有多么受欢迎，从而跟风去买。

4.表明回头客多

消费者评估产品好不好，会看产品的回头客多不多。回头客多的话，会认为产品非常好。这是因为，回头客的数据能够令消费者产生信任感。所以，用文案刺激消费者的从众心理，可以将回头客多的相关信息纳入其中。

譬如三只松鼠，自品牌成立以来，就占据互联网零食销量的

榜首，不管是网店的网页文案，还是公众号上的文案，都会格外凸显回头客的信息。三只松鼠有一款手撕面包，为了表明面包很不错，它将客户的回购率做成文案。顾客在看到种种回头客好评的信息后，在从众心理的诱使下，就很容易购买。

炫耀心理，令顾客死心塌地

经典文案：

爱情是美好的，婚姻是神圣的。步入婚姻的殿堂之前，每个女孩都渴望自己深爱的他，能为自己戴上一枚名叫"爱"的戒指。所以，不知道从什么时候起，戒指就成为见证爱情、婚姻的信物。

钻戒的品牌有很多，其中不乏奢侈品品牌。但在钻戒的市场中，DR钻戒总能守驻一隅之地，这是因为它有着令人迷醉的文案。

图2-3-1

DR 钻戒的经典文案有："男士一生仅能定制一枚，赠予一生唯一真爱的人""在求婚的那一刻，许下对爱一生的承诺"……

对企业、商家而言，一切手段都是为了销售盈利，DR 钻戒也不例外。但是，它的文案核心"一生只爱一人""唯一身份定制"，却令顾客不仅嗅不到铜臭味，反而觉得企业很暖心，有良心，不是在追求销量，而是在宣传真爱的理念。这令该品牌一下子高尚起来，这也正是 DR 钻戒文案的高明处之一。DR 钻戒高明处之二，就是它的文案满足了顾客的炫耀心理。

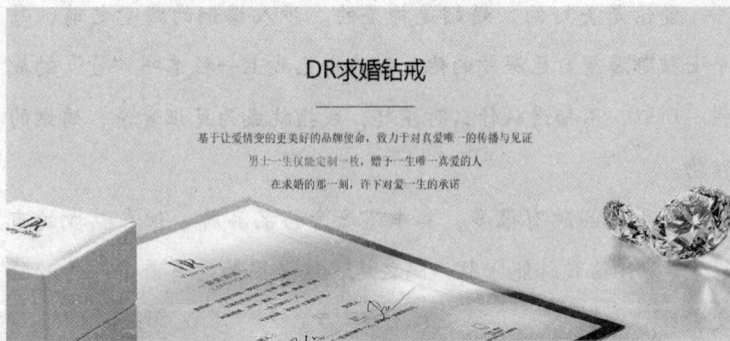

DR求婚钻戒

基于让爱情变的更美好的品牌使命，致力于对真爱唯一的传播与见证
男士一生仅能定制一枚，赠予一生唯一真爱的人
在求婚的那一刻，许下对爱一生的承诺

图 2-3-2

什么是炫耀心理？从心理学角度来说，这是一种通过购物彰显自己过人之处的心理状态。通常来说，女性的炫耀心理表现在情感、物质等方面。所以，当 DR 钻戒打出"一生""唯一""真爱"这些旗帜时，无疑戳中了女性的炫耀点。

对女性来说，购买 DR 钻戒，代表自己是伴侣的唯一真爱。在向他人炫耀钻戒的同时，可炫耀的还有自己的爱情。此外，

DR钻戒的文案不仅对女性有吸引力，对男性也很有吸引力，因为在男性看来，"唯一"代表的是一份勇气，一份担当，一份忠诚。这也是隐晦地满足男性的炫耀心理。

DR钻戒的文案理念让这个钻戒品牌变得独特，发展至今，受到很多男女的喜爱。可见，它利用顾客炫耀心理的营销文案，是十分成功的。那么，怎样撰写能满足人炫耀心理的文案呢？

1.突出产品"高端、大气、上档次"

某品牌白酒的广告词里有一句是"国宴专供"，要知道，这样的文案推广既没有罗列产品本身的特性和优点，也没有对产品进行直接褒扬，而是通过"国宴"一词让人们自己去联想：高规格的宴会自然需要高规格的酒品，这种招待国际宾朋的宴会上，所用的一定是最好的酒。

就这样，潜移默化中，产品的高端形象就在消费者心中不知不觉建立起来。这种"衬托"的文案创作手法，不可谓不巧妙，令顾客的炫耀心理得到满足。

图2-3-3

2.强调"稀缺性"

某女性产品超市专营女性服装和各种女性保健产品。为了迎合虚荣心强的女性的"独特"消费心理，他们每隔十天半月就推出一款新潮的女装，而且同一款式和颜色的衣服都是限量提供，并把新品推销主题定义为"限量的我，给更优秀的你"。为了能够"尝试新的东西"并展示自己的独特性，许多女性永远不会错过这个机会，并且在购买时非常热情，导致每次推出新款时都会出现提前排队抢购的热潮。

这样的文案营销其实就是利用了消费者"人无我有"的炫耀心理，导致消费者对产品稀缺性的关注度甚至超越产品本身。

3.关联"特立独行"属性

许多产品会赋予自己"特立独行"的属性来吸引消费者，

图2-3-4

尤其是偏年轻一些的消费者，他们内心对个性的追求是永无止境的，青春自然要有青春的色彩。

苹果手机的文案"唯一的不同，是处处都不同"，美特斯·邦威的"不走寻常路"等，无一例外都在彰显自己特立独行的属性，并且把这种属性悄悄赋予那些购买产品的消费者。这样的营销手段，本质上其实是在巧妙地拍消费者"马屁"，而消费者却十分受用。这一切，都是人们的炫耀心理在作祟。

文案创作者一定要学会利用用户的这一心理，这对文案的成功与否有着非常大的影响。我们不妨试着顺从消费者爱炫耀的心理，在文案设计上抬高产品档次，营造良好氛围，给予目标消费者足够的优越感，以满足人们的炫耀心，从而引发共鸣，让自己的文案更加贴近消费者的内心。

好奇心理，利用人性来营销

经典案例：

　　每个烟民都知道，吸烟有害健康，但就是控制不住。所以，香烟在世界各地都有着广阔的市场。因此，香烟品牌众多，竞争激烈。抛开国内香烟品牌不说，国外最具知名度的香烟之一，绝少不了皇冠牌。

　　皇冠牌香烟历史悠久，它最典型的标志，就是烟盒上有一个大皇冠。而它历经这么多年依然不被人们忘怀，与其独特的能够刺激人好奇心理的文案息息相关。

　　皇冠牌香烟的文案只有12个字："吸烟有害健康，'皇冠'也不例外。"正是此文案，令皇冠香烟一炮打响。

　　皇冠牌香烟的文案诞生于它进军西欧市场之时。当时，西欧的香烟市场严重饱和，本土香烟品牌在竞争的同时，一致排斥、打压外来品牌。皇冠牌香烟进军西欧时，也遭到了排斥、打压。为此，它绞尽脑汁想了很多法子，但都没起作用，一直被其他香烟品牌压制。

有一天，皇冠牌香烟的一位推销员来到西欧的一个海滨城市，在他为香烟的惨淡销售额而愁眉苦脸时，忽然看到在这个海滨城市的浴场里竖立了许多禁止吸烟的广告牌。他当时灵机一动，想出一个法子，即在这座城市的各个旅游景点、商场、游乐场等公共场合贴上广告："吸烟有害健康，此地禁止吸烟，'皇冠'也不例外。"正是这条广告，引起人们对皇冠牌香烟的关注。

当时，每个看到这条广告的人，都非常好奇这条禁止吸烟的广告为什么要单独点出皇冠牌香烟，它有什么独特之处？就这样，在好奇心的驱使下，人们抱着抽着试试看的态度，买下了一包又一包的皇冠牌香烟。因此，皇冠牌香烟在西欧市场一炮而红，无比畅销。

皇冠牌香烟作为外来的香烟品牌，为什么能够开拓出广阔的市场？原因就在于其文案激发了消费者的好奇心理。

从心理学上说，好奇心理是受众心理的一种，即一种想要获知新事物的心理状态。人一旦对某一事物产生好奇心，就会受到好奇心的驱使，想要了解这一事物。正是因此特性，企业、商家才会利用人们的好奇心实现营销，而诱使人产生好奇心的导火索，通常是文案。

什么样的文案能诱使人产生好奇心呢？它需要满足以下几个条件。

1.设置悬念

从一定程度上说，好奇心其实就是困惑，是自我捉摸不透。

撰写文案时，可以设置一个悬念，当人们想要寻找悬念的答案时，就表明文案已经成功诱使人产生好奇心了。

最直接的设置悬念的方法，就是在文案中加入令人想不明白的问题。譬如皇冠牌香烟的文案，其中也设置了悬念，在禁止吸烟的广告语中为什么要单独点名皇冠牌香烟？正是这个悬念，才令人想要去了解。

有一家航空公司，为了提升知名度，在报纸上刊登了一则文案，标题为："从××月××日起，大西洋将缩小20%。"看到这个标题时，每个人都会疑惑，大西洋怎么缩减了20%呢？这是怎么回事？带着这个疑惑，人们自然而然会将注意力投注到该航空公司上，希望航空公司能给予答案。这个结果与航空公司的目的一致，成功提升了公司的知名度。可见，通过在文案中设置悬念，能有效诱使人产生好奇心。

2.正话反说

什么是正话反说？就是明明是对的，偏偏要说不对。譬如，一件大众都认为很悲伤的事儿，你偏偏认为很开心，这种反其道而行的观点能立马吸引人们的注意力，想要知道哪里值得开心。可见，用正话反说的方法撰写文案去营销，可以立马勾起人的好奇心。

京东是一家电子商务企业，在新媒体平台上发布了一则文案，文案的标题为"你不必'成功'"。每个看到这个标题的人都很好奇，在竞争如此激烈的时代，为什么不用追求成功？带着这股纳闷、这股好奇心，人们不自觉地点开文案，阅读正文，想

图2-4-1

要从中寻找答案。

不管正文中的答案是什么，"正话反说"确实吸引到了人们关注，也起到了对企业宣传、推广的作用。

3.用新奇来诱使好奇心

人们对新奇的事物都会感到好奇，所以将"新奇"纳入文案，能有效诱使消费者的好奇心。什么是新奇呢？简言之，就是消费者闻所未闻的。

有一家名叫"丧茶"的奶茶，它的每个品种都有一个独特的名称，如"浪费生命绿茶""碌碌无为红茶"等。其文案也很独特，如"爱上一匹野马，头上一片草原奶绿，谁年轻时没有爱错过人，想想一块吃的饭，当然选择原谅TA""加班不止加薪，无望绿茶，工作和前程那是永无止境的，必须加餐才能抚慰这优秀"等。

这些文案无疑是新奇的，令人闻所未闻。当消费者第一次看到这样的文案时，就会好奇心满满，好奇奶茶和文案之间的联系。所以，在文案中加入一点新奇的东西，对营销十分有利。

图2-4-2

恐惧心理，文案里的催眠术

经典案例：

人的指甲也会出现异样症状，如指甲变灰。人们在发现自己指甲变灰时，一般都是不当回事的态度，甚至认为这是正常现象。直到有关灰指甲的广告诞生，人们才开始关注指甲的健康，明白灰指甲对人体健康带来的伤害。

治疗灰指甲的药业品牌中，数"亮甲"最知名，其销量也远远高于其他品牌，这是因为亮甲的文案利用了人的恐惧心理。

早期，灰指甲的文案为对话形式。

女："自从得了灰指甲，就怕穿凉鞋。"

男："别急，灰指甲由真菌感染引起。灰指甲变色、增厚、分离、萎缩，别不当回事。"

女："那怎么办呢？"

男："别怕，灰指甲用亮甲。"

到了后期，不管是亮甲的视频广告文案，还是网络中的营销文案，都会有这样几句话："得了灰指甲，一个传染俩，问我怎

图2-5-1

么办，马上用亮甲。"

　　我们每天都会通过手来做很多事，所以手是人身体中最重要的部分。但是，人们对手的健康的关注度，远远低于其他部位，尤其是不痛不痒的指甲。"亮甲"的文案，立马让人们关注起灰指甲的问题。同时，顺口溜般的文案，也让人们立马记住了"亮甲"这个品牌。

　　亮甲令人了解到灰指甲的种种危害后，自然会想到用亮甲这个品牌来治疗。它的营销文案，不难看出就是利用了人的恐惧心理。

　　恐惧心理是一种心理活动，是指对某些事物或特殊的情景产生比较强烈的害怕情绪。就灰指甲而言，人们不知道灰指甲的危害，可以不当回事，一旦知道它的危害后，就会莫名地产生恐惧心理，继而迫切地想要寻找解决恐惧的方法。所以，利用人的恐惧心理撰写文案，其实就是在无形地给消费者施加心理压力，从而达到营销的传播效果。

观察后不难发现，很多保健类产品、药品的文案中，或多或少地带有令人感到恐惧、压力的字句。这些利用人的恐惧心理实现营销的文案，都取得了显著的效果。所以，利用人的恐惧心理来撰写文案，成为营销中惯用的手法之一。

那么，怎样才能撰写出成功的、能够激发消费者恐惧心理的文案呢？需要做到以下三步。

1.找到消费者的恐惧点

什么是消费者的恐惧点？简言之，就是消费者最担忧、最关注的地方。可以说，每件产品都能找到消费者的恐惧点。在"亮甲"的文案中，消费者的恐惧点是灰指甲的危害。当文案中直接点出恐惧点所在，就能一下子抓住消费者的注意力。

譬如王老吉的文案，文案中的"怕上火"就是消费者的恐惧点；牙膏类产品的文案，总会点明牙龈健康问题；等等。这些都是消费者的恐惧点。那么，怎样才能找到消费者的恐惧点呢？文案撰写者可以

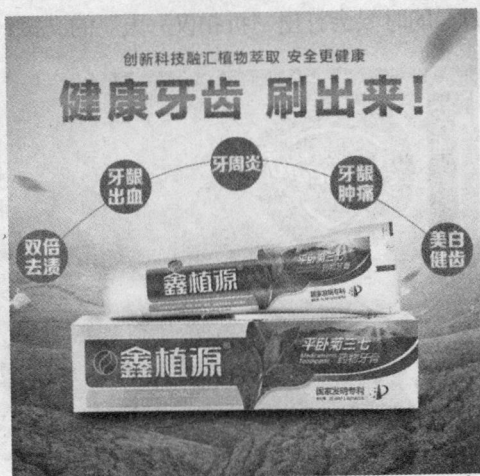

图2-5-2

换位思考，站在消费者的角度看待产品，其中最关注、最担忧的问题就是恐惧点。撰写文案时，可以直截了当地点明消费者的恐惧点所在，给予消费者会心一击。

2.阐述消费者的恐惧点缺口

利用消费者的恐惧心理撰写文案时，仅仅指出消费者的恐惧点还不够，还需要具体阐述消费者的恐惧点缺口，这样才能步步引诱出消费者内心的恐惧感。

在"亮甲"文案中，消费者的恐惧点缺口为"得了灰指甲，一个传染俩"，知道了灰指甲的危害以及传染性后，可以说内心的恐惧点已经濒临爆发，会迫切地想要寻找办法来解决。

譬如舒肤佳，其在新媒体平台上发布的软文，具体阐述了沾染细菌带来的危害有哪些；360杀毒软件会时常在电脑界面发布"您的系统可能崩溃，请及时查杀病毒"的文案；淘宝在"双11"的时候会打出"折扣仅一天"的文案；等等。其实，这些都

图2-5-3

是消费者恐惧点的缺口。当我们撰写文案时，只有将消费者的恐惧点缺口纳入其中，消费者才会感到真的恐惧与恐慌。

3.提供恐惧点的解决方法

恐惧是负面情绪中的一种，当负面情绪积压到一个爆发点时，就会迫切地想要寻求发泄的方法。同样，当人的恐惧濒临爆发点时，也会迫切想要找到发泄恐惧的方法。

譬如亮甲的方案，"问我怎么办，马上用亮甲"就是文案中的解决方法；王老吉的文案"怕上火，就喝王老吉"中也加入了解决方案。在刺激消费者恐惧心理的文案中，最后一步就是提供解决恐惧的方法。这是因为，文案中塑造的恐惧心理，都是为产品营销做准备的。

在众多文案的撰写技巧中，数利用消费者恐惧心理的技巧最戳人心窝。跟着恐惧文案"三步走"，就可以创作出一则成功的文案来。

制造紧迫感，用户会不顾一切抢购

经典案例：

1973年7月，日本东京银座一家名为"绅士西服"的服装店开张营业。刚一开业，绅士西服店就在店门口上方打出了这样的一条横幅，上面大大书写着这样的一条广告语："全场第15天打1折！"

那个年月，即使是生活在东京这样的大都市的人，也只是见识过有商家搞过"打6折""打半价"这样的促销活动，能够打到1折的商家，真是闻所未闻。

但凡听到这个消息的东京市民，在好奇心的驱使下，都会前往"绅士西服"一探究竟。每个进入该店的人，除了能在门口看到那条写着"第15天打1折"的横幅外，进了店后还能看到一张放大后的进货单挂在店里，上面写着进货价格，以及打完1折后的销售价格。

但是，店里的墙上还贴着一张大大的告示，上面写着这样的文案："第15天打1折的具体销售规则如下——店内所有商品在本店开张的第1天打9折，第2天打8折，第3天第4天打7折，第5第6天打6折，第7第8天打5折，第9天第10天打4折，第11天第12天打3折，第13天第14天打2折，第15天打1折。"

从文案上的介绍，以及店员们的解释能知道，你在任何一天去这家店购买商品，都能享受到相对应的那一天的折扣。例如，你想以最便宜的价钱买到你心仪的商品，就在该店开业后的第15天去即可。然而，你想买的商品不见得最后一天还有，因为该店的商品，每款都是限量销售的。例如，"绅士西服"的所有款式或尺码，每款只有20套。

因此，这个促销活动推出后，第1第2天到店里来购买商品的顾客并不是很多，大家可能都还在观望。从第3天开始，店里的顾客就慢慢多了起来，怕再不买就买不到了。到了第5第6天，顾客就像洪水般涌到了"绅士西服"店。这之后的每一天，店里顾客天天爆满。

为什么大多数顾客都没等到第15天才去购买呢？因为大家都担心自己想要的东西被别人抢先买走了，于是当商品打7折时，大多数顾客都开始焦躁起来。等商品打6折时，更是迫不及待地奔往店里抢购。结果，尽管这家店的横幅广告上说"第15天打1折"，但事实上，在活动的第6第7天，店里就已经卖断货了。然后，过了没几天，这家店又会重新上货，开启新一轮的"第15天打1折"促销活动。当然，从这一轮促销活动开始，促销的噱头就不再是"新店开业"，而是"庆祝XX节"，或者"纪念XXX"之类的了。

通过这样的促销活动，"绅士西服"在短短半年时间，就让东京80%的职业男性穿上了他们的西装，"绅士西服"店的老板自然也赚到了大钱。

"绅士西服"为什么能取得成功，大赚特赚？关键就在于，他们懂得制造稀缺性和紧迫感。

懂得制造稀缺性和紧迫感的商家，东西都不愁卖，因为供不应求，所以利润非常丰厚。不懂制造稀缺、无法给消费者紧迫感的商家，则经常会流失掉即将成交的顾客。

人性里都有拖延和怕下决定的弱点，顾客也不例外。其实，顾客也希望你能帮他下决定，当然，你要懂得用正确的方法让顾客下决定，错误的方法肯定不行。

正确的方法有很多，其中一个很有效的，就是制造稀缺性紧迫感，让顾客赶紧下单，晚了就买不到了，关键是假如买不到，顾客自己会有很大的损失。只要你能向顾客传达这样的信息，就成功了。

制造稀缺性紧迫感，通常有以下几个方法。

1.通过限量制造稀缺性，让顾客产生购买的紧迫感

奢侈品品牌最习惯用这一手。比如，路易威登时不时会生产一款价格极其昂贵的手提包，但你还别嫌贵，人家是限量生产，全球只有10个上市，而且有钱也不一定买得到，因为全球能买得起这款手提包的人数以千万计，迫切想买这款手提包的也数以百万计。

然而，只有10个人有幸购买到这款手提包。这就是通过限量

来制造稀缺性，从而让顾客产生紧迫感。我们在写文案、做营销时，一定要强化稀缺的作用，从而让受众产生强烈的紧迫感。

其实，很多人都懂得通过限量制造稀缺性，从而让目标受众产生紧迫感。比如，那些培训师就惯用这一手法。一位在华人圈挺有名的培训师，每次在给1000多个学员讲课时，都会时不时向现场的人灌输这句文案："想上高级班的学员，请下课后速到报名处报名，只有80个名额，先到先得！"尽管报名费是每个人58000元，但下课后学员还是疯抢这80个名额里的一个。

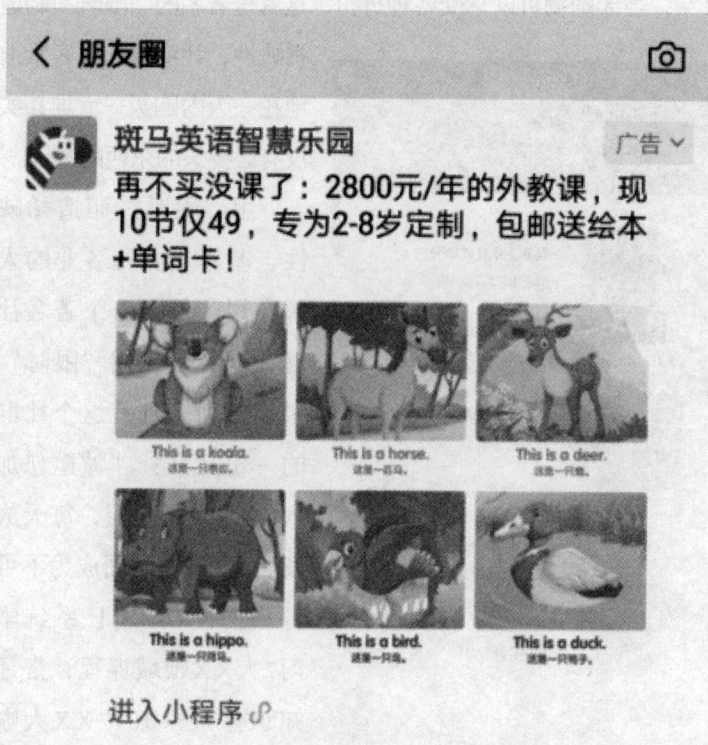

图2-6-1

在给80名高级班学员上课过程中，这位培训师又会给大家灌输这句文案："我要招10名亲传弟子，想报名的下课后找我助理，我会在报名的人里挑10个。"尽管费用高达38万，但这80人下课后都跑去报名了！这就是用"限量"制造稀缺性从而让受众产生紧迫感的常用方法。

2.通过限时制造稀缺性，让顾客产生必须马上购买的紧迫感

这种方法被应用得比限量还要多。例如众所周知的"双11"，当天购物可以享受各种折扣，这就是著名的"限时"制造稀缺性，让海量的顾客紧迫地在一天内购买一大堆其实没有必要买的东西的案例。

用"限时"制造稀缺性，基本上各行各业的人都在用。例如有个著名社群，就经常运用"限时"来搞活动。且看这个社群的一份文案："诚邀您加入XXX学习联盟，每天成长一点，1年时间成为不可替代的XX人才！系统学习7大XX领域课程，搭建知识体系！30位XX大咖答疑，全年50场系统公开

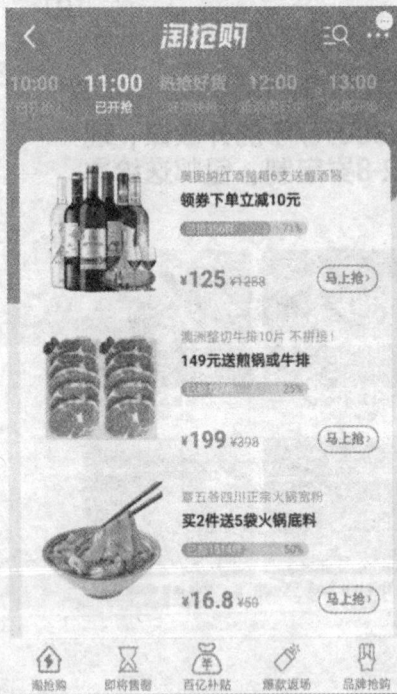

图2-6-2

课！100G相关书籍、视频课程、方案等共享！会员价365元，今日加入，免费！"

只要你在互联网上搜索一下，就很容易找到很多运用"限时"制造稀缺性从而让顾客产生紧迫感的案例，不妨学习一下。

3.通过限价制造稀缺性，让顾客产生马上购买的紧迫感

这种方法其实是用极低的折扣甚至免费的方法，吸引顾客前来购买。做文案的时候，这种方法经常和前面两种方法结合使用，也是一种常用的制造稀缺性的方法。例如，京东商城的很多商品页面上，经常有诸如"该商品在某月某日0：00前打八折，时间一过恢复原价"之类的限价文案。

刚才说到的"双11"，还有"双12"之类，也经常伴随限价一起做活动，他们在网站上发布的文案，我们能很容易看到。事实上，这是非常普遍的方法。当然，也是每个做文案的人必须掌握、运用自如的方法。

4.通过身份限制制造稀缺性

有一家饭馆只接待"90后"食客，换言之，只有1990年1月1日至1999年12月31日之间出生的人，才有资格进入这家饭馆吃饭。这家饭馆贴在门口的文案是这样写的："热烈欢迎90后进馆用餐，非90后谢绝进入！"

来这家饭馆吃饭的人非常多，首先是因为这家饭馆的菜肴很美味，其次是挺有个性。饭馆门口会有四位服务员负责查看前来吃饭的人的身份证，不符合身份条件的人，一律谢绝进店，同时

会向不符合身份条件的人推荐附近的各种美食好去处。

其实，只要你逛街时稍微留意一下，就会发现，很多店铺是女性才能进入的。这就是用身份限制来制造稀缺性。某些地方，还有只有5～12岁的未成年人才能进的商店。

5.其他比较特殊的制造稀缺性的方法

比如DR钻戒规定，男士凭身份证一生仅能定制一枚。其文案是："男士一生仅能定制一枚。爱要一心一意，一生一世，以DR钻戒求婚，用DR承诺。"无论男女，都很容易被这份文案牢牢抓住。这种打造独特稀缺性的文案，很值得我们学习。我们平日里应该多看看、多学习类似这样的文案，然后运用到自己做文案和营销策划过程中，让自己也能写出瞬间抓住顾客的心、制造稀缺性和紧迫感的好文案来。

打消戒备心，用信服来营销

经典案例：

国产奶粉中，飞鹤奶粉的销量十分可观，国人在细数国产奶粉的品牌时，也绝对忘不了飞鹤这个品牌。飞鹤奶粉的视频广告文案由知名演员代言，代言人以陈述的语气阐述了产品的优点与特点。

飞鹤奶粉的文案为：

代言人在温馨的房子里，穿着居家服，手拿一罐飞鹤奶粉，边走边说："很多朋友问，你家宝宝吃什么奶粉呀？我不盲从，我选的是国产飞鹤奶粉。奶粉也要更适合中国宝

图2-7-1

宝体质。比如我吃西餐，一顿两顿还凑合，就像老话说的，一方水土养一方人！我参观过飞鹤，飞鹤有专属的牧场，专属的奶牛，挤奶到加工两小时。飞鹤奶粉，用新鲜生牛乳制作，天然含有OPO，更适合宝宝娇嫩肠胃吸收。记住，给宝宝选奶粉，一定要选最适合的。"

文案的最后，是一段独白："飞鹤奶粉，57年专为中国人研制，一年超7000万罐被妈妈选择。飞鹤奶粉，更适合中国宝宝体质。"

说起奶粉，中国人对国产奶粉总有质疑，认为国产奶粉总比不上国外的奶粉。所以，很长一段时间，国产奶粉的销售处在窘迫的境地。不过，飞鹤奶粉用文案成功击碎国人的戒备心，它那令人信服感十足的文案，给其带来了良好的销售前景。

从心理学上说，戒备心是指随时提防一切对自己不利的企图和行为。对父母来说，给孩子选奶粉是一件非常重要而谨慎的事，因为这关乎孩子的成长发育、身体健康。所以，对奶粉产生戒备心是必然的。

飞鹤奶粉的文案为什么能打消人们的戒备心？在此之前，我们不妨先换位思考一下，就奶粉问题，父母最担忧的是什么？

每对父母最担忧的问题有：奶粉的提炼技术是否成熟？奶源是否新鲜？奶粉是否有营养？奶粉的生产环境干不干净、卫不卫生？飞鹤奶粉的文案针对父母担忧的这些问题，纷纷给出答案，从一定程度上打消了父母的戒备心。此外，飞鹤奶粉考虑到国人对国外奶粉的趋之若鹜，还特地点名了中国奶粉更适合中国宝宝的体质，最后以每年的销量数据彻底打消父母的戒备心。

可见，通过文案是可以打消消费者的戒备心的，当戒备转化成信服，就能达成营销。那么，什么样的文案可以打消消费者的戒备心呢？

1.用数据来说话

人与人之间的信任，通过接触而产生，而人对产品的信任，也通过对产品的了解而产生。人们在面对一件新产品时，普遍考虑的问题有：产品性能如何、是否有益于健康等。如果企业有让顾客购买后自行体会的思想，在营销上必然会翻大跟头，因为人们面对一件全新的产品都是戒备的。

怎样打消人们的戒备心呢？最直接的方法就是用文案告诉人们自己的产品性能如何，具体好在哪儿，在文案里加入产品的数

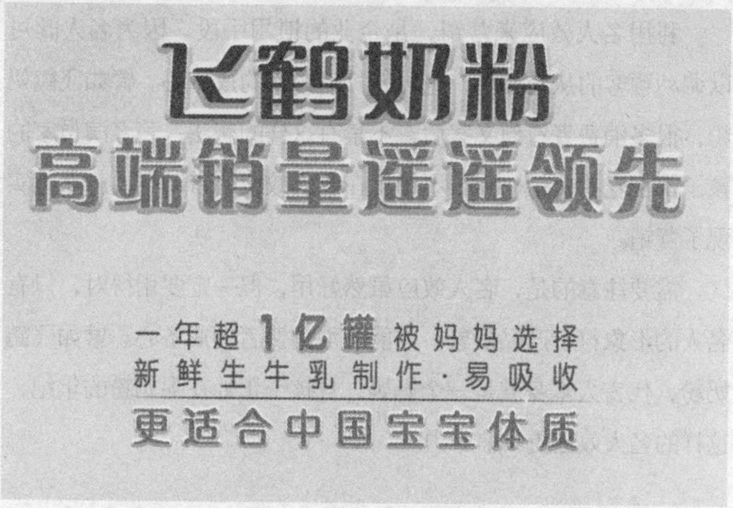

图2-7-2

据最具有征服力。譬如淘宝网，商家的网页文案中通常都包含产品的各项数据，如销售数据、信息数据等。

2.撰写的文案要真诚

想要打消他人的戒备心，使其产生信任感，就要向他人展现自己的真诚，因为真诚是扼杀戒备心的有力武器之一。所以，想要用文案打消消费者的戒备心，同样要在文案中加入真诚。如何使得文案真诚呢？

不管是文字、图片，还是视频等形式的文案，都要展现出真诚感。譬如飞鹤奶粉，其文案中代言人的语气、语句都将真诚表露无疑，令人产生这个产品真的很不错的感觉。同时，还可以用环境来烘托真诚，如打造一个温馨而又令人信服的环境。

3.名人效应

利用名人效应来营销，是企业的惯用手段。因为名人既可以调动顾客的从众心理，也可以打消顾客的戒备心。譬如飞鹤奶粉，很多消费者看到文案后，不禁有这样的想法：著名演员家的孩子都在吃的奶粉一定很不错。在名人效应的带动下，产品就实现了营销。

需要注意的是，名人效应虽然好用，但一定要用得对，只有名人的形象符合产品形象，才能打消消费者的戒备心。譬如飞鹤奶粉，代言人本身就是一个妈妈，且孩子正处在喝奶粉的年纪，这样的名人效应更具信服力。

第三章
解决用户痛点，商家就能赚大钱：痛点营销文案的类型

痛点，是指一个人当下亟须解决但暂时还没有方法解决的问题，俗称刚性需求，简称"刚需"。

做营销文案一定要懂得发现用户痛点，然后解决用户痛点，这样商家就一定能赚大钱。常见的用户痛点的类型有这几种：两难选择；不敢犒劳自己；不懂感恩他人；无法择优；希望"人无我有"；害怕"人有我无"。

解决两难选择，让用户"鱼与熊掌"兼得

经典案例：

　　自如是一家在北京、上海、深圳、广州、成都、杭州等国内很多大城市提供高品质租房服务的中介商。但凡在北上广深等城市租过几次房子的人，一定知道自如这个租房品牌。

　　自如作为一家目前在国内租房市场里名列前茅的企业，很懂得广大租客的心理。例如，他们针对租客进行的痛点营销，就做得挺成功。他们做过的一次针对租客"两难选择"的营销活动，就很值得做广告文案与营销策划的人学习。

　　他们通过详尽和深入的租房市场调研，发现很多租客面临"鱼与熊掌无法兼得"的问题，也就是很想租住交通便利、上班方便、居住舒适的房子，但又囊中羞涩。如果租住交通便利、上班方便、居住舒适的房子，很可能每个月的大部分收入都投到租房上，其他方面的开销就会非常紧张。

　　但是租住了租金便宜的房子，往往是交通不方便，每天上下班要在路上花费很长时间，居住环境也比较差。在北上广深打拼

的租房客，估计都有过这样的经历和体验。

为了解决租客上述的"两难选择"，让租客能"鱼与熊掌兼得"，自如推出"自如白条分期付款睡好房"的营销方案，解决了租客"想住好房但钱不够"的痛点问题。这一营销策划一经推出，自如的房子迅速被租客抢租。

自如的营销海报文案是这样写的：

"交了房钱，只能饿着肚子加班；住宿太差，生怕同事说去家里看看；想改善生活却捉襟见肘？先睡再说！"

"上学花钱靠父母，出门挥霍靠朋友，工资太低没钱租好房？先睡再说！"

图3-1-1

　　租住或者看过自如房子的人都知道，自如房子装修得很好，位置处在交通方便的地方，如地铁站周边，甚至企业聚集区域附近。换言之，自如的房子，很适合上班族租住。越是高学历、进入职场不是很久的人士，越容易被自如的房子吸引。有人这样形容自如的房子："精致度堪比星级酒店的客房，而又充满小资情调。"

　　装修得好肯定要下血本，同时地理位置还好，注定自如的租金肯定会比较高。事实也是如此。大多数在北上广深等大城市工作的白领，恐怕都想租住像自如这样的好房子，但又嫌租金高，一旦租住了，月薪的一大半就没了。这就是这类人群共同的以及最大的痛点：想租住好房子，但又无法一下子给那么多的租金。

　　自如很好地发现目标用户的这一痛点，然后给出一个很靠谱的解决方案。事实证明，这个痛点问题解决得挺好。那么，我们做文案和营销策划时，又怎样通过解决用户的两难选择问题，让自己的产品或服务大受用户欢迎呢？

1.找痛点：用户"鱼与熊掌"无法兼得的痛苦

　　什么叫痛点？痛点就是一个人当下亟须解决但暂时还没有方法解决的问题，俗称刚性需求，简称"刚需"。当然，痛点都是刚性需求，但刚性需求并不都是痛点，需要具体问题具体分析。比如温饱问题，既是痛点又是刚需。又如呼吸新鲜空气，是刚需，但不是痛点，除非我们现在马上移民到火星上去，新鲜空气才会成为痛点。

　　每个人的痛点不一样，张三的痛点不见得是李四的痛点。对于爱抽烟的人来说，一天不抽烟都难受得要命，这是爱抽烟的人的痛点。但对于不抽烟的人来说，这就不是痛点。作为提供产品或服务的一方，一定要寻找目标用户的痛点，然后给出解决方案，这样才能成功营销。

　　回到"两难问题"这个痛点上。每个人都有面临两难选择的时候，尤其是在生死存亡的紧要关头，做出什么样的选择，结果很可能天差地别。在选择了A就会失去B的抉择面前，任何人都会产生纠结和痛苦。作为商家，如果你能发现目标用户有这样的纠结与痛苦，然后找出让他们不用如此纠结与痛苦的解决方案，他们一定会立马抢购你的产品或服务。

　　2.给方案：让用户"鱼与熊掌"兼得的方法

　　如果你想让产品迅速畅销，或者让服务大受欢迎，就必须先找出目标用户最大的痛点，然后针对最大痛点给出解决问题的有效方法。解决"两难选择"问题，自然也是如此。

　　提到小米公司，大家可能首先想到它是一家卖手机的公司。其实，它卖的产品种类很多，每款产品都是针对目标用户的痛点而设计的。例如，小米公司推出的小米笔记本电脑Air，就是针对目标用户"两难选择"这个痛点来设计的。

　　想买笔记本电脑的用户，往往面临这样的两难选择：要么买个轻薄、方便携带的，但这样往往容易卡顿，想玩个大型游戏都不给力，有些工作也无法做，如设计海报、剪辑影片；要么买个配置高的，但笨重，不方便携带，价格高。

小米笔记本电脑的运营者很好地发现了目标用户的这一"两难选择"，设计和推出小米Air，并用文案告诉目标用户，对于他们的"两难选择"问题，这款笔记本电脑已经解决了：

"选择轻薄，还是选择性能？如果只强调性能，就没有容纳了一块13.3寸屏幕和全尺寸键盘，却够轻够薄的全金属机身。

"如果只追求轻薄，就没有快3倍的硬盘、快了15%的内存，更不会有让游戏性能提升至2.1倍的独立显卡。

"轻薄、高性能外还有更多创新，全贴合技术、无边式玻璃、双天线Wi-Fi……选择轻薄，还是选择性能，我们选择小米笔记本Air，做高性能的轻薄笔记本。"

图3-1-2

3.显重点：在文案与营销中突出核心卖点

虽然你已经发现目标用户"两难选择"这一痛点，也能提供相应有效的解决方案，但在做文案和营销活动过程中，还是要懂得突出重点，让目标用户第一时间就能关注到他们最关注的点上，也就是你的核心卖点。

比如，自如的核心卖点是让目标用户轻松住得起好房子，于是他们在海报文案上突出"自如白条轻松月付，分期付款睡好房"这一核心卖点。

再如，民宿领域著名品牌途家的核心卖点是"想要陌生的风景和窗，又想要熟悉的早餐和床，上途家"。

鼓励用户犒劳自己，帮用户下决心购买

经典案例：

2012年12月开始，互联网上有一句话广为传播："吃点好的，很有必要。"北京的很多网友说，自己是在北京地铁里看到这句话的，当第一眼看到时，自己的心瞬间就被"击中"！这句话来自三全水饺的广告文案，是中国广告界非常著名的人物白雪丹的大手笔。

当年12月下旬，几乎每个北京地铁站里都有挨着的六个广告橱窗摆放了三全食品公司的"三全私厨水饺系列"广告的六张海报。通过广告海报，大众马上能看到上面言简意赅地描述出自己正在置身其中的痛苦场景，以及解决方案。

第一张海报的文案是大大的"2012"四个数字，底下靠右是"吃点好的，很有必要"以及三全私厨水饺的LOGO商标和一个水饺图片。

第二张海报文案写的是"无论多挤，身边的也不是美女"，对坐地铁的男子来说，真的很扎心。既然在拥挤的地铁上没能和美女挤一块儿，不如下了地铁后到超市买一袋三全水饺犒劳自己。这也是广告主张的"吃点好的，很有必要"，右下角放的是水饺图片。

　　第三张海报文案写的是"单身坐地铁，总见情侣在缠绵"。

　　第四张海报文案写的是"空座总出现在你要下车的时候"。

　　第五张写的是"一有座就睡过站"。第六张则是占了整版的"吃点好的，很有必要"。每张海报右下角都有一个水饺的图片，里面的馅儿并不一样，而且挺创新的。

　　根据馅儿的不同，分别有黑椒牛肉饺、韩式泡菜饺、虾皇饺、咖喱鸡肉饺、干贝韭菜饺和豆干荠菜饺。这些很可能要到饭馆里才能

图3-2-1

吃到的菜肴，如今通过吃三全私厨水饺就能吃到，还可以根据个人喜好购买不同的馅儿，可以说很贴心。

　　以往很多人在开心的时候才会吃顿好饺子，但三全的新主张是，心里不高兴的时候，更应该吃顿好饺子。生活中总会有令自己不开心、不满意甚至很难过的时候，而让自己从这些负面情绪走出来最容易的方法是美食！在大城市里天天辛苦打拼，归根到底还不是为了幸福？吃顿好饺子，能让人马上就获得短暂的幸福感。既然如此，何不马上"吃点好的"，犒劳自己呢？

　　三全食品公司的营销人员和打造这一系列广告的奥美广告主创们，是希望用一系列让大众感同身受的场景设置，告诉人们坐地铁时遇到各种不爽甚至扎心的事情后不要紧，用美食来安慰自己这颗受伤的心。"民以食为天"，现在国家不断发展，社会越来越进步，大家生活越来越好，吃点好的，很有必要。

　　事实上，大多数人也很想吃点好的，但就是下不了决心行动。这是除了"吃货"外的人都共有的"痛点"，想吃美食，但又想太多，不敢去吃。"吃点好的，很有必要"系列广告，就是为了帮助大家迅速下决心吃顿好饺子、马上犒劳自己而出炉的。

　　为什么中国北方所有老百姓逢年过节的时候，都会主动吃顿好饺子，但平时就不一定经常吃好饺子呢？就是因为一直以来的传统习惯帮助大家下定决心，在重大节日如春节、中秋之类的日子里吃顿好的，平时想吃顿好的，却找不到理由。这就是一种痛点。

　　传统习俗能够帮助人们下定决心做一些事情，善于经营企业和营销产品的老板、文案高手和营销大咖，则很懂得如何用文字、图片、视频等解决用户的痛点，鼓励用户迅速主动地购买自己的产品，或体验自己的服务。利用好痛点来营销，同样需要做好"找痛点"和"给方案"两个工作。

1.找痛点：发现让目标用户在买与不买间挣扎的原因

大多数人并非有钱人，所以在买东西尤其是买比较贵的东西前，肯定会在买与不买之间挣扎很久，内心有两个小人儿不断地给自己买的建议和不买的理由。但很多时候，这两个小人儿谁也说服不了你，所以你才会纠结、为难、痛苦、挣扎。

商家的文案和营销活动，最终目的都是为了帮助用户迅速下定决心购买商家的产品或服务。所以，商家要学会找出目标用户迟迟不肯购买自己产品的原因。究竟是因为钱不够，还是对质量有顾虑，还是别的原因呢？

在"犒劳自己"这一痛点上，迟迟没做出购买行动的主要原因，往往是用户觉得自己虽然急需这方面的产品或服务，但是具体买哪一款，还下不定决心。购买你的，但你的价格有点贵；购买他的，但他的质量貌似不如你。当你找出用户的最大痛点，就能给予迅速解决用户问题的方案。

2.给方案：消除用户花钱购买时的负罪感

当你能够给予用户足够的购买理由时，用户就会把不能购买的理由抛到十万公里外，然后马上购买你的东西。人都有补偿、犒劳自己的心理，你要学会用文案告诉你的用户，是时候"犒劳自己"了，你值得享受更好的，应该对自己更好一点。

滴滴专车用一系列的海报策划过一组营销文案，每个海报都描述了一类目标用户辛苦努力、拼命奋斗的场景，以引起该类用户的情感共鸣，但最后都会引到这句共同的文案上："全力以赴的你，今天坐好一点。"请看他们的一些文案：

"如果每天总拼命，至少车上静一静。全力以赴的你，今天坐好一点。"（写给每天为了业绩，要和客户拼酒的业务员、创业者看的。）

"如果现实是场戏，至少车上演自己。全力以赴的你，今天坐好一点。"（写给每天不得不去做很多自己不喜欢但又必须做的工作的人看的。）

图3-2-2

"如果世事很难预见，至少你能与自己遇见。全力以赴的你，今天坐好一点。"（写给一直坚持努力奋斗，但仍没有成功的人看的。）

"如果生活是苦逼的，至少梦想是牛逼的。全力以赴的你，今天坐好一点。"（写给为了现实奔忙，已经远离梦想的普通劳动者看的。）

"如果做不成超级英雄，至少做自己的英雄。全力以赴的你，今天坐好一点。"（写给正在追求理想，却屡遭挫折的年轻人看的。）

这些文案，都是为了让大家认同一点：生活不易，但你可以在打车的时候，选择坐得更舒服、花钱更少、更安全的车，如滴滴专车。然后，出行时首选滴滴专车。

还有自如的广告文案"你可以住得更好一点"，也是属于给"犒劳自己"的用户提供解决方案的案例。又如蚂蚁金服的广告文案"每一个认真生活的人都值得被认真对待"，不妨也拿来研究一下。

还有前面提到过的京东小金库的走心视频广告《你不必"成功"》的文案，也是鼓动大家在心理上"犒劳自己"，用"你不必'成功'"为主题的反鸡汤文案，瞄准年轻人因主动或被动追求成功带来的巨大压力的心理痛点，引起数千万人的共鸣，一度火遍全网。

主张用户感恩他人，送礼就送你的产品

经典案例：

　　很多人应该看过这个广告：有个帅小伙穿着黑色西服、白色衬衣，打着领带，拿着公文包走出家门，准备去工作。这时候，从上方跳下来一只拟人化的大金元宝，"嘿"的一声跟他打招呼，然后他看到一群中老年人在社区花圃也"嘿"一声，用塑料板拼出一个金色大元宝，上面写着"黄金酒"三个字。这群中老年人同时整齐划一地喊："送长辈，黄金酒！"

　　当帅小伙快要走出社区大门时，后方天桥上的金元宝和那群中老年人又是一声"嘿"，然后拼出那个写着"黄金酒"三个字的金色大元宝，并整齐划一地喊："送长辈，黄金酒！"

　　帅小伙在外面坐电梯准备到上面去时，又看到金元宝和那群中老年人继续"嘿"地和他打招呼，然后拼"黄金酒"拼板，最后整齐地喊："送长辈，黄金酒！"后来，帅小伙走进超市，买了三份黄金酒，推着出来时，一边右手握拳一边喊："送长辈，黄金酒！"最后，那个拟人化的大金元宝再喊一遍："送长辈，

图3-3-1

黄金酒！"

这就是2010年开始到处都在卖的著名白酒品牌黄金酒的一个广告。2008年播放的黄金酒广告，诉求有点多："健康，好喝，送长辈。"2010年开始，黄金酒的诉求聚焦为一个："送长辈。"然后，在主打"送长辈的最佳礼品"的基础上，它又把主打范围扩展到"它是送礼的最佳礼品"。不妨看看黄金酒的另一个广告，文案是这样的："呦，我爱喝的黄金酒。""五粮液的。""好酒！""祝我们财运高开！""喝黄金酒，开财运！"

在这个广告里，黄金酒的主要诉求是"好喝"和"带来财运"，这样就把原来只是"送长辈"扩大到可以送给任何人。

只要你想给对方"送财运",或者对方爱喝酒,然后这酒"好喝",正好可以送给对方。换言之,负责营销策划的人,把黄金酒从"送长辈"的最佳礼品,升级为送给任何人的最佳礼品。黄金酒作为一款主打诉求为"送长辈""健康,好喝,开财运"的白酒,其实抓住的就是用户的"感恩他人"(或者叫"补偿他人、回报他人")的痛点,提供了一个经市场检验效果显著的解决方案。

这款酒能够取得优异的营销效果和惊艳的销售业绩,源于背后有一群在礼品营销上有着极为丰富且成功经验的营销运作团队。这个团队的领头人,相信现在30岁以上的人都非常熟悉,他就是史玉柱。

史玉柱当年创业遭遇重大失败,能够迅速翻身,并且重铸辉煌成就,靠的就是对脑白金这款产品的礼品营销。和黄金酒从一开始就精准地主打"送长辈,黄金酒"不一样,当年营销脑白金时,刚开始主打的是健康、美丽,从那时候史玉柱在各种主流媒体上发的软文就可以看到。

但很快,从一线销售市场反馈回来的情况是,脑白金被用来送礼的需求是最大的。于是,史玉柱团队把所有火力集中到一点,全力把脑白金打造成老百姓的"送礼首选"。很快,"今年过节不收礼,收礼只收脑白金"的广告便铺天盖地、无孔不入地抵达几乎每个能接触到主流媒体和家里有电视机的人的脑海里。

有了脑白金的营销成功经验,黄金搭档的诉求就简单、直接多了。一上来,黄金搭档的广告文案就是送这个送那个的。请看:"黄金搭档送爸爸,送妈妈,送哥哥,送姐姐,送爷爷,送奶奶，送老师，送阿姨。今年送礼，黄金搭档！"还有："黄金搭档送长辈，腰好腿好精神好；黄金搭档送女士，细腻红润有光泽；黄金搭档送孩子，个子长高学习好。"

图3-3-2

其实，用给别人送礼物来表达自己对对方的感恩、爱、补偿、示好，从有人类文明开始，就是一种常见的现象了。如果你能让自己的产品成为很多人拿来作为感恩别人的礼物，它必定大卖。我们不妨简单探讨一下这方面该怎样"找痛点"和"给方案"吧！

1.找痛点：你的目标用户，会因送什么给别人而犯愁

我们为什么会经常给父母长辈送礼物？因为对对方感恩，想在自己有能力的时候多对对方好，多回报对方。但很多时候我们不知道做些什么事，才能对父母长辈感恩到点子上，这几乎是所有人的痛点。

我们为什么会给自己心仪的对象送礼物？因为希望对方明白，自己非常在意他（她）。但是我们很多时候并不知道送什么样的礼物，对方会特别喜欢，最怕的是，我们绞尽脑汁想到送什么礼物给自己最在乎的人，结果对方收到礼物后却并不怎么喜欢。这同样是很多人的痛点。

还有一个几乎是所有人都想要解决的痛点，那就是男方向女方求婚时，送女方什么礼物最特别，最能表达爱意，女方又送什么给男方，最能让他感受到自己的爱意，诸如此类。

其实，感恩对方的场景，除了上述以外，还有很多，如该如何表达对教师的感恩。这是一个痛点。想体现对帮助自己的贵人的感激之情，应该怎么做？这也是一个痛点。

图3-3-3

你会发现，在感恩他人的痛点上，只要你用心挖掘，就会有很多。针对目标用户挖掘出来痛点后，你再用心为目标用户提供产品或服务，就一定能成功。

2.给方案：帮助用户表达对别人的感恩之情

找出目标用户的痛点后，你就要结合产品或服务，来解决目标用户的痛点。比如送保健品给父母和长辈，是最常见的解决人们不知道如何表达对父母和长辈感恩之情的痛点的好方法。所以，很多保健品公司很赚钱，因为很多人会买保健品送给父母和长辈，以尽孝顺。然后，他们的营销文案广告词直接就是"送爸妈+产品名"。

教师节到来时，很多人想送点能表达自己对恩师感激之情的礼物，但是又不知道送什么好。有些公司就针对这些用户的痛点做文章。例如，巴仙蟹王就用"师恩情重，一点蟹意"来做营销文案，解决给教师送礼的痛点。这家公司在重要节日到来前，都会做类似的营销文案。中秋节快到了，大家可以拿他们的蟹去送礼，文案是："每逢佳节倍'丝'亲，巴仙为您送蟹

图3-3-4

礼。"礼品盒上，"蟹"这个字的位置，一律置换上真实的巴仙蟹王的实物图片。

　　总之，只要你能够合理想象，总能为你的产品或服务与目标用户想要"感恩他人""回报他人""补偿他人"等痛点建立密切联系，很好地解决用户这方面的痛点，实现你的产品业绩长红，服务广受欢迎。

提供更好的选择，让用户不再患得患失

经典案例：

罗永浩，相信很多人认识。当年他在开办"老罗英语培训班"之后，做了一份广告营销文案，堪称教科书式的营销文案。上过他的英语培训班或者留意过他的广告海报的人，可能还有印象。

"老罗英语培训班"的系列海报通常都放在公交站橱窗或者地铁站橱窗里，每一份海报文案里的文字都很少，且都是一样的。文案的文字内容如下：

"人民币一块钱在今天还能买点什么？"（这句话设计在整张橱窗海报的左上方，"一块钱"三个字加黑。）

"或者，也可以到老罗英语培训听八次课。"（这句话设计在整张橱窗海报的右下方，"听八次课"四个字加黑。）

"罗永浩亲自授课"（这七个字斜摆设计在整张橱窗海报的右上方）。

这个系列海报不一样的地方，是所用的图。每个图都和"人

民币一块钱在今天还能买点什么？"设计在一起。海报一的背景
图是一头新鲜的大蒜，海报二的是一片创可贴，海报三的是一个
打火机，海报四的是一颗糖果。

每张海报要表达的意思分别是——

问题：人民币一块钱在今天还能买点什么？

海报一的"回答"：大概能买一头大蒜吧。

海报二的"回答"：也许能买一片创可贴吧。

海报三的"回答"：能买一个最便宜的打火机。

海报四的"回答"：可能能买一颗糖果吧。

通过如此这般的比较，所有海报的"回答"其实都是：只能
买到如此微不足道的东西的一块钱人民币，却能在"老罗英语培
训"里听八次课，而且由著名的英语培训教师罗永浩亲自授课！

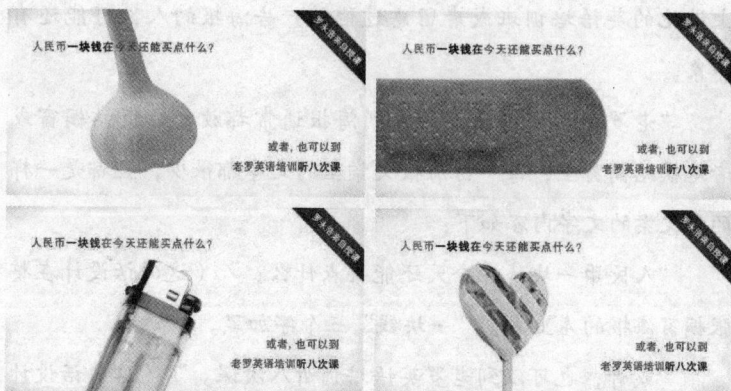

图3-4-1

这一系列的创意文案和营销海报，当年让很多看过的人印象
颇为深刻，并且吸引了一大批人去老罗英语培训班报名上课。不

得不说，罗永浩在创意文案和营销策划上，确实有两把刷子。

老罗英语培训这组海报上的营销文案，配合背景的图，非常直观、言简意赅、通俗易懂地向受众群体传达了这样一个信息：你少买一头大蒜、一片创可贴、一个最便宜的打火机或者一颗很便宜的糖果，就能听八次罗永浩亲自讲授的英语培训课，多么赚啊！正常人只要有这个急切的需求，也就是我们所说的痛点，就一定会选择老罗英语培训吧！

英语培训目标用户的最大痛点是，不知道应该选择哪个培训班，因为感觉所有培训班都差不多，又或者万一上了之后没效果，自己是不是就亏大了？亏了钱是小事，浪费了时间和精力才是大事。

为了解决用户的这个痛点，老罗英语培训给目标用户提供了更好的选择。首先，老罗在英语培训界的名头是响当当的，由他亲自授课，质量绝对有保证；其次，学费也很便宜，平均下来，一块钱听八次课。看了海报的人，在比较之下，自然选择老罗英语培训，它也马上在英语培训市场脱颖而出。

1.找痛点：总想还有更好的，下不了决心选择

人们在选择自己必需的东西时，都会有"择优心理"，总想着后面还会有更好的，结果挑来拣去，总是下不定决心要哪个。这是每个人都会有的痛点。如果有人能解决你的这个痛点，你一定会立刻决定购买这个人的产品或服务。

作为文案和营销策划人员，我们一定要好好掌握和灵活运用这一条规律：提供给目标用户的解决方案，要明显比其他竞争对

手都要好；在花费同样金钱的情况下，给用户提供更多的好处；在花费同样时间的时候，给用户提供更多的回报；学会用类比的手法，突出我们最大的核心竞争力。

学会满足用户的"择优心理"，可以从下面几点努力——

满足用户"择优心理"这个痛点，是所有写文案和搞营销的人必须学会的方法。善于使用这个方法，你的营销文案就会非常有影响力，很容易吸引用户购买你的产品或服务。

据说，1983年，苹果创始人乔布斯对时任百事可乐公司总裁的约翰·斯卡利说了一句话，就令后者加入当时还默默无闻的苹果公司。这句话是这样说的："你是想卖一辈子糖水，还是想跟我们一起去改变世界？"

斯卡利能被说服，是因为在相同的时间里（一辈子），显然"改变世界"的成就感远远大于"卖糖水"，所以就被乔布斯说服了。根据马斯洛需求理论，斯卡利当时的最大追求已经是自我实现的需求，换言之，这是他的最大痛点，"改变世界"能满足，而"卖糖水"已经满足不了了。

让我们来看看360借条的一条营销文案："后悔在银行借钱了！同事在360上借9万块，日费用2毛7。"借钱时间长度一样的情况下，利息更少就相当于好处更多。

又如LOCALS路客精品民宿的营销文案："北京有房千万别长租！做共享民宿足不出户双份收入。"租房时间长度一样的情况下，收双份房租肯定比收单份房租更赚。

图3-4-2

2.给方案：花同样的金钱，你能给用户更多的回报

老罗英语培训的系列海报要告诉目标用户的正是这一点，即花同样的金钱，到老罗英语培训这里听课，得到的回报要多得多。

有个水果电商在卖崂山杏时，想出一段营销文案，结果让这种杏每天都爆卖几百盒。这种杏的最大优点是甜、多汁，他琢磨了很久，最终给它起了一个让人很想吃的新名字"水蜜杏"，然后在网店上挂出一张海报，上面只有一句话和半个被剥开、让人一看口水直流的水蜜杏实物图片。这句话写的是：史上首个"水蜜杏"来了！

然后，他找了一批人试吃，并把里面很吸引人的评语摘了几条放到海报下面。其中一句是这样写的："像吮吸熟柿子那样吸一口杏肉，又仿佛吃了一勺杏味奶昔一样，柔和细腻，每一口都是一种惊喜！"

类似这样的评价，就是在告诉目标顾客，你花一份钱，能享受到好几份钱才能买到的好处。所以，这种水蜜杏爆卖，也在情理之中了。

　　著名消毒水品牌滴露出过一组公益海报文案，一共四张海报，每张海报的图都是一个小孩子。第一张海报里，一个年龄大

在太阳下晒娃
总比在朋友圈晒娃好吧

滴露一夏·撒欢不怕

对泥巴动手
总比对小朋友动手好吧

滴露一夏·撒欢不怕

缠着大树
总比缠着你好吧

滴露一夏·撒欢不怕

和大海闹脾气
总比和你闹脾气好吧

滴露一夏·撒欢不怕

图3-4-3

概5岁的小女孩，身穿白色连衣裙，躺在草地上，图下方是广告文案："在太阳下晒娃，总比在朋友圈晒娃好吧。"

第二张海报里，一个年龄看起来不超过5岁的小男孩，正在草地上玩泥巴，图下方是广告文案："对泥巴动手，总比对小朋友动手好吧。"

第三张海报里，一个年龄大概4岁的小男孩爬在一棵很矮的小树上，图下方是广告文案："缠着大树，总比缠着你好吧。"

第四张海报里，一个光着上半身、年龄不超过5岁的小男孩，站在沙滩上看向海的深处，图下方是广告文案："和大海闹脾气，总比和你闹脾气好吧。"

这一系列海报，其实都在向父母传送这样一个信息：在同样的时间里，让孩子去做这些事，总比让他做那些事要好得多，更能避免孩子和父母遭受损失。

挖掘用户"人无我有"的优势，满足其优越感

经典案例：

2017年"双11"过后，在美妆品类的销售额里，国产品牌百雀羚连续三年荣登冠军宝座。过了没几天，百雀羚公司推出一支标题为《你应该骄傲》的公益短片，再次吸引亿万用户的关注。

视频先是介绍了一位在日本东京某企业上班的中国姑娘，有一天老板把她叫到办公室。当时公司正在裁员，而她是公司里唯一一名中国人，所以她很忐忑。没想到，原来老板明天要到中国出差，叫她来是要向她请教怎么使用微信和支付宝。她内心突然有点小骄傲，但又不敢表达出来。这时屏幕上出现一句话："为什么会害羞？"

第二段是几个在美国洛杉矶留学的中国年轻人看完电影《战狼2》后，走到广场上唱了几十遍国歌。此举引来很多外国人的围观拍照，并问他们在唱什么，这几个中国年轻人都不好意思

了。这时屏幕上出现一句话："为什么要克制？"

第三段是有个中国小伙子刚到英国伦敦留学时被当地一个同学邀请参加家庭聚会。有个英国小孩居然问中国小伙子："你知道这个叫电视机吗？我听说中国都没有电视的。"他当时没有解释。屏幕上出现一句话："为什么没发声？"

然后，又把镜头集中到国内常见的一些场景，如孩子从小被教育"要内敛""要低调""不能骄傲"，从来不敢说自己有理想、有抱负，千辛万苦后才取得了成功，但在外人面前也要说自己只是运气好，是因为有领导的关怀和帮助……我们真的要这么内敛和低调吗？

最后，百雀羚把自己的主张和态度用以下文案表达出来——

束缚你的/是他人的目光/还是你自己的内心/是否/所有的努力都不值一提/低调行事/被刻进了骨头里

是的/你应该骄傲/请为自由的灵魂而骄傲/请为你的善举而骄傲/请为征战四方的雄心而骄傲/请为与众不同而骄傲/请为你的汗水而骄傲/请为每一次喝彩而骄傲

你脚下是先贤走过的足迹/你身后是五千年的文明/你面前是飞速发展的国家/何必低调/你应该骄傲

何必低调　你应该骄傲

图3-5-1

百雀羚的这支公益广告，看过的中国人一定会心情激动，泪中带笑，一股强大的自豪感和骄傲感油然而生。每个人、每个群体、每个种族、每个国家，其实都拥有其他人、其他群体、其他种族、其他国家没有而自己独有的优势。

中国既有五千年文明史，文化底蕴厚度世界第一，又有高速发展的强大经济实力，GDP已经位居世界第二。当一个文案能够把这些事实言简意赅地传达给国人时，一定能瞬间激起每个人的民族自豪感和身为中国人的优越感。

回到做创意文案和营销策划上。任何用户群体，其实都有着其共同的优势和最值得骄傲的地方，都有一些"人无我有"的东西，商家做文案或者营销策划时，能够懂得巧妙满足目标用户的这种"唯我独有"的优越感，就一定能迅速赢得用户的心。

在众多痛点里，用户"人无我有"的优势都希望通过别人的口和笔展示出来，因为自己说出来的话，难免有"王婆卖瓜，自卖自夸"的不真实感，但别人说出来的，就是事实或者看起来是事实。如果你的文案和营销能满足用户的这种优越感，就相当于解决了用户的这一痛点，文案的营销效果一定会很好。下面通过"找痛点"和"给方法"来详细分析——

1.找痛点：挖掘目标用户"人无我有"的优势

山东蓝翔技师学院发布过一支特别"拉仇恨"的广告，文案是这样写的："三千块哪能招工人？三千块只能招大学生！"这样的广告语是不是特别令很多大学生讨厌？但是对于想拥有一门技术的人来说，这个文案就特别能激发他们"人无我有"的自豪感和优越心理。

其实，这个广告文案所说的，也是当今社会的一个现实。很多初入职场的大学生，月薪真的只有三千块甚至更少。而且，月薪三千，用人单位还要对前来应聘的大学生挑挑拣拣呢。但是三千块钱，你想招一个从蓝翔毕业的厨师、电焊工人、挖掘机工人……门儿都没有，即使翻一番甚至两番，都不见得能招得到。

这就是蓝翔技师学院找到的一个痛点，即当工人也很值得骄傲，只要你拥有一门过硬的技术，你的身价也能比大学生高。尽管大学生也有无数优秀的，工人也有很多不成器的，但蓝翔却用大学生里差的那部分和工人里好的部分做比较，虽然片面，但也是一次成功的文案营销。

如果我们要利用目标用户的优越感来达到营销产品或服务的目的，就一定要善于挖掘目标用户"人无我有"的优势，然后选取和我们产品或服务能产生联系的优势，满足用户的这一痛点。

2.给方案：用产品或服务满足用户的优越感

无论是老人还是小孩，无论是男人还是女人，无论是成功者还是失败者，无论是东方人还是西方人，只要是人就一定有攀比心理。每个人都有强烈的自尊心，都希望自己比别人优秀，或在某一点上比别人优秀也行。

这是所有人身上都有的痛点，只不过具体来看，每个人所最在意的不一样而已。如果我们的文案能让用户明显感受到自己比别人更优越，我们的产品或服务就很容易受到用户的青睐。

例如，全球闻名的"文案大神"尼尔·法兰奇（Neil

French）给皇家·芝华士所做的一条经典广告，就是为了满足目标用户"人无我有"的优越感而撰写和制作的。尼尔·法兰奇给芝华士做广告文案和营销策划的策略就是，充满自信地告诉大众，芝华士与众不同，普通人根本买不起。

这种只考虑目标用户不考虑非目标用户感受的狂傲做法，反而给芝华士确立了一种高高在上的高贵高端感，让买得起芝华士的用户非常有优越感，认为拥有芝华士是一种身份象征。

皇家·芝华士的广告页是放在时尚杂志里的，分为正面和背面，第一页为正面，上面除了这段文案，什么都没有：

"如果你需要看它的瓶子/显然，你混错了社交圈/如果你需要尝一尝/说明你没有品尝它的经历/如果你需要知道它的价格/翻过这页吧，年轻人。"

背后的一页右下方放了一瓶没有贴任何商标的酒，但见过芝华士酒瓶的人都能看出是一瓶芝华士酒，然后页面上半部分放了这句文案：

"如果你还没认出它来，那你可能还没准备好享受它。"

图3-5-2

帮助用户摆脱"人有我无"困境，不再落后

经典案例：

碧桂园是国内一家非常著名的房地产公司，很多人知道它的这句广告文案："碧桂园，给您一个五星级的家。"这句文案打中的是目标用户的"痒点"，而不是"痛点"。

碧桂园作为卖房业绩在国内名列前茅的房地产名企，肯定不仅仅能抓住用户的"痒点"，同样也能抓到用户的"痛点"。2016年，深圳碧桂园在互联网上做了一次广告营销活动，其文案就是针对用户的痛点来写的。

2016年4月，深圳碧桂园在微信公众号上发布了一系列广告，其中一条最令人印象深刻，因为打中了目标用户"人有我无"的痛点。这条广告的文案是这样写的：

"每一次搬家，最难收拾的是心情。别让这座城市，留下你的青春，却留不下你。"

文案下面配的图是碧桂园要销售的楼盘，最醒目的是图上四

个手写体大字"留在深圳"。

　　深圳碧桂园还发布了其他几条公众号广告，但都不如这条广告的文案"扎心"。"别让这座城市，留下你的青春，却留不下你"，也成了一句在互联网上广为流传的金句。

　　网上不止一个人说，因为这句话，他们东拼西凑地借钱，也买了房。虽然买的不一定是碧桂园的，但确实促使人们想方设法也要买一套房，从某个角度说，也算是一则很成功的文案。

深圳碧桂园　　　　　　　　　　　　　广告 ∨

每一次搬家，最难收拾的是心情。
别让这座城市，
留下你的青春，却留不下你。

查看详情 🔗

4月11日

图3-6-1

　　广告文案和营销策划的最终目的，是为了让产品畅销，获得良好的商业回报。要让产品畅销，最有效的方法就是让文案和营销活动直击用户的痛点，帮助用户解决其急切的需求。碧桂园的这条广告，针对的是目标用户害怕落后、希望摆脱"人有我无"困境的痛点，它给出的解决方案是让目标用户买碧桂园的房子。

目标用户确实也被激发出对房子的购买欲，只不过不一定去买碧桂园的房子，很可能去买了碧桂园竞争对手的房子，因为他们买不起碧桂园的房子，但能买得起一些别的房地产开发商建的房子。

文案营销产生了极大的影响力，但目标用户却不一定会购买自己的产品，而可能去购买竞争对手的产品。这样的情形不仅是碧桂园遇到过，不少著名品牌也遇到过。例如，汽车品牌MINI的一则广告文案"别说你爬过的山，只有早高峰"，就是一句在互联网上流传甚广的金句。这则文案同样打中了目标用户害怕落后、不希望"人有我无"的痛点。

但是用户看了这则文案后，再结合MINI汽车的车型状况，却有可能会买其他品牌的越野车，因为MINI汽车给人的感觉更适合在城市马路上慢行，但"别说你爬过的山，只有早高峰"却

图3-6-2

让人很想开着一辆彪悍的越野车，驰骋在野外，然后爬坡爬山。MINI汽车似乎没法带自己去"勇攀高峰"！

怎样才能有效地挖掘出目标用户"害怕落后"、急欲摆脱"人有我无"困境的痛点呢？如何才能提供一套行之有效的方案，迅速解决目标用户的痛点呢？

1.找痛点：发现目标用户"落后于别人"的困境状况

有一家广告公司给广东珠海市某房地产公司两个新楼盘做的营销文案，可以说是抓目标用户痛点抓得非常准，即"落后于别人"。他们的营销文案有三条，分别用于三个橱窗海报，置于公交站的广告橱窗里。

图3-6-3

第一则文案："城市欠你一个位置，你差孩子一个故乡。"

第二则文案："故乡眼中的骄子，不该是城市的游子。"

第三则文案："你可以继续漂泊，但爱情不同意。"

对于在大城市打拼的异乡人，看到这些文案，是不是则则都击中内心最痛的地方？有没有感觉心已经被"扎"得"鲜血直流"？当然，他们也给出了解决方案，那就是"首付3万，扎根珠海"。令人遗憾的是，这已经是很多年前的事了。现在，想扎根珠海，恐怕首付30万都不够吧，这更"扎心"。

目标用户"人有我无"这个痛点一旦被暴露，往往都很"扎心"。在这方面，最经典的一个文案，就是台湾奥美广告公司写的《我害怕阅读的人》。

为什么会害怕阅读的人？因为和爱阅读的人待在一起时，不爱阅读的人会感觉自己这也缺乏，那也不行，比较之下，发现爱阅读的人什么都懂，不爱阅读的人啥也不懂。这就是典型地抓住"人有我无"这个痛点来写的。

2.给方案：提供有效方法，让用户摆脱"人有我无"的困境

挖掘目标用户的痛点，就是为了让我们的产品或服务去解决痛点，这也是目标用户最迫切的需求。在目标用户身处"人有我无"的困境时，我们的产品或服务若能帮用户解决"落后于别人"的问题，让其摆脱"人有我无"的困境，也能"人有我也有"，自然能迅速得到他们的认可。

MarryU婚恋网是一家实名身份认证的高端婚恋平台，它在公众号上发布的一则广告，其营销文案就击中了目标用户"人有我无"的痛点。文案就一句话："又有朋友结婚了，明明你更优秀。"潜台词是，不如你的人都已经结婚了，也就是"有"婚姻的另一半了，更优秀的你（夸赞一下目标用户），却还没有婚姻的另一半，也就是"无"。

怎么办呢？MarryU给出的解决痛点的方案，就是成为它的会员，通过被介绍合适的异性会员、相亲，如果合适，不就把痛点解决了吗？

多了解一下与痛点相关的营销文案，大家会发现，房地产行业、婚恋行业、交友软件等都喜欢用痛点来刺激目标用户，然后把自己的产品或服务设置成为能帮助目标客户解决问题的方法。这个方法屡试不爽，你不妨也尽快学习与运用。

图3-6-4

第四章
会讲故事，顾客都听你的：故事营销文案的写法

人们在家看电视剧或者在互联网上看视频时，每每看到广告，都会换台或快进。但如果你的广告是用讲故事的方式表达，甚至故事讲得很引人入胜，那么谁都会爱看，并且会因为喜欢故事而喜欢上这个产品与品牌。

常用的故事营销文案写法有：产品故事；品牌故事；连续剧式故事；"神转折"故事；"新老巧搭"式故事；治愈故事。

产品故事，拉近与顾客的距离

经典案例：

葡萄酒是一种浪漫的酒，它既有酒的香醇，也有葡萄的甘甜，极受人青睐。中国的葡萄酒市场已经趋于饱和，因为除了有本地品牌外，还涌入了大量的国外品牌。但在众多的葡萄酒品牌中，新疆乡都葡萄酒被人广知。

这是因为，乡都葡萄酒卖的不单单是葡萄酒，也是一个故事。乡都葡萄酒有一款产品名为"乡都·安东尼"，不管是在其运营的公众号，还是在网络的销售平台上，都发布了"乡都·安东尼"这个名称由来的文案，且是以故事的形式展开的。

文案的标题为"乡都·安东尼——我的名字"，正文讲述的故事是：法国艺术家尼古拉·安东尼是一个非常喜爱葡萄酒的人。2003年，他前往新疆，参观了乡都的酒厂，并品尝了一款新品葡萄酒。这款葡萄酒的味道香醇青涩，令这位艺术家爱不释手，并迸发了创作灵感。他为这款葡萄酒画了一幅画，希望中法间的友谊长存。乡都葡萄酒的创始人十分欣赏这幅油画，不只用这幅画做了这款葡萄酒的酒标，还以安东尼的名字为这款葡萄酒命名。这就是"乡都·安东尼"葡萄酒名称的由来。

2003年是民间中法友谊年。法国艺术家尼古拉·安东尼的拜访，展现了中法的友谊。他为乡都葡萄酒作画，以此作为他来中国的礼物，而乡都葡萄酒以其画为酒标，以其名为酒名，何尝不是对其礼物的回馈呢！两者都昭示了中法友谊的长存。

人在购物时都有这样一个习惯，就是当对某品牌的产品足够了解时，会倾向于购买该品牌。乡都葡萄酒用故事性的文案向人们诉说着葡萄酒的信息。当人们对它的葡萄酒感到熟悉时，就会不自觉地选择它。

在消费者看来，乡都葡萄酒"乡都·安东尼"这款产品不仅仅是葡萄酒，更是代表了中法间的友谊，具有特殊的含义。这就使消费者在购买时也会受到自我情怀的影响。

可见，产品故事的文案有助于产品

乡都"安东尼"——我的名字
仅尔乡都葡萄酒 2013-04-07

2003年，是民间中法友谊年。酷爱葡萄酒的法国先锋艺术家尼古拉·安东尼在入冬时分来到新疆乡都酒堡，品赏了一款葡萄酒，这是乡都2002年建厂后酿造的一支新酒，年轻而青涩，可是尼古拉·安东尼却品出了"阳光的味道，法式葡萄酒的气息"，爱不释手的感觉很快激起了他的创作灵感，提起画笔欣然为这支酒绘制了一幅作品，画作的主题是中法人民友谊长存。

画中，葡萄酒代表友谊交流天使，一颗红心寓意中国的国旗，在漂亮的高脚杯中洋溢出芬芳的气息，用法国国旗的红白蓝三色为主色调绘就的浪漫友人，惬意而畅快地表达着愉悦的感受。这是尼古拉·安东尼先生的神来之笔：它在传递"乡都"不仅指乡都酒，也代表中国葡萄酒，代表中法两国间葡萄酒的文化交流和人民的友谊。他用画作、用心表达了对乡都葡萄酒的欣赏热爱。

乡都酒业创始人李瑞琴看到这幅作品后赞叹不已，当即决定用这幅画做这一款酒的酒标，并且将这款酒命名为乡都"安东尼"。这幅简洁明快、寓意深刻，象征着中法友谊世代友好的酒标，从此载着安东尼的名字，从乡都酒堡走向了大江南北。浪漫的安东尼也因此常常自豪地对朋友说：中国新疆的乡都"安东尼"是我的名字！

点击阅读原文·进入乡都天猫旗舰店

阅读原文

图4-1-1

的宣传、推广，也能使产品达成营销。那么，怎么撰写产品故事的文案呢？

1.讲产品的研发故事

很多时候，人们购买一件产品时，会不自觉地想这件产品是怎么研发出来的。我们可以满足顾客的需求，讲述产品的研发故事。

每件产品的研发都经历了从无到有的过程。讲述产品故事时，不能流水般地讲述产品研发的整个过程，这样只会使人感到枯燥无味，从而失去阅读兴趣。那么，要怎么讲述呢？写产品研发故事时，要分清主次，点出重点。这些重点就是吸引读者阅读的看点。

讲述产品的研发故事时，哪些是重点呢？产品研发过程中碰到的困难就是重点，如技术瓶颈、资金短缺等。譬如淘宝网，它在对外宣传、推广时，马云就讲述了淘宝创立中资金短缺、技术短板的故事，每个听众在听马云的演讲时，都津津有味。

2.故事要有特殊意义

人的一生总有几件令自己记忆深刻的事。仔细观察会发现，这些事都有着特殊的意义。我们用文案说产品故事，可以对产品进行宣传、推广，而在故事中加入特殊的意义，却能令顾客印象深刻，有利于产品营销。正如乡都葡萄酒，其旗下的"乡都·安东尼"除了是一瓶葡萄酒外，也是中法友谊的见证。

"飞鸽"是我国的一个自行车品牌，曾被赠予原美国总统布什夫妇。“飞鸽”将这一事迹刊登到各大媒体上，令它远销海内外。Zippo是一个历史悠久的打火机品牌，它至今都还畅销，就是其对外推广的文案中加入了二战故事。Zippo的文案中，讲述了它在二战时期被士兵广泛用于战场上的故事。

这些故事对产品来说，都具有特殊的含义。具体点说，特殊含义包含两重，即名人效应和热点事迹。将特殊含义融入故事，可令文案更具可读性，更令读者记忆深刻。

3.故事要打动人心

每个产品身上发生的故事可以写成一本书，但消费者肯定没有耐心看完。所以，撰写故事性文案时，我们可以有选择性地

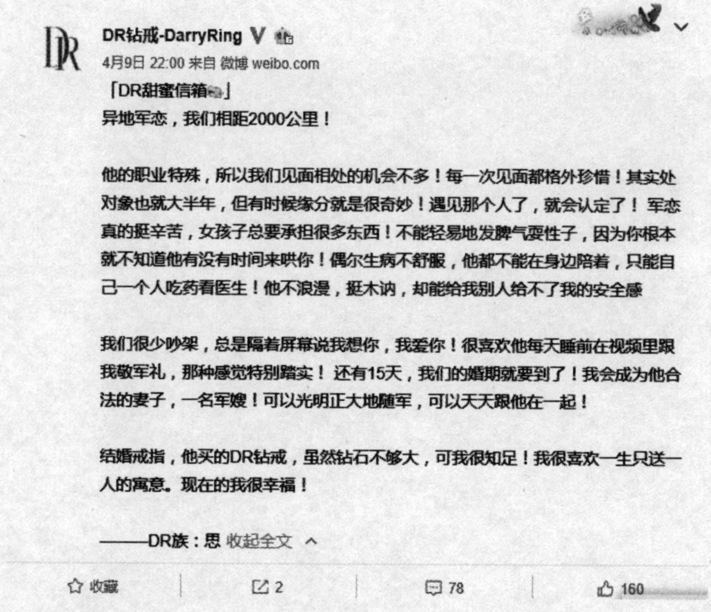
DR钻戒-DarryRing
4月9日 22:00 来自 微博 weibo.com
「DR甜蜜信箱」
异地军恋，我们相距2000公里！

他的职业特殊，所以我们见面相处的机会不多！每一次见面都格外珍惜！其实处对象也就大半年，但有时候缘分就是很奇妙！遇见那个人了，就会认定了！ 军恋真的挺辛苦，女孩子总要承担很多东西！不能轻易地发脾气耍性子，因为你根本就不知道他有没有时间来哄你！偶尔生病不舒服，他都不能在身边陪着，只能自己一个人吃药看医生！他不浪漫，挺木讷，却能给我别人给不了我的安全感

我们很少吵架，总是隔着屏幕说我想你，我爱你！很喜欢他每天睡前在视频里跟我敬军礼，那种感觉特别踏实！ 还有15天，我们的婚期就要到了！我会成为他合法的妻子，一名军嫂！可以光明正大地随军，可以天天跟他在一起！

结婚戒指，他买的DR钻戒，虽然钻石不够大，可我很知足！我很喜欢一生只送一人的寓意。现在的我很幸福！

——DR族：思 收起全文

收藏 | 2 | 78 | 160

图4-1-2

写，如能打动人心的故事情节。这些煽情的故事，能很大程度刺激人的情绪起伏，而情绪会帮助这些故事更深刻地印在读者的脑海，这也变相地加深了读者对产品的记忆。

DR钻戒在新媒体平台上发布的文案常常为情侣故事。这些故事都有一个共同的特点，就是极具情感，每个阅读过的人都会感动不已。正是因为这些煽情的爱情故事，DR钻戒在消费者心中有一个特殊的地位，其品牌在消费者的心中也意义非凡。

产品和人一样，也有它的一生。通过文案，将产品故事告诉给顾客，在令顾客了解产品的同时，也产生了情感、信任。将产品故事作为文案，是一种非常不错的营销方式。

品牌故事，让顾客更信任

经典文案：

在中国，矿泉水的品牌多达上百种，但人们耳熟能详的品牌却只有几个，其中"农夫山泉"占据了一个名额。

说起"农夫山泉"，很多人会想起它的那句经典文案——"农夫山泉，味道有点甜"。正是因为这句文案，农夫山泉将自己与其他矿泉水品牌区分开来，并脱颖而出，令人们在想要购买矿泉水的时候，不由自主地想要有点"甜"的农夫山泉。

农夫山泉为了侧重产品的"甜"，还特地发布了品牌故事的文案，讲述了农夫山泉的由来。其中有一则故事是：

新疆天山玛纳斯水库是世界上优质的冰川融水水源地之一，这个水源地也是农夫山泉的八大水源地之一。

农夫山泉准确的取水点为玛纳斯地下河床170米深的松散岩层源，这里的水源来自天山冰川雪融水，水味甘甜清冽，含有丰富的天然矿物元素，对人体健康十分有益。此外，玛纳斯也是柯尔克孜文化的发源地。

柯尔克孜族是一个游牧、渔猎民族，它的历史最早可追溯到两千多年前。新疆天山的玛纳斯水库就是他们的渔猎地。因为柯尔克孜族人长期饮用玛纳斯水库中的水，所以柯尔克孜人普遍很长寿。农夫山泉取用玛纳斯水，既是相信先人的智慧，也是对玛纳斯水质的信任。

故事的结尾处又指出，农夫山泉不生产水，只做大自然的搬运工。

图4-2-1

广告教父大卫·奥格威说过："品牌在市场上的地位，不是取决于产品之间微不足道的差异，而是在于品牌的性格。"就像农夫山泉，它和其他矿泉水没有本质上的区别，但通过品牌故事文案，令顾客感受到它与其他品牌的不同之处。

可以说，每个成功的品牌，其背后都有一个传奇的品牌故事。这个故事既可以为品牌树立良好的形象，也可以助力旗下产品的宣传、推广。譬如格力空调，它对外营销的文案中也讲述了许多格力品牌创办、发展的故事。当人们对这个品牌认知得越多，品牌就越在人们的脑海中扎根。当顾客对品牌产生信任感后，这个品牌旗下的所有产品，都会快速被人们接纳。

董明珠：高质量发展是中国制造业的使命

发布时间：2019-06-14 16:05:14

近日，珠海格力电器董事长兼总裁董明珠在"中国（广东）-泰国经贸合作交流会"上发表主旨演讲。她指出，高质量发展是制造业的生命，也是制造业的使命。格力始终坚持通过技术创新和"完美质量"管理模式来增强核心竞争力和品牌发展力。

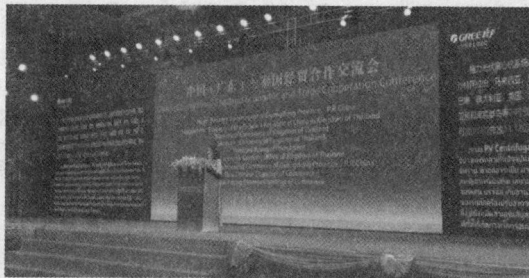

图4-2-2

不管是什么企业，对外营销的文案中最不能少的就是品牌故事。从很大程度上说，品牌故事可以决定产品在市场上的地位。那么，如何撰写品牌故事文案呢？

1.品牌故事要带有传奇色彩

一个品牌的诞生和发展，大都经历了漫长的时光。如果将这些时光都写成故事，只会给读者带来糟糕、枯燥无味的阅读感受。所以，品牌故事文案要撰写的不是对企业的介绍，而是企业诞生、发展中带有传奇色彩的故事。

任何一个品牌，它可以说的故事有太多，如起源、意义、发展等。我们不需要将这些故事一股脑儿地全写进一篇文案，只需挑选品牌故事中那些传奇的故事来写。什么是传奇的故事呢？就是不寻常的故事。

2.品牌的历史与荣誉

顾客是否会购买产品，取决于对产品的信任，而信任又取决于对产品的了解。企业向顾客展现品牌的历史和荣誉，可以令顾客从源头上了解品牌，继而对企业品牌产生信任感。因此，我们在撰写文案的时候，可以从品牌的历史和荣誉下手。

需要注意的是，品牌故事适用于老字号的品牌，因为时光沉淀，品牌更具吸引力，更能够勾起顾客的情怀。譬如中医养生品

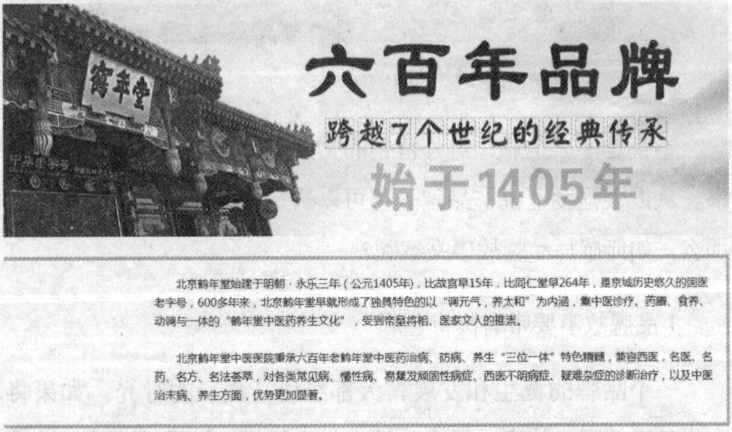
六百年品牌
跨越7个世纪的经典传承
始于1405年
北京鹤年堂始建于明朝·永乐三年（公元1405年），比故宫早15年，比同仁堂早264年，是京城历史悠久的国医老字号，600多年来，北京鹤年堂早就形成了独具特色的以“调元气，养太和”为内涵，集中医诊疗、药膳、食养、动调与一体的“鹤年堂中医药养生文化”，受到帝皇将相、医家文人的推崇。
北京鹤年堂中医医院秉承六百年老鹤年堂中医药治病、防病、养生“三位一体”特色精髓，兼容西医，名医、名药、名方、名法荟萃，对各类常见病、慢性病、易复发顽固性病症、西医不明病症、疑难杂症的诊断治疗，以及中医治未病、养生方面，优势更加显著。

图4-2-3

牌"鹤年堂"，它有着600多年的历史，经历十几代的传承。用文案将那些尘封的故事娓娓道来，仿佛可以令人穿梭过去，见证它的诞生。

荣誉故事可以是品牌获得的荣誉，也可以是品牌做出的贡献。譬如鹤年堂，在抗击倭寇的时候，曾为士兵提供医疗物品。民族英雄戚继光为了感谢鹤年堂，还为它写下匾额和楹联。这些故事就是品牌文案的优秀素材。

3.突出产品的卖点

利用文案撰写品牌故事，最终目的是为了产品的宣传、推广。所以，品牌故事是为产品服务的。撰写品牌故事时，要突出产品的卖点，给予一定的笔墨，这样才能令产品在消费者心中留下深刻印象。

譬如农夫山泉，在撰写品牌故事时，它一边告诉消费者产品的由来，一边向消费者突出产品的两个卖点：一是水的味道有点甜；二是长期饮用农夫山泉可以长寿。品牌故事可以令消费者了解品牌，信任品牌，而真正令消费者付诸消费行动的，还是品牌故事中产品的卖点。

4.什么样的品牌，讲什么样的故事

正如先前所说，一个品牌可以说的故事太多，但不可能什么故事都说，所以，要说的只能是那些有利于营销的故事。什么样的故事利于营销呢？即什么样的品牌，讲什么样的故事。

首先，我们要给自己的产品定个位，即产品属于什么档次。

　　其次，再决定写什么样的故事。譬如，如果是平民化的产品，品牌故事要趋于大众化；如果是高端产品，品牌故事要显得高大上。这是因为，品牌故事与产品定位相辅相成。

　　卡地亚是奢侈品珠宝品牌，其文案中的品牌故事，都是围绕贵族和上流社会展开的。它用文案告诉消费者，它的顾客有戴安娜王妃、摩洛哥王妃等众多王室成员。因为这些故事的加持，卡地亚一直位于珠宝行业的金字塔之上。

1847年，Cartier创立于世界浪漫和时尚之都的法国巴黎。时年29岁的Louis-Francois Cartier（1819－1904）从师傅Adolphe Picard的手里接管了位于巴黎29，RueMontorgueil的珠宝店，从此开启了卡地亚传奇的珠宝之旅。

说来Cartier能在短时间内一炮而红也十分幸运。因为当时经历一番动荡的巴黎刚刚恢复难得的平静，整个巴黎又重新弥漫起浮华、奢靡的气象，在这样的氛围之下，珠宝业再次兴起也是顺理成章的事了。与此同时，卡地亚特别幸运地得到了拿破仑三世的堂妹Mathilde公主的青睐。在Mathilde公主的推荐之下，卡地亚迅速蹿红，立刻在王公贵族中流行开来，业务随之也不断增长。

图4-2-4

　　品牌故事文案是产品和消费者之间的桥梁。产品通过品牌故事文案向消费者展示自己，而消费者通过品牌故事文案去了解产品。当顾客对产品足够了解、产生信任感时，用文案实现营销的目的就已达成。

连续剧式的故事，令顾客念念不忘

经典文案：

说起口香糖，"益达"是人们众所周知的品牌之一。它是美国推出的第一款无糖口香糖，仅仅用了五年时间，销售量就占据全球榜首。它能够迅速占据口香糖市场，除了产品自身的优点外，还有它那连续剧式的故事文案。

益达的视频广告文案很多，但仔细观察会发现，这些视频广告的文案是相互联系的，整个去看，就像一部连续剧。

益达最经典的文案为酸甜苦辣篇：

"缘起篇"的引言为：缘分就像烈酒，充满着浓烈的味道，却也回味无穷，就像……正文为：男主角骑着摩托车来到了大荒漠，并与加油站老板女主角相识。

"甜篇"的引言为：甜蜜的开始，总是充满美味。正文为：男主角骑着摩托车带着女主角来到集市，男主角请女主角吃冰糖葫芦，但摩托车怎么也发动不起来，最后还是女主角发动起来。两人感情升温，相约一起去海边看海。

　　"酸篇"的引言为：越觉得心酸，越是在乎对方。正文为：男女主角骑着摩托车来到小饭馆。男主角和饭馆的美丽老板娘多说了几句话，令女主角吃醋。不过，最后还是谈开，误会解除。

　　"辣篇"的引言为：火辣的争吵，是爱的调味剂。正文为：男女主角因为赶路而发生争吵，后来因为与他人的争执，男女主角又和好，再次展开旅途。

　　"苦篇"的引言为：最苦的总是爱得不够勇敢。正文为：男女主角终于来到海边，女主角期望男主角说出他对她的爱，但男主角只说着接下来的旅途计划。女主角心中苦涩，选择离开男主角。男主角也意识到对女主角的爱。

图4-3-1

　　不难看出，益达的这个系列广告就像一个连续剧，讲述了一对男女从相识到相爱再到相离的故事。故事虽然简短，但却将爱情给人的酸甜苦辣感展现得淋漓尽致。看完整个系列的广告后，每个人都会好奇，男主角有没有去追寻女主角？男女主角最后有没有在一起？答案则在益达后续篇中。

我们在看连续剧时几乎都会有广告植入，而益达的文案，它的连续剧是简短的，但产品却贯穿整个剧情。连续剧故事文案中的每个故事都是环环相扣的，只要对答案有执念，哪怕这个"连续剧"只是广告，也依然追得兴致勃勃。并且，执念越深，对产品的印象就越深。所以，连续剧式的故事文案可以令顾客念念不忘。

很多企业对外营销时也会撰写连续剧式的故事文案。那么，怎么撰写才能吸引顾客关注，令顾客念念不忘呢？

1.人物形象、主题、情节要饱满

相较于电视连续剧，连续剧式的故事文案要简短得多。但即便简短，电视连续剧具备的特点，它依然要具备。

一部优秀的电视连续剧，必须有丰富饱满的人物形象和故事情节，这样才能吸引观众。连续剧式的故事文案因为简短，而它想要吸引顾客，就需要塑造出更丰富饱满的人物形象和故事情节。

譬如益达的文案，在"缘起篇"中着重介绍男主角是一个开着摩托车自驾游的背包客，而女主角是一家加油站的老板，之后的每个小故事也都有主题，有对应的情节。所以，哪怕它的文案简短，也依然极具吸引力。

虽然说文案是为产品的宣传、推广服务的，但也需要明白，当文案没有了吸引力，就不会起到为产品宣传、推广的作用。我们撰写连续剧式的故事文案时，需要用浓重的笔墨来塑造人物形象、主题，刻画出饱满的故事情节。只有当连续剧式的故事文案走进顾客的心里，产品才会被顾客记住。

2.每个小故事都要设置悬念

仔细观察电视连续剧会发现，每集的结尾都会留下悬念，令人抓耳挠腮地想要看接下来的一集。在一个接一个的悬念下，一部电视连续剧就被看完了。连续剧式的故事文案虽然简短，但为了令顾客有追着看的欲望，也需要在每个小故事中设置悬念。

譬如，可口可乐发布了一组连续剧式的故事文案，讲述的是三个帅哥使出看家本领追求三个女孩的故事。每个小故事结束前，总会给顾客设置一个悬念，并留下"未完待续"的字样。20世纪30年代，梅兰芳演出宣传采用的连续剧式的故事文案中也留下了一个个悬念。这种"预知后事如何，且听下回分解"的表现形式，能够充分引起人们的观看欲望，令人有意识地关注后续情节发展。这种关注何尝不是对产品的关注呢！

3.产品植入要自然

文案是为产品服务的，有助于产品营销。但是在连续剧式的故事文案中，故事情节的笔墨往往多于产品的笔墨，因为以情节为主，才能吸引顾客继续观看的欲望。因此，植入产品信息时，一定要选择自然的点植入。

譬如DR钻戒的文案，它在讲述情侣故事时不会一下子讲完，而是选择用连续剧的方式来说。在每个故事中，你会发现有关DR钻戒的情节和笔墨都很少，且对DR钻戒的描写也是为了提升情侣间的情感。所以，人们在看DR钻戒连续剧式的故事文案时，不会将其当作广告，而是看作一个个情感故事。这就是产品植入自然的优势所在。

图4-3-2

"神转折"故事，顾客越看越入迷

经典案例：

一个身穿红色性感紧身连衣裙、年轻时尚、貌美艳丽的华人女子，涂着红色唇膏，迈着迷人的步伐走进一家酒吧，惹火的身材令男人看了就移不开眼睛。

她一边走进酒吧，一边说起内心独白："这是我到这座城市的第71天。从我第一次进到这间酒吧开始，我就知道，还会来。他穿着一样的衣服，留一样的发型，一样一丝不苟的胡茬，调着不一样的酒，也调着不一样的情，除了我。但从我们对视的第一眼起，我就知道，他在想什么。"

镜头一转，轮到她眼中的那个他，就是酒吧里成熟帅气、风度翩翩、充满绅士魅力的可能是英国白人的美男调酒师，也开始了内心独白。

他一边调酒一边在内心用英文自言自语了起来，翻译成中文是："喔，她又来了，那个总是红唇的姑娘。她总是坐在那里，而我，也总是有句话想对她说，我每时每刻都想告诉她。今天，是时候直接告诉她了。"

正当观众都以为这位超级白人帅哥要向那位性感魅人的华人美女表白时，包括那位美女也以为他要向她表白时，他对她说："这是你来这里的第11次，说实话，难道你只有一支口红吗？我都看腻啦！"

这个大帅哥为什么会说出这么大煞风景的话呢？原来，这是Urban Decay口红的广告！这神转折真令人猝不及防。

图4-4-1

图4-4-2

然后，这个大帅哥居然用有点娘儿的语气和东方女子交流起使用口红以及化妆的心得。这时旁白响起："生活未必如你所见，不如来点新鲜的。"

接着又出来红色字幕："120 COLORS, COLORFUL YOU.——URBAN DECAY。"

这个广告的讲故事方式，是常用的突然剧情大转折的"神转折故事"。所谓"神转折故事"，就是故事剧情的发展，转折得让人没有一点儿防备，但稍微一想，就会发现故事情节转得也挺合情合理的。再深想一下，更感觉故事转折得令人惊叹，印象深刻，越看越入迷。这时才出现的品牌名字，就顺理成章地被观众记住了。

其实，这个神转折故事剧情已经算是比较简单的了，只转了一次折。很多让人回味的"神转折故事"式的广告，往往都是一波三折。

"神转折故事"式的广告，很容易吸引观众看下去。平时我们在网上看电影、追电视剧或者看别的视频时，遇到广告总想跳过去。视频网站还针对用户的这一心理，采取充费成为VIP会员可以跳过广告直接看电影、追电视剧等做法。可见，大多数广告是不得人心的，惹人厌烦。

但是那些用讲故事的方式拍成的广告视频，尤其是"神转折故事"式的广告，绝大多数人都爱看。为什么这类广告很吸引人呢？

1.剧情发展令人意想不到，自然吸引观众

"神转折故事"式的广告，正是因为剧情不按我们预想的那样发展，所以才叫"神转折"。正是因为剧情的发展"太意外"了，所以才会紧紧吸引住观众关注的目光。如果广告剧情意外之后还有意外，那就更让人拍案叫绝了。

2019年年底，有道词典拍了一部视频广告，堪称"神转折故事"式广告的经典之作。广告视频刚开始时，一个男人按着自己的腰，然后一个性感的男低音念着这样的旁白文案："结束了一天的劳累，在面对那件事时，是不是总觉得有心无力、头冒虚汗、口干舌燥、声嘶力竭、精神失控，甚至严重影响夫妻关系……感觉身体被掏空？"

看到这里，观众朋友是不是都以为这是一支"汇仁肾宝"的新广告啊？正当观众都以为这是在走"汇仁肾宝风"时，突然剧情来了个"神转折"。妻子出现在他身边，问他："是不是今晚不想辅导孩子写作业了？"

看到这里，每个观众估计都会问："这是什么剧情？这是什么情况？"这完全出乎意料啊！

更令观众意外的接踵而来。紧接着，"汇仁肾宝风"被一扫而空，取而代之的是大字体、大图片、大声吆喝的咆哮："想把孩子落下去的成绩补起来吗？有道词典笔！别问落地价，孩子的教育，无价！父亲买了早回家，母亲买了皮肤好！"多么熟悉的广告画风啊！这不就是20世纪90年代电视购物现场的吆喝声吗？

这个广告真的是"一波三折"，不断"神转折"！恐怕每个观众都记住了"有道词典笔"这个品牌名称。可以说，这是非常成功的广告。

这个广告先是用熟悉的"汇仁肾宝风"引我们看下去，当我们以为剧情会如此发展下去时突然"急刹车"，然后"大转弯"，把我们带到一个做梦也想不到的地方。

当我们正在为看到新鲜的剧情而感叹时，广告剧情又突然回到我们熟悉的表达方式上。这又是一次"神转折"。于是，我们牢牢地记住了这个广告，记住了广告要营销的产品和品牌。

2.用"冰火两重天"式的"神转折"，给观众足够刺激

所谓"冰火两重天"式的剧情，就是一会儿让你感觉待在冰天雪地里，一会儿又感觉掉到正狂喷着岩浆的火山口。意思是说，转折的幅度太大，直接来了个180度大转变。

例如士力架的很多广告，都是这样的"神转折"。做足球守门员的，因为饥饿，柔弱得像林黛玉，广告里还真的弄了个弱不禁风的林黛玉站在球门前，这当然挡不住对手的进球。这时，一个队友给林黛玉吃了一条士力架，她立马变成高大威猛的足球守门员。"弱不禁风的林黛玉"突然变成"高大威猛的男守门员"，这"神转折"式的突然变化，让人有一种面对面进行魔术表演的神奇感。

图4-4-3

士力架的广告，剧情进展风格基本上都是这样。病恹恹甚至还打着点滴的韩国女生，吃了士力架后突然变成登山都腿脚很有力的健康阳光小伙子；文文弱弱的憨豆先生吃了士力架后变成武林高手；站都站不稳的许仙吃了士力架后变成能在足球场上"攻城拔寨"的足球明星……全是这样的套路。

3.每当主角落难，产品总会出来解救，满足观众的"爽点"

有一种"神转折"式的故事类广告，剧情拍得跟起点中文网里的"爽文"似的，每每当主角遇到无法解决的难题或者眼看就要遭受灭顶之灾时，总会有奇遇，然后逃出生天，功力提升，收获各种好处。这样安排剧情的方式，无论是小说、影视剧还是广告文案，其实都是为了满足读者、观众的"爽点"，就是让读者、观众看到这个转折时开心、快乐，很替主角高兴，内心觉得很爽。

美的挂烫机的视频广告，拍出了《宫心计》般的剧情，堪称年度大戏。剧情反转又反转，一会儿一个"神转折"，看过这个广告的人纷纷表示"没看够！"。

在这条广告视频里，女主角日防夜防，但还是总有一个心机同事很难防。心机同事总是给女主角"挖坑"，每次女主角快要被"埋在坑里"时，都幸好有美的挂烫机及时提供帮忙，才让她爬出深坑，成为获得最大好处的那一位。

美的挂烫机简直成为女主角的"开挂神器"。这剧情，如果看过金庸武侠小说或是很多部网络长篇小说的人，一定会懂；如果看过类似《宫心计》《甄嬛传》《芈月传》这类电视剧的人，也会懂。现在写故事类的广告文案，没有写"网络爽文"的功力，都是不行的。

"新老巧搭"式故事，让顾客耳目一新、拍案称奇

经典案例：

2018年，为借重阳节做一波营销推广活动，五芳斋和环时互动合作推出一支视频广告。视频背景是1980年代，只见一对新人在酒楼里举办婚礼，宴请宾客。随着当时非常流行的歌曲作为背景音乐响起，操着那个年代典型口音与腔调的解说员的解说词响起——

爸爸的爸爸的爸爸吃过，妈妈的妈妈的妈妈也吃过。80年代的网红店"五芳斋"，创始于1921年，是首批中华老字号，更是那时的今日头条。排队购买的人，九十七年来至今，络绎不绝。

乘着改革开放的徐徐春风，不忘中华五千年的传统，2018年重阳节，五芳斋重新推出"重阳礼糕"——香香的桂花糕、软软的南瓜糕、甜甜的红糖糕。

食材闻者落泪，包装见者惊心。欢迎来自五湖四海的朋友品尝采购，也格外适合上端保温杯、下穿秋裤的90后老人养生

食用。

　　这支广告视频的文案，讲述的是我国第一批中华老字号之一的浙江嘉兴五芳斋食品的品牌故事与产品故事。视频画面和解说风格，都给观众一种浓浓的复古风，但是解说文案却又是当下最流行、最时尚的一些词句。

图4-5-1

　　这支广告视频的文案写得很出彩，用现在大家熟悉的语言讲过去的故事。解说风格也让人印象深刻，说着一本正经的播音腔，时而生硬时而活泼，时而正经时而搞怪。这种认真庄重地解说诙谐幽默的文案，用奇妙的新老语言交互混杂的形式呈现，立刻戳中当下年轻人所追捧的"反差萌"。

　　这种讲故事的方式，在广告文案写作中是很常见的，叫"新老巧搭"式故事。这种方式把顾客不是很熟悉的人、事、物和非常熟悉的人、事、物相互巧妙地穿插在一起，让顾客借助熟悉的了解不熟悉的，并让整个文案产生亦庄亦谐、亦熟悉亦新鲜的影响力。顾客看了，往往感觉耳目一新，甚至拍案称奇。

"新老巧搭"式的故事广告，近年来出现得比较多。当然，用这种方式讲故事的广告，还略有不一样的地方，具体如下——

1.用新方式讲老故事

前文五芳斋的这个广告是用当下我们熟悉的语言讲述过去的故事，介绍历史悠久的产品。这其实就是用新方式讲老故事。

微博和微信是近年来非常热门的社交软件。于是，有些人就假设古代名人如果有微博和微信朋友圈会怎么发微博、发微信朋友圈。还有就是，古时候发生了什么事件，在微博或微信朋友圈里是怎样传播的。

于是，这样的用新方式讲老故事的方法，获得数以千万计的网友的关注。最早采用这种方式传播这种创意的人，如琢磨先生、六神磊磊，都迅速成名，成为网络红人。

2.用老故事讲新诉求

采用这种讲故事的方法做广告文案的也非常多。例如，百雀羚营销团队就很擅长用这种手法来传播它的品牌、产品和文化。

2016年10月，为迎接"双11"活动，百雀羚做了一条视频广告，叫《四美不开心》。这支广告的文案先从"昭君出塞"讲起。王昭君出塞途中，看到遍地黄沙，再加上琴弦弹断了，她一怒之下把琴砸烂了。但她很快转换心态，把烂琴当柴烧，烤肉串吃。做人嘛，"开心就好"。

从岭南进贡给杨贵妃的荔枝，剥好皮后由几个宫女急速送往杨贵妃处。结果，一个宫女把荔枝连托盘都摔到地上。杨贵妃初时很生气，但很快竟把荔枝当成弹珠，玩了起来，真的是"开心就好"。

貂婵先是被董卓和吕布争抢，后又被二人置之不理，但她也找到了自己的幸福。西施整天被东施模仿，心烦不已。后来，她改变心态，变得"开心就好"。

然后，四美同台，唱起了歌。歌词里包含百雀羚过些日子参加"双11"时用到的促销文案口号。

歌词是这样唱的："胆敢模仿我的脸，你找打；我是仙女竟然被甩，气哭啦；好在还有大百雀羚，全场五折这么浮夸；再减一半，怕了吗？塞外风沙辣眼睛啊，我的妈；荔枝没了气到狗带，要爆炸；好在还有大百雀羚，十万冷霜免费领领，只要开心就好啦；好在还有大百雀羚，百万红包疯狂地撒，只要开心就好啦；好在还有大百雀羚，五折封顶还有谁家？只要开心就好啦！"

这就是借用老故事的壳注入新诉求的典范。其实，这一手法，很多人都在用。

3.用新故事讲老道理

编写一些对观众来说很有新鲜感的故事，传达一些人们已经很熟悉的老道理，也是很多广告文案高手和营销策划大师经常做的事。甚至有些电影在上映前制作的宣传推广营销短片，也采用这种手法。

例如，科幻电影《毒液》上映前制作的一条宣传广告短片，就采用了"用新故事讲老道理"的手法。制作者剪辑电影《毒液》里的一个精彩片段，然后结合一些我们非常熟悉的口号搭配起来播出，竟然毫无违和感，反而给人一种新鲜、幽默的感觉。看完后，更让人期待《毒液》的上映了。

短片的故事情节是这样的：《毒液》男主角"发现了一些非常糟糕的事情"，然后被人追杀。他骑着摩托车在马路上逃跑。眼看追他的车与别的车相撞翻车，他以为自己安全了，没想到他也被前面迎来的车撞飞！当他躺在马路上时，屏幕上打出来自"毒液社区居委会"的忠告，并由带着播音腔的旁白读出："生命只有一次，安全伴您一生。"

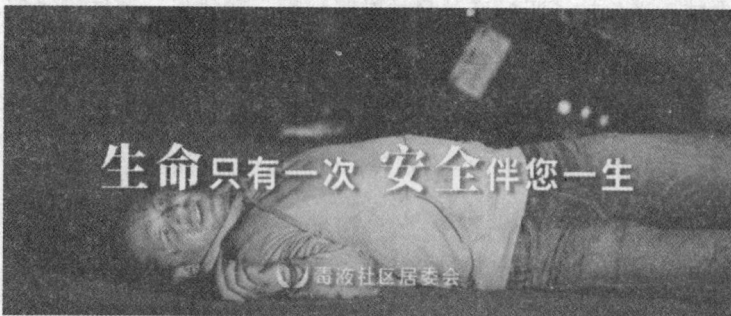

图4-5-2

被毒液上了身成为宿主的男主角回到家中，邻居音乐声开得太大，他让对方将声音关小点，对方却说："少管闲事！"男主角马上变身毒液，把对方咬死。这时"毒液社区居委会"的忠告又来了："少一些喧哗，多一片宁静。"

男主角来到超市买东西，遇到一个男匪徒正在抢劫。他身上的毒液问他，那个匪徒是不是坏人？他说是。然后毒液显身，教训了匪徒一顿。这时，"毒液社区居委会"的忠告如约而至：

"遵纪守法心常有，幸福生活跟你走。"

《毒液》里的故事情节都是新鲜的，属于新故事；"毒液社区居委会"的忠告都是我们耳熟能详的一些口号。两者巧妙搭配，是不是很有创意？我们在做创意文案和营销策划时，不妨也学习一下。

治愈故事，给顾客勇气、激励、正能量

经典案例：

唯品会策划营销活动时，经常会用治愈故事来告知大众它将要举行的活动的主题。这些治愈故事既温暖了很多人的心，又给观众传递了浓浓的正能量。我们来看看唯品会为2018年"唯品会905秋季美妆节"促销活动所做的广告视频吧。这些治愈故事和这次美妆节的主题是一致的。

一个成熟干练的年轻女子理发时，头发不小心被发型师剪得有点短。她气鼓鼓地离开发廊，坐到车上，让司机带她去参加一个聚会。据说，女人的自愈力是男人的9.05倍，所以这位女子很快想到让自己自愈的方法。她在车上重新打扮了一番。当她来到聚会现场时，已经变得精神奕奕、一副魅力四射的样子了。这时，旁白文案在屏幕上出现："既然意外不能避免，那就把它当成一场冒险。"

一个可爱的女生的两个室友晚上都有约，只剩她孤孤单单一个人。她为了排解不开心，便化起了妆。不过，她不是对着镜子

图4-6-1

化，而是在互联网上直播着化，让无数网友看着她怎么化彩妆。
伴随女生开开心心的样子，旁白文案出现了："不美给一个人
看，就要美给更多人看。"

图4-6-2

两位在20世纪六七十年代曾是某文工团舞蹈演员的老奶奶，重回当年跳舞的剧院去看看。然后，她们像当年一样化好妆，走到舞台上跳起当年的舞蹈。尽管台下空无一人，她们也非常开心。旁白文案说："时光不停地往前走，也要让美回头。"

一个年轻的美甲师，因为来找她美甲的顾客一个接一个，她连休息的时间都没有，所以中午、晚上点的外卖送来了也一直都没顾得上吃。等晚上打烊时，她无奈地把早已凉了的饭菜都放到外面的垃圾桶。心情有些郁闷的她，回店里给自己也做了一次美甲，然后心情又好了起来。旁白文案及时出现："就算辛苦不被人看见，也要对自己说声谢谢。"

然后，三句商家真正要表达的文案一句接一句地出现在屏幕上：

"生活不会时常如意，但我要将美握在手里！"

"美不能输！——唯品会905'秋季美妆节'。"

"唯品会携200+美妆大牌与你一起坚持美丽。"

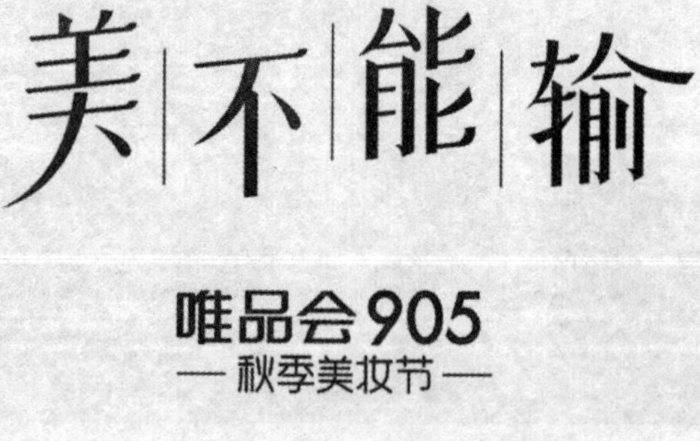

美 不 能 输

唯品会905
—秋季美妆节—

图4-6-3

这支主题为《美不能输》的唯品会治愈广告，通过几个女人的小故事，戳中每颗女人心！正如广告里的一句文案说的"女人的自愈力是男人的9.05倍"，而美最能让女人找回面对不如意时的自信。片中四个故事要表达的都是这一道理。四个治愈故事，迅速打动广大女同胞柔软的内心，让她们坚信：美不能输，也不会输。

通过讲治愈故事来做广告营销，传达商家的诉求，这在广告领域越来越常见。我们每年甚至每个月都能看到制作得很好的治愈故事式的广告片。治愈故事，稍微拍得好一点，就很容易打动观众的心，让消费者把感动转化为行动，成为品牌的忠实用户。所以，治愈故事式的广告文案，才会一直都有很多人在写；治愈故事式的广告片，才会一直有很多人在拍。

讲治愈故事的广告文案，主要有以下几类主题。

1.教观众如何转变心态

一个人无论遇到什么糟糕的事，只要学会转变心态，就能让自己迅速从消极、难过、痛苦中跳出来，积极乐观地面对不幸。很多治愈故事式的广告，都是教人怎么在遭遇不幸时转变心态，重新开心起来的。

KARMA五周年庆典时做的一支广告短片，主题是《谢谢你怼过我》（*Thanks,diss*）。其实，这也是一条治愈系广告。片中在每个做广告文案和营销策划的人面前都放了一块蛋糕，上面都写了一句批评的话，每句话都不一样，但都一针见血。

每个人被如此一语中的地批评，心情难免很差。但是，坐在上席位置的老板模样的男子，看了看面前写着批评自己的话的蛋糕，毫不在意，而是把它吃掉了。然后站起来，唱起另类生日歌，虽然曲子仍是Happy Birthday To You，但歌词变成了："Every Diss is Delicious."（每一个怒怼都是美味。）

然后，其他人向他学习，吃掉写着怒批他们的话的蛋糕，纷纷唱起"Every Diss is Delicious."，于是，原本难受、沉闷、消极的晚宴，很快就变成一场开心快乐的聚餐。

每个人都不喜欢被批评，被怒怼，被指责，一旦遭遇这些，心情难免会很差。只不过，要想让心情变好，也不是什么难事。正如KARMA这条治愈系广告教给我们的，学会转换心态，感谢批评我们的人，心情就能马上变好，因为"每一个怒怼都是美味"。

图4-6-4

2.激励大家坚持、自律、勤奋

通过讲一个治愈小故事，表达一条大道理，用以鼓励大家，这样的治愈系广告俯拾皆是。为什么会有这么多这样的广告呢？因为大家爱看，有需求才会有供应。其实，这类广告文案，都很让人印象深刻，经常会在互联网上广为传播，甚至在朋友圈里刷屏。

例如，Keep《自律给我自由》的广告片，通过几个一看就懂的"坚持锻炼，结果身材变得很好，能做到最想做的事"等小故事串联在一起，制造出很"燃"的效果，激励得所有看了片子的人都想去锻炼身体了。最后，片子给出升华主题的励志金句："哪有什么天生如此，只是我们天天坚持。"这句很治愈、很激励的话，一问世就在网上和微信朋友圈里迅速传播。

图4-6-5

3.鼓励大家追求梦想，努力做自己

小时候每个人都有梦想，但进入社会后，绝大多数人的梦想为现实让了路。正是因为这样，很多人晚上睡觉时都会时不时想起年少时自己想要做的是什么。有一类治愈系广告，就是鼓励大家追求梦想，努力做自己。正因梦想可贵，却难以坚持，所以很多人爱看这类广告。

资生堂2018年拍的广告《趁早，往向往中的自己前进》就属于这样的治愈系广告。它讲述了台湾女明星桂纶镁的成长故事，鼓励每个人都努力做自己，坚持对梦想的追求。

让我们看看这个治愈故事的励志文案："我们总是向往着未来，而忘了应该趁早开始的当下。一切从17岁的那天开始，17岁时的勇敢，我第一次发现，未来是可以自己决定的。趁早独立，让我成为一个可以被依靠的人。回想起年轻时，即使跌倒也勇敢面对那些挑战。对于向往着的未来，我们时常是被动地等待着，而要到很久的以后才明白，是每一个趁早的决定，累积成了现在的自己。趁早开始，不留遗憾，只留下最美的现在。趁早勇敢，趁早独立。趁早累积属于我们自己独一无二的精彩！让我们一起趁早，往向往中的自己前进吧！"

第五章
瞬间吸引关注，用户不断光顾：用文案锁定眼球的秘诀

要让用户购买你的东西，首先你要能迅速吸引用户的眼球，瞬间让用户关注你。若能把用户的眼球锁定在你的产品或服务上，用户就会不断光顾。

锁定用户眼球、瞬间吸引用户关注的秘诀很多，这几个却屡试不爽：强烈的反差对比；将熟悉的陌生化；剧情大反转；制造悬念；运用夸张；标题冲击；紧蹭热点；提炼金句。

强烈的反差对比，能瞬间吸引用户眼球

经典案例：

在法国一个美丽小镇的单行公路旁，左边是一片绿茵，上面有一个大大的、金黄色的立体字母"M"，后面是两行白色的立体字母，内容是"With more than 1000 McDrive（TM），McDonald's is closer to you."（麦当劳拥有1000家以上的麦当劳汽车餐厅，麦当劳离你更近。）

在单行公路的左边，则立有一个小指示牌和高高的指示牌。小指示牌上的麦当劳标志，远远就能看到，底下一个汽车轮廓，车身上写着McDrive（麦当劳汽车餐厅），小指示牌右边是一个黑色向上的箭头，底下写着"5KM"，整个小指示牌的意思是："向前行驶5公里，就有一家麦当劳汽车餐厅。"

小指示牌的右边则立着一块高高的白色指示牌，高度大概是小指示牌的10倍，上面写满一行又一行的字，是汽车导航指令文字。从高指示牌上看，从这里出发，要在37条导航指令的引导下，才能在258公里外的地方，找到一家汉堡王。

这条广告要表达什么意思呢？意思是麦当劳餐厅到处都有，食客很容易就能找到，因为店多，所以肯定有离食客很近的店。而汉堡王，分店少，离食客还远。

多年来，麦当劳和汉堡王经常通过广告互怼对方，极尽挖苦之能事。就在这条吸引了无数消费者眼球的广告播出以后，汉堡王也没忍着，而是迅速做出回应，怼了回去。汉堡王的做法当然也是拍广告。

汉堡王回应的广告是这样拍的：一男一女驾车到了5公里外的麦当劳汽车餐厅，并没有下车，只是让麦当劳店员给他俩每人来了一杯"麦咖啡"，他们要给自己提提神，因为还有很长一段车程要走。要去哪里呢？这个广告短片马上揭晓，他们开车去到了200多公里外的汉堡王餐厅，开开心心地享用起汉堡王套餐。

由于我国《广告法》的规定，所以在国内，我们看不到麦当劳和汉堡王时不时地互怼，但在国外，这两家超级餐饮连锁企业经常在各自的新广告里调侃、嘲讽、讥笑、挖苦对方。结果每次做出来的广告，都非常吸引消费者的眼球，成为大众讨论的热门话题。

他们做的这类广告，其实本质上都是拿自己的优势，和对方的劣势做比较，然后通过强烈的反差告诉消费者，选择自己是最正确的。麦当劳挖苦汉堡王分店少，又难找；汉堡王则讥笑麦当劳的汉堡是山寨货，盗版汉堡王后制作出来的，只有自己的汉堡才是全世界最正宗、最美味可口的。

　　针对自己的汉堡最好吃这一优势特点，汉堡王还专门拍了广告短片，捧高自己的同时，还狠狠地踩了麦当劳。广告的内容是，汉堡王的"大皇堡"（BIG KING）是如此好吃，以致麦当劳小丑也跑来排队购买。买到以后，藏到一个无人看到的地方偷偷地吃，一边吃，还一边露出幸福的笑容。

图5-1-1　　　　　　　　　　　图5-1-2

　　对比产生的强烈的反差，最容易吸引人们的眼球。每一个做广告文案和营销策划的人，一定要懂得这一点，这样做出来的广告才有人看，文案才能打动人，营销才能收到好效果。像麦当劳和汉堡王之间时不时用"自夸优点，同时贬损对方缺点"的手法，就是这方面营销的典范。

　　对比的画面很不协调，让人想不到，大呼意外，这样就能产生强烈的反差。比如，由宁浩导演、徐峥主演的电影《无人区》里，有这样一个场景：徐峥开着一辆红色的汽车，驶进一个加油站，入口处写着三个字"夜巴黎"。但是里面给人的感觉是破破烂烂的，堆放着各种杂物，又脏又土，住人的地方则是几个破旧的集装箱。明明是贫民窟一样的地方，居然叫"夜巴黎"，观众立马便产生一种强烈的反差感，注意力就被深深地吸引住了。

图5-1-3

怎么运用对比产生的强烈反差迅速吸引目标用户的眼球呢？主要有两种，一种是横向对比，一种是纵向对比。

1. 横向对比：用自己的优势和别人的劣势比

用自己的优势和别人的劣势比，反差会极为显著。比如，让一个超级大美女和一个特别丑的女人站在一起，对比就会特别强烈，对眼球的刺激会特别大。又如，你让一个靠领失业金度日的穷人，去和比尔·盖茨、沃伦·巴菲特这样的世界超级富豪比谁更富有，那比尔·盖茨、沃沦·巴菲特们的优势必然十分明显，反差也会特别大。

刚才说到的麦当劳和汉堡王互怼，就是用自己的优势怼对方的劣势。但也有用自己的劣势和一些并非竞争对手、并非同领域的人或事物的优势对比的。当然，对比的目的，是为了迅速吸引目标用户的关注，而不是真的暴露自己的缺点。

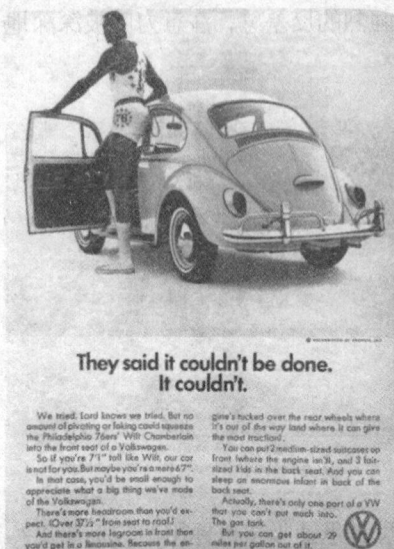

They said it couldn't be done.
It couldn't.

图5-1-4

几十年前，大众汽车公司生产过一种非常袖珍的小汽车，非常适合小个子男人和娇小玲珑的女子开。它为了吸引消费者的眼球，找来当时最炙手可热的美国篮球巨星张伯伦和这辆袖珍车站到一起拍照，还写了一组文案。下面是其中一部分文字：

"他们说办不到，真的办不到。我们尽力了！上帝都知道我们真的尽力了。但是，想把费城76人队的张伯伦塞入VW前座，真的不可能。因此，如果你和张伯伦一样有七尺一寸高，我们的这辆车并不适合你。但你若只有六英尺七英寸高，这样的话，你的身材就让你有机会欣赏我们在VW上有多么巨大的成就了……"

这个广告做得非常成功，属于广告界的一个经典。我们在写文案和做营销策划的时候，可以学习它是怎么吸引目标用户眼球的。

2.纵向对比：用自己现在的优势和过去的劣势比

健身房、美容院和整容机构的广告营销文案最常用、最擅长这类手法。一家美容院的广告文案是这样写的："请不要与刚刚走出本院的女人调情，她或许就是你的外祖母。"然后配上整容前和整容后的照片，前后对比，反差极大，特别吸引大众的眼球。如果谁想让自己变美，很可能看了这个广告后就会心动，然后采取行动，到这家美容院去做美容了。

整过容的人，用现在的脸与身材和自己整容前的脸与身材对比，就是用自己现在的优势和过去的劣势比，有时间先后的顺序，所以叫纵向对比。看过韩国电影《丑女大翻身》的人就能明白，女主角减肥前的模样、身材，和减肥后的模样、身材对比，简直是天壤之别。减肥前，什么事都不如意，想找男朋友也非常困难，还常常被别人讥笑、嘲讽、挖苦；减肥后，被无数男人喜欢，甚至赢得自己一直以来喜欢的"男神"的青睐。

现在，大家经常在微信朋友圈里看到卖减肥药的微商，就是用的这种手法。具体做法就是，把使用者减肥前的照片和据说是用了减肥药后成功瘦下来的照片，摆到一起对比。想减肥的人，在朋友圈里看到这样的照片，还挺心动的。

我们看到那些当红明星参加完同学会后发布在网上的照片，会发现这些明星都比当年的非明星同学要年轻很多，身材也好很多。泰国有个广告，就是用这个主题来纵向对比的：六个学生，三男三女，一起上学，毕业后经常在工作之余一起跳舞。很多年过去了，其中的三男二女都成为六七十岁的老年人，但其中一个女子还依然年轻貌美。

为什么会这样？因为她从上学一直到现在，每天都坚持使用广告里卖的那款护肤品。看过这个广告的人，看到她与同学的对比，会感觉非常震撼，然后就会很想用这款护肤品。

将熟悉的陌生化，能给大众一种惊艳感

经典案例：

　　相信很多人尤其是青少年都吃过辣条。在众多的辣条品牌里，卫龙辣条品牌尤为突出。卫龙的辣条虽然好吃，但让消费者更加关注的，是卫龙的营销。用现在流行的话来形容卫龙辣条，它就是"网红食品"。

　　卫龙的广告和营销活动数次在互联网掀起网民讨论的热潮。我们拿其中一次网络营销的文案和策划，和大家一起探讨。

　　在卫龙辣条的天猫旗舰店上，经常会出现一些精彩文案。由于它的所有页面设计都是模仿苹果手机的，所以看起来高端、大气、上档次。它甚至给"辣条"这个只有中国才有的名词，创造了一个英文单词：hotstrip，拆分开就是hot（辣）strip（条）。

　　苹果手机从1代一直出到13代，卫龙辣条也模仿苹果手机的这一做法，策划包装出Hotstrip 1.0、Hotstrip 2.0等系列。

　　卫龙辣条每一代的文案都不一样。比如，Hotstrip 1.0的文案是"传说中的卫龙辣条"，第二代也就是Hotstrip 2.0的文案是

"一包在手，天下我有"。

苹果手机iPhone 7发布，卫龙辣条的天猫旗舰店也跟着更新，上的新品则叫"Hotstrip 7.0"——辣条7！文案写道："改变食界，头头是道。"要知道，苹果公司创始人乔布斯生前最推崇的一句话就是："活着就为改变世界。"

卫龙还开发了小包装辣条，英文名叫 Hotstrip Mini。这里仅举几个卫龙在文案、包装、营销策划、宣传等方面的案例。其实，它还有不少精彩案例，感兴趣的人不妨找来学习研究。

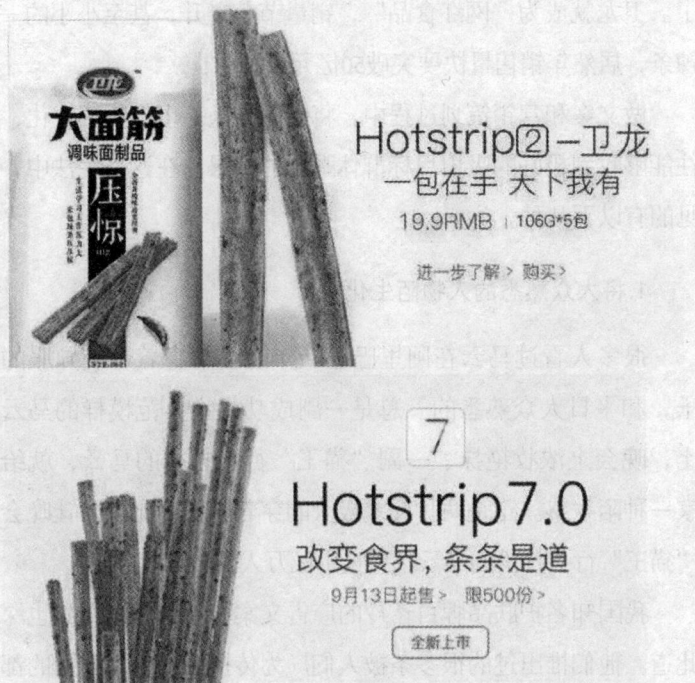

图5-2-1

　　卫龙是一家仅仅靠卖每根只需五毛钱的辣条，而在短短十年间卖出十几倍的溢价和近50亿年销售额的公司。卫龙的每次包装、营销、宣传，总能给网友和消费者一种惊艳的感觉，就是因为它采用的是"将熟悉的陌生化"的手法。

　　辣条是一种我们非常熟悉、非常平民化的小零食，非常便宜。然而，卫龙偏偏将辣条当成高端大气上档次的贵货来营销、宣传，就好像是苹果最新款手机。于是，一种熟悉的东西就被陌生化了。于是，"戏剧冲突"产生了，作为观众的消费者就爱看了。卫龙就成为"网红食品"，销量节节攀升，甚至小小的一包辣条，居然年销售量快要突破50亿元人民币！

　　做文案和营销策划过程中，将熟悉的人、事、物陌生化，往往能够收到极好的吸引目标群体眼球的效果。在这一手法中，常见的有以下几种。

1.将大众熟悉的人物陌生化

　　很多人看过马云在阿里巴巴新年晚会上身着奇装异服的样子，和平日大众熟悉的、总是一副成功人士典范模样的马云对比，晚会上浓妆艳抹、一副"猫王"行头打扮的马云，就给大家一种陌生感。正是两种反差极大的穿着打扮对比，才让晚会上"猫王"行头打扮的马云，更吸引亿万人的眼球。

　　我国知名护肤品牌百雀羚的广告文案和营销策划团队也深谙此道。他们推出过的很多条被人们广为传播的广告，采用的都是"将大众熟悉的人物陌生化"的方法。例如，为迎接2016年"双11"促销活动，他们在当年10月份推出的一条主题为"四美不开心"的广告短片，采用的就是这一方法。

在广告短片里，百雀羚的营销团队将大众熟悉的我国历史上著名的"四大美人"西施、王昭君、貂蝉、杨贵妃的举止行为陌生化，让她们做的事，都是当下年轻人才可能会做的事情，于是产生了巨大的反差效果。结果，这条广告短片一经推出，便在互联网上引发了无数网友包括各路大V的热议，在很短时间内火得一塌糊涂。

在广告短片里，大众熟悉的"昭君出塞"的故事，被陌生化演绎，昭君远嫁大漠很不开心，在出塞路上的一个夜晚，她仿佛是一个当代年轻女子穿越回去似的，为了开心起来，把木琴砸了，扔进火堆里，然后开心地烤起串来。旁白的广告文案用在王昭君身上很陌生，但作为当代人的我们很熟悉："陌生的他乡，在撸串的夜晚，像家乡——开

图5-2-2

心就好！"

另外三大美人的行为举止同样被陌生化为了当代人。杨贵妃心爱的荔枝掉到地上后，她却和一群宫女用荔枝玩起了游戏。旁白文案是这样的："像孩子一样生气，也像孩子一样快乐，我随时都是我自己——开心就好！"

在貂蝉的故事里，董卓与吕布暗生了情愫，貂蝉也找到了真爱，皆大欢喜。旁白写道："听说你终于找到了真爱，好巧，我也是——山高水远，开心就好！"

西施被东施各种模仿，抢走了不少人气。但西施迅速转换了心态，找到了开心的理由，正如旁白文案说的："你擅长模仿，我擅长被你模仿——开心就好！"

四大美人，四个"旧瓶装新酒"的故事，都在用"将大众熟悉的人物陌生化"的方法，向消费者们传达一个主题："双11，开心就好！"

"开心就好"这四个字，在2016年前后，不但是一个热词，还是众多年轻人追求的一种生活状态，所以很容易就被大家接受和主动传播。

2.将人们熟知的古代名画陌生化

这个方法经常被欧美的很多广告文案和营销策划人员所使用。比如，达·芬奇的传世名画《蒙娜丽莎的微笑》，不知道被多少广告人拿来陌生化过，每次使用都能吸引到无数人关注的目光。可见，招式不怕老，就怕没有效。只要效果好，就是好招。

　　国内也有人把我国古代的一些名画进行过陌生化，如《清明上河图》《韩熙载夜宴图》等。还有古代不少著名人物的肖像，也被改造成为幽默嬉皮的形象。

　　将古代严肃人物的肖像画改成幽默的形象，最为大众熟知的要数"故宫淘宝"。例如，他们用古代皇帝、皇后、妃子等严肃的肖像，改造成幽默嬉皮、平易近人的形象，经常让他们"说"当下流行的语言，"做"特别流行的事情。这样巨大的反差萌，吸引了亿万网友关注的目光。于是，"故宫淘宝"成为一个超级IP。这个手法，其实也是将熟悉的陌生化。

图5-2-3

3.把动物装扮成人的模样

　　将大众熟知的陌生化，还有一个常见的做法，就是将动物打扮成人类的模样，给动物主要是猫猫狗狗穿上人类衣服、人类鞋子，剪人类流行的发型，戴上一个酷酷的眼镜。这样做，其实也是将熟悉的陌生化，因为动物的模样，对我们人类来说是熟悉的。但是变成人的模样的动物，人类是陌生的。

陌陌发布过几次海报形式的广告，主角都是动物的头部，加上身穿衣服和鞋子的人类的身体。这也是把动物整成人的模样，或者叫"拟人化"。

图5-2-4

人类的大脑总是喜欢新奇的东西、令人产生惊喜感的事物。若你能把熟悉的人、动物、物件、事件等陌生化，而且陌生得合情合理，就能立刻给观众耳目一新的感觉。这就是惊艳感。

人类不喜欢天天看着一成不变的东西，但大多数人每天能看到、听到、闻到、触摸到的，几乎都是熟悉的东西。这时候，若你能够做出很有创意、让大众很有新鲜感的东西，当然会瞬间吸引大众的眼球。所以，尽快学会将熟悉的人、事、物创意十足地陌生化吧，这样你的文案和营销就很容易打动别人。

剧情大反转的文案，令人拍案叫绝

经典案例：

这是被无数网友誉为2018年年度神反转的广告。我们先来看看它的内容——

一个待审的杀人嫌犯对他的辩护女律师说："我知道你人脉广，有很多关系，只要你把我弄出去，你开个数。"然后，旁白响起："她握着法律的武器，却为了魔鬼在辩护。"

一个女老师批评一个男学生："你怎么还在写这一题啊？还错！我上课讲了多少遍了？你怎么还是不会做啊？你上课带没带耳朵啊？"然后，旁白响起："她被誉为蜡烛，却只有少数人被温暖。"

一个男主管斥责一个女下属："你看看你写的这是什么策划案？漏洞百出！今天加班改，改不好，你就不要回家了！"然后，旁白响起："当高一级成为一种权力，就可以处处把你踩在脚下。"

一个乞丐向一个小吃店主请求："给点吃的吧。"店主给了他两个馒头。他说："再给点。"店主又给了他一份菜肴，然后让他"走吧走吧"。没想到，他还想要一份肉。这时，旁白响起："当怜悯成为一种正确，就可以让施舍不再被感恩。"

一个主刀医生疲惫不堪地走出手术室，然后对病人家属说："很遗憾，我们已经尽力了。"家属痛苦，旁白响起："而当生命的权杖握在别人手中，又怎知是命运如此，还是已被利益左右？"

女辩护律师走出法庭时，被受害者家属痛骂："你是杀人犯的帮凶，你是杀人犯，你干吗要帮杀人犯辩护？"网上也是一片骂她的评论。当她回到家门口时，门上贴着骂她的话，地上堆满威吓她的东西。旁白响起："在你看来，谩骂，不过是为内心讨一个公道。"

被批评的男学生认为，自己被批评，是因为"我成绩差"，并当着老师的面，把课本都撕烂了。旁白说："在你心中，呐喊，不过是安慰不被善待的成长。"

被斥责的女下属生气地认为，主管就知道压榨新人，欺软怕硬，在老板面前就点头哈腰，跟条狗似的。等她找到机会，一定要在老板那里告他一状。旁白说："在你眼里，冲撞，也许是挽回尊严的唯一选择。"

小吃店老板把乞丐赶走了，并大骂："撑不死你！"旁白说："你认为，善良，也要带一些锋芒才有价值。"

痛失亲人的病人家属把主刀医生以及助手都打伤了。旁白说："你觉得，愤怒，才能填补太多太多的遗憾。"

女下属把新改好的策划案交到老板面前，并想告她的主管一状。没想到，老板却跟她说："你的主管保得了你一次，保不了你第二次。"原来，老板当初想把那位女下属开除掉，是主管向老板求情，才又给了她留下来的机会。旁白响起："其实，你只看到苛责，却没有看到机会。"

男学生的父亲跟女老师表态，回去一定要打他一顿，但女老师对家长说："你有时间就多陪陪孩子，不要老是打骂他，也不要拿他跟其他的孩子比较。"旁白响起："其实，你只看到偏心，却没有看到用心。"

辩护女律师对杀人嫌犯说："我的律师费是明码标价的，每个人都有为自己请律师辩护的权利，当然也包括你。该做的我会做，不该做的我绝对不会做。"旁白响起："其实，正义只是不曾声张，它从来不会缺席。"

小吃店老板路过一个小巷，恰好看到乞丐正在喂一群流浪狗。旁白响起："其实，被照顾不总是贪得无厌，他也想尽力施以援手。"

主刀医生安慰同样被打伤、流泪的助手："刚刚参加工作就遇到这种事情，委屈你了。"旁白响起："其实，你未曾了解，眼泪不是为了洗清误解，只是为了担起生命的分量。"

主管问女下属，都这么晚为什么还不回家。后者说，把策划案再改改。主管欣慰地点了点头。小吃店老板拿了两份食物，一份是给乞丐吃的，另一份是给流浪狗们吃的。女老师看到男学生把撕烂的课本又重新粘好了，脸上露出了微笑。

旁白响起："总有一些温暖，包裹着冷若冰霜的外表；总有一些误解，不去了解是不会解开的，螺蛳粉的美味，了解过才知道。小龙虾味螺蛳粉，天猫好欢螺旗舰店有售。"

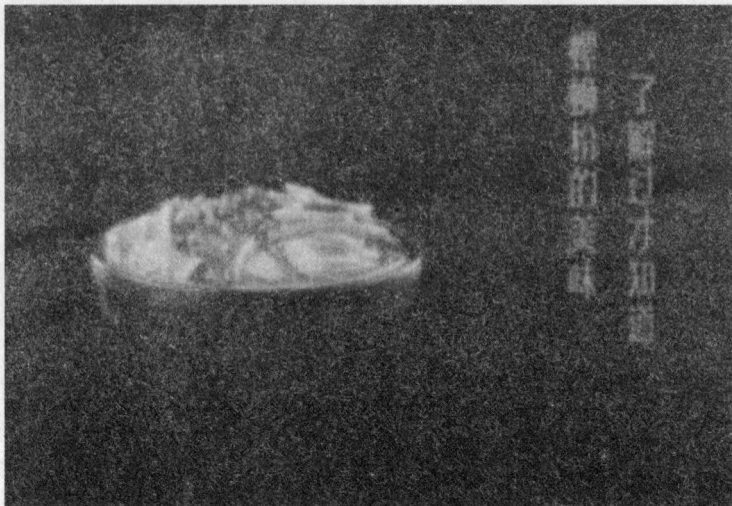

图5-3-1

　　每一个看过这条广告短片的人，都会被里面的文案和剧情迅速感染、打动，都会一边看一边悄悄掉泪。看到快结束时，都以为是一条治愈系的走心公益广告短片。万万没想到，最后几秒钟，才发现这居然是一条卖小龙虾味螺蛳粉的商业广告！这剧情大转折、大反转，再好的腰也会被闪了！

　　当然，看完这么令人感动的短片，网上有很多网友表示，一定要买这个螺蛳粉来吃，爱了爱了。

　　如果广告短片都能拍成这样，恐怕人人都爱看广告了。这条很用心拍的广告，能让各种身份、角色的人看了感同身受，产生共鸣。最后的几秒钟让观众一边抹泪，一边笑喷，真是让人感叹：这条广告，文案写得真好，演员演得真好，整条片子拍得也真好。

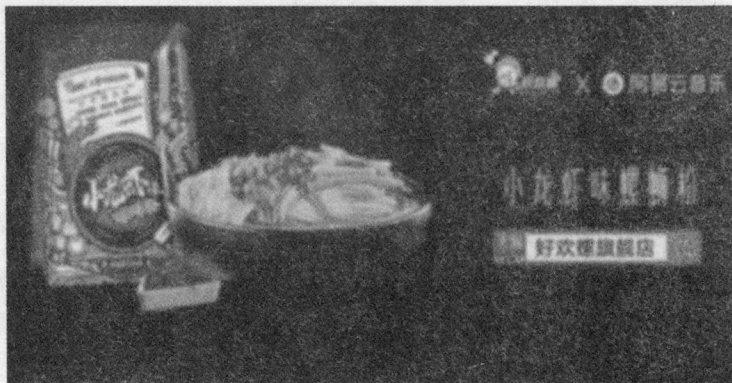

图5-3-2

能够来个剧情大反转，甚至反转又反转，这样的广告文案一定会非常吸引观众，让人看完久久回味，还想重新再看几遍。当观众想重温的时候，你想让人买你的产品，就很容易了。

用心写出剧情大反转的广告文案，有以下几个好处：

1.观众很爱看，甚至会主动重看几遍

绝大多数广告，人们不但不爱看，还避之不及。看电视遇到播广告的时候，几乎都会换台。唯独拍得很感人、很有趣或者很实用的广告片，能让观众看完，甚至不止看一遍。如果你的广告里还有反转剧情的话，就更容易吸引观众的眼球。

有一条外国公益短片，是宣传不要抽烟的，说的是一个青年去旅游，不小心遇到食人族。但这个食人族要把人烤熟了才会吃，不巧都没带生火的工具，于是就把青年放了。青年很高兴，便拿出身上的香烟和打火机，点上一根烟，抽了起来。

没想到，食人族看到青年身上居然有能生火的东西，就高兴

图5-3-3

地又把青年捆了起来，然后找来一大堆木柴枯枝之类的，准备烤了青年来吃。最后，屏幕打出广告语："千万别吸烟，不然会没命！"虽然内容和结论的联系很牵强，但却让人记住了这条广告和它的诉求。

Merrystar

健 康 香 烟 器

关爱生命 尽早戒烟

图5-3-4

2.观众会很容易记住你的核心诉求

观众对你的广告很感兴趣，所以他看得就很认真。认真看的人，自然会记得你在片子里向大家表达的核心诉求。即使是十几秒钟的广告短片，只要运用剧情大反转的手法，也会让人记住你要营销的产品，或者要提供的服务。

3.观众会对你的品牌产生好感

当观众觉得你拍的这条广告很用心时，就会爱屋及乌，对你在片里宣传的产品产生好感，然后对你的品牌也同样有好感。假如使用了你的产品或体验了你的服务后，发现很好，就会成为你的忠实顾客。为什么知名企业会经常拍一些公益广告？就是为了培养大众对其品牌的好感度。

例如，腾讯、阿里巴巴、百度、京东、网易……这些我们耳熟能详的企业，每年都会有一些看了很让人暖心的公益广告，有些也是剧情大反转的好广告，让人觉得好看的同时，也增加了对这些品牌的好感。

制造悬念，能迅速吸引和锁住用户目光

经典案例：

图5-4-1

2015年8月，河南很多家报纸在头版整版刊登了一幅"悬赏10万"的字谜广告。同时，包括河南省会郑州市在内的17个地级市的重点小区内，电梯里也出现了相同内容的悬念广告。

该广告的画面只有一组呈皇冠状的错字谜和二维码，元素都是老百姓平常生活里耳熟能详的电影名、成语、诗句或俗语等。

这则悬念广告上线后，不到三天，参与这个活动的人数就迅速突破10万人。参与者在猜中广告的字谜、完成填字游戏后，答案马上就揭晓

了。是的，答案从左到右连起来就是"大骨面河南方便面销量冠军"12个字。

是的，你猜对了，这个广告其实是大骨面河南方便面做的一次广告营销活动。

中央电视台市场研究（CTR）河南市场消费数据显示，数据推及的河南省740万户家庭中，大骨面河南方便面在2014年的销量（截至2015年3月20日），是河南省商超渠道消量第一的方便面产品，在消费数量、消费金额等各项指标上均超越其他品牌。所以，它想在媒体上庆祝这一成绩。

但考虑到我国《新广告法》规定，不能在广告文案中出现"销量冠军"这样的字眼，所以就通过这样的一次悬念广告营销活动，用另一种方式告诉河南省消费者，它是过去一年里河南省方便面领域的销量冠军。（注：这次营销活动的"大骨面河南方便面"就是现在河南人人皆知的"白象牌方便面"。）

利用制造悬念的手法进行广告营销，为什么总能取得很大的成功呢？因为这一手法能很好地利用消费者的好奇心。换言之，通过制造悬念，激发人的强烈好奇心，进而让商家的店铺迅速顾客盈门，产品迅速卖成爆款，服务被顾客争相参与、体验。

我们知道，在人类所有行为动机里，好奇心是最有力的。好奇心是人类认识大自然和自身的原动力。人类社会的发展与人类的好奇心密切相关。一个优秀的文案写手和营销人员，要非常懂得和熟悉掌握如何激发人们好奇心的各种方法。

通过制造悬念，能迅速激发起大众的强烈好奇心，迅速参与进来，进而转化成强烈购买欲望的文案和营销，就是好文案和好营销。要让你的文案和营销迅速激发大众的强烈好奇心，做出积极的购买行为，常见的做法有以下几个。

1. 学会"卖关子"，善于提问

那些善于"卖关子"、懂得制造悬念的文案，特别容易唤起读者的好奇心，进而迅速形成抢购风潮。这方面，屡试不爽的就是向人们提问。设置悬念的时候，一个恰到好处的问题，能马上勾起大众强烈的好奇心，进而转化为购买欲。

一家空调生产企业做了这样的文案和营销策划，它在一份当地销量最大的地方报纸上，买下背靠背的两个版面。偌大的正面空间，只印了一句话，是一句很能激发读者好奇心的问句："您知道世界上什么东西最懒吗？"

答案在背面，当读者翻过来一看，都会恍然大悟、会心一笑。当然，也会有人觉得答案令人拍案叫绝。只见背面的报纸版面上写着这些文字："世界上最懒的东西是您藏起来不花的钱，它们总是一动不动地待在您的钱包里。夏天这么热，把这些懒家伙拿出来购买XX空调，就可以让您度过一个凉爽的夏天。"文字下面是做这个广告的空调产品的实物图片。

这个广告一经推出，马上让这款空调成为这个地方人们讨论的一个热门话题，并让空调在这个地方迅速畅销起来。

2.制造神秘感，将产品神秘化

美国杰克逊州立大学教授刘安彦说过："探索与好奇，好像是一般人的天性。大家往往关心那些神秘奥妙的事物。"好奇是人的天性，在好奇心的推动下，我们特别容易关注和关心那些不熟悉、不了解或与众不同的东西。做文案与营销策划时，紧紧抓住这一点，就能在最短的时间内，让顾客主动了解你的产品，喜欢你的产品，购买你的产品。

　　有家酒厂一直打不开市场，快要倒闭了。这款酒的生产成本高，所以售价高，普通人喝不起。但是因为它没名气，高消费人群又不知道它，所以酒虽好，却卖不出去。

　　一天，酒厂老板实在没办法了，就找到一个高档饭馆，求饭馆经理同意他让食客都尝一尝这酒。饭馆经理便同意了。于是，他给在座的每一位食客都倒了一杯他的酒。这酒芳香扑鼻，不一会儿，整个饭馆都是这个酒的香味。结果，每桌客人都要求来这个酒，少则一瓶，多则四五瓶。饭馆经理说，你赶紧再送几箱过来。

　　后来，有个很会做文案和营销策划的食客，让酒厂老板保持这个酒的神秘感，不用给它起名字，就用"这个酒"或者"我的酒"来指代就行。他还给酒厂老板写了这样一则文案："这个酒，喝一口香三里，不香不要钱！"然后让酒厂老板做一批易拉宝，给当地的酒楼饭馆都送一个。很快，这个神秘的"无名酒"，迅速成为当地的名酒。

3.半藏半露，只提供大众部分信息

　　你是否有过这样的经历，当有人只对你说半句话时，你就会想，这个家伙的后半句话会是什么呢？这就是一种好奇心被激发出来的表现。

优秀的文案，出色的营销策划，都很善于利用这种半藏半露的手法制造悬念。他们会先给大众提供一部分信息，激发大众强烈的好奇心，然后一步步地把大众的好奇心转化成购买欲。

江苏无锡一栋刚刚竣工的28层大厦，其左侧突然出现一块和大厦左侧几乎同宽同高的巨大红布，上面只写了两个非常远的地方都能看到的大字："好人？"后面跟着那个巨大的问号，尤其醒目。大厦前面路过的行人和车辆，都能看到这块巨大红布和上面写的"好人？"，但都很好奇和疑惑，不知道这是要干啥。

过了7天，巨大红布上的文字换成"好人是谁？"。人们一看，更加好奇和疑惑。这次连当地电视台都被吸引来了，然后把它作为新闻，播到当地新闻里。于是，全无锡都知道这条巨大的奇怪红布，以及让人百思不得其解的"好人？""好人是谁？"。

又过了7天，巨大红布上的字换成了"好人在哪里？"。此时，全无锡的人都在讨论这件事，所有人的好奇心都被激发出来。又是7天过去了，答案终于揭晓。只见巨大红布上的文字换成"好人火锅，地址XXX，电话XXX"，人们才恍然大悟。

当时，这家"好人火锅店"在揭晓答案的第二天正式开业，接下来的整整半年里，顾客天天爆满。据说，无锡历史上从来没有哪家店顾客爆满到那种程度。这就是制造悬念进行营销策划的巨大威力。

当你懂得设置悬念，就能够勾起大众的好奇心。当你能让大众都对你制造的悬念产生浓厚的兴趣，你的销售已成功一半。当你能够通过悬念激发大众强烈的好奇心，进而转化为购买欲，你的销售就成功完成了。

越夸张越能震惊用户，产生越大的视觉冲击力

经典案例：

　　一辆最新款的汽车身处画面正中，周围是一圈怒气冲冲、虎视眈眈的犀牛，让人不由得为这辆汽车的安全担心起来。文案画面中间的空白部分，赫然写着这样一行字：谁在害怕？让原本就紧张的文案受众有了"细思极恐"的感受：如此显而易见的画

Whom who is afraid of?

图5-5-1

面，竟然会提出这样的问题，难道不是画面中的汽车在害怕，而是皮糙肉厚的犀牛？这辆车的坚固程度竟然如此强大。

这则突出汽车坚固和安全性的文案创意，可谓相当成功，首先从画面上就带来了极强的视觉冲击力。犀牛皮肤的厚重坚固程度，在自然界几乎是王者一般的存在，普通的小汽车在犀牛面前，用"不堪一击"来形容可以说一点都不过分，而这则文案竟然用"谁在害怕"这个问题来暗示汽车的坚固和安全，可以说震惊了所有文案阅读者。

这种刻意营造"震惊"的文案营销手法，近年来可谓层出不穷，归根结底，是利用了人们的心理特点。那么，如何创作类似的文案标题，并且不让人觉得浮夸和反感呢？

1.利用好奇心

有这样一句话："好奇心害死猫。"这句话虽然在写猫，但实际上是在讲人，好奇是人类的天性，如果你希望用户很认真地阅读完你的文案，你必须想办法激发他足够的好奇心。比如在正文开始前，刻意放大人们所好奇的内容，这样才能最大限度地激发人们的好奇心和进一步了解的兴趣。

2.夸大问题的严重性

近年来，我们在阅读互联网资讯时都会有这样的体会——任何一个"震惊"效果强大的标题，都会引起人们的关注和传播。比如，"震惊，你的手机居然比马桶脏100倍"这样的标题，一定会引起每个阅读者的恐慌和点击欲望。大家在震惊之余，都会想要进一步了解自己的手机是不是真的比马桶脏100倍呢？这样一来，就会引发进一步的分享、讨论和传播。

3.采用疑问式标题

很多时候，出于人们对疑问语气的默认关注度，有时给文案标题加一个问号，或者改变语气，就能有效提高关注度和转化率。比如，不少文案以一句很简洁的问句作为标题或者开头，用疑问句式直接引起读者的思考，让读者的思绪被文案牵着走。

比如："你试过付出百分之百的努力却依然完不成业绩吗？"这种直击灵魂的提问开头，会瞬间击中文案阅读者的内心，不仅抓住了关注点，而且也拉近了与阅读者的距离，增加了信任度，从而吸引大家继续阅读。

4.夸大反差

如同本节开头提到的犀牛和汽车文案，用犀牛厚重的皮肤和问句来反衬汽车的外壳安全性，反差巨大的标题会给阅读者带来强烈的视觉反差和心理反差，从而留下更深刻的印象。比如"80岁老太太自创美妆品牌""初中生获千万风投"等，这样的标题撰写技巧，唯一目的就是通过夸大反差来吸引眼球，勾起人们进一步了解文案的欲望，可谓屡试不爽。

5.引入新概念和新词汇

作为文案人，必须懂得一个基本的事实：人永远都是喜新厌旧的。经验丰富的文案人，往往敢于创造新概念和新词汇。我们都有这样的体会，如"磁护润滑""佛系""斜杠青年"等新鲜词汇，本身就自带传播特质。可以说，一个有创意的新鲜词汇就是一个社交病毒，会口口相传，快速蔓延，成为流量入口甚至爆款概念。

作为文案创作者，不妨在社交网络上保持好奇心，时刻紧跟潮流，留心当今年轻人都在关注哪些概念和新词汇。这样的学习能力非常重要，它关系到文案创作者能否紧跟时代潮流，创造出更多的流行性概念和词汇。

总而言之，好的文案标题能够大大增加文案被认真阅读的概率。一个新鲜、生猛的文案标题和开头，即便表达同样的内容，也比那些平淡无奇的文案标题和开头更能吸引人们的目光，起到事半功倍的效果。文案创作者一定要记住：文案的标题就是内容的"门脸"，读者是否想进一步了解文章内容，大部分取决于标题的水准高低。如果这个标题不具备我们所说的"冲击力"和"吸引力"，消费者想进一步阅读文章的兴趣就会大大降低。

新媒体营销

社群营销

张爱萍◎编著

吉林出版集团股份有限公司
全国百佳图书出版单位

图书在版编目（CIP）数据

新媒体营销. 社群营销 / 张爱萍编著 . -- 长春：
吉林出版集团股份有限公司, 2020.8
ISBN 978-7-5581-8943-2

Ⅰ.①新… Ⅱ.①张… Ⅲ.①网络营销 Ⅳ.
① F713.365.2

中国版本图书馆 CIP 数据核字（2020）第 141501 号

XIN MEITI YINGXIAO
新媒体营销

编　　著：张爱萍

出版策划：孙　昶

责任编辑：刘　洋

责任校对：邓晓溪

装帧设计：李　荣

出　　版：吉林出版集团股份有限公司

　　　　　（长春市福祉大路 5788 号，邮政编码：130118）

发　　行：吉林出版集团译文图书经营有限公司

　　　　　（http://shop34896900.taobao.com）

电　　话：总编办 0431-81629909　营销部 0431-81629880 / 81629900

印　　刷：天津海德伟业印务有限公司

开　　本：880mm×1230mm　　1 /32

印　　张：30

字　　数：675 千字

版　　次：2020 年 8 月第 1 版

印　　次：2020 年 8 月第 1 次印刷

书　　号：ISBN 978-7-5581-8943-2

定　　价：138.00 元（全 5 册）

印装错误请与承印厂联系　　电话：022-82638777

前　言

　　现代人的生活越来越忙碌，需要知道的东西越来越多，时间却越来越少。为了减少选购商品花费的时间，不同领域开始出现意见领袖。他们代表着各个领域的权威用户，能在商品出现的第一时间，以自己丰富的知识给出合理的评价，节省用户挑选商品的时间。在这些人周围，开始聚集越来越多的人，希望能参与讨论，解决自己的疑惑，选择更适合自己的商品。

　　社群营销就建立在这个基础之上。当一群人为了共同的兴趣爱好或者目标聚集在一起的时候，一个社群就形成了。那个创建社群、管理社群的人，可以说在这个兴趣爱好方面最具权威，能给他人更多的指导，开始自己销售商品。

　　那么，我们如何成为那个人呢？仅仅拥有权威知识和商品渠道就够了吗？当然不是。社群归根究底是人们互相讨论兴趣爱好的地方，每个社群成员都有着千丝万缕的联系。社群的负责人更了解社群成员，因此他能为社群成员提供更适合的商品。社群成员也与社群负责人有更深的信任关系，这样才能在缺失部分信息、缺少一些担保的情况下购买社群负责人推荐的商品。这个过程艰难而复杂，它不是一对一的营销，而是一对多的营销。

　　社群营销的成功可以模仿又不可模仿，可以学习成功者对细节的处理，学习成功者如何处理危机，避开陷阱，但却不可以全盘搬照他人的模式。这是由社群营销的特殊性决定的。每个人都有独特的与人相处的模式，都有自己独特的性格和交友观念。社群营销不是简单的商业运作，更是为人处世能力的体现。一千个人眼中有一千个哈姆雷特，一千个社群就有一千种运营方式。

　　本书从如何认识社群营销开始，为读者讲述如何搭建社群，构建运营团队，逐步加深与社群成员的联系，构建信任关系，顺利变现，进而将社群变成一个品牌。这些内容不但是为了帮助读者建立社群，更希望读者能够从中摸索出一套属于自己的理论。经营社群就是与人相处的过程，只有自己摸索出来的才最适合。希望本书的每位读者都能在成功建立社群、营销、变现的同时，找到一群志同道合的人，交到更多的朋友。

目 录

CHAPTER 1 从可有可无到必不可少的社群营销

CHAPTER 2 社群的诞生

CHAPTER 6　社群营销离不开的"合作伙伴"

CHAPTER 1
从可有可无到必不可少的社群营销

社群营销并非始于现代，更不是仅出现于互联网时代，古时候就有专门建立社群的营销方式了。这种方式受地域限制，变现能力并不强。互联网时代给了社群营销蓬勃发展的机会，网络和物流行业的发达让社群营销突破地域限制，变得更有潜力。因此，进行社群营销的人越来越多，甚至与摆摊一样，成为商业行为中门槛最低的一类。

社群营销是什么

互联网除了给我们的生活带来翻天覆地的变化外，也带来了许多全新的营销模式，如近些年常常被人们提及的"社群营销"。

对于"社群营销"，很多人不会陌生，即便并非从事相关工作的人，也多多少少从其他渠道听说过。那么，究竟什么是社群营销呢？

要了解这种新型的营销模式，我们必须先明确一点：什么是社群。

通常来说，社会学家与地理学家给"社群"下的定义是：某些界限、地区或领域内发生作用的一切社会关系，包括实际的社会关系，以及抽象、思想上的关系。

单看这个定义，很多人可能觉得似懂非懂。其实，这并不是一个多么深奥的词汇。事实上，从古至今，社群一直都存在于人类社会，如古时候的书院、商会，现代的俱乐部、圈子等，都可以看作广义的社群。

简单来说，社群就是一个"群"。这个群中不仅存在社交关系链，更重要的是，必须具备稳定的群体结构以及较为一致的群体意识。每个成员之间保持着规范、持续的互动关系，都有较为明确的分工协作，能够配合起来展开一致的行动。这样的群体才称得上社群。

需要注意的是，社群不仅仅只是一个"标签"。很多对社群了解不多的人可能以为，要构建一个社群，只需要把一群人聚集起来，再贴上共同的"标签"就可以了。这种想法其实非常天真，如果这样简单就能构建起一个社群，那社群也就不会有这样高的价值了。

图1-1　QQ中的群组

很多人的QQ或者微信里至少有或曾经有三五个购物群，对于其中一些，你可能早就没有印象了。如果不是特意去看，你可能都不记得原来自己进过这样一个群。这些群里除了偶尔出现的广告外，几乎没有人发言，甚至就连发个小红包，可能都没有人去抢。这就是我们说的"死群"，它显然是失败的社群。

一个健康的社群，除了群体拥有共同的标签外，最重要的是，这个群体具有稳定且持续的关联性与互动性。只有具备这一点，这个群体才是活的，也才称得上具有价值的健康社群。

社群是一群人的集聚。它的形成，最关键之处不在于集聚本身，而在于集聚背后的原因，也就是社群形成的核心价值点。正是因为存在这样一个核心价值点，社群成员才能集聚在一起，最终形成稳定的社群。这个核心价值点可以是某个极具人格魅力的人，也可以是某件物美价廉的产品，甚至是某种赢得广泛认同的价值观。

图1-2　围绕核心价值点形成的社群

核心价值点就像社群的黏合剂，把每个社群成员紧密地联系在一起，也决定了这个社群的价值，以及社群成员会做的种种事情。因此，在为社群选择核心价值点时，一定要慎重。

社群在营销活动中究竟能发挥多大的作用和价值呢？凯文·凯利在《技术元素》一书中指出："任何创作艺术作品的人，只需要拥有1000名铁杆粉丝，就足以糊口了。"这正是社群经济的力量。

社群营销，说到底就是在网络社区营销和社交媒体营销基础上发展起来的，一种联系更为紧密、传播更为广泛的口碑营销。在品牌推广和产品销售中，消费者的口口相传往往要比商家的广告宣传更有效果。换言之，对消费者来说，商家的一百句自夸也比不过其他消费者的一句肯定更具说服力。

小米手机就是靠社群营销而获得成功的。

众所周知，小米公司成立于2010年4月，那时微博刚刚兴起。小米成立之后，立即将营销重点放到微博、微信、论坛等社会化媒体平台上，尤其是微博。当时，小米甚至规定，微博上的一切留言，客服人员必须在15分钟之内予以回应。就连其创始人

图1-3 "米聊"下载网页

雷军每天都会花至少一小时在微博上和网友互动。

　　2010年年底，小米正式推出手机实名社区"米聊"，半年内就拥有了超过300万的注册用户。可以说，小米能够在短时间内成为知名度较高的品牌，主要是仰仗了"粉丝"的力量。

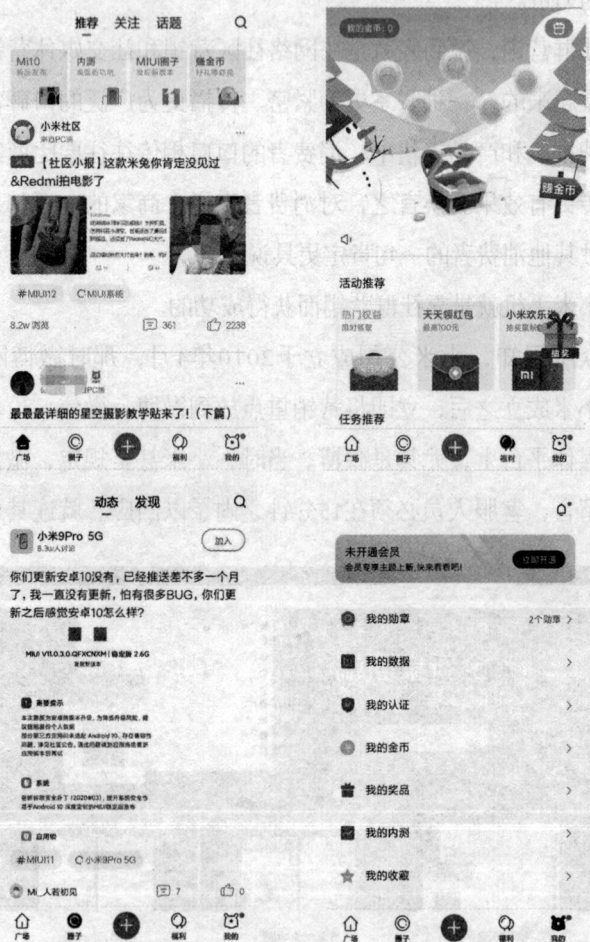

图1-4　手机小米社区

小米的MIUI系统实际上是安卓系统的二次开发。在完善MIUI系统的过程中，小米一直与用户保持密切的交流与沟通，采纳用户的创意，时刻根

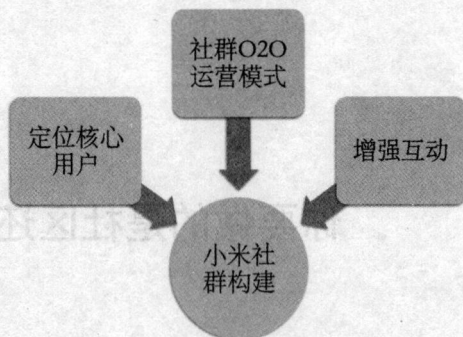

图1-5　小米的社群构建步骤

据用户需求进行调整。这种互动方式有效增强了用户的参与感，让用户与MIUI系统之间建立起深厚的感情基础，从而加强用户对小米的品牌忠诚度。

2011年，"小米1"一问世便获得50万粉丝的支持，"米粉"也成为小米公司忠实用户的代名词。

小米的成功可以说是建立在社群基础之上，其营销策略的核心在于所构建的社群。小米手机推出之初，就通过手机论坛征集到100名自愿参与MIUI操作系统评测的用户，而这批用户则成为构建小米社群的起点。小米不仅将这100名用户的名字添加到第一版小米手机的开机页面上，还在三周年时专门为这批用户拍摄了一部微电影。

正是因为拥有这样一批黏性极强的忠实粉丝，小米才能成功构建起一个活性极强的社群，为其后的社群营销奠定成功的基础。小米的成功也让众多企业意识到，今天的营销核心已经不再是占领用户的眼睛，而是要占领用户的嘴巴。这正是社群营销最具价值的特质。

你要做的是社区还是社群

今天，很多人在讲社群营销，也有很多人在做社群营销，但真正能做成功的，始终是少数。大多数人构建社群的时候，非常容易走进一个误区，那就是把社群当社区来做。如果连自己都弄不清楚要做的究竟是社区还是社群，又怎能把社群营销做好呢？

那么，社区与社群究竟有什么区别？

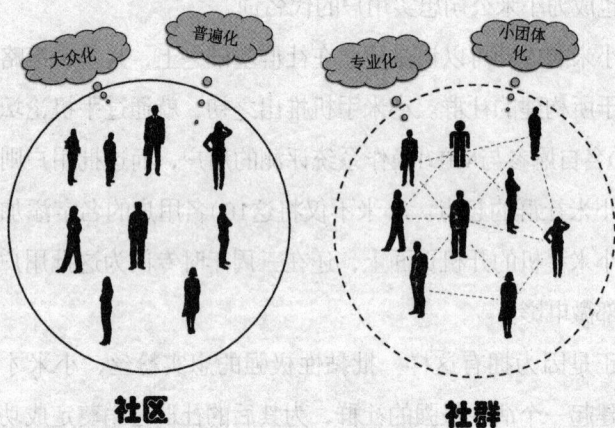

图1-6　社区与社群的区别

简单来说，社区是大众化、普遍化的，社群则是专业化、小团体化的，二者最大的区别在于社交的深浅。同属一个社区的人，未必就有深入的关系，甚至互相之间可能并不认识，只是因为某一点让彼此之间有了联系，从而建立共处同一社区的关系。相比于社区，社群成员之间的联系要紧密得多，彼此的社交关系也更深入、更亲密。

比如，我们居住的小区就属于社区，小区住户因为地域性而成为同一社区的成员，但彼此之间未必有更深入的社交，也不一定都认识。此时，一群喜欢跳广场舞的大妈因为共同的兴趣爱好而聚集在一起，每天相约去跳广场舞，逐渐形成一个稳定的群体，这就形成了社群。这个社群中的成员，可能住在一个社区，也可能住在其他社区。

可见，相比社区，社群成员更加活跃，而且对社群拥有更强烈的归属感。毕竟相比陌生的邻居，我们想必会更亲近一起跳过广场舞、互动更频繁、交流更深入的"伙伴"。

其实，这不难理解，人与人之间的联系，除却天然的亲缘关系外，最具决定性的因素，正是彼此社交的深浅。如果没有深入的社交，即便身上贴着同一"标签"，属于同一社区，也不过是比陌生人稍微近一些罢了。

需要注意的是，社区与社群之间并非从属关系，而是一种双向的交集，既可独立，也能共生。社区会因某些共性存在而分裂出社群，社群之间也可能聚合发展出某种形态的社区。一般而言，社区的空间要比社群大得多，而社群的凝聚力和稳定性通常要超过社区。

传统的社区通常分为两类，一类是地理空间类的，如我们居住的小区；另一类是情感空间类的，如单车俱乐部或花艺社等。

随着互联网的普及，以兴趣爱好为基础的网络虚拟社区开始兴起。人们通过论坛、贴吧、QQ、微信、微博等社交平台，将相同的兴趣爱好作为连接点，集结成虚拟社区。

图1-7　NGA游戏论坛

图1-8　百度贴吧

图1-9　QQ空间

图1-10　微信朋友圈

图1-11 微博超话社区

这样形成的虚拟社区组织结构其实非常松散，因为人不会只有一件感兴趣的事物，兴趣爱好或关注点也并非一成不变。比如，今天你可能喜欢篮球，明天或许就对足球更加感兴趣；今天你喜爱某个明星，到了明天，可能就突然对另一个明星更加感兴趣。这都是很正常的事情。所以，虚拟社区成员之间的关系往往可能只是临时的，彼此的黏性非常弱。

现在，很多做社群的人，思想还停留在做虚拟社区上面，以为只要组建一个群，拉来一批人，给他们贴上"标签"，就算完成任务了。等到需要宣传的时候，再跑到群组发几个红包、几通广告。如果情况发展得好，群组里的人抢完红包后会给你刷点"谢谢"和表情包；情况不好的，24小时过去了，红包可能还没有被抢完。这样的营销怎么可能有效果呢？

想要构建社群，不仅仅是把一群人聚集在一起，更重要的是，要让这群人聚集在一起之后做点什么。很多人最初构建社群时，很容易忽略这一点，只忙着四处聚拢人，却没有建立核心价值点。结果，找了一大帮人，但各成员之间除了因某个"标签"而被连接起来外，没有任何凝聚力。这样的团体根本不能称为社群，只能说是简单的虚拟社区。

虚拟社区的稳定性往往比传统社区要弱得多。传统社区对我们来说，存在一定的约束性。比如，你居住在某一小区，只要不搬家，就一直属于这个社区。通常来说，大多数人是不会频繁搬家的。又比如，你参加了某个俱乐部或社团，即便你开始对这个俱乐部或社团感到缺乏兴趣，也可能因为各种因素而不会果断离开。

虚拟社区通常不会有这样的约束，只需动动手指，你就能轻易加入或离开某个虚拟社区。因此，在缺乏地缘优势的情况下，虚拟社区如果不能进化成为稳定的社群，其生命很难长久。一旦社区成员的兴趣点和关注点发生转移，或者社群不再能提供价值，很快就会出现人员流失，导致社区成为"死群"，甚至直接解散。

之前说过，社群与社区最大的区别，就在于社交深浅。也就是说，当社区成员之间的关系得到进一步强化后，所形成的稳定群体就是社群。那么，如何才能让社区成员的关系得到进一步强化呢？答案其实很简单，最关键的就是，经营者必须能够长期、持续地提供价值，以此留住成员。这是构建社群最基础，也是最关键的一步。

这就好比明星的粉丝群或后援会，通常会持续性地放送一些

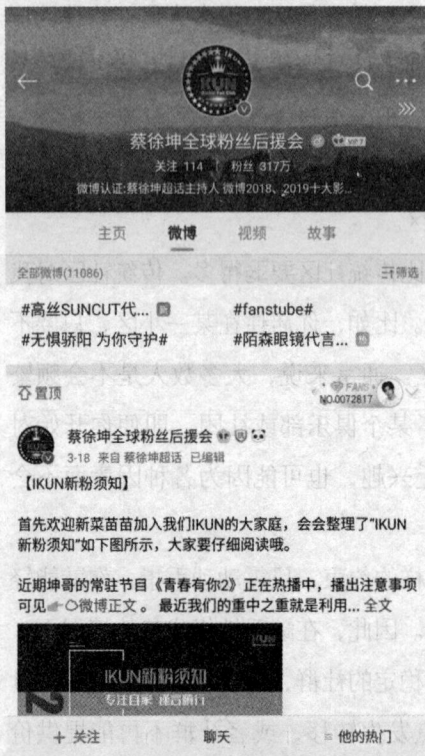

图1-12　蔡徐坤全球粉丝后援会微博

明星的"独家消息"或照片，定期举办一些能够增强明星与粉丝互动的活动。正是因为有这样的"福利"，粉丝群或后援会才能留住成员，增强成员的黏性，进而形成稳定且忠诚度较高的社群。

所以，要做社群，仅仅找一群人，给他们贴上"标签"，这样是不够的。关键在于能否为成员提供长期且有价值的东西，从而吸引成员的注意，保持高频率的联系与互动。只有做到这一点，你所构建的社群才能拥有核心竞争力，以及经久不衰的魅力与生命力。

为什么要选择社群营销

在社群营销大行其道的时候，不少人跟风做社群，但真正做好的却不多。于是，便有人认为，社群营销对企业来说，是一种非常鸡肋的营销方式，不做总觉得有些可惜，但做的效果似乎又没有那么明显。因此，很多企业虽然在做社群营销，但并没有真正重视起来。

那么，相比传统的营销方式，社群营销究竟具备哪些优势呢？我们为什么要选择社群营销呢？

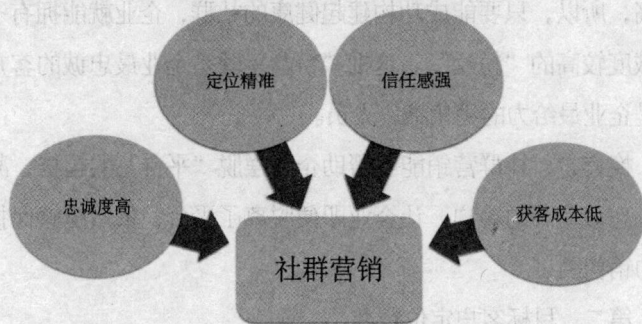

图1-13　社群营销的四大优势

第一，客户忠诚度高。

先来看这个案例：某商圈有一家餐馆，价格实惠，口味不错，地理位置也十分便利，吸引了附近不少白领过来用餐，生意一直不错。但可惜，房东见这家餐馆生意好，便在合同到期后将房租提升两倍。无奈之下，老板只得放弃，到其他地方另起炉灶。虽然这家餐馆开在这里的时候生意一直都很不错，但只要离开这个商圈，之前所累积的人气、口碑、顾客等就将全部失去，一切只能从头再来。

餐厅生意好固然有自己的优势，但总体来说，它的经营与销售行为都建立在这个商圈平台上。一旦它离开这个商圈，必然会失去一切。诸如淘宝、京东、唯品会等购物平台的网店，它们的很大一部分生意是依托平台而产生的。客户之所以选择它们，往往也源自对平台的信任，而非对店铺本身的信任。

之所以出现这样的情况，归根结底就是客户对企业的忠诚度不高。一旦失去平台的支持，客户就会大量流失。社群营销却能很好地规避这一点。众所周知，社群的黏性和成员的忠诚度都比较高，所以，只要能成功构建起健康的社群，企业就能拥有一批忠诚度较高的"粉丝"。这批"粉丝"既是企业最忠诚的客户，又是企业最给力的销售推广人员。

换言之，社群营销能够帮助企业摆脱"平台"的桎梏，凝聚一批忠诚度高的客户，让企业即便脱离了平台，依然能够保持现有的销售网络。

第二，目标客户定位精准。

传统的营销方式通常是无差异营销，通过多渠道的广泛覆盖打响产品或企业的知名度，如铺天盖地的广告宣传。对于财力雄厚且产品较为大众化的企业来说，这样的营销方式当然没有什么问题。但对于很多小企业或小众品牌来说，这样的营销方式就不是那么合适了。

产品只有推销给有需求的人，交易才能实现。如果对方没有需求，你的产品再好，营销做得再精彩，也毫无用处。比如，你销售的是母婴产品，如果你的宣传对象根本没有孩子，也没有这方面的需求，即便你的营销做得再好，对方也不可能买账。

社群的构建，实际上就是精准定位目标客户的过程。我们根据不同需求或爱好作为区分所构建的社群，能够最大限度地筛选掉非目标客户。换言之，在与我们所营销的产品或服务相契合的目标社群中，通常只存在两种客户，即目标客户和潜在客户。这就意味着，我们针对社群展开的所有宣传、推广，都不会是白费功夫。

社群既能让我们更精准地定位客户，并了解客户需求，又能极大提高宣传的有效性，实现精准传播。这是其他营销方式都不具备的优势之一。

第三，信任感较强。

社群营销属于口碑营销，而口碑传播的一大基础就是信任感，这也是营销活动中一个非常重要的因素。

任何营销行为的成功，都建立在信任基础之上。你想要让对方接受你的意见，购买你的产品，首先必须获取对方的信任。一个好的社群，必然存在较高的信任感。试想，如果你能构建一个好的社群，让社群中的每个成员都对社群产生较高的信任感和依赖感，将社群所提供的信息或产品作为满足自己需求的主要渠道，甚至是唯一渠道，那么，你针对该社群的营销活动必然会取得非常好的效果和反馈。

其实，这不难理解，就好比你需要购买某件产品，而市场上这类产品非常多，在你不知道该如何选择的时候，面对普通的商家推广宣传和有一定熟悉度的友人推荐，你显然更倾向于后者，毕竟你对后者的信任感要比毫无关系的商家强得多。因此，相比传统营销，社群营销显然更能取信于客户。而且，社群黏度越高，营销效果越好。

第四，降低获客成本。

目前，传统的营销模式一直在弱化，早已对各种广告宣传套路了如指掌的消费者更是越来越难被说服。在这样的情况下，许多企业的获客成本在不断提高。社群营销模式最大的优势之一，就是帮助企业降低获客成本。

什么是获客成本？简单来说，就是企业获取一位客户花费的成本。需要注意的是，这里所说的"客户"不等同于"受众"或"流量"。比如，我们投放一个广告，但凡观看或点击这个广告的人，都是这个广告的受众或流量，但不是每个受众或流量都能成为客户。

此前说过，构建社群可以帮助我们更精准地定位目标客户，提高宣传的有效性。这就意味着，如果我们直接针对社群进行营销，就可以在降低成本的同时增加获得客户的概率，这样一来，获客成本自然就降低了。

来看这样一组数据：2019年，电商平台京东的获客成本大约为758元/人，阿里的获客成本大约为535元/人，而拼多多的获客成本仅仅只有大约153元/人。

众所周知，拼多多的营销策略其实和社群营销模式非常相似，都是通过抛出诱饵对客户进行精准定位，然后实现裂变，最终变现。不管是拼团还是邀请好友砍价等活动，其实都是利用客户的口口相传为自己做推广。

可见，相比传统的营销模式，社群营销是一种更精准、成本更低廉、效果更突出的新营销模式。对于企业来说，社群已经成为一种非常重要的资产，可以帮助企业更好地实现低成本营销。

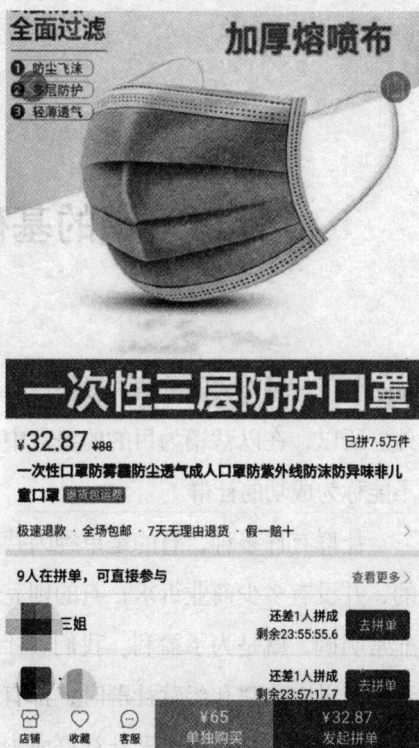

图1-14　"拼多多"的拼单购物

社群营销的基础是什么

任何一种方式的营销，最终目的都是获利，社群营销也不例外。所以，在以营销为目的的经营中，一个不能变现的社群，就不能称为成功的社群。

社群有许多种，有的是单纯因共同兴趣爱好或价值观而构建的，并没有多少商业诉求；有的则完全以营销为目的，构建目标非常明确，就是为了盈利。我们做社群营销，最终目的自然是盈利，所以在构建和经营社群时，都有明确的商业诉求。换言之，做社群营销，相当于是要让社群成为营销的最佳场所，最终将兴趣群转化成消费群。

社群营销的盈利模式总体来说有两种：一是社群内盈利，二是对外界盈利。社群内盈利很好理解，就是将社群成员视作营销对象，通过向社群成员销售产品实现获利；对外界盈利，就是通过社群成员的口口相传，以口碑营销的方式从外界获利。目前，我国的社群营销主要以第一种获利方式为主体。

从这两种盈利模式不难看出，社群营销的核心说到底是——"人"。无论是社群内获利还是对外界盈利，社群营销的"撒手锏"实际上都是人际关系的经营。这也是社群营销的基础。

当然，这不是说产品不重要。在任何经营活动中，产品都非常重要，如果产品质量得不到保证，哪怕营销做得再精彩，也无法留住消费者。社群营销也一样，如果产品不好，即便把社群经营得再好，其生命力也不可能长久。反过来说，只要产品不存在明显问题，即便没有什么亮点，只要通过社群以"情怀"或某种"价值观"作为包装，依然能够拥有可观的销量。

比如，创建于2014年的酣客公社，它最基础的产品是号称能与茅台媲美、售价仅为199元的极致白酒。酣客公社定位的消费者主要是中产阶级或偏上的中年企业家群体。在社群经营中，它一直致力于推行"认真、有态度、有温度、不冷漠、不刻薄"的社群价值观，并在产品宣传中着重突出"逼格、情怀、匠心以及人文关怀"等特点。

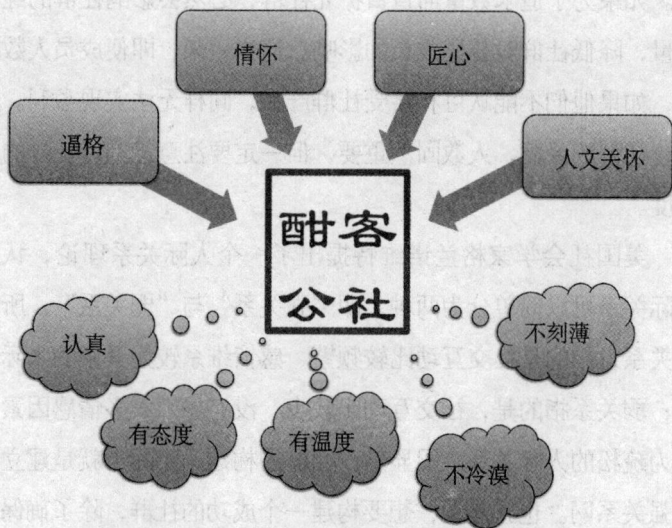

图1-15 酣客公社的社群价值观和产品精神

单从产品上看，市场中未必没有比醋客公社品质更好、价格更实惠的同类产品。它之所以能在极短的时间站稳脚跟并发展起来，关键在于社群经营的成功。它卖的既是产品，又是情怀和价值观，毕竟产品质量有保障，感情牌又打得好，何愁销量上不去呢？

既然社群营销的核心是人，是不是意味着人越多越好呢？未必。社群营销的基础是人际关系的经营，虽然社群规模越大，拥有的成员越多，理论上说确实可以增加获利。但人数增加的同时也意味着社群黏性的降低，好比将一勺盐放入一杯水，自然能尝到咸味。如果把一勺盐放入水缸，甚至是湖泊、河流之中呢？

要知道，相比传统营销，社群营销最大的倚仗就是成员对社群的信任感，以及社群所宣传的价值观和精神文化对成员的影响。如果为了追求数量而盲目扩充社群，必然会影响社群的经营质量，降低社群对普通成员的影响。这样一来，即便成员人数变多，如果他们不能认可和接受社群产品，同样无法实现盈利。所以，社群的经营，人数固然重要，但一定要注意控制好社群的饱和度。

美国社会学家格兰诺维特提出了一个人际关系理论，认为人际关系可以简单分为两种，即"强关系"与"弱关系"。所谓强关系，指的是社交互动比较频繁、感情维系较为紧密的人际关系；弱关系指的是，社交互动比较少、没有掺杂太多情感因素、较为疏松的人际关系。很显然，社群的构建，实际上就是建立一张强关系网。也就是说，想要构建一个成功的社群，除了确保能留下一定规模的成员外，还要注意成员之间强关系的建立。只有同时满足这两个条件，社群的构建才是成功的。

那么，我们应该如何确保成员之间强关系网的建立呢？

有个词叫"日久生情"，两个人相处久了，自然会产生一定的情谊，即便达不到深情厚谊的地步，至少要比陌生人多几分面子情。因此，人与人之间想要建立强关系，首先要确保彼此之间有比较频繁的互动。

当然，很多时候，即便两个人存在频繁的互动，也并不意味着就一定能增强信任感，建立更紧密的联系。比如，很多朋友圈的点赞、评论等，看似互动频繁，但实际上未必走心，甚至可能只是一种习惯或礼貌使然。

因此，在社群中，想要构建强关系网，除了较为频繁的互动外，更重要的是能在成员与成员之间、成员与社群之间建立起相互的依赖感。这种依赖包括情感依赖和利益依赖。情感依赖有助于增强人与人之间的信任感，利益依赖则能保证人与人之间关系的长久与稳定。我们构建社群的目的是为了营销，在这样的商业诉求下，利益往往比情感更能维系社群的黏性和稳定性。

总而言之，人际关系的经营是社群营销的基础，只有把人际关系经营好了，社群才能发挥出最大的价值。而人际关系的经营，关键在于对"人"的经营，只要处理好这些问题，我们才能构建成功的社群，发挥社群营销的真正力量。

社群经济是否等于粉丝经济

很多人刚开始做社群的时候，对"社群"这一概念的理解并不全面，尤其是在了解了粉丝经济之后，更容易将二者混淆在一起。事实上，它们存在很大的区别。

粉丝经济，简单来说，就是一种利用偶像对粉丝的影响力实现盈利的经济模式。比如，明星或网红为某件产品代言或拍摄广告，往往会促进其粉丝对该产品进行消费，这就是一种粉丝经济。

通常来说，在粉丝经济中，粉丝的消费行为往往具有盲目性和冲动性。很多时候，粉丝的消费选择或许与自身需求毫无关系，而是受到偶像的引导与影响。换言之，粉丝真正消费的，不是产品本身，而

图1-16　来自微博的明星代言

是对偶像的狂热崇拜与喜爱。

　　与粉丝经济运营的中心化特点不同，社群经济的运营更讲求"去中心化"。粉丝经济中，偶像毫无疑问是群体的中心，一切活动以偶像为中心而展开。社群经济则不然，社群运营并不提倡以个人为中心，而是要做到以一群人为中心。当然，这不是绝对的概念，只是说在社群中，通常会形成多个"圈子"，每个人都能成为圈子的中心。总体而言，社群中依然存在一个"意见领袖"，只不过这个"意见领袖"并不会像粉丝经济中的偶像那样突出。

　　从营销的角度来看，社群经济要比粉丝经济牢靠得多。因为粉丝经济的营销中心是偶像，这就是说，营销效果系于偶像一身，一旦偶像的影响力降低，粉丝经济可能就会立即断裂。

　　社群经济则不然。在社群中，成员与成员、成员与社群之间具备较强的黏性，彼此已经建立起一定的信任感，并不会因某个人或某件产品的影响而轻易崩溃。更何况，社群运营中，每个成员通常存在多个连接点，即便某个连接点因意外而中断，还有其他连接点作为支撑。

	粉丝经济	社群经济
互动方向	纵向互动	横向互动
互动深度	等级分明，名人效应	自发，兴趣
互动程度	自上而下，单向互动	圈层渗透，横向互动
情感维系方式	参与感	参与感及荣誉感
核心对象	偶像	社群成员
运营特点	中心化	去中心化
生产关系	单向价值	互惠互利，小众经济

图1-17　粉丝经济与社群经济的对比

互动方式不同，也是粉丝经济和社群经济存在的巨大差异。粉丝经济中，偶像与粉丝的互动通常是单向的，互动的主动性完全掌握在偶像手中。偶像可以随时向粉丝传递信息，但粉丝却无法随时与偶像互动。而且，粉丝经济中，粉丝与粉丝之间的联系往往比较疏松，甚至很多粉丝之间根本不存在社交互动。这就使得粉丝群体的牢固性大大减弱。一旦偶像与粉丝之间的连接断裂，粉丝经济就会立即崩溃。

在社群经济中，无论是社群与成员，还是成员与成员之间，互动都是双向的。对于社群经营来说，互动是必不可少的重要环节。在社群中，每个成员都是参与者，都可能成为核心，尤其是在交流互动的时候，他们的身份、地位、权利都是平等的。

社群就像一个公司，当你一步步将之构建起来并形成规模和体系之后，它就会自己运行起来，并不需要你事必躬亲地管理。也就是说，当社群经营到一定的规模，你就不再是社群中唯一的"劳动力"或"管理者"了，社群不会因为缺少一个人就陷入崩溃。这是粉丝经济所不能达到的，因为粉丝经济的核心是偶像，无论它发展到多大规模，一旦失去偶像的影响力，整个系统就会全面崩盘。

可以肯定地说，社群经济是未来企业营销的一大趋势，也是每个企业都想实现的终极目标。社群本身所具备的生产力与增值力，也是粉丝经济无法达到的。

豆瓣网建立之初，其创始人杨勃在豆瓣上有着极高的威望。那个时候，豆瓣网更偏向粉丝经济，杨勃则是那个被无数粉丝环绕和追捧的"偶像"。后来，杨勃开始逐渐退居幕后，弱化自己的存在。2010年之后，再在豆瓣上提起"杨勃"这个名字，基本上已经没有多少人认识了。这实际上就是豆瓣从粉丝经济向社群经济转型的过程。

图1-18 豆瓣小组

可以这么说，以个人为中心，依靠其知名度建立起来的圈子，不管发展成什么样子，其本质上都只是粉丝经济体，社群经济则可以看作由若干粉丝经济支撑起来的聚合体。粉丝经济就像围绕某个中心点建立起来的圈子，成员之间的联系非常薄弱，一旦失去中心点所提供的"引力"，可能瞬间陷入崩溃。社群经济则是成员与成员、成员与社群之间两两相交的网状关系，群体之间的黏性非常强。尤其是到后期，当社群经济发展到一定程度后，将能实现自我运作，这是粉丝经济所无法达到的状态。

建立社群经济比建立粉丝经济困难得多，不仅需要独具吸引力的"中心"，还需要投入大量的时间与精力进行运营管理，既要将成员聚合在一起，还要想方设法实现社群与成员、成员与成员之间的交流互动，从而增强社群黏性。相应地，社群经济的潜力也比粉丝经济大得多，其所能带给我们的回报远远高于粉丝经济。无论是对企业还是个人来说，社群都是未来发展的一大趋势。

CHAPTER 2
社群的诞生

社群可以自然形成。当数量较多的人因共同的兴趣走到社交平台、进入某一领域时，社群就形成了。但是，我们想要进行营销，是很难选择一个已经形成的社群来树立威信的。所以，必须从头搭建一个属于我们、受我们掌控的社群。这个从无到有的过程，就是社群的诞生过程。

社群定位：本人决定社群的性格

　　想要建立一个社群不难，但想要建立一个能够稳定、健康发展的优秀社群，却不是一件简单的事。首先，我们要明确社群的定位，这是社群安身立命的基石。只有先明确了我们要建立一个怎样的社群，这个社群与其他社群相比有着什么样的性格与优势，才可能真正将这个社群构建成我们理想的样子，达到最终目的。

　　现在，很多跟风做社群的人，着手构建社群之前，连想要做一个什么类型的社群都没有定位好，就急着拉拢成员，组建群组。结果，构建出来的群体不伦不类，怎么经营、如何发展都毫无章法，久而久之，就变成了毫无价值的"死群"。

　　无论是做人、做企业还是做社群，想要发展得好，首先得找到自身的定位。只有对自己有充分的了解，我们才能知道该如何计划与发展，找到最合适的那条路。以做社群来说，社群未来的发展方向与盈利模式很大程度上取决于我们对社群的定位。因此，只有先明确社群的定位，才能确定社群未来的构建形式与经营方式。想要找准社群的定位，首先要对不同的社群类型有所了解，从而确定我们究竟要做一个什么样的社群。

目前，常见的社群都有哪些类型呢？

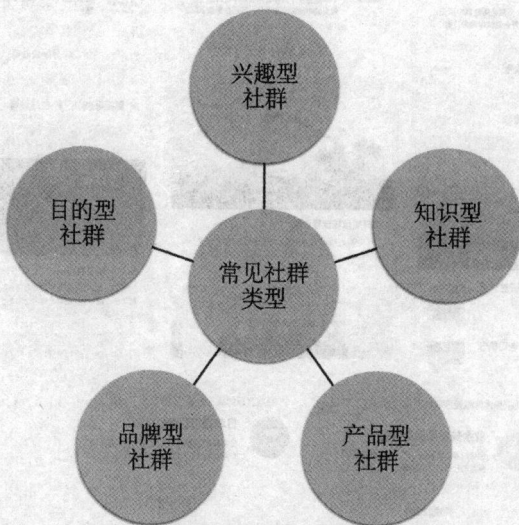

图2-1　常见的社群类型

第一，兴趣型社群。

所谓"兴趣型"社群，顾名思义，就是人们基于相同的兴趣爱好而聚集在一起所构建起来的社群，如爱好绘画的社群、爱好汽车的社群、爱好摄影的社群等。此类社群形成的关键是相同的兴趣爱好，故成员之间非常容易找到共同话题，从而形成互动与交流。

兴趣型社群是目前互联网平台存在最为普遍的社群类型。通常来说，兴趣型社群的门槛较低，规模一般不大，组织结构比较松散。因为人可以有多种兴趣，兴趣也可能随时变换，因此，虽然兴趣型社群非常容易形成互动与交流，但想要运营好，也并不是一件容易的事。

图2-2 兴趣型社群

　　兴趣型社群基于共同的兴趣爱好而建立，对社群成员来说，情感交流与精神共鸣是他们最大的追求。因此，运营这类社群时，要以互动交流为主，不要过多地强调获利问题。

　　当然，我们耗费大量的精力与时间运营社群，最终目的就是获利。所以，运营兴趣型社群时，激发其变现能力非常重要。事实上，兴趣除了能够让人获得身心愉悦的体验外，也能为人们创造收益。比如，现在很多人通过自己的兴趣爱好获得了第二职业，成功将兴趣变现。

第二，知识型社群。

知识型社群从本质上说，其实是兴趣型社群的延伸，它与兴趣型社群有很大的重合部分。近年来，随着知识付费浪潮的兴起，诸多以优质内容引流而实现变现的社群如雨后春笋般出现，

图2-3　知识型社群

使得这一社群凸显出来，从而被列为单独的社群类别。

　　知识型社群具有一定的社交属性，但需要注意的是，它的存在以"知识学习"为中心。因此，相比友谊、社交等内容，更能引起重视的是高质量的知识学习内容。换言之，知识型社群的运营，要注意彰显格调与品位，着重强调高质量知识的学习，而非社交功能。

　　第三，产品型社群。

　　产品型社群是以产品为核心构建的社群。优秀的产品本身就极具价值，对用户有一定的吸引力，加上合理的运作，直接就能吸引到数量可观的用户和粉丝群体。在产品型社群中，产品就相当于连接社群成员的中介，成员们因产品而聚集在一起，从而形成社群。

图2-4　产品型社群

　　目前，市面上已经有很多成功的产品型社群，如雕爷牛腩、特斯拉、黄太吉煎饼等，它们都是依托自身的产品吸引力，构建线上社群，充分激发粉丝参与活动，从而带动线下销售，最终创造了销售奇迹。

从诸多产品型社群的成功可以看到，即便是实体经营的产品，也可颠覆传统的宣传营销模式，通过全新的方式和渠道，在突出产品的功能性之外，为其赋予新的趣味性与情感属性，从而创造新的销售辉煌。

第四，品牌型社群。

品牌型社群是产品型社群进一步发展后的延伸类型，类似于知识型社群与兴趣型社群之间的关系。

通常来说，产品型社群发展到后期，消费者对产品的认可与

图2-5　品牌型社群

喜爱将会逐渐转变为对产品归属品牌的认可与喜爱，从而对该品牌产生忠诚度，认可它的品牌文化和所推崇的价值观。当消费者与品牌之间建立起情感联系，并有了心理契合和共鸣之后，品牌型社群自然就开始形成了。

从本质上说，品牌型社群其实是一种以消费者为中心的关系网，它更多的是建立在情感基础之上。品牌型社群的形成，意味着成员对该品牌的价值认同。产生这种认同之后，当人们需要购买某件商品时，就会优先想到该品牌旗下的产品。

最初的品牌社群以线下活动为主，如由热爱哈雷的消费者组成的哈雷车友会。后来，随着互联网的兴起，许多品牌社群开始利用网络平台展开强力运营。比如，星巴克的品牌社群就是其中的佼佼者，2009年，该社群在Facebook上就已经拥有数目庞大的粉丝团。

第五，目的型社群。

在工作和生活中，为了达到某些目标，我们常常会组建一些目的明确的社群，如为了完成某个项目组建的内部项目管理社群，为了提升英语能力组建的英语口语交流社群，为了方便组织会议、协调工作组建的微信工作群等。这样的社群被称为"目的型"社群。

2016年末，互联网上最爆炸的新闻之一，莫过于"李叫兽"公众号作者李靖被百度公司聘为副总裁。李靖运营的"李叫兽"这一公众号，实际上是一个非常典型的以传授营销知识为主要目的的目的型社群。这一点从其发布的商业分析文章中就能看出，如《做市场的人，不一定知道什么才是"市场"》《7页PPT教你秒懂互联网文案》《为什么你有十年经验，但成不了专家？》等。

图2-6　"李叫兽"公众号

　　"李叫兽"这一社群的成功，关键在于它能够一直目的明确地稳定输出各种高质量、高价值的文章和课程，让每一个社群成员都能从中获益匪浅。正是这样的"好处"，帮它吸引并稳固了一批有真正需要的成员，从而造就了它的成功。

除了以上介绍的几种常见社群类型外，还有很多不同的社群类型，如众筹型社群、工具型社群、综合型社群、垂直细分领域社群等。

不同类型的社群决定其构建的定位和运营方式。只有先明确自己究竟需要建立一个什么类型的社群，我们才能为社群进行精准定位，从而有针对性地展开社群构建与运营工作，打造出能够帮助我们实现最终目标和价值的优秀社群。

产品定位：产品决定社群方向

　　做社群最主要的目的就是实现营销，而产品是营销的根基，也是决定企业或社群寿命长短的根本因素。产品不好，即便营销做得再好，终究会失去客户，退出市场；若是产品足够好，即便前期的宣传推广不够完善，依然有机会打开销路，赢得客户的认可与喜欢。就像俗话说的"酒香不怕巷子深"，在这个世界上，识货的大有人在。

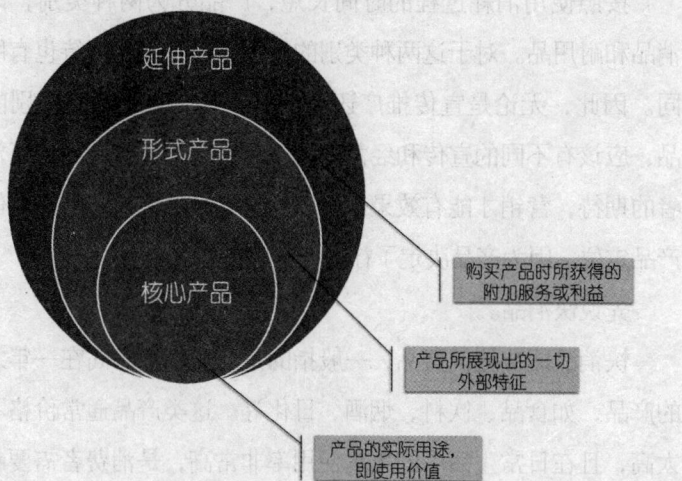

图2-7　产品的三个层次

营销学将产品的整体概念分解成三个层次，即核心产品、形式产品和延伸产品。核心产品指的是产品的实际用途，也就是使用价值，这是产品最本质、最主要的部分；形式产品主要指的是反映产品核心价值的各种具体形式，如产品的包装、质量、品牌、款式等，是产品展现出来的一切外部特征；延伸产品是指消费者在购买产品时所能获得的全部附加服务或利益，如商家提供的信贷、免费技术培训、送货安装、售后服务等。

通常来说，在产品的三个层次中，核心产品是最基础、最关键的部分，形式产品与延伸产品就像锦上添花的助力。换言之，如果核心产品体现不出应有的价值，形式产品和延伸产品做得再好，也是外强中干，难以在市场竞争中立足。所以，选择产品时，一定要仔细对产品的三个层次做好考量。选对产品，才能打好营销的根基，建立优秀而稳固的社群。

按照使用消耗过程的时间长短，产品分为两种类别，即快消品和耐用品。对于这两种类别的产品，消费者的期待也有所不同。因此，无论是宣传推广还是社群经营，对于不同类别的产品，应该有不同的宣传和经营方向。只有方向对了，满足了消费者的期待，营销才能有效果。所以，建立社群之前，一定要做好产品定位，因为产品决定了社群的经营方向。

先说快消品。

快消品即快速消费品，一般指的是使用消耗时间在一年之内的产品，如食品、饮料、烟酒、日化等。这类产品通常价格不会太高，且在日常生活中的重复使用率非常高，是消费者需要经常购买的日用品。

	快销品	耐用品
使用消耗时长	一年之内	超过一年
购买价格	较低	较高
销售利润	较低	较高
需求产生过程	较短	较长
经营方向	扩大社群规模，提升消费者的复购率	抢占市场份额，提高产品迭代更换率

图2-8   快消品与耐用品的区别

快消品价格一般不会太高，所以消费者往往不会花费过多的时间去决断或犹豫究竟是否要购买，同样，商家也不会预留过多的时间来销售。也就是说，快消品的获利，关键在于提高销售量。因此，做该类产品的社群经营时，我们的重点，一方面应放在扩大社群规模上；另一方面，则应放在提升消费者的复购率上。

日常生活中，人们对快消品的购买非常容易形成消费习惯，包括购买方式、所购品牌。比如，习惯到超市购物的人，如果没有特殊情况，在有购物需求时，往往首选是去超市购买。同理，习惯网购的人，如果没有特殊情况，在有购物需求时，首先选的自然是网购。

购买快消产品时，人们通常也有自己的品牌偏好。比如，有的人喜欢中华牌牙膏，有的人则偏好高露洁的牙膏，有的人买纸巾只买心相印品牌，有的人却更喜欢清风或维达等。

人们之所以会形成某种消费习惯或购物偏好，最直接的原因就是在购买和使用该产品的过程中产生了非常好的体验，留下了较好的印象。这样一来，当再有购物需求时，自然就会复购，久而久之，消费习惯或购物偏好就形成了。

需要注意的是，虽然人们很容易形成消费习惯，但同样也容易产生消费疲劳。如果一个社群经营的产品种类单一，且没有其他替代品，久而久之，必然会逐渐被边缘化。所以，经营社群时，一定要注意产品种类的多样化，以维系消费者对产品的好奇心和新鲜感。

此外，虽然市场上优秀的快消品有很多，但并非每一种都适合做社群营销。比如，很多在实体商店就能轻松购买到的常见产品，就很少有人会特意通过社群去购买，除非该产品适宜存储并有较大的优惠。

再来看耐用品。

耐用品即耐用消费品，一般指的是使用消耗时间超过一年的产品，如手机、电脑、电视、洗衣机、机械设备等。这类产品通常价值比较高，商家销售利润也比较大。

从消费者的角度来说，购买耐用品时，由于价值较高，在做购买决定时，往往会比较慎重，对产品的性能、品牌、价格等进行多番考察和对比。耐用品和快消品的最大区别就是，使用消耗时间较长。不管什么产品，使用过程中都可能出现问题，因此，对于消费者来说，购买耐用品时，商家提供的质量保证和售后服务是非常重要的参考因素，毕竟这很可能直接影响到产品的使用寿命。

从商家角度来说，一方面，耐用品的质量直接影响消费者的购物选择；另一方面，消费者对耐用品的需求产生过程相对比较长。因此，想要提升销售量，商家只能考虑从两方面入手，一是抢占市场份额，二是提高产品迭代更换率。

　　要想抢占市场份额，除了保证产品本身的质量外，最重要的就是做好宣传推广和售后服务。宣传推广能够帮助我们从广度上扩大客户范围，而售后服务则能帮助我们从深度上巩固客户群体，增加社群黏性，并最大限度地挖掘出每个客户背后的潜在客户群。

　　想要提高产品迭代更换率，就必须不断创新，为产品注入新的血液，从而刺激客户的消费欲，让客户对新一代产品产生购买的欲望。这一点小米社群就做得非常好。几乎每半年，小米就会推出一款新产品，以维系客户的好奇心与新鲜感，同时也保证了销量的上升。

　　每件产品从进入市场到退出市场，都要经历引入、成长、成熟以及衰落等生命周期。在不同的时期，产品的宣传推广策略也应根据实际情况做出调整。

产品生命周期

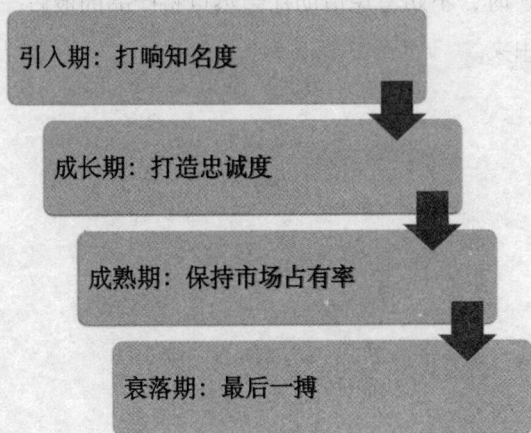

引入期：打响知名度

成长期：打造忠诚度

成熟期：保持市场占有率

衰落期：最后一搏

图2-9　产品的生命周期

在引入期，产品刚进入市场，知名度不高。这一时期需要达成的第一目标，是打响产品知名度，引起广大消费者的注意。因此，在宣传推广方面，要注意突出产品的独特性和品牌名称。

进入成长期，产品累积起一定的知名度，市场占有率逐渐增加。此时的宣传目标，主要是增加客户对产品的满意度和对品牌的忠诚度。简单来说，这就类似于一个"固粉"阶段，要想办法让客户从普通消费者变为产品或品牌的"粉丝"，将产品的知名度转化成美誉度。

当产品的市场占有率达到顶点时，就意味着它已经进入成熟期。在这一时期，产品的销售量会逐渐呈现减缓甚至停滞的状态。此时要做的，是尽量保持产品的市场占有率，延长产品在成熟期的寿命。

经历过成熟期，产品会不可避免地进入衰落期，市场占有率开始明显下降。此时，产品已经注定要退出市场，因此，宣传推广时，不妨考虑借助社会热点将产品的最后一波"余热"发挥出来。

客户定位：客户决定社群互动模式

　　社群经营本质上就是人际关系的经营。经营人际关系，简单来说就是与人相处，而这从来都不是一件容易的事。人与人之间有着太多的不同，有人安静内向，有人热情活泼，有人喜欢吃喝玩乐，有人热衷工作、学习，有人偏好读书、写字，有人倾心极限运动……和一个人相处好也许并不难，但想要和一群人都相处好，那就不是件容易的事了。我们经营社群，需要处理的正是一群人之间的人际关系。

　　社群营销与传统营销最大的区别在于，传统营销只专注企业与客户，或者说产品与消费者之间的关系，而社群营销还要兼顾客户与客户之间的关系，让客户与客户之间通过良好的交流互动产生连接，增加黏性，融入社群文化或产品文化，从而实现社群产品或服务的口碑传播。

　　所以，构建社群时，我们必须了解每个客户的兴趣点，以及他们选择社群或产品的理由。只有让客户的兴趣点与社群价值或文化产生"共振"，才能真正将客户引入我们所构建的社群体系，成为其中的一员。除此之外，为了更方便地经营社群，最好能根据不同用户的特征对用户进行细分，这是社群形成与稳固的

传统营销:

社群营销:

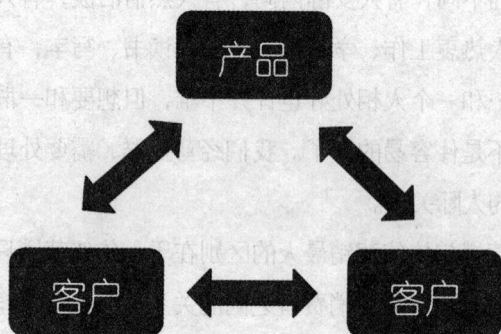

图2-10 传统营销VS社群营销

重要基础,也是促进成员价值连接的关键。

或许有人会产生这样的疑问:既然都是客户,目的也都是进行营销活动,真的有必要"多此一举"地对客户进行细分吗?事实上,这并不是"多此一举"。客户类型决定了社群的互动模式,如果不对客户进行细分,我们就无法确定什么样的互动模式更适合所构建的社群。

通常来说，细分客户可以粗略地从两个方面着手：一是年龄，二是职业。

根据年龄阶段，我们一般把客户粗略地划分为儿童、青少年、青年以及中老年四个类别。

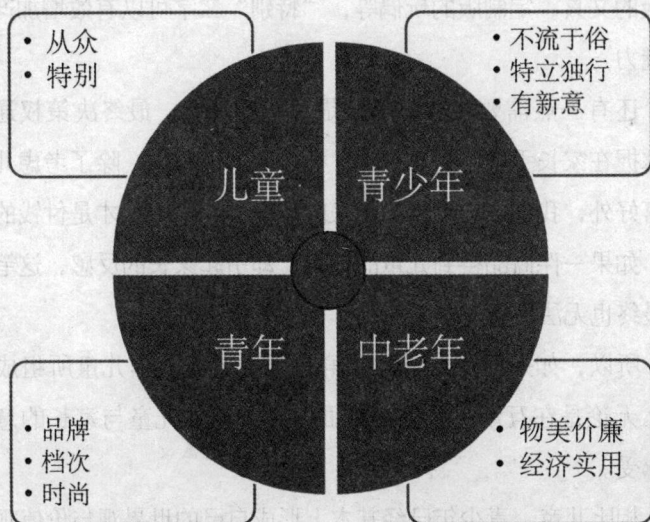

- 从众
- 特别

儿童

- 不流于俗
- 特立独行
- 有新意

青少年

青年

- 品牌
- 档次
- 时尚

中老年

- 物美价廉
- 经济实用

图2-11　不同年龄层客户的消费偏好

儿童的消费观念一般倾向于两种：一是"别人有的我也要"；二是"就要别人没有的"。

对儿童来说，很多时候他们对某种东西的需求，很大程度上受到周围环境的影响。比如，身边的伙伴都穿名牌运动鞋，自己自然想要拥有名牌运动鞋；身边的同学有了新款的游戏机，自己自然会想要拥有同样的游戏机。所以，如果你的社群经营的产品是面向儿童的，不妨营造出这件产品"人手一台"的感觉，或者直接晒出其他儿童的使用体验作为宣传方式，从而刺激儿童的购买欲。

对任何人来说，"特别"的东西都极具吸引力，儿童也不例外。他们希望拥有别人所拥有的物品，更希望拥有别人所没有的物品。这种"特别"往往会促使他们产生强烈的购买欲。比如限量版的文具、定制版的玩偶等，"特别"二字可以有效增加产品的魅力。

还有一点需要注意，那就是儿童的消费，最终决策权通常都掌握在家长手中。也就是说，社群营销过程中，除了考虑儿童的喜好外，我们还必须考虑家长的态度，毕竟家长才是付钱的金主，如果一件商品得到儿童的青睐，却引起家长的反感，这笔交易最终也无法达成。

所以，如果你所经营的社群，其主要成员由儿童所组成，那么无论是在互动还是宣传方面，都要兼顾儿童与家长的意见和感受。

相比儿童，青少年已经基本上形成自己的世界观与价值观，此时的他们富于冒险精神、对生活充满热情。同时，在叛逆心理的影响下，他们往往对一些不流于俗套、特立独行、有新意的东西更感兴趣。他们注重情感和直觉。在他们的消费观念中，一件具有吸引力的产品，最重要的并非质量和实用性，而是"感觉"或者产品背后的"文化"与"精神"。

所以，如果你所经营的社群主要成员由青少年组成，那么在互动过程中，一定要注意打造能够引起青少年共鸣、获得他们认可的世界观与价值观，通过互动将品牌的文化与精神传递出去。只要这种文化与精神得到青少年的普遍认可，他们就很可能撇开一切因素，义无反顾地成为该品牌的忠实粉丝。

已经步入社会的青年人大多推崇名牌和品牌，他们通常已经有了一定的经济实力，在职场中也难免会滋生攀比情绪，因此，在消费方面会比较注重"档次"。如果社群的主体成员是青年，那么在互动过程中，不妨突出展现产品的品牌魅力和时尚品位。

中老年人的消费观念通常已经成型，他们大多对时尚并不敏感，有自己惯用的品牌或商品。比起其他方面，中老年消费者更注重商品质量和性价比。通常来说，物美价廉、经济实用的商品，更能引起他们的兴趣。

在话题互动方面，中老年人对健康保健类的话题往往比较有兴趣。所以，如果社群成员多是中老年人，可以考虑举办一些与此相关的活动，或发起相关话题，促进社群成员的互动，增强社群黏性。

从事职业也是客户细分的参照之一。从某种程度来说，职业可以说是人们在社会上安身立命的基础。因此，无论是谁，都会下意识地关注与自己所从事职业相关的信息。换言之，从事职业不同，会直接影响到客户关注的焦点。所以，如果社群能够帮助成员提高自身价值，让成员获得更多与其职业相关的知识或信息，必定能够留下客户，让社群成为真正有价值的团体。

此外，不同的职业对其从业人员的思想与性格也会产生不同的影响。从客户从事的职业，我们也可大致推断对方的性格特点。这对社群经营过程中的交流互动有很大的帮助。

市场定位：供需决定社群营销策略

不同地区的市场在其政治、经济、文化等影响下，往往具有不同的运行规则和特点。社群营销虽然依托网络而存在，大大弱化了客户的地缘性特征，但落实到具体的营销策略和消费习惯上，依然必须遵循市场规则，做好目标市场定位，否则很容易因无法准确把握市场情况而使营销活动陷入困境，甚至导致社群被抵制、封杀。

2013年，有"营销王"之称的杜蕾斯就因没有准确把控市场而"马失前蹄"，在一次网络社群营销活动中"溃不成军"。

当时，杜蕾斯推出一项"紧急避孕套"送货服务。

SOSCondoms是一个杜蕾斯的官方app紧急时刻上门送货服务，当大家需要避孕套紧急救援的时候只需打开软件，不论何时何地，5分钟之内就会有相关的人员为你送上"货物"，并且是毫不露痕迹的，通过送外卖的小哥、迷路的路人以及警察检查证件！SOSCondoms软件介绍SOSCondoms的特点在于它并不是纯粹地

图2-12 杜蕾斯"紧急避孕套"APP下载

这项服务的主要内容是，为那些通过手机或电脑应用程序下单的恋人提供避孕套快速送货服务。为了增强与用户的互动，提升用户的参与感，杜蕾斯在Facebook上发起投票，让网友选出能够最先享有"紧急避孕套"送货服务的城市。

投票时，杜蕾斯并未限制网友的选择，而是完全让他们自由发挥，任意选择自己中意的城市。结果，这一极其大胆甚至鲁莽的做法，导致的结果就是，一座与"蝙蝠侠"（Batman）同名的城市——巴特曼市，成为得票最多的城市。

要知道，巴特曼市居住的是保守的穆斯林居民，他们的宗教文化背景决定这座城市根本不可能成为杜蕾斯"紧急避孕套"服务的"前哨"。对于当地居民来说，这样的活动无异于一场不受欢迎的闹剧。最终，杜蕾斯放弃这次推广活动，这次投票也成为杜蕾斯营销历史上的一个"笑话"。

所以，定位社群的时候，除了考虑产品与客户的定位外，市场定位也非常重要。只有充分把握市场规律，了解市场情况，我们才能制定出合适的营销策略，更好地完成社群营销计划。

通常来说，做市场定位时，除了要把握市场的特点与规则外，还要重点考虑市场需求。

这里的市场需求，不是等社群产品进入市场之后才进行统计，而是推出产品之前必须进行的市场需求预测和分析。只有做出正确的预测与分析，我们才能根据市场需求调整社群产品的营销策略。

第一，当市场呈现供不应求的情况时，社群营销应该以"预售"为主，推行"饥饿营销"策略。

对社群来说，市场呈现供不应求的状况，就意味着产品不愁卖，营销的主动权掌握在社群手中，这是一种非常理想的状况。但市场需求并非一成不变，在这样的状况下，我们需要重点考虑的是如何保持并延长消费者对产品的兴趣及消费渴望，"预售"无疑是一种非常有效的策略。

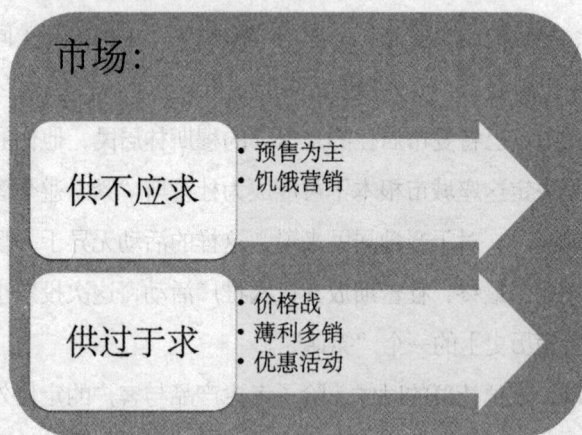

图2-13　市场供需决定营销策略

预售实际上是"饥饿营销"的一种方式。小米手机刚面世的时候，就是以饥饿营销的策略成功引爆市场的。

2014年，小米准备推出红米NOTE手机之前就根据市场需求做过预测，从而决定以预售活动的方式推出产品，并把营销主场定在QQ空间。为了进一步炒热红米NOTE，小米公司为该款手机的首发设计了三个能够充分调动网友参与积极性的环节，即猜价格（预热）、签到集赞（预约）以及正式抢购。

利用这些活动，小米成功在网络上炒热了红米NOTE，产品还未正式发行，就已经拿下1500万名用户的预约，创下国内手机品牌社交网络上预售的新纪录。产品首发当日，超过500万的用户涌入"红米首发"在QQ空间的页面。

更重要的是，这种"吊胃口"式的营销，让很多没能顺利抢到预售名额的用户，更进一步对该产品产生一种"不甘心""势在必得"的心理，为下一轮的购买奠定了坚实的基础，成功保持住市场的热度。

第二，当市场呈现供过于求的情况时，社群营销则应以"价格战"为主要策略，尽快抢占市场份额。

市场需求如果出现供过于求的情况，那就意味着产品很可能面临滞销的窘境。这时候，薄利多销，尽可能地抢占市场份额才是当务之急。而且，价格的变动往往会对市场的需求产生一定的影响，毕竟人都有贪便宜的心理。一件产品，如果价格足够便宜，即便一时间没有需求，消费者也有可能购买。

图2-14　小米商城的秒杀活动

需要注意的是，即便以"价格战"为主要营销策略，在制定价格的时候，也应该充分考虑产品成本、市场需求以及实现盈利等问题，在不冲击主体价位的前提下进行价格调整。

图2-15 "三只松鼠"满减活动

此外，除了直接降价外，我们还可考虑采取一些迂回的方式给予用户优惠，刺激他们的消费欲望，如有奖销售、赠送赠品等。也可采用"满减"优惠，即消费满多少金额可以有多少优惠。这些都是刺激用户消费欲望的有效方式，比起直接降价，更容易刺激用户产生冲动消费。

与传统的营销模式相比，社群营销最大的优势在于，可以省下许多中间环节的费用，甚至直接粗略地以"成本+利润"来进行产品定价。因此，

图2-16　"良品铺子"满减活动

社群营销产品在"价格战"中具备很大的优势。如果想要进一步以低价来刺激用户消费，社群还可以统一发起团购，进一步稀释成本。

寻找第一批社群成员

社群从来不是一个人的狂欢，无论你想建设一个什么样的社群，都需要一群人齐心协力才能实现目标。建立社群之初，我们寻找到的第一批社群成员，往往就是日后构建与经营社群最重要的核心力量。

美国著名作家马尔科姆·格拉德威尔在《引爆点》一书中说，流行的形成，实际上就是某些意见领袖参与传播了一些颇具感染力的信息，而这些信息恰好符合当时社会的需要。社群构建其实也是如此，很多社群在构建之初所踏出的第一步，都是从寻找业内意见领袖开始的。

以小米社群的构建为

图2-17 小米的"梦想赞助商"

例。早在小米还在做MIUI系统的时候，它的团队就开始积极搜罗第一批核心用户了。他们满世界地泡论坛，注册了上百个账户，在各大知名Andriod系统论坛里发帖、发广告灌水，拉拢资深用户，最终从1000多名资深用户中精心筛选出100名超级用户，邀请他们一起参与MIUI系统的设计、研发和反馈。

这100名用户可以说是小米粉丝文化的源头，为推动"米粉"的扩张立下了汗马功劳，也为日后成就千万"米粉军团"打下了坚实的基础。为感谢这100名用户的付出，小米公司还特意在2013年的"米粉节"上发布了一部专门为这100名用户制作的微电影《100个梦想的赞助商》，以此表达小米公司对他们的感谢。

从小米社群寻找第一批成员的案例中可以看出，在为社群寻找第一批"核心成员"时，应该遵循三个原则。

第一，精准定位。

图2-18　寻找"核心成员"的三原则

对社群来说，成员与成员之间是存在质量差异的。比如，在篮球运动的社群中，一个懂篮球且天天都在关注和搜集各类与篮球运动或球星相关信息的成员，对社群的贡献和价值必然远远高于一个只会偶尔转发有关NBA赛事新闻的伪球迷。

所以，寻找第一批社群成员时，一定要精准定位用户。就像小米团队，他们在搜罗第一批社群成员时，直接把目标指向各大手机系统论坛，从对手机产品有一定了解和关注的资深用户中进行选择。

第二，宁缺毋滥。

如果说社群是一幢高楼，那么寻找第一批核心成员，就好像是在给高楼打地基。要想地基打得牢，关键在于质量，而非数量。

比如，小米团队在寻找第一批社群成员时，实际上从各大论坛拉来了1000多名资深用户，但他们并未将这些资深用户全部纳入旗下，而是从中精选出100人。这最终精选出的100人，才是小米社群的第一批核心成员。

第三，设置门槛。

很多成功的社群在构建之初，其第一批成员都是被"邀请"而来的。换言之，第一批加入的社群成员，实际上都是社群在设置了一定的筛选条件和门槛之后"主动"挑选出来的。这样做，一方面是为了更精准地定位用户，从而提高社群核心成员的质量；另一方面，则是能够让受到邀请的成员感觉到自己的"重要性"，并且因这种"重要性"而更加认真地对待社群。毕竟一个设置了门槛的"名额"和一个任何人都唾手可得的"名额"，前者显然更加珍贵，也更具吸引力。

了解了这三个原则之后，新的问题来了：我们如何才能寻找到符合条件的用户呢？

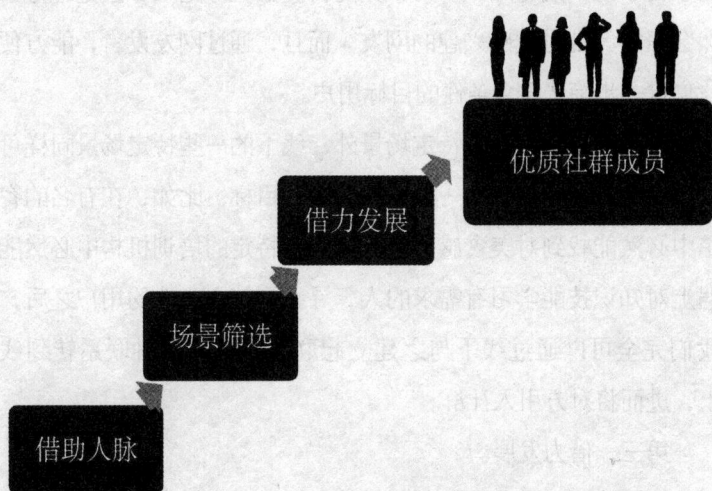

图2-19　如何寻找优质社群成员

第一，借助人脉。

很多新社群成立之初，由于没有名气，也没有影响力，想要招收成员比较困难。因此，很多社群最初寻找成员是借助已建立的人脉关系，先找一批人进来帮忙撑场面，之后再慢慢吸引目标用户。

此外，创建社群之前，我们也可根据社群经营方向，提前做好人脉资源的储备。比如，加入一些相似的社群，从而寻找志趣相投的用户，或直接通过垂直论坛，接触相关领域的资深用户等。

第二，场景筛选。

一般而言，某些特定的场景总会聚集特定的人群，反过来说，如果我们想要接触特定的人群，只要前往特定的场景寻找就行了。比如，想要寻找对知识学习感兴趣的人，可以前往豆瓣网的学习小组，或与知识学习相关的百度贴吧等论坛，这些地方必然会聚集大批对此感兴趣的网友。而且，通过网友发言，能方便我们进一步筛选符合条件的目标用户。

当然，除了网络的特定场景外，线下的一些特定场景同样可以帮助我们达成寻找第一批社群成员的目标。比如，在有名的餐馆中必然能找到对美食感兴趣的人，在特定的培训机构中必然能遇上对知识技能学习有需求的人。寻找到符合条件的用户之后，我们完全可以通过线下与之建立起联系，再将这种联系转到线上，进而将对方引入社群。

第三，借力发展。

构建社群时，我们之所以对第一批社群成员有着比较严格的要求，很重要的一个原因就是，这批成员很可能成为社群的核心成员以及意见领袖，同时也将肩负起未来建设和发展社群的部分责任。因此，寻找第一批社群成员时，如果希望能快速获得社群势能，不妨考虑直接借助相关领域的"大咖"的影响力，吸引和发展社群的新成员。

总而言之，一定要记住，如果你希望将社群做大做好，那么在寻找第一批社群成员时，一定要有严格的要求，因为这批成员质量的好坏将直接影响社群未来的经营与发展。从某种程度上说，第一批社群成员的质量，甚至可以直接影响到社群构建的成败。

三军未动，粮草先行

　　打造一个社群需要做很多准备，不是今天想要做社群，明天就能建个社群开始寻找社群成员的。我们要先弄清楚自己想要做什么样的社群，目前能做什么样的社群，想要与能做之间的距离又有多远。当我们明白了这些事情以后，还不能马上动手，因为还有几件事情要提前准备好。如果说建立社群如同一场战争，这几件事情就是我们的粮草。所谓"三军未动，粮草先行"，如果没有准备好这些，社群建立以后就会面对种种问题和不便。

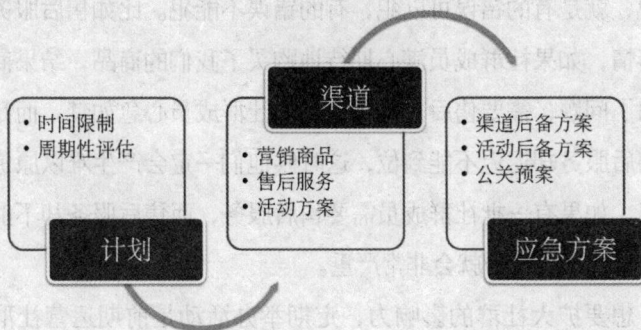

图2-20　打造社群的前期准备

　　最需要准备的是计划，即便知道了一切，也不代表执行所思所想的时候能不打折扣。因此，打算运营社群之前，我们必须制订一个完善的计划。这个计划包括社群运营的各个方面，如从哪里寻找社群成员，第一次营销从什么时候开始，如何举办社群活动，多长时间能够看到效果。这个计划必须有一定的时间限制，其中大多数的指导性内容是有时效性的，可能在某个时段比较吸引社群成员的内容以后变得不再吸引人。而且，需要周期性地对我们的进度进行评估。如果一段时间内没有达到预期的效果，就说明我们的营销策略没有成功。这时候不撞南墙不回头显然不是好的选择，只有不断更改策略，修正方向，才能获得成功。

渠道是建立社群前就必须要保证的。我们需要营销的商品、售后服务、活动方案等，都要事先就准备好。第一次营销决定了社群成员对我们的印象，如果想要让社群成员足够信任我们，一个专业、可靠、诚信的形象是必不可少的。也许第一次总会出现一些问题、意料之外的状况，但有些状况是在可容忍范围内的，有些则是不可容忍的，会对社群形象造成致命的打击。简单来说，就是有的错误可以犯，有的错误不能犯。比如售后服务这件事情，如果社群成员满心期待地购买了我们的商品，结果商品却出了问题，需要售后。购买商品的社群成员心急如焚，而我们的售后服务却迟迟不能到位，这时候他们一定会产生难以原谅的心情。如果有一批社群成员需要售后服务，而售后服务却不能到位，对社群的打击就会非常严重。

想要扩大社群的影响力，定期举办活动是前期运营社群的最佳方法。很多人正是因为得知我们在举办某项活动才会加入社群，愿意成为社群的一员。但是如果活动遭遇变故，不能如期举办，因活动而来的大部分人可能就会选择离开社群。那么，下一次活动举办的时候，他们还会回来吗？他们未必知道下一次举办活动的时间，即便知道了，也会因为上次活动的问题产生"这个社群不靠谱"的印象而忽视掉。

没有人能不出错，但我们必须保证错误不出现在社群刚刚成立的阶段。人与人的信任非常脆弱，刚刚进入社群的人在得知社群要进行营销的时候，第一反应往往是"这个社群想要从我的口袋里往外掏钱了"。这种情况是无法避免的。传统的推销人员也需要面对这一问题，这就导致很多人脑海中一出现"推销"两个字，本能上就会拒绝。所以，社群建立之前，要将社群第一次营销的方方面面都准备好。除此之外，还要准备应急方案。

我们以为的准备好，未必就是真的准备好了。我们能力、眼光上的不足，以及种种意外的发生，都可能让计划不能按照设想的那样按部就班地走下去。因此，必须准备一个应急方案，以便在出现问题的时候能马上解决。

应急方案需要包含渠道、活动以及其他后备方案，更加重要的是公关预案。如今，社群营销建立在互联网能更快传递信息、实现人与人之间便利沟通的前提下，消息传递得越快，问题出现时留给我们的反应时间就越少。很多社群出现问题，最后不是输在问题本身上，而是因为"态度"。

态度是非常玄妙的，避重就轻是态度不好，空谈道歉没有赔偿是态度不好，应对太慢同样是态度不好。我们不难看出，在出现问题，想要取得他人原谅的时候，就必须做到态度真诚，有实质性的补偿，还要快速反应。其他方面要根据具体情况具体操作，但快速反应这一点是必须要有所准备的。快速反应能够在第一时间防止当前问题引发出更多的问题，防止问题的影响不断扩大，并且是对当前问题格外重视的表现。如果能够在第一时间做出反应，问题就好解决得多。这如同一场火灾，如果不马上进行控制，在你思考的时候，火势就已经蔓延开了。

好的开始是成功的一半，做社群营销更是如此。第一次的营销决定你辛辛苦苦拉入社群的第一批成员能否留下，第一次活动决定你的社群能否快速扩张，让你更快走上变现之路。三军未动，粮草先行。想要让社群拥有好的开始，就必须保证自己已经准备好了，不仅准备好了成功，也准备好了出现问题时的解决策略以及失败。

CHAPTER 3
打造合理的社群运营团队

个人的力量是渺小的，即便我们想要树立一个强人、权威的形象，背后也少不了团队的支持。分工合作能够让搭建社群、管理社群、营销变现更容易实现。所以，搭建社群之前，必须要有一个分工合理的运营团队。

"一个人"就是一支团队

很多社群的经营者前期是一个人包揽所有的事情，后面才逐步打造出社群的管理团队。这个时期的社群管理团队，就是典型的一人团队。但是我们要强调的是，"一个人"并非是我们所指的一支团队。我们要有一支配置合理的团队，因为一个人的力量、见识、接受信息的速度与精力都是不够的。有团队，有更多的人帮我们分担责任，才能让社群快速成长起来。但是，不管我们的团队有多少人在负责，在社群发展前期，最好是让团队隐形，让社群成员认为社群并没有那么多人在运营。

在社群前期，一定要给社群成员一种"我们人数不多"的印象，如果可以的话，尽量让社群成员认为我们的团队是一个人经营的。也就是说，让社群成员认为我们的团队是典型的一人团队，这样做的好处有以下几点：

第一，降低侵略性。害人之心不可有，防人之心不可无。面对陌生人的时候，我们很难不生出防备心理，特别是对方看起来有很强的侵略性，那就要更加防备了。就好像走在街上，对面走来一位老人向你搭话和对面走来三个大汉跟你搭话，心态是绝对

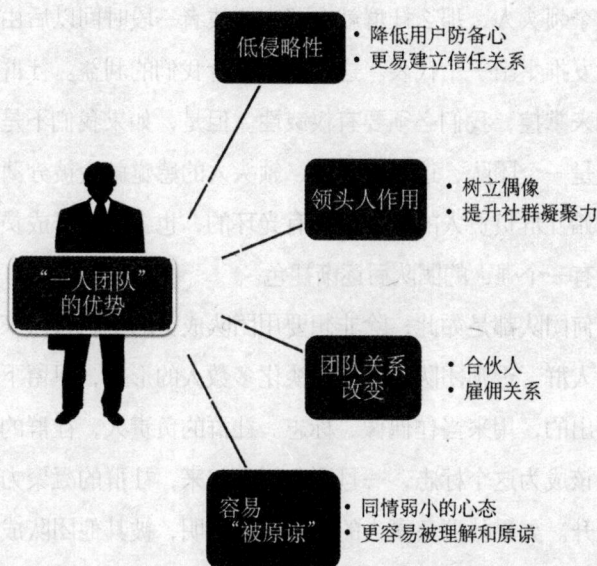

图3-1　"一人团队"的优势

不同的。甚至有些戒备心理较强的人，看见三个大汉朝着自己走过来，已经设想好接下来如果有什么意外，自己该怎样应对了。

想要做营销，我们不是坏人，更不会做坏事。但如果我们表现得过于强势，过于强大，过于具有侵略性，对方就会自然而然地生出戒备心理，不利于我们与社群成员建立信任关系。

一个人就不具备那么强的侵略性，都说店大欺客，客大欺店，如果让社群成员将自己放在大的那一边，营销的时候就更容易相信我们做出的承诺，不会因为少数的顾虑而打消念头。

第二，社群营销虽然与粉丝经济不同，但也需要一个标志让社群成员去信任、依赖。社群成员是因相同的兴趣和目标联系起来的，但作为群体，它必须要有领头人。如果社群负责人不能充当这个领头人，那么社群就会沉寂，或者一段时间以后由社群成员自发推举出一个代表。这显然不符合我们的利益。社群必须由我们来掌控，我们必须要有权威性。但是，如果我们不是一个人，而是一个团队，这种权威性、领头人的感觉就会被分薄。即便一开始社群负责人的身上是带有光环的，也会因社群成员得知其背后有一个强大的团队后逐渐褪色。

任何团队都是如此，除非想要用团队成员的不同特点来吸引不同的人群，否则团队一般都会淡化多数人的形象，只留下一个格外突出的，用来当作偶像、标志。社群的负责人，社群的领导者，应该成为这个标志，一旦形象树立起来，社群的凝聚力就会快速提升。如果社群负责人的形象不够鲜明，被其他团队成员分薄了关注度，即便没有影响社群的发展速度，也会影响社群的凝聚力。

更何况，当有不同的目标时，比较就成为必然的现象。每个人都有自己喜欢的对象，在出现激烈的比较之后，就会发生争执和矛盾，这非常不利于社群团结。

第三，运营团队与社群负责人之间的关系会因此改变。建立社群团队的方式是不一样的。有些社群运营团队成员是合伙人的关系，还有些是雇佣关系。如果是合伙人，社群运营团队拥有较高的人气，勉强算得上是一件有利有弊的事情。但如果是雇佣关系，从某种程度上说，就是为别人做了嫁衣。如果对方的拥护者达到一定数量，显然不会满足于为别人打工。分裂社群，自立门户，显然是更好的选择。

第四，一人团队更容易被原谅。社群成立初期，刚刚开始营销的时候，不可避免地会遇到很多问题。有些问题并没有对社群成员造成实质性的损失，但可能浪费了他们的时间、精力、情感等，这样的问题是需要态度诚恳的道歉才能解决的。如果我们是一人团队，很多这方面的问题都是可以被原谅的。人们都有同情弱小的心态，在没有太多损失的情况下，面对真诚的道歉，很容易就能网开一面。

如果被社群成员知道社群负责人背后有一支团队，那么事情没有处理好，就会被归咎到能力、态度上，认为只想着赚钱，不为社群成员考虑。能够做的事情越多，别人的要求就会越多。如果是一人团队，能力较为有限，就不会被要求更多。

一人团队有一人团队的好处，多人团队也有多人团队的好处。如果社群已经逐渐做大，还保持一人团队的样貌，也是不行的。社群里的事务越来越多，如果还硬说是一个人做的，只会让社群成员觉得自己被愚弄了，认为你这个人很不真诚。另外，社群逐渐做大以后，拥有一个完善的团队更能展现出社群的专业性，让社群成员更加放心，容易对社群产生信任感。所以，什么时候该让社群成员知道社群有了运营团队，不再是一个人做所有事情了，这个时间点一定要把握好。

做团队不做"团体"

一个成熟的社群发展起来，其实就像一个公司，有着一套自己的体系，不需要专门靠一个人事必躬亲地管理，也能运行起来。这是因为，在成熟的社群中，不会只存在唯一的"劳动力"或者"管理者"，真正支撑这个社群运营的必然是一个团队。这个团队就好比公司的管理层，它的生命力很大程度上决定了社群未来的运营与发展。

图3-2　优秀运营团队是优质社群的基础

很多人在构建社群之初，往往都没有长远的规划，也缺乏组建运营团队的意识。事实上，在社群规模不大的时候，有没有运营团队似乎并不是非常重要，但随着社群一步步发展壮大，许多漏洞和隐患就会暴露出来。这好比你开一间小卖部，一个人身兼数职就能把事情做完；但当你的小卖部发展成为一间大超市，甚至是购物中心的时候，仅仅依靠你一个人，是不可能把事情都管理好的，这时你需要一个分工明确的团队，建立一套完整的运营体系。

所以，如果你想要建立的是一个有长远发展潜力的社群，构建之初就要有打造社群运营团队的意识。要知道，任何一个优质的社群，都离不开高效的运营团队。

注意，这里所说的是"团队"，而不仅仅是一个聚合的"团体"。之所以特意强调这一点，是因为很多人都没有弄清楚"团队"与"团体"这两个概念的区别，总是以组建团体的意识去组建团队，这样一来，自然很难打造出优质的社群运营团队。

团体	团队
有正式领导者	成员轮流担任领导者角色
担负个人成败	同时担负个人及团队成败
领导者下决策	全体参与讨论，充分沟通
注重个人努力成果	注重团队努力成果
以个人表现为考核依据	以团队表现为考核依据
目标与组织使命一致	被组织赋予目标
讨论，决策，授权他人执行	讨论，决策，集体共同执行

图3-3　团体与团队的区别

实际上，"团队"与"团体"两个词虽然只有一字之差，其内涵却有很大的差异。团体通常会有一个较为正式的领导人，而团队中的领导者角色往往并不固定。从凝聚力来说，团队成员的联系要比团体更紧密、牢固得多。即使身处团体，每个成员只需担负个人的成败责任，团队则不然。如果说团队是一台机器，每个成员就是这台"机器"上的"零件"，不仅要为作为"零件"的自己负责，也要对整台团队"机器"的运行效果负责。

团体的形成，通常围绕共同的目标或使命，也就是说，因为先产生了共同的目标或使命，人们才会聚集在一起，组成团体。反过来说，如果团体成员中途放弃这个目标或使命，团体也就不复存在了。但团队不同，它的组建本身就是承担着某种责任，或者说团队的组建本身就是为了达成某个目的，这就使得团队结构比团体更加稳定、牢固得多。

在团体中，每个成员说到底依旧是独立的个体，他们虽然存在一定的联系，但这种联系并不算太紧密，无论做任何事情，团体中更注重的还是个人的表现和努力。团队中的成员则更像团队这一"整体"的组成部分，彼此之间的联系更为紧密，利益共通，成败荣辱取决于团队的整体表现。

举例来说，同一班级的学生可以说是一个团体，团体中的领导者就是教师，学生之间虽然有一定的联系，但彼此之间相对而言又是独立的。对学生来说，最重要的是他们的个人成绩，而别人对每个学生的评价，同样是以他们个人的成绩为准。如果一个学生成绩特别差，即便他所在班级的平均分达到全年级第一，别人也不会因此夸赞他。同样，如果一个学生成绩十分出色，即便他所在班级的平均分是全年级倒数第一，他也不会因此被贴上"学渣"的标签。

而一支球队则可以称之为一个团队。在这个团队中，每个成员的联系非常紧密。在每一场比赛中，他们都需要相互配合，才能将团队的力量发挥出来，获得比赛的胜利。当然，在这个团队中，每个成员的表现同样有优劣之分，但外界评价他们时，更多的是依据球队所取得的总体成绩，而非个人实力。

运营团队是社群的核心，就像公司的管理层，它是内部联系紧密的整体，目标就是把社群运营好。如果在组建社群运营团队时没有弄清团体与团队的区别，以做团体的理念做团队，最终我们打造出来的，很可能就是另一种"粉丝经济"，本质上依旧只能靠我们事必躬亲地去管理。

因此，打造社群运营团队的时候，我们一定要有意识地将其看作整体，甄选出来的每一位核心成员未必都是全才，但一定要放在最合适的位置，相互配合，做最合适的事。就像组装机器的零件，单个也许不能发挥出什么效果，但只要将它们组装成机器，便能做出惊人的事情，达到一加一大于二的效果。

开拓职能与维护职能

　　想要打造优质的社群，就离不开高效的运营团队。那么，一个高效的运营团队需要哪些角色呢？

　　其实，这个问题很难有标准答案，因为社群运营团队的诞生，本质上就是为了让社群能够平稳有序地运行。一个成型的社群，往往都有其不同的目的和规则，运营团队的工作就是维护社群运行规则，推动社群达成目标。也就是说，运营团队需要哪些

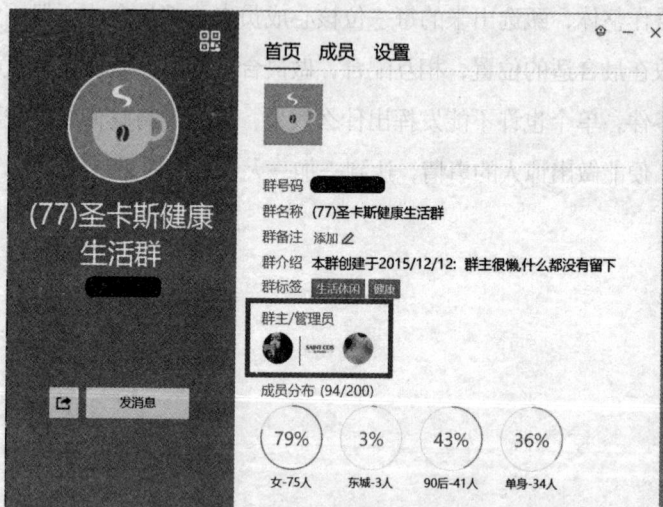

图3-4　小规模QQ群的管理成员配置

角色，关键取决于社群运营的具体需求。

我们知道，不同的社群因行业、规模、平台等种种因素，实际运营时有着一定的区别，而社群运营团队的组织结构根据这些因素也一直在演变和完善。比如，对于一个规模还不算大的初建社群来说，只需一个"群主"加上一个"助手"，就能完全实现社群管理。当这个小规模社群进一步扩大之后，为了更好地进行社群管理与运营，就需要建立不同类别的小组，如负责管理的管理小组、负责信息收集的收集小组、负责门面设计的设计小组、负责信息输出的输出小组等。随着社群继续扩大，运营团队的职能自然也会随之增多，组织结构也会有所变化，原有的小组将进一步细分。

但无论社群如何发展，运营团队如何变化，从本质上说，社群运营团队必须承担两大职能，即开拓职能与维护职能。

图3-5　社群运营团队中的开拓者与维护者

众所周知，对于社群来说，人既是社群运营的核心，又是社群最宝贵的资源。一个社群想要发展，就必须吸纳足够多的人，扩大规模，从而提升社群价值。这是每个社群在经营时必须要实现的目标，也是每个社群运营团队必须要承担的职能，也就是我们所说的开拓职能。

对于社群来说，吸纳新成员只是一个开始，这些新成员被吸纳进社群之后，能否被留下，进而成为真正变现的资源，都是一个未知数。假如这些新成员被吸引进入社群却没有认可该社群的文化与价值，只将这个社群当作可有可无的存在，或很快就离开，那么对于社群来说，这些新成员无法创造任何价值。新成员能否被社群留住，并最终真正融入社群，关键在于社群的日常运行和群内的交流互动。因此，作为支持社群运营的团队来说，除了承担开拓职能外，还得承担团队的管理、协调等事宜，即维护职能。

无论社群如何发展，团队结构如何分化，归根结底，都是在这两大职能的基础上演变发展的。

2018年，有一部电影很火，叫《我不是药神》，里面有这样一段情节：主角程勇以卖印度保健品为生，他有一个合作伙伴叫刘思慧，是一个QQ病友群的群主。有一天，一个名叫吕受益的白血病患者找上门来，让程勇帮他从印度购买一种叫"格列宁"的治疗白血病的药物。

后来，程勇和吕受益决定一起在国内售卖格列宁。他们找到刘思慧，刘思慧的女儿也是白血病患者，她和全上海白血病病友群的群主几乎都有联系。吕受益以自己的亲身试药体验说服刘思慧，并通过刘思慧的渠道和全上海所有病友群都搭上了线，之后便开始通过QQ群售卖格列宁。

拥有大量的用户群体之后，为了保证源源不断的药品货源，程勇决定拿下印度格列宁在中国的代理权，为此，他们需要找一个懂英语的中间人。于是，吕受益把基督教牧师老刘介绍给了程勇。老刘也有一批患有白血病的信徒，这些信徒对老刘十分信任。于是，通过老刘，程勇又拥有了一批新的用户群体。

程勇、吕受益、刘思慧以及老刘等人所建立的这个销售小群体，实际上就是一个简单的社群。程勇相当于群主，这个社群是在他的手上一步步建立起来的；吕受益是产品的首批体验者，也是产品的推广者；刘思慧则帮助他们打通销售渠道，且在病友群中有一定的威望，她就相当于社群中的开拓者和意见领袖；老刘作为牧师，常常鼓励生病的患者，与他们有直接的接触，深得众人信任，他就相当于社群中的活动策划者。

在这个案例中，程勇、吕受益、刘思慧和老刘其实就是一个简单的社群运营团队。他们所做的种种事情，实际上都围绕两点

图3-6　"樊登读书"的招聘职位

来进行，即开拓和维护。程勇和吕受益说服刘思慧，这是在为社群开拓销售渠道；刘思慧通过自己的影响力，将广大的病友吸引进入社群，为社群开拓了庞大的用户群体；刘思慧和老刘都与病友有着比较密切的接触，且在病友中有一定的威望，受到众人的信任，尤其是老刘，常常利用自己的影响力组织线下活动，他们所做的一切都是在维护和管理社群。

　　当然，社群运营远远不止这么简单，尤其是规模比较庞大的社群，更要复杂得多。而且，不同的社群有着不同的运营策略和方式，但总体来说，不管社群以什么样的方式运营，团队用什么样的策略管理，都脱离不了开拓与维护这两大职能。

团队的结构化与分层化

　　社群创建之初，因为成员不多，规模较小，很多群主在社群管理上都是亲身上阵，并且也愿意将较多的时间与精力放在社群管理上。随着社群规模的逐渐扩大，甚至开始建立第二个、第三个……第无数个群之后，群主就不可能再把所有的事务都揽到自己身上了，而是会建立专门的运营团队，以保证社群正常运营。

　　问题是，很多人创建运营团队，是在发现自己对社群管理已经力不从心之后，产生了需求，进而才开始创建的。这种情况下，很多问题就随之出现了。一方面，新上任的管理人员因为在群内缺乏威望和号召力，很难得到社群成员的认同；另一方面，许多被招募而来的管理人员因对社群运营了解十分有限，只是为了活跃而活跃，很难真正将社群的文化与价值传递出来。长此以往，社群成员无法从社群中得到自己想要的东西，管理人员也会因为无法得到认同而失去热情，必然影响到社群的正常运营。

　　为了避免这些状况的发生，让社群健康、平稳地发展下去，组建社群运营团队时，采用结构化管理无疑是有效的方法。简单来说，结构化管理就是将社群运营团队结构化，明确每个角色的职能和工作范畴。这样一来，在为社群甄选运营团队成员时，就能更有针对性地将合适的人安排在合适的位置上了。

　　比如，技术型的岗位主要以技术作为甄选标准，不需要过多考虑其在社群中的威望或对社群文化、价值的了解程度。如果是需要和社群成员直接打交道的岗位，则可以考虑直接从社群的意见领袖中甄选或培养。

　　其实，管理社群的时候，除了社群运营团队这个核心组织外，我们还可以成立一些辅助管理的小团队，形成分层式的管理模式。

图3-7　"知识IP大本营"公众号

比如，网络上非常有名的付费社群"知识IP大本营"，它的运营团队采取的就是分层式管理。除了一个主群外，它还建立了许多具有辅助职能的小群，如管理团队用于交流重大决策的"大脑群"、负责安排各项具体事宜的"小助手群"等。

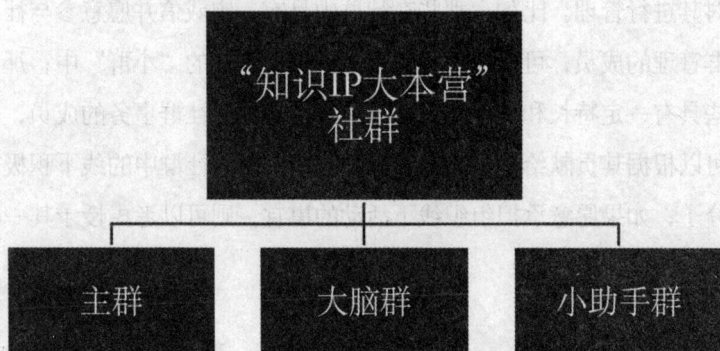

图3-8　"知识IP大本营"的分层式管理结构

每次在主群发布重大消息或举办活动之前，团队的核心成员都会先在"大脑群"中开会讨论，商量出最终决策之后，再通过"小助手群"把具体事务安排下去，让每个人都知道自己该负责做什么。等团队通过幕后小群把一切事务都安排、串联好之后，才正式在主群发布消息或活动通知。

也就是说，我们在社群中看到的平稳有序运营、默契十足的配合，以及条理分明的安排等，实际上它们在背后都进行过大量沟通与计划。

社群管理很大程度上借鉴了公司的管理模式，但公司有固定的办公时间、办公地点和岗位职责，社群却做不到这一点。虽然社群的运营团队也有一定的分工和考核制度，但并不具备像公司一样的强约束性。毕竟公司可以给每个员工定绩效、发工资、做考核，而社群是不可能这样做的。

虽然社群没有办法用物质奖励调动社群成员的积极性，但在管理中，我们同样可以考虑将社群成员进行分类，以分层的方式对其进行管理。比如，那些在社群中具有一定威信并愿意参与社群管理的成员，可以考虑将其吸纳到辅助管理的"小群"中；那些具有一定特长和动手能力，且愿意承担部分社群事务的成员，可以根据其贡献给予一定的奖励和头衔；那些社群中的线下积极分子，如果愿意承担组织线下活动的事宜，则可以考虑授予其一定的权限。

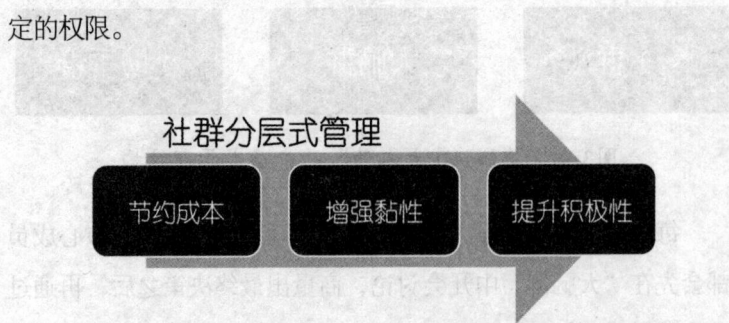

社群分层式管理

节约成本　　增强黏性　　提升积极性

图3-9　社群分层式管理的好处

这种分层式管理不仅能够有效节约社群管理成本，增加社群成员之间的黏性，还能最大限度地调动社群成员的积极性。当社群管理成为一种结构化、系统化、流程化的工作，并建立起分层式管理的团队之后，才能有效优化和降低社群运营成本，这对社群未来的发展和稳定都有很大好处。

项目制管理

采用项目制搭建并管理社群运营团队是一种非常高效的方式。

什么是项目制呢？简单来说，就是把整体运营工作分割成一个一个的小项目，每个小项目都有明确的目标与时间节点，设定一个主要负责人，由他作为主要领导者，负责主导整个任务完成情况，其他成员则主要服从负责人的调遣安排，协助负责人完成任务。

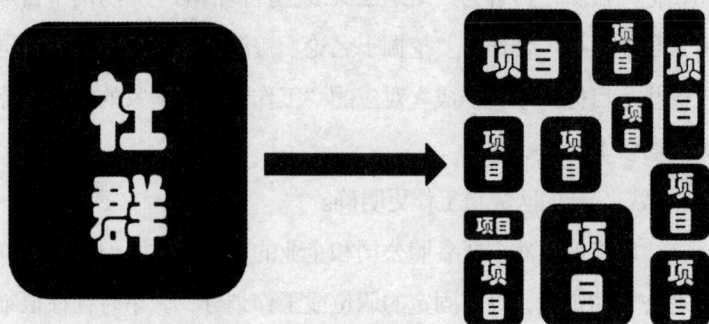

图3-10　将社群拆解成小项目进行管理

项目制管理在社群团队管理中的优势主要体现在四个方面：

第一，让社群运营目标更清晰。

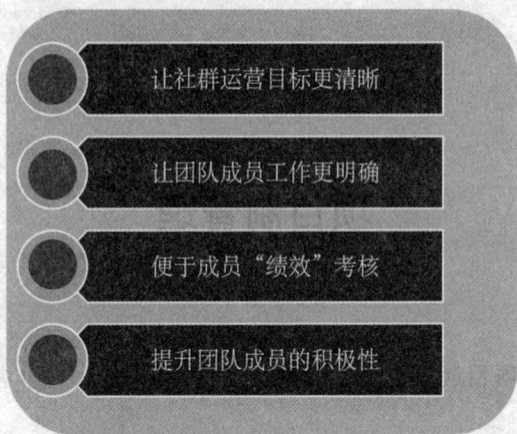

图3-11 项目制管理的优势

　　社群运营工作说到底都是围绕以下目标进行的：拉新、促活、留存。这可以说是每个社群运营的基本流程，但这样的目标其实非常不清晰，很容易让团队成员感到无从下手。

　　如果我们能将这些目标拆解为一个个清晰明确的小目标，比如，把"拉新"拆解为"组织三次线上宣传活动""与两个自媒体大号建立推广合作""挖掘十名论坛资深用户"等小目标，再以这些小目标为项目，成立对应的"工作组"，大家的任务目标就清晰多了。

　　第二，让团队成员工作更明确。

　　社群管理虽然主要参照公司和企业的管理方式，但毕竟社群不是公司和企业，没有固定的职位或工作划分，做事时往往很难做到分工明确。

　　如果以项目制的方式管理社群运营团队，就能把社群运营这个"大项目"拆解成一个个小项目，建立相应的"项目小组"，让项目成员在一定时间内只对某一小项目负责。这样一来，每个成员需要做的事情就更加明确了。

第三，便于团队成员的"绩效"考核。

当落实到每个团队成员头上的工作更加明确之后，各成员的"绩效"考核也就变得更加简单，我们可以清晰地看到每个成员为社群做出了多少贡献。

第四，提升团队成员的积极性。

当目标变得清晰、工作分配明确之后，每个成员都能清楚地看到自己所做的一切产生的收益和效果，这对提高工作的积极性有很大的好处。在项目小组中，项目成员可以真正参与项目的讨论与策划，切实参与社群的管理工作，从而获得更多的充实感与荣誉感。

那么，我们究竟应该如何把项目制运用到社群运营团队的搭建与管理中呢？

首先，根据社群管理需要进行组织分工。

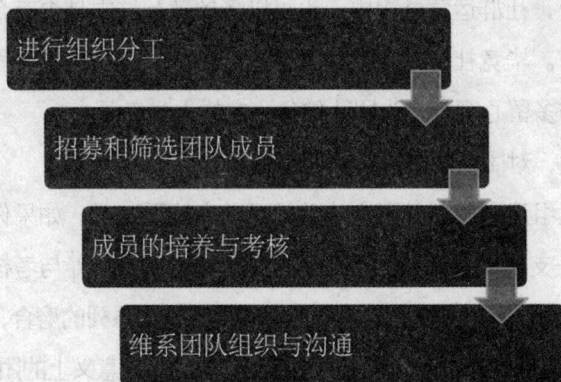

进行组织分工

招募和筛选团队成员

成员的培养与考核

维系团队组织与沟通

图3-12　运营团队的构建

搭建运营团队之前，我们要根据社群规模和社群经营目标等，确定好所需的团队人数。需要注意的是，确定团队人数时，除了要考虑社群方面的因素外，还要考虑所招募的团队成员的能力及可支配时间等因素，随时调整。

如果是缺乏招募团队成员经验的初建社群，一时间无法确定人数的话，可以先根据社群经营需要做出一个简单的组织分工，然后根据分工大致确定成员人数。通常来说，一个大约三百人规模的社群，配备一个五人团队就足够了。当然，这不是一个确定的数目，还得看实际管理工作的难度和烦琐程度。

其次，按照计划招募和筛选运营团队成员。

确定人数或分工之后，就可以开始招募和筛选团队成员了。通常来说，我们可以从两个渠道获得团队成员：一是直接从社群中筛选；二是在社群外招募。

招募和筛选团队成员时，一定要记得把每个成员的工作情况和可利用的业余时间都登记清楚，以便之后工作的安排和分工。

此外，社群运营过程中，也可以多留意社群中是否有合适的管理人才。毕竟社群是在发展的，运营团队的成员也不会固定不变，不妨多留心观察，为团队储备一定的人才资源。

再次，对团队成员进行培养与考核。

团队组建之后，并不意味着就可以高枕无忧了。如果你希望能拥有一支优质、高效的社群运营团队，后续的培养与考核是必不可少的。况且，一支初建的队伍必定要经过一系列的磨合，剔除"糟粕"之后，才可能真正培养出默契，成为真正意义上的团队。

最后，注意维系团队组织与沟通。

　　管理社群过程中，要注意保持团队之间良好的沟通，尤其是在做项目的时候，一定要掌控好每个项目小组的任务进度。

　　团队沟通时，营造好的沟通氛围非常重要。只有在良好的沟通之下，我们才能更好地保持团队之间的情感维系，从而留住人才，稳定团队。毕竟很多时候，社群运营的工作量往往可能会超过预期，长此以往，难免让成员产生疲劳感，甚至厌倦团队工作，从而逐渐离开团队。所以，建立团队之后，我们还要想办法尽可能地延长团队成员对社群管理的参与度，增强团队黏性。

线上团队 VS 线下团队

之前讲到粉丝经济与社群经济的对比时说过，粉丝经济的运营特点是中心化，而社群经济则讲求去中心化。需要注意的是，这两种管理模式并非非此即彼的关系，社群的运营管理也并不是绝对的去中心化。

事实上，但凡提到管理，必定会有层级，存在管理中心。我们所说的社群去中心化，实际上强调的是在社群内，知识与信息并非只能由特定的人或人群产生，而是全体成员都能够共同参与和创造。

举个例子。如果用图形来表示，中心化的管理模式应该是：有一个中心点，以这个中心点为圆点，向四周放射出无数条射线，每条射线都连接一个点。

去中心化的管理模式则是：有很多点，这些点被一条条线段两两相连。

乍一看，这两个图形似乎没有相似之处，但如果把去中心化图形中的一个节点放大，就会发现，它与中心化的图形实际上非常相似。也就是说，一个理想的去中心化社群，并非完全不需要"管理中心"，而是由很多类似中心化的节点彼此连接在一起，

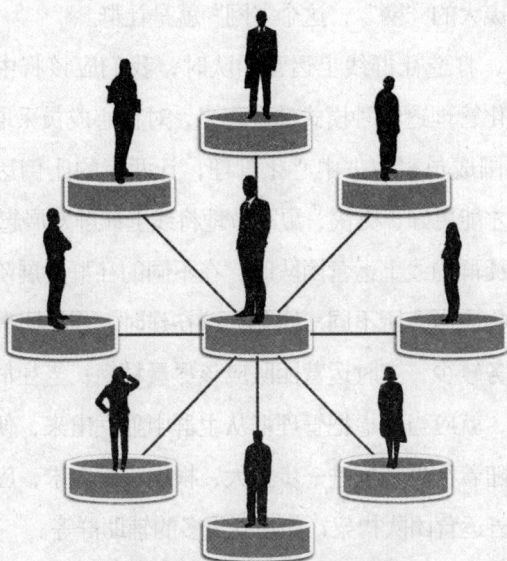

图3-13　中心化管理模式

图3-14　去中心化管理模式

最终形成庞大的"网",这个"网"就是社群。

所以,打造社群线上运营团队时,我们应该将中心化管理与去中心化管理这两种模式结合起来,对核心成员采取中心化管理,对外围成员采取去中心化管理,让两者的比例达到平衡状态,这样才能更好、更快、更高效地将线上社群发展起来。

构建社群的线上运营团队时,在不同的社群发展阶段,团队的组织架构应当有所不同。比如社群初建时,规模比较小,需要处理的事务较少,这时运营团队应该尽量精简;当社群发展到一定规模后,就应当考虑把管理群从主群中独立出来,便于对社群的管理。随着社群规模进一步扩大,根据运营需求,应当进一步优化和完善运营团队构架,如建立更多的辅助群等。

以著名的线上社群BetterMe大本营为例。社群初建时,

图3-15　橙为(原BetterMe大本营)公众号

BetterMe大本营的运营团队架构非常精简，只有一个群主和一个小助手负责管理社群。

后来，BetterMe大本营的规模逐渐扩大，运营状况也十分理想，考虑到运营需求，其对运营团队的组织架构做出调整：以小助手为主建立收集组，负责信息的收集处理；添加用于对外输出和展示社群内容的公众号组；成立为社群品牌传播"添砖加瓦"的设计组，等等。

之后，随着BetterMe大本营的进一步发展，组织架构变得更为庞大和复杂，不仅成立了专门的项目组、品牌部、数据部、统筹部、平台部等，还在各层级进行了更细致的划分。

需要注意的是，线上社群运营中，团队成员的变动性通常比线下的组织团体大得多。而且，在工作中，很多时候由于成员之间不熟悉，沟通时非常容易出现问题，尤其是在社群规模变得越来越大、运营越来越复杂之后，这样的问题和矛盾也就更多了。

图3-16　线上团队 VS 线下团队

所以，最好能建立一个专门负责记录和搜集信息，以及统筹事务的组织。

线上团队运营中，最重要的环节就是沟通，只有先保证了有效的沟通，才可能打造出高效的运营团队。但线上工作与线下工作不同，线下工作通常有固定的流程、工作岗位、工作时间，沟通协调更为方便。线上工作则不然，可能会出现各种问题，比如需要开会时由于有人不在线，某一问题迟迟无法得出结果；或者明明已经安排好的工作，负责执行的人却没有按时完成，从而耽误任务进度，等等。

为了避免这些状况的发生，可以采取以下措施。

首先，制定工作手册，将沟通程序标准化，帮助团队新人更快掌握沟通技巧，熟悉工作流程，从而提升团队效率。

其次，安排统一的时间进行定期沟通和工作分享，这样才能根据实际情况更好地对团队工作进行协调安排。

再次，与团队成员共享日程安排，避免出现"找不到人"的状况。

最后，做好一切资料的分类和保存工作，尤其是重要的沟通内容，最好都整理归档起来，便于在有需要时查找，避免因查找资料而造成的沟通成本浪费。

一个完整的社群除了有线上运营团队外，还应该有专门负责组织线下活动的线下运营团队。线下运营团队的构建与线上运营团队存在一定的区别，其团队质量很大程度上直接决定社群线下活动的成败。那么，我们该如何构建优质的线下运营团队呢？

第一，初始团队的搭建。

图3-17　优质线下运营团队的构建

　　线下运营团队的成员通常以社群内部招募为主。搭建初始团队时，可以考虑先通过线上运营团队从社群成员中筛选，挑选出条件合适的人组成初始团队，之后再根据线下团队运营需求扩充和协调。

　　第二，成员的补充与考核。

　　初始团队搭建完成之后，就可以初步启动线下活动策划了。此后，根据具体需求，团队可以在线上社群发布消息，启动活动报名，然后从中招募一批志愿者协助完成活动安排。在这个过程中，如果遇到合适的人才，可以在经过考核之后将其吸纳为正式的团队成员，或储备为人才资源。

　　第三，标准化制度的建立。

　　每次活动后，都应进行归纳与总结，并根据所取得的经验，建立标准化的团队管理制度。

第四，轮流扮演主导角色。

线下活动的开展往往比线上活动更为劳累，如果由一个人长时间负责，一方面容易让人产生疲劳感；另一方面，也容易消减其对活动开展的热忱。所以，举办线下活动时，最好采用轮换制，让每个团队成员都有机会扮演主导角色，负责活动。这样既能减轻成员负担，又能为团队不断通过实践来培养人才，发掘人才。

CHAPTER 4
从线上到线下，打造有凝聚力的社群

如今，社群主要是在线上发展。线上发展虽然有其种种优点，但线下发展同样不可缺少。相比陌生人，自然是见过面的人更值得信任。如果其他人不信任你，又怎么敢把自己的钱交到你的手里，从你手里购买商品或者服务呢？当然，这只是两者之间的一个小小差别。除此之外，还有其他方面都说明，打造具有强大凝聚力的社群是离不开线下活动的。

只有线上的社群，不是完整的社群

　　提起社群，很多人首先想到的都是线上社群。实际上，一个完整的社群，除了在线上运营外，还必须发展线下。可以说，只有线上的社群，称不上一个完整的社群。这究竟是为什么呢？线下发展对社群运营究竟有什么好处呢？

　　众所周知，很多线上社群运营一段时间后，都会面临一个非常严重的问题，那就是失去新鲜感，导致社群活跃度降低，成员

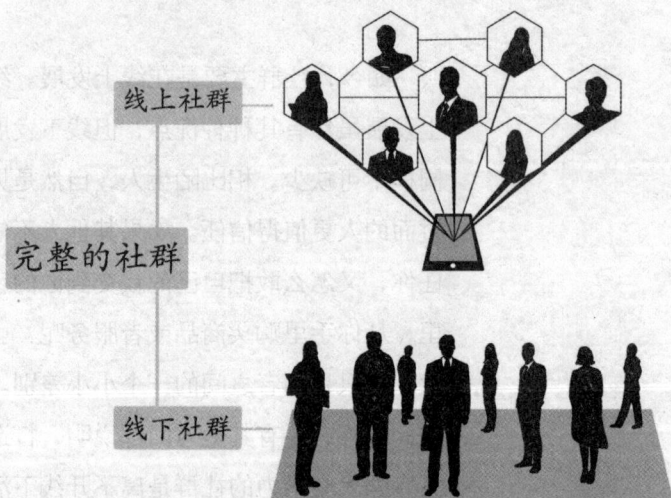

图4-1　线上社群+线下社群=完整的社群

大规模流失。在这样的情况下，如果没有新的刺激点产生，重新激活成员的交流与互动，久而久之，社群的黏性就会下降，最终变成"死群"。这样一来，社群的生命也就终结了。

面对无数次的失败后，有人便提出这样一种悲观的说法：社群必死。

会出现这样的说法其实并不奇怪，但凡有过社群运营经验的人都知道，无论你所构建的是一个怎样的社群，想要一直保持新鲜度几乎是不可能的。而且，社群运营中，除了需要保持社群对成员的吸引力和价值之外，增强社群成员之间的黏性，也是延长社群生命周期的重要条件。

但如果运营者的目光只盯着线上，无论是保持社群的新鲜度还是增强社群成员之间的黏性，都是极难做到的。因此，发展线下对社群来说是不可或缺的事情。

很多有名且"长寿"的社群在运营线上的同时，也没有放松线下的推广与发展。比如吴晓波书友会，除了线上社群的运营外，在全国81个城市都设立了地方性的书友会，一年时间，光是线下活动就举办超过2000场，可见其对线下活动的重视。

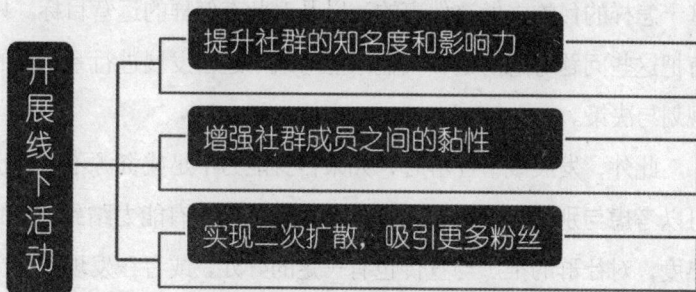

图4-2 开展线下活动对社群的影响

那么，为什么线下活动的开展能够帮助延长社群的生命周期呢？

第一，提升社群的知名度和影响力。

开展线下活动，可以有效帮助社群提升知名度和影响力，让广大用户对社群有着更为真实详尽的了解。线下活动的资料还能作为社群的宣传素材，放到线上做进一步的推广与宣传。

第二，增强社群成员之间的黏性。

线下活动让社群成员有了面对面交流的机会。一段关系从虚拟的网络搬到现实中后，往往会让彼此的感情变得更亲密，关系也更紧密。而且，线下活动也可以成为增加社群活性的新话题，从而更好地促进社群成员的交流与互动。

第三，实现二次扩散，吸引更多粉丝。

线下活动能帮助社群成员完成线上到线下运营的联结，实现二次扩散，吸引更多的粉丝。

没有线下活动的社群不是一个完整的社群，只有打通线上与线下，将二者联结起来，才能真正"挽救"社群"必死"的命运。需要注意的是，发展线下活动前，我们应当想清楚，究竟是基于怎样的目的去做这件事的，以及对此有怎样的运营目标。只有把这些问题考虑清楚，我们才能对线下运营发展进行系统性的规划与决策。

此外，发展线下社群时，如果自身能力不足或资源不够，也可以考虑与别的社群或机构合作。当然，如果有能力蹭到大IP的热度，对社群的推广与宣传也有一定的好处。或者在发现一些比较好的活动，且又与社群文化发展相契合时，也可以通过协助方式与对方合作，达到双赢的效果。

比如2016年，行动派社群策划了一场非常盛大的线下活动，他们成功邀请到全球著名整理大师近藤麻理惠的贴身大弟子安藤贡前来授课。这是安藤贡在中国开展整理公开课的首秀，吸引了诸多媒体的关注。当时，BetterMe社群就以协作合作方的身份和行动派社群达成合作，共同参与到这次活动的策划中。

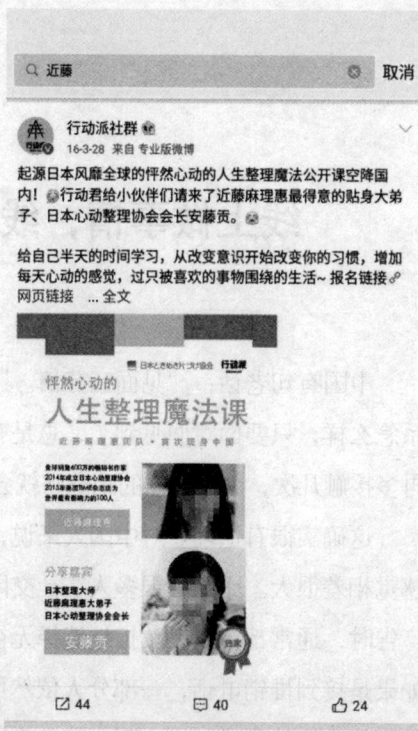

图4-3　行动派社群线下活动微博预告

无论是对BetterMe社群还是行动派社群来说，这都是一次双赢的合作。通过此次活动，BetterMe社群收获了更多的人气和关注，让更多的人注意并认识了它；行动派社群也在BetterMe社群的参与下大大减轻资金运营压力，增加了新的变现渠道。双方在这场合作中都算各有收获。

线上做事情，线下处感情

    中国有句老话："见面三分情。"意思是说，不管两个人关系怎么样，只要面对面见到了，总是有几分情面在的，如果双方再多接触几次，彼此之间的距离感就会慢慢减弱。

    这确实很有道理。对中国人来说，"见"与"不见"给人的感觉相差很大。比如，很多人在社交网络上收到别人发来的推销广告时，通常都会毫无负担地选择无视，甚至直接把对方拉黑。如果是接到推销电话，一部分人依然可以毫无负担地直接挂断，甚至是生气地责难对方，而一部分人则可能等对方说完话后再拒绝。如果是面对面的推销，想必绝大多数人即使心里觉得不耐烦，也依旧会忍着脾气礼貌拒绝。

    对很多人来说，"见面"其实就是一条心理防线。没有见面的时候，哪怕在网络上无话不聊，对于很多人来说，这段关系也是比较"虚"的。只要打过照面，这个人、这段关系就从虚拟的网络转到了现实，给人的感觉也就截然不同。

    社群也是一样。很多人加入某个在线社群，可能是被产品吸引，也可能是为了获得某些优惠，也或许是被社群宣传的文化和价值观所打动。不管是什么原因，对于很多人来讲，这个在线社群只是依托网络而存在。或许它确实能给人带来心灵和精神上的满足，但大概也就仅此而已，很少有人会真的把它变成自己生活的一部分。

在某种程度上，"虚拟"就意味着"随时可以轻易放弃"。网络是广阔而自由的，与我们的生活息息相关，但又与现实有着非常明显的"割裂"。网络上的联系要比现实生活中的联系更容易斩断，你可以轻易地在社交网络上拉黑一个人，拒收对方的一切消息，动一动手指便彻底退出一个社区或社群。

然而，对于社群来说，这种轻易就能斩断的联系，显然是巨大的隐患和危机。社群想要长久而稳定地运营下去，必须不断增强社群的凝聚力和成员之间的黏性，让社群成为每个成员生活中难以割舍的一部分，这样才能真正把成员留在社群，维持社群的生命力。要做到这一点，我们必须将社群从"虚拟"空间中拉到真实的世界里。

线下活动让线上社群从一个虚拟的符号变成生活中真实的存在，也让社群成为可以真正融入每个成员现实生活的组成部分。一旦我们在现实中与同一社群的成员产生交集，即便彼此之间依旧不是非常熟悉，但这种感觉也是完全不同的。如果社群的线下运营能够保持相对稳定的频率，随着社群成员打交道的次数增多，彼此的交集也越来越多，社群也将成为我们难以割裂的关系纽带。

所以，有人会说，社群运营就是在线上做事情，线下处感情。

这么说确实有一定的道理。处感情自然不必说，在虚拟网络上聊千百句，可能还不如见面谈一次更能拉近彼此的距离。但要说到产品营销，线上显然要比线下更占优势。

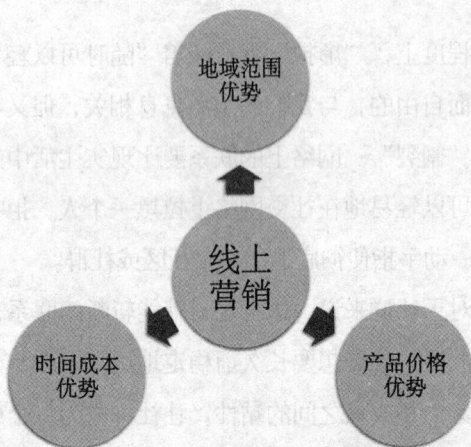

图4-4 线上营销的三大优势

首先，线上营销打破地域限制，让产品的销售范围覆盖得更广，这是传统线下营销无法做到的事情。

其次，从价格上说，线上营销同样占据绝对的优势。它省掉了许多环节，几乎可以直接根据"成本+利润"的方式来定价，这也是传统线下营销难以做到的。

最后，线上营销能够帮助消费者有效降低整体时间成本。当然，如果你只是想买一瓶水，比起线上购买、等待邮寄，直接下楼到便利店买肯定要方便得多。但如果你想买的东西并不是那种随手就能在实体商店买到的，或者说需要货比三家，甚至到比较远的地方寻找、购买，线上购买显然要方便得多。

　　所以，在社群运营中，无论是线上还是线下，都非常重要。线上做事情，做得好了，能够让用户从社群中享受到优质的服务，用户自然愿意继续留在社群；线下处感情，把活动开展好了，让用户与用户、用户与社群之间建立起更深层次的联系，社群凝聚力自然也就提高了，黏性自然增强。双管齐下，才能打造出真正的优质社群。

近距离接触，人设不能崩

　　每个公众人物都有自己的人设，尽量将自己好的一面展现给他人，将不好的或是有争议的一面隐藏起来，不让人知道。又或者是，营造出与自己本人形象不同的另一个形象，以便进行营销。在网络上，没有人知道对面的那个人是什么样的，这有利于我们对自己形象的营销，打造一个更受欢迎、更能让社群成员喜爱的人设。

　　但是线上与线下不同，我们不是明星，时刻与粉丝保持着距离。当进行线下活动时，与社群成员近距离接触是不可避免的。如果做出与人设不符的举动，我们的人设就会崩塌。不管我们本人是好是坏，但总会让社群成员觉得自己受到欺骗，觉得你不真诚。如果一直将自己最真实的一面拿出来，那就只能自求多福，希望我们真实的一面能够被社群成员喜爱，这毫无疑问是有赌博的成分。所以，在线下，不管和社群成员距离多近，也不能崩了自己的人设。

　　如果觉得维持人设只要抓准大方向就够了，那就大错特错了。人设崩塌往往不是某一件事情造成的，令公众人物人设崩塌的事件只是导火索而已。当你展现出与人设不同的一面时，人们就会回想过去发生的事情，找到之前你与人设不符的种种细节，并将这些细节拼凑起来，得出你表现的样子不过是个虚假人设的结论。因此，我们要想保持人设，要从细节做起。

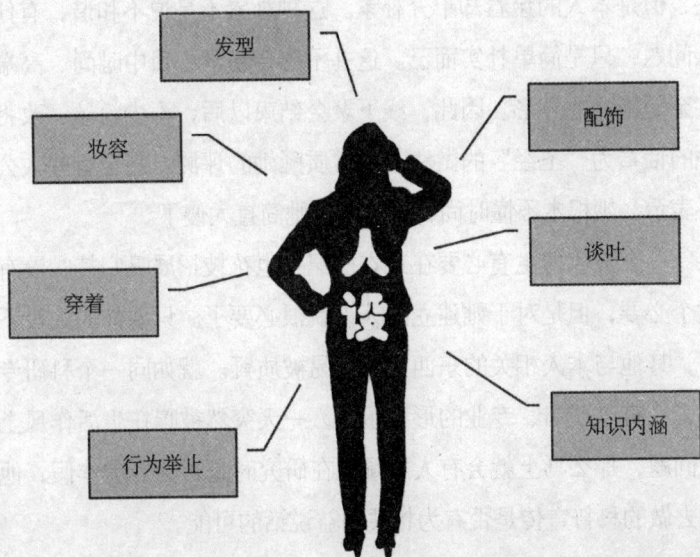

图4-5　细节彰显人设

第一个细节就是外貌。我们虽然不能控制长相，但可以控制长相之外的事情。组成外貌的除了长相，还有发型、穿着、配饰、妆容等。甚至可以说，这些细节才是决定我们外部人设的根本，是保证人设不崩塌的根本。

某知名社群是围绕一位知名彩妆博主建立的。这位博主很有名气，经常为时尚杂志撰写护肤品的评测文章，想要跟她约稿，甚至要排半个月到一个月的队。随着互联网变现方式的逐渐增多，这位博主开设了自己的社群。她经常在社群中对护肤品进行评测，吸引了大量粉丝。她在粉丝心目中的人设，就是时尚、高端、锐利。但是，一次线下聚会让粉丝的想法破灭了。

这位美妆博主虽然对护肤品、化妆品有着独到的见解和看法，但是本人的穿着却十分朴素。这种朴素不是说不和谐，有什么问题，只是简单朴实而已。这并不符合粉丝心目中时尚、高端甚至是艳丽的外形。因此，线下聚会结束以后，不少粉丝一改将她的话奉为"圣经"的做法，经常质疑她的评测。甚至有些人公开表示，她根本不懂时尚，过去相信她简直太傻了。

一个美妆博主有必要在穿衣搭配上也花枝招展吗？其实没有这个必要，但是对于她建立的人设就很必要了。只要你的人设不对，其他与本人相关的东西也很容易被质疑。就如同一个科研专家，一直以严肃、专业的形象示人，一天突然被曝在生活作风上有问题，那么马上就会有人质疑他在研究时是否会弄虚作假，他过去做的科普宣传是否有为相关利益说话的可能。

所以，如果我们想要保持住人设，与人设相符的外貌是首要的。你的人设是新潮的，那打扮就不能完全中规中矩。你的人设是严肃、知性的，打扮的时候就要严谨一些，不能太过随意。

除了外貌之外还要注意我们的谈吐，平时说话的方式必须保持一致，常说的话题、不说的话题都要格外注意。特别是关于年龄与经历方面的内容，更是重中之重。人设一旦崩塌，铺天盖地的质疑必然接踵而来。你说的话将失去权威性，营销也就难以展开了。

谈吐需要注意的另一方面是知识量。想要让成员认可社群，对营销的商品进行使用指导、推荐评测，是社群中最常见的内容。这些内容往往不全是社群负责人编撰的，社群运营团队或是社群的精英成员也会负责部分内容。平日在为社群成员解决问题时，不懂的地方还可以求助互联网，但是到了线下，这些事情就都成为自己的事情了。

我们没有办法在社群成员提出专业问题的时候打开移动设备，从互联网上寻求答案，也没办法现场求助其他成员，让他们帮忙解决问题。回答不上来，我们的权威形象就会大打折扣。所以，我们的知识储备必须符合人设，要能让社群成员相信我们是权威的，我们的指导是有意义的，我们推荐的商品是值得购买的。

图4-6　善用搜索引擎寻找答案

如果我们的知识储备不够，该怎么办呢？毕竟每个人的时间和精力有限，很多知识需要长期的积累。即便临时抱佛脚，也不可能真正将所需的知识融会贯通。因此，为了维持人设，我们必须精通基础知识、社群内发布过的教学内容以及大量的专有名词。只有学会这些东西，至少在与社群成员谈论共同兴趣的时候，才不会暴露我们在知识面上的不足。

知识储备可能是你人设中最重要的部分，即便你过去的经历被人觉得是假的，即便你的外形与所设定的人设不符，只要你有足够的知识量，能够在营销商品方面起到指导作用，始终是会有人拥护你的。也就是说，你的知识，你的权威性，才是社群成员愿意相信你的根本原因。所以，人设的其他方面都可以崩塌，唯独这一块不能。

除了以上内容外，人设还包含其他方面。在线下，容易暴露的只有我们的外形和谈吐。只要这两个方面不出问题，线下聚会的时候，我们就不用担心人设崩塌，可以放心地和社群成员相处，拉近距离。

亲切感和距离感并行

　　人们喜欢崇拜偶像，因为偶像在滤镜下是完美无缺的，符合自己内心的最佳形象。不过，这种形象并不真实，是人们通过看到的真相融合幻想创造出来的。我们做社群，虽然称不上什么偶像，但形象同样重要。想要让社群成员与我们保持良好的关系，长期持续下去，就必须要让自己充满亲切感，但又和他们有一定的距离感。

图4-7　近之则不逊，远之则怨

　　孔子说过："唯女子与小人难养也，近之则不逊，远之则怨。"这里的女子与小人并不是我们通常理解的女子和小人。现代人认为，孔子指的是围绕在"人主"身边的人。我们做社群，不敢说自己是"人主"，但身边的人，我们需要面对的社群成员，也是这样的。如果距离太近，就容易失去礼仪，坏了规矩，没有了神秘感。如果距离太远，又会引起对方不满。

线下聚会，是社群成员为数不多的能真正接触到我们本人的机会，很多社群成员想要趁此机会窥视真实的我们。"真实"的我们究竟是什么样的，会不会让他们失望，也就成为这些社群成员在线下活动结束后，能否成为社群铁杆成员的重要依据。如果我们的表现不能让他们满意，很有可能这些社群成员就流失了，甚至还可能成为"黑粉"。因此，必须把握好亲切感和距离感之间的度，做到不让社群成员距离我们太近，又不能距离我们太远。

亲切感是比较好把握的。我们要打造亲切的形象，最简单的就是认真对待每一个社群成员。相比距离感来说，亲切感要更加私人化。那么，我们想要和社群成员走得更近，就必须有更加私人化的接触，可以从记住大多数参加线下聚会者的社群ID开始，从不论身份认真接待每个社群成员开始，从热情洋溢的态度开始，从全方面安排线下聚会的每个细节开始。

除了这些东西外，自嘲和分享秘密从心理学上也是能快速让人产生亲切感的方法。作为社群负责人，在线下聚会时一定要讲话。在这种情况下，自嘲就是最佳方案。根据自身特点，编几个幽默风趣的笑话，这是不少演讲者让人产生亲切感的窍门。马云就不止一次地在演讲中自嘲样貌、不顺利的经历等。

分享秘密并不很适合我们。一个在线下聚会众多人面前分享的秘密，就不算是秘密了。但是如果线下聚会规模较小，只包含社群中的精英成员，不妨分享一些自己的小秘密，这更能让参与聚会的社群成员与你产生亲切感。不过，秘密一定要掌握好尺度，要无伤大雅，也不能过于暴露我们的隐私。

距离感相对更难掌握，想要保持好距离感，首先要封闭我们思想上的观点与倾向。每个人都有人生观、世界观、价值观，这决定人们相处时是否合得来。但是每个人的三观都不可能完全一样，只能尽可能地相近。如果能找到一个与我们三观非常相近的人，这样的人就能成为我们的灵魂伴侣。可见，遇到一个三观相近的人究竟有多难。所以，社群中的大部分人与我们的三观都是不相近的，有较大的差异。

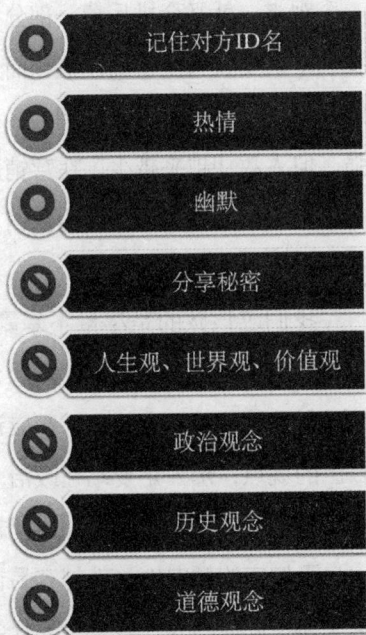

记住对方ID名

热情

幽默

分享秘密

人生观、世界观、价值观

政治观念

历史观念

道德观念

图4-8　线下聚会的技巧与禁忌

如果我们在线下聚会时暴露了自己的某些观点与倾向，就会有人喜欢，有人不喜欢。喜欢的那部分人自然觉得与我们更加亲近，不喜欢的那部分人就会与我们产生距离感。那些与我们亲近的人，所亲近的只是我们三观中的某个部分，并不是全部。

这种"部分的"亲近对我们来说也不完全是好的，因为三观包含的内容实在太多，今天因为这个观点，我们与部分社群成员亲近了，将另一部分社群成员拉远了。那么明天呢？我们再暴露一个观点，就又会排斥掉一部分社群成员，剩下更少的一部分。我们不是要找人生中的伴侣，而是要建立强大的社群。剩下的人的确与我们的三观越来越相近，忠诚度越来越高，凝聚力越来越强，但人数却越来越少。在营销这件事情上，我们不指望少部分的死忠成员能够实现更好的营销。在运营得当的前提下，我们永远不会嫌弃社群成员太多。

我们应该做的是尽量不暴露自己的三观，不暴露有争议的想法，包括政治观念、道德观念、历史观念等，还有社会热门事件，但凡不能盖棺定论的，都应该尽量远离。如果我们非要表达自己的观点，那一定要站在政治立场正确又不极端的那一面。观点越是模棱两可，越是温和，就越合适。越是尖锐、极端，表现出自己切实的倾向性，就越容易让距离感消失。那些因为距离感消失而走近你的人，只有少部分会有更好的感觉，大部分人则会产生幻灭的想法，或者自认为看清了你丑陋的一面。

有人说，男女之间的关系就像刺猬，距离太远觉得寒冷，距离太近则互相伤害。其实，做社群也是如此。社群负责人表现得太真实，必定会引起争议，招致部分人的不满。如果表现得太有距离感，又难以产生凝聚力。在线下活动这个最容易被人看穿的场景中，一定要把握好距离。

拉感情也需要刺激点

　　人与人之间的情感非常微妙，有时候你拼命地想要讨好一个人，却仍然不能让他对你有好感。有些时候，你觉得自己并没有做什么，对方就已经将你当成知己了。出现这个状况，主要原因是你没有抓住一个刺激点来加深他人的感情。你想要做的事情虽然很多、很主动，但始终没有找到这个刺激点。有些时候，你可能没有刻意安排什么，但却恰恰刺激到对方，加深了与对方的感情，拉近了关系。那么，我们要如何抓住感情的刺激点呢？

　　荣誉感是一个很好的刺激点。我们每个人都有自尊心，都有想要超越他人的想法。但是凭借个人的力量，想要超越他人，并不是一件容易的事情。大多数人在生活中是平凡的，都是普通人，需要在不同层面找到属于自己的荣誉感。那么，我们可以将社群变成所有社群成员的命运共同体。社群不仅是我们的，更是社群中的每个人的。社群获得的荣誉，就是所有社群成员的荣誉，每个人都可以分享，利用这份荣誉满足自己的自尊心，增加荣誉感。

　　在线下活动中，我们要善用集体荣誉感，多宣传一些社群规模在不断壮大、高端内容在不断增加的内容，或横向对比我们的

图4-9　荣誉感——"拉感情"的刺激点

社群在哪些方面远远超过同类型的社群。虽然这些是社群取得的成就，但也是每个普通社群成员的成就。个人的力量微不足道，但集合在一起，就形成了一股强大的力量。这股力量是社群的，社群能够做到个人难以做到的事情，也就代表着社群成员做到了这件事情。这个时候，社群取得的成就变成了荣誉感，虽不会平分到每个人头上，但每个人都能感受到相同的荣誉感。这种荣誉感，就是支撑社群成员对社群产生更大感情、更多认同感的重要因素。

许多以社群为根基的上市公司在上市敲钟的时候，都会选择一些社群成员做代表，就是为了增强社群成员的荣誉感。阿里巴巴上市时请来的八位敲钟人，就代表了阿里巴巴社群中各种各样的成员，有前奥运冠军、淘宝店主劳丽诗，有当时还很年轻的淘宝云客服黄碧姬，有身为自闭儿童教师、兼职淘宝平面模特的何宁宁，有在淘宝上贩卖农副产品的王志强，有海外归来帮助家乡人创业的王淑娟，有在淘宝上消费长达十年的铁杆用户乔丽，有负责将淘宝平台的商品送到客户手中的快递员窦立国，有利用淘宝将美国的水果卖到中国的美国农场主皮特·维尔布鲁格。

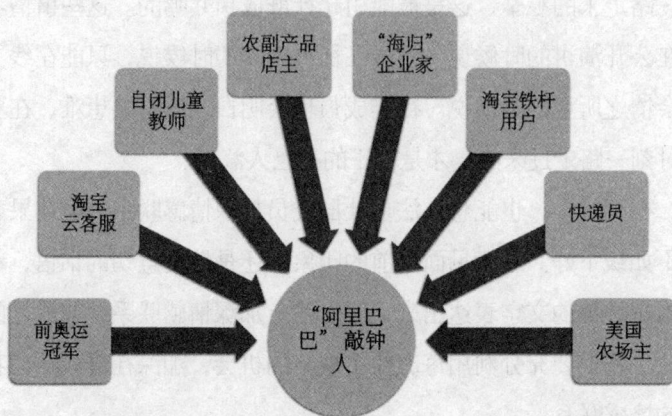

图4-10　阿里巴巴上市时邀请的八位敲钟人

　　这些人形形色色的身份象征着淘宝不同的环节，从淘宝自己的客服人员到在淘宝上开店的普通人，再到展示商品的模特、负责产品运输的快递员，最后是购买商品的客户。几乎任何一个与淘宝有关系的人，都可以囊括到他们代表的不同类型中。每个淘宝社群的成员都可以将自己的身份带入其中，找到属于自己的那份荣誉感。淘宝敲钟上市的荣誉，不仅属于阿里巴巴公司，更属于每个社群成员。

　　除了荣誉感外，人们也特别在意共患难时的感情。共患难象征着互相扶持，互相帮助，缺少了某一方的努力，就可能陷入万劫不复。社群能够渡过艰难时期，走上正轨，不断壮大，离不开每个人的努力，但是其中有多大的风险、多少的危机，只有负责运营社群的人才知道。不管什么时候，这段经历都应该让所有社群成员知道，能让他们感同身受，加深对社群的感情。

最合适的时候，就是线下聚会酒过三巡，真情实感地讲述社群一路走来的艰辛，这是最能引起社群成员共鸣的。这些事情不能在公开演讲的时候说，不能在社群闲聊的时候说，只能在线下聚会情之所至的时候说。社群成员也会明白，只有共患难、在艰难时刻一路走过来的，才是真正的自己人。

在网络上，也能想办法与社群成员加深情感联系，但效果始终不如线下好。不管见面之前的印象，还是情真意切的话语，都很难用纯粹的文字表达出来，所以线上加深情感联系并非最好的办法。我们要充分利用每次线下聚会的机会，加深社群成员与我们的情感联系。

线下活动要师出有名

　　线下活动很重要，举办线下活动是一件好事，只要有相当数量的社群成员愿意参加，这些成员就会对社群产生更大的向心力，社群的凝聚力就会越来越强。但是，举办社群活动不能无的放矢、想办就办。任何线下活动，都要师出有名。

　　线下活动本身就比线上活动难度更大，偶尔举办线下活动，认同我们的成员自然乐意捧场，愿意加深与我们的感情。但是如果频繁举办，来自天南地北、五湖四海的社群成员就未必愿意给面子了。不管是从时间还是经济条件上，都会成为阻碍社群成员参加活动的原因。有的社群成员能够经常参加线下活动，有的社群成员不能参加线下活动，问题就来了。

　　经常参加线下活动的社群成员之间会越来越熟络，久而久之，小团体必然会出现。出现小团体不可怕，因为这是社群发展的必然过程。任何社群都不可能是铁板一块，必然由各种规格、大小不一的铁板组合起来。但是，经常参加线下活动的社群成员结成的小团体会与社群负责人更加亲密，关系更好，这才是最关键的问题。每个人都是有感情的，我们作为社群的负责人，也不是没有感情的机器。当你在线下活动中和那些熟面孔关系越来越近的时候，或者当小团体出现问题的时候，你的选择必然有倾向性。即便你能够做到公平、公正，也未必就会有好的结果。

与你更熟络的社群成员会觉得你冷酷无情，大家都那么熟了，你却还是这个样子。这种心里落差会让原本更加亲近你的小团体的情感朝着相反的方向发展。所谓爱之深，恨之切，这种情感的转变不是从很亲密变成一般亲密，而是从很亲密之中产生怨恨。如果处理不当，就会产生一批"黑粉"。忠诚的社群成员变少了，"黑粉"的数量增加了，此消彼长之下，对社群来说是很大的损失。

那些和你不熟悉的社群成员也不会认同你的做法，因为他们知道另一伙人跟你更加亲密，所以会本能地认为你的决定并不公正，是有倾向性的。在这种情况下，只能落个猪八戒照镜子——里外不是人的结果。

经常师出无名地举办社群活动，还会让社群成员感到不被尊重。我们不是说一定要让每次线下活动都盛大、庄重，但最起码

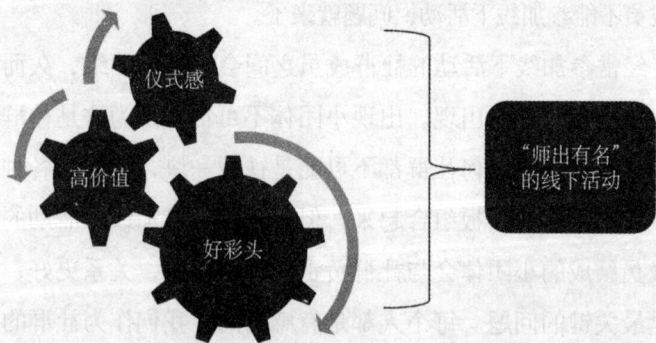

图4-11　线下活动师出有名的好处

社群负责人应该知道，举办线下活动将大家聚在一起不是一件容易的事情。社群是每一个人的，对社群成员应该尊重，而不是召之即来、挥之即去。如果线下活动师出无名，并且频繁举办，社群成员就会觉得自己没有被尊重。

那么，线下活动师出有名，是否会有好处呢？当然是有的。

第一，能为社群成员带来仪式感。一个社群必须要有荣誉感，以社群为荣，以自己能成为社群成员为荣。只有这样的社群，才能拥有强大的凝聚力。仪式感就是增强荣誉感的最好办法。仪式感的运用是非常广泛的，升国旗、奏国歌就能增强人们的仪式感。相信在天安门广场亲眼见到升国旗、奏国歌的人，当时的心境一定是为我们的伟大祖国自豪的。仪式感不需要太多经济支出，也不需要花费太多精力，只要让每次线下活动都有一个说得过去的原因就能达到目的。

为每次线下活动找一个理由，不管是社群的发展壮大还是达到某个阶段的突破，都可以。参与这次线下活动的人，都能感觉到这一次社群取得的成就与自己息息相关，每次参加线下活动都是有意义的。如果能够为线下活动举行一些与

图4-12 樊登读书会线下活动

活动原因相关的仪式，则能起到更好的效果。

第二，师出有名的线下活动才更值得参加。物以稀为贵，活动同样如此。如果一个线下活动一生可能只有一次，那么愿意拿出一些时间、牺牲部分金钱来参加的人一定是有的。如果一个线下活动一个月就要举办好几次，那么这个活动一定是那些没有任何障碍、没有任何牺牲的人才愿意参加。我们想要的活动，自然是社群成员愿意牺牲部分的个人利益来参加的，那么就必须将每场线下活动都办得有价值、有意义。

图4-13 "小米邀你吃大餐"活动

如果我们能做到师出有名，即便是定期活动，也会是珍贵的。每场活动都有不同的主题，也就保证了每场活动都有一定的独特性。切记，不管线下活动是否定期举行，一定不能过于频繁。否则，即便每次活动都有合适的主题，都能有独特的内容，也难以避免社群成员审美疲劳，识破你的想法。

第三，师出有名，也要有点彩头。线下活动以集体活动为主，可能是聚餐，可能是游玩，也可能是其他形式。但不管是哪一种，都要让参加的社群成员在相当长的一段时间不会忘记。单凭精彩的活动，是很难在社群成员记忆中留下长久而深刻的印象的，实物则不同。一旦社群人员看见某次活动中获得的实物纪念时，他们马上就能想起参加过的社群线下活动。

图4-14　星巴克福利活动

很多社群这样做过，线下活动时做一些纪念品发放给参与的社群成员。但是，纪念品的选择却是一个问题。我们选择的纪念品，如果不是实用的东西，那体积一定要小巧，造型一定要精美。如果是有实用性的东西，尽量不要随随便便就打上社群的名字、某年某月某地纪念这些内容。这些纪念品能够唤起社群成员回忆的前提是被使用，如果在缺少设计的情况下就打上各种宣传社群的字样，其美观性必然大大下降，进而失去了使用价值。那么，被束之高阁的纪念品，又如何能够唤起社群成员的回忆呢？

我们通过线下活动加深社群成员的凝聚力，前提是不能让社群成员因线下活动对社群产生反感。只有线上活动的社群是不完整的，但线下活动如果只能起到负面作用，对社群建设就更加有害了。所以，我们要尽量让每次社群活动都师出有名。

CHAPTER 5
鸡生蛋，蛋生鸡，社群营销的变现

变现是社群营销的终极目的，如果不能变现，社群发展得再好对我们来说也意义不大。人们都说万事开头难，社群营销的开头并不难，难的是如何将社群营销长久地做下去，让社群成员与你达成长期的合作关系。

商品与社群的双向关系

社群营销早已出现，互联网时代的社群营销与传统的社群营销已经截然不同，但根本上还是为了盈利，将商品销售出去。每个成功的社群都有自己发展的独特轨迹，有些是商品先成功，有些是社群先成功，还有的双管齐下，商品与社群相辅相成，共同发展。在利用社群变现之前，要先了解商品与社群之间的关系。

发展社群还是发展商品，这是两个不同的选择。先发展社

图5-1　微淘店铺优惠活动

群，累积大量的人气，利用社群成员的信任来增加对我们商品的信任，然后顺利变现。这是当前社群经常采用的方式，毕竟做商品要比做社群更加困难，成本也更高。

先发展商品也是可以的。如今，很多淘宝店铺或各大社交平台的商家，都将自己的社群变现了。他们所使用的方式就是用一些廉价、特殊的商品吸引人们加入社群，然后利用大量的人气开始变现。

这两种方式都有一定的弊端，先发展社群，容易出现目标不明确的问题。即便我们筛选过加入社群的成员，但仍然不能保证每个人都是我们商品的受众。一旦社群做好，社群成员之间建立了相当密切的联系，即便他们不是我们商品的受众，也不能将其移出社群。不要以为有少量不是我们商品受众的社群成员没什么大不了的，因为社群成员的消费习惯会传染，久而久之，不肯购买商品的社群成员可能会变得越来越多。当然，我们也可以引导对方的消费习惯，将其变成我们的营销对象。

先发展商品，以商品来吸引人们加入社群，看似安全，实际上非常依赖商品的特质。如果商品不够好，售后不到位，和宣传的有差别，它就不会得到好评。我们将这样的商品作为吸引人们加入社群的工具，会产生比较明显的负面效果。大量的人进入社群，购买了商品以后感到失望，接下来他们会将自己的感受告诉认识的每个人。这样一来，你的商品就缺少了成长时间，也没有了犯错误的机会。所以，先发展商品，利用商品做社群，不成功便成仁。

既然我们明白了这两种方式的弊端，就必须要选择一种合适

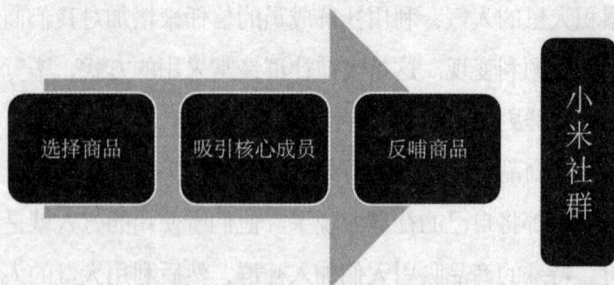

图5-2　小米的社群扩张方式

的变现方式。小米的变现方式、社群扩张方式是非常完美的，它用一个简单的商品吸引社群核心成员，然后利用建好的社群反哺商品。这样的方式是我们可以模仿的。简单来说，我们用一件简单的商品吸引人们加入社群，等到社群逐渐成长起来，再利用社群做更多的商品营销。最难的一步不是别的，而是要选择怎样的商品。

选择商品时要注意以下几个要点。

第一，独特性。如果我们只是做中间商，而不是商品的创造者，那么商品就不是不可替代的，因此，只能从其他方面来增加商品的独特性。价格便宜算是一种独特性，其他商家都缺货的时候我们手上还有，这也算是独特性。既然我们想用商品让社群吸收到第一批成员，那么不管是价格独特还是货源独特，都是可以人为创造的。只是这样做，要牺牲一定的利益。从长远角度来看，这种牺牲是有意义的。毕竟建立一个成熟的社群，算是一次成功的长线投资。

第二，安全性。我们用来吸引社群成员的商品必须是安全的、合格的。这不是为了什么形象，而是因为当时我们还没有和社群成员建立足够的信任关系，人们在不相信你的时候，未必敢相信你说的没问题就是真的没问题。所以，我们必须保证一点，即使人们对我们缺少信任，也能够信任我们的商品。用合格的商品让人们信任我们，进而加入社群，期待下一次合作。

图5-3　商品的质量保证

　　这里的安全性指的是不仅商品对购买者安全，对我们也必须是安全的。容易引起争议的，法律规定有空缺的，或者是处在灰色地带的商品，并不适合作为吸引人们加入社群的工具。你敢销售，别人也未必敢买。即便抓住机会将社群搭建起来，也可能因为有心人的举报让你的努力全部白费。

　　第三，务必做到言而有信。任何营销方式都是商业行为，商业行为必然要以诚信为基础。做任何营销都应该讲诚信，第一次尤为重要。天有不测风云，很多商家并不是有意违背承诺，而是因为不可抗力导致失信。如果社群已经搭建起来，我们已经跟社群成员建立起了信任关系，那么在社群成员没有遭受损失的情况下，相信大部分人愿意理解你，能够原谅你。

图5-4　天猫"七天无理由退换货"承诺

　　想要用商品进行第一次营销则不能失信，本身就没有建立起信任关系，第一次就失信更是容易给人们留下糟糕的印象。且不说你的社群能不能趁机建立起来，那些觉得受到愚弄的人下次再接触你的社群时，可能对它不屑一顾，认为你缺少实力或者诚信。

至于那些用小聪明将人们骗进去的社群，更是毫无意义。例如，表示要免费赠送商品，等人们加入社群后又索要高额邮费。又如以低价销售商品，等人们加入社群后又表示低价的只是配件，主体是要加钱的。这样的社群本身就不是建立在诚信的基础之上，不管有多少人，最后只能将它打包卖掉，骗人接盘，本身并没有任何经营价值。

商品与社群是相辅相成的关系，不是一定要建立起社群才能进行商品营销，也可以先营销，再借着商品建立社群。如果手头有合适的商品，却没有合适的社群，不妨提前将商品利用起来。

几种社群的变现模式

变现是建立社群的最终目的。如何变现，怎样变现，是社群成立之初就应该想好的事情。很多社群负责人原本没有打算将社群变现，最开始打造社群只是为了个人的兴趣爱好。但是随着社群越来越大，运营成本越来越高，社群成员提出的要求越来越多，为了让社群能正常运营下去，也不得不开始产生变现的想法。想不想变现是一回事，如何去变现又是另一回事。所谓"货卖与识家"，我们究竟用什么去变现呢？

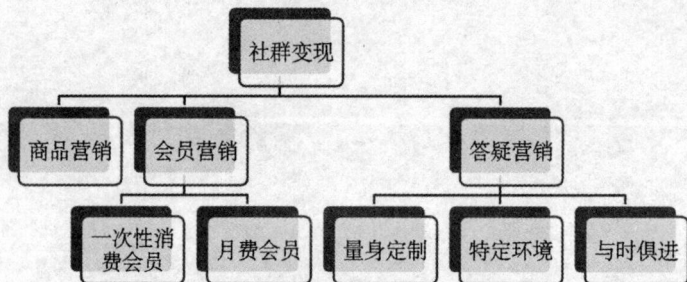

图5-5　社群变现的常见模式

第一，商品营销。

商品营销是最基础的社群营销方式，根据商品来源有不同的营销方式。如果商品是我们自己创造的产品，是独门生意，进行营销的时候就可以通过预定的方式选择生产多少，这样风险更小，也更加灵活。但是选择这种方式，务必要与社群成员建立起坚实的信任关系。如果没有信任关系，就无法规避风险。试想，如果缺少信任关系，我们收取订金，社群成员对我们是不放心的；不收取订金，如果有社群成员预订后不肯购买，我们又会遭受损失。所以，如果是自己生产的产品，进行营销前要有相比其他营销方式更加坚实的信任基础。

如果商品不是自己生产的，我们只是通过渠道为社群成员提供，那就要注意整个营销流程了，如上游供货商的出货时间、供货数量、使用物流、是否有售后等。毕竟我们只是中间商，很多事情不受我们控制，但社群成员是从我们手里获得商品，出了问题又是我们的责任。为了社群成员方便，也为了自己方便，务必要保证整个流程是顺畅的，做好后备方案，一旦哪个部分出了问题，要及时反馈给社群成员，或者给出补偿方案。

第二，会员营销。

会员营销往往作为商品营销的补充方案，也可作为单独的营销方式，关键在于会员与非会员的不同和盈利周期。如果我们选择会员营销，就必须将会员与非会员划分出明显的界限，如果加入会员的好处并不多，显然没有多少人愿意加入。这个道理显而易见，看起来像是废话，但很多人在做社群营销时并没有做到。很多做社群营销的人都因成本问题，将会员与非会员的差别做得非常小。

想要将会员与非会员区分开来，不一定要花费大量的成本，如果成本不足，那就用心思来凑。我们可以为会员提供很多特别的小东西，凸显他们享受权利的不同；也可以用更加优质的服务，让加入会员的社群成员获得更多的便利。如果不能明确划分出会员与非会员的区别，那不如不设置会员。

图5-6　迅雷会员特权

根据盈利周期，也有不同的营销方式。一次性消费一定金额成为会员，或者是月费会员，都是常见的模式。两种模式各有优劣，一次性消费形式的会员相比月费会员反而更难维护。如果我们做的是一次性会员，同样要持之以恒地提供更优质的服务、更多的优惠和便利。如果一次性会员享有的特权越来越差，那难免有赚一波就跑的嫌疑，社群中大量没有加入会员的人也不会有加入的想法。虽然采用一次性消费加入会员能够快速回收成本，但却有竭泽而渔的可能。特别是以服务为主要经营项目的社群，后续很长一段时间都不会有持续的营收。

月费会员不会一次性地有大量营收，但胜在细水长流，在维护会员关系上也更加容易，只要按照周期为会员提供有吸引力的商品，就能够保证会员不断续费。即便有些人不喜欢会员模式，如果在某个周期有让他心动的会员福利，他们也会考虑短期内成为社群的会员，进而成为长期的会员。

第三，答疑营销。

互联网时代，人们能够获得信息的速度大大增加，这并没有让专业人士泯然众人矣，反而大大提高了专业人士的价值。过去，专业人士想要将知识变现，可选择的平台太少，门槛也高。有疑问的人往往也不需要拥有那样高门槛的人，因为他们的问题没有那么高深。

图5-7　沃尔玛客户服务群

社群是做答疑营销的好地方，只要你有足够的专业知识储备，有人提出疑问，你们就可以通过交互来答疑，或者提出更深层次的疑问。

有人觉得，如果有问题，可以自己上网搜索相关知识，这在互联网时代不是特别方便吗？这直指答疑营销的卖点。如果想要自己学习专业知识，难免要面对知识的汪洋大海，从中寻找自己想要的答案，无疑是大海捞针。这不仅是知识储备问题，更是经验问题，存在一定的客观条件限制。

想要让自己的知识卖出价格，就必须能量身定制，创造普通人创造不了的环境，能与时俱进。

量身定制是最重要的问题，很多问题涉及专业领域，大量的数据和专有名词难免让人感觉云山雾罩。更何况如果将问题细化到个人，答案又会有细微的差别。如果想要最好的，就必须找专业人士给出专业的回答。因此，进行营销时，仅仅有专业领域的知识是不够的，还要有定制专业回答的能力。这就要求我们答疑前将知识细化到一定程度，更不能错过冷门的内容。因为当人们开始追求量身定制的时候，渴望得到的必然不是一个普遍适应大部分人的答案。

特定的环境同样重要，所提供的回答一定要能付诸实施，否则你只是一个理论家，不能让自己的话有坚实的后盾。理论知识的获得相对容易，而实际操作得出的精确数据却是难以得到的。如果我们比普通人更加专业，就必须要让每个问题中的数据都非常精确，给出的答案要能应用到实践中。只有这样，人们才能觉得购买我们的服务是值得的，而不是想着只要自己多花一点时间，也能找到答案。

与时俱进是不被问倒的保证。专业领域的知识往往会与正在发生的事情有交集，如果在这一方面缺少储备，不知道对方想要知道的问题的来源是什么，就难以给出令对方满意的回答。科技在不断进步，社会环境在不断变化，每天都有新鲜的事情发生。

我们只有不断更新认识，扩大知识面，增加知识深度，才能保证不被人问倒。

社群还有其他的变现方式，但与以上几种的运作方式、注意要点大致相同，不再一一赘述。在互联网时代，不要觉得只有销售商品一种营销方式。销售商品可以成为我们的运营手段，而其他方式则能实现我们的变现目标。

再急也要注意吃相

有一种很奇怪的现象，人们总是羞于与熟人谈钱，认为谈钱伤感情。作为无利不起早的商人，自然不在这一行列。一些人专门赚熟人的钱，更有甚者，赚熟人的钱比赚陌生人的更积极。不是说赚钱不对，但是吃相总不能太难看。对陌生人吃相难看一点不要紧，大不了做一锤子买卖，而对熟人吃相难看，难免寒了人心。

社群营销变现是一件很重要的事情。传统的销售模式只要做好了规划、产品、渠道，销售结果是什么样的，可以在一定范围内进行预测。社群营销则不同，前期投入大量的时间和精力，最后取得怎样的成果仍然难以估计。所以，很多人急于变现，急于一有机会就拼命地想要将成本收回来。心急吃不了热豆腐，有时候越是心急，变现越难。更有一些社群以整个社群崩溃为代价完成变现，这显然是得不偿失的。在变现过程中，有几点一定要注意，如果出现以下几种行为，花费大量时间与精力搭建的社群很有可能只营销一次就消亡了。

第一，杀熟。

社群营销依靠人与人之间的信任关系，你能够营销成功，一

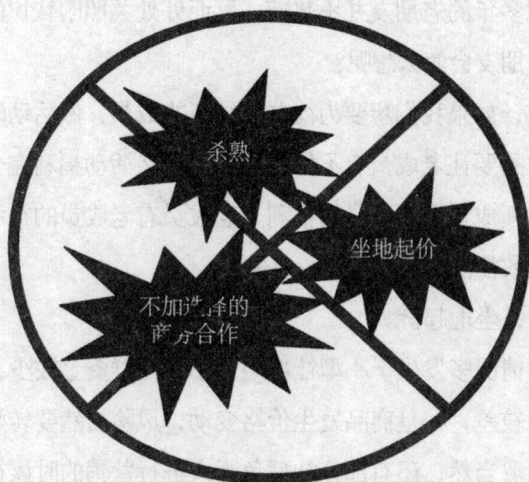

图5-8　社群营销变现的三大忌讳

大部分是因为社群中的人相比其他商家，和你更加熟悉，他们愿意成为你的客户。杀熟是最消耗信任关系的行为。一旦社群中的老成员得知你在营销中有杀熟的行为，第一反应就是"我这么相信你，你居然这么对我"。老成员会寒心，新成员也不会觉得舒服，毕竟在社群中，新成员总有变成老成员的一天。之前好不容易建立起来的联系，就因为这样全部失去了。

　　除了新老成员价格不同外，还有另一种隐性的杀熟方式，那就是有些活动老成员不能参加。社群需要不断的吐故纳新，增加新鲜血液，扩大社群规模。定期举办针对新成员的活动，这是最常用的方式。对此，一次两次老成员还可以理解，久而久之，他们就会心态失衡。为什么一直支持你的人反而享受不到福利，而刚刚认识你的人就有好处呢？社群强调人与人之间的密切联系，就是要让社群中的每个人都成为我们的朋友。试想，在生活中，你对相识多年的老朋友并不热情，反而处处关照刚认识的朋友，那么，老朋友会怎么想呢？

所以，如果我们想要为社群吸纳新的成员，做活动时就要尽量注意，不要让老成员有不好的想法。要么活动福利完全针对新手，要么新成员有新成员的福利，老成员有老成员的福利，这样才不会导致社群中的老成员心态失衡。

第二，坐地起价。

这种情况多发生于小型社群中。小型社群资金较少，承担风险的能力较差，一旦商品发生价格变动，风险自然要转嫁到社群成员身上。当然，还有部分社群负责人进行营销的时候得知商品火爆，达到一货难求的地步，坐地起价也很常见。

任何商业行为中，坐地起价都会严重损害自己的信誉。这里单独说明只是因为它在小型社群中出现的概率较高。有时候与社群负责人是否诚信无关，更多的是无奈之举，总不能上游供货商涨价，自己还要亏本赚吆喝。想要避免因天灾人祸带来的涨价问题，必须在营销之前就把这些问题说清楚。特别是某些商品在一段时间内价格浮动比较频繁，就一定要事先说明价格可能会有变动。当然，既然有涨价，也会有跌价。如果能做到多退少补，商品价格下跌也能适当为社群成员降价，自然会让社群成员产生更多的依赖感。

第三，不加选择的商务合作。

当你的社群越做越好、越来越有价值的时候，自然有人想要与你合作，利用你的社群进行营销。这时候，一定要长个心眼，宁可少赚钱、不合作，也不能以"他给的实在太多了"为理由在社群内进行营销。

带货是很多社群的变现方式。这种方式与中间商类似，但又不完全等同于中间商。大多数带货的社群负责人，除了营销外不负责商品的其他环节，从生产到运输再到售后，完全由合作商家负责。但是不管什么时候出了问题，受损失的都是社群的信誉，都是社群负责人与社群成员之间的信任关系。

不要觉得你在社群内只是做了推销，其他环节都与你无关，所以出了事情也找不到你头上。事实上，社群成员在购买商品的时候，看中的不是品牌、产品质量、售后品质，而是因为相信你。商家选择与你合作，也不是因为别的，而是知道你的社群成员相信你，愿意购买你推荐的商品。如果你在对商品没有彻底了解的情况下盲目进行商务合作，就要做好承担损失、向社群成员道歉的准备。

做社群营销，不管什么时候，吃相都不要太难看。社群营销利用的是人际关系，是人与人之间的信任。做社群营销的时候，一切都比你想象得更加透明。有些看似人不知鬼不觉的行为，在彼此有密切联系的社群中是一览无余的。更何况，互联网是有记忆的，一次难看的吃相可能要用很长时间才能让人们忘记。俄国诗人普希金的一句名言对社群营销应该有着深刻的指导意义："爱惜衣裳趁早，爱惜名节趁小。"哪怕我们的社群不大，社群成员不多，也要注意吃相。

只要黏性够，变现只是时间问题

急着变现是很多社群存在的问题，这是摘取胜利果实的重要时刻，但也是非常危险的时刻。如果变现不当，很容易扭转社群成员对社群的看法。那些为了交朋友而加入社群的人，那些想要交流兴趣而加入社群的人，都会因错误时间、错误方式的变现而脱离社群。如果拿不准什么时候可以变现，以及应该用什么样的方式变现，就不要心急。只要将社群经营好，提高用户黏性，变现不过是时间问题。

对于营销，有人提出这样一个理念：不管客户是否喜欢，只要能让客户记住，即便讨厌也不要紧。当客户面对两个不同品牌的商品，一个是他完全陌生的，另一个是他不喜欢但名气很大的，客户一定会选择名气很大的那个。很多社群在营销的时候仍然使用这种方式，一如过去几年电视上经常出现的洗脑广告，不求让人喜欢，只求让人记住。

或许互联网时代之前这种方法是可行的，但在互联网时代，它已经失去了价值。过去，人们面对的选择不多，才会进行二选一。如今，人们购买商品时，面对陌生和讨厌的品牌，他还有第三种选择，那就是拿出手机，利用搜索引擎找出一款口碑较好的

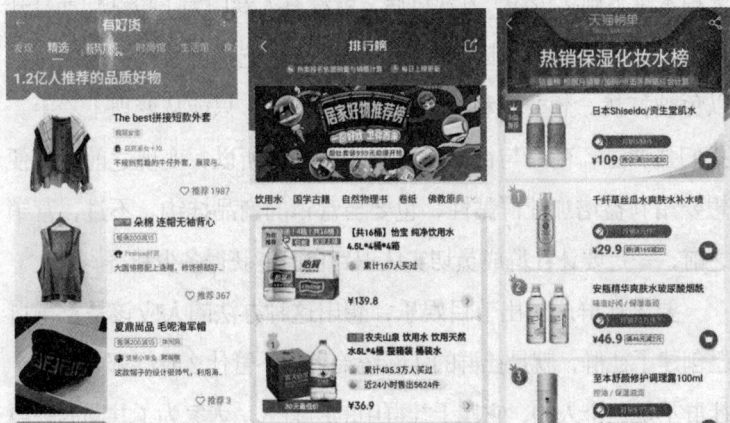

图5-9　手机购物App的商品推荐

商品。这是互联网时代的变化，使得人们越来越容易获得信息。这不是说让人记住这件事情不重要，而是说通过让人不愉快的方式被人记住是没有用的。我们既要做到让人喜欢，又要被人记住，这样才能成功营销。既被人喜欢，又被人记住，甚至被人依赖，这就是我们想要的社群黏性。

　　不管是普通社群还是想要营销的社群，都非常重视社群黏性，而增加社群黏性的方法也层出不穷，有些有效，有些不仅没有效果，反而起到反作用。那些起到反作用的方法显而易见，敏锐的社群成员很快就能发现，社群负责人将自己摆在比较高的位置上，认为自己对社群成员是有控制权的。其中，有两个做法最能凸显这种想法，一是发红包，二是要求社群成员出节目娱乐。

　　发红包恐怕是最糟糕的增加社群黏性的方式。如果你想用发红包的方式让社群成员对社群产生依赖感，那么红包的数量要发多少才合适？发得多了，在经济上有压力；发得少了，抢红包的人根本拿不到多少钱，几次以后，就没有人专门为了抢红包而打开社群了。甚至还有人因为频繁的小额红包选择屏蔽社群的消息，以免被打扰。想要用利益来增加社群黏性，只能从变现上着手。我们强调过，商品与社群是双向的关系。所以，变现之前，即便想要用利益增加社群黏性，也要与营销的商品挂钩。不过，营销之前，一定要让社群成员切实认识到自己能获得多少利益。

要求社群成员出节目娱乐，想出这种办法的人应该是觉得自己创建了社群，就是社群的实际统治者。不管什么时候都要记得，社群不是一个人的，它属于社群中的所有人。大家为了共同的兴趣加入社群，而不是为了成为谁的下属。即便社群的负责人、所有者，也没有任何权利要求社群成员出节目活跃气氛。所谓的点名唱歌、接龙等活跃社群气氛的方式，太不合适了。或许有社群成员愿意参与这样的活动，即便如此，也不保证其他社群成员愿意成为观众。如果是被迫参与到活动中来，他一定会百般推辞。如果只是因为不想伤害社群中的成员关系，迫于情分压力表演了节目，他也一定会觉得自己被冒犯了。这样的活动，不仅不能让社群成员熟络起来，增加黏性，反而会让社群气氛愈发尴尬。

还有一种办法，如果使用得当，对提升社群黏性能起到帮助作用；如果使用不当，却会让社群成员越发厌恶这个社群。它也是很多社群在使用的方式，那就是打卡。每个人都有自己的兴趣，加入社群只是为了寻找有共同兴趣的人。兴趣是人们在紧张的生活中获得放松所采取的重要方式，让人忘记工作的辛苦、生活的沉重。如果将打卡变成一项无意义的任务，就会让人将其与工作等同起来，即便不辛苦，也会觉得麻烦。那么，如何让社群成员心甘情愿地打卡，让它变成一件有趣的事情，这是最重要的。

将打卡变得有趣、有意义，可以将其与社群兴趣结合起来。例如运动社群，大家可以将今天晨练的项目当成打卡内容；宠物社

图5-10 各手机App的签到打卡

群，可以将自己宠物今天的状况当成打卡内容；亲子社群，可以将今天孩子的作业状况当成打卡内容……将打卡与兴趣联系起来，它就变成了一种分享行为，更有话题，也不会让人觉得无聊。

打卡最忌讳的就是无聊和强迫。强制性地要求社群成员打卡，或者是用廉价、人人都能轻易获得的荣誉来刺激社群成员打卡，是没有意义的。它既不能让社群成员自愿打卡，也不能帮助更好地建设社群。

想要增加社群黏性，最重要的有两点：利益和情感。发些毛毛雨一样的红包，还不如给将要营销的商品一个实惠的价格、一件实用的赠品。点名社群成员出节目来娱乐大众，还不如天气变化时的一句关心有用，不如某些地方遭受天灾时的一句祝福有用。

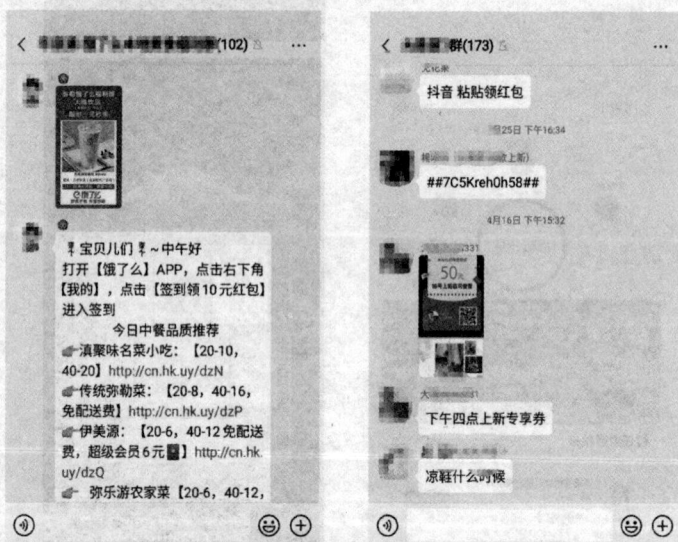

图5-11　微信群优惠活动

将欲取之，必先予之

营销从来不是单方面获利的，如果一场营销结束以后，只有一方满意，就不会再有下一次合作。我们做社群营销，必然是希望通过社群做一次又一次的营销，而不是做一次营销以后社群就解散了。所以，我们要保证营销既能让自己满意，也能让参与营销的社群成员满意，这样才能让今后的营销获得成功，实现变现。

万事开头难，社群营销的变现也是如此，第一次营销往往是最难的。它是我们与社群成员的信任关系更进一步的关键点，也决定了我们今后的营销是否顺利。我们追求的是长远利益，暂时舍弃眼前的利益，可以让我们与社群成员的关系更上一层楼。

让利也要让得有技巧。如果我们简单采取低价、折扣等方式，那么在经济方面就会承受较大的压力，很有可能导致不能正常周转。而且，人心不足蛇吞象，如果采用简单的让利方式，下次价格恢复正常的时候，社群成员就会觉得价格比上次贵了，自己亏了。那么，我们要怎样做营销才能让社群成员大胆尝试，与我们建立起信任关系呢？

利用售后来让利是最好的方法之一。人们不购买自己不了解

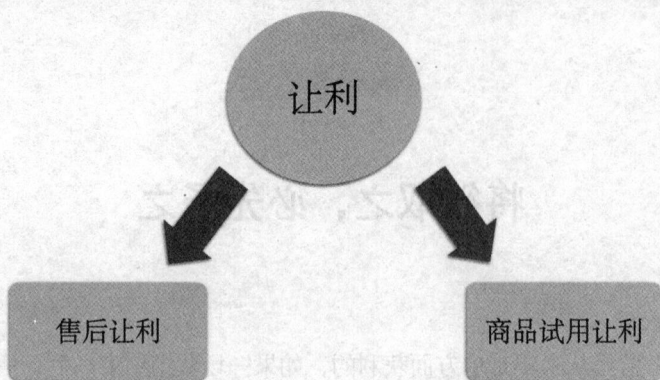

图5-12　两种实用的让利技巧

的商品，最主要的原因就是担心产品出现质量问题，商品的价格与价值不对等，商家宣传时过分夸大商品的功能……一旦出现以上问题，购买商品就是不划算的，这场交易也很难让人满意。

我们将售后范围变大，时间变长，甚至用只换不修这样的方式来做让利，是非常合适的。这样的售后能够让营销对象对我们的商品充满信心，如果商品质量不过关，谁又敢做出这样的承诺呢？而且，按照这样的售后标准，即便商品出现问题，也有健全的售后服务体系来解决问题，不会出现花冤枉钱的情况。第一次营销结束以后，如果我们的商品足够好，购买过商品的成员自然愿意宣传，让我们的变现走向成功。

在社群内部组织商品试用，同样是让社群成员信任商品的办法。只有切身使用过商品，才能对商品做出客观的评价。有了试用者的评价，其他人自然会放心购买。并且，人们在做出评价的时候，往往不会完全由理性来主导自己的想法。对于那些免费的东西，往往会更加宽容，给出更好的评价。试用商品同样如此，免费获得试用商品的人，对商品的评价会比那些花钱购买商品的人更高。

图5-13　商品试用报告

如今，很多商家愿意将自己的商品放在平台上让人们试用。不过，社群营销中，不是所有的商品都适合这种做法，特别是小型社群，在考虑是否进行试用活动时，要注意以下几点：

第一，商品的成本问题。

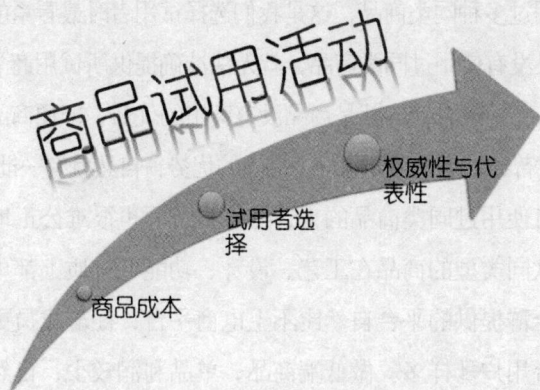

图5-14　进行商品试用活动需要考虑的问题

社群没有电商平台那样强大的风险承受能力，如果要营销的商品是消费品，就必须做出更小的试用装，这样才能保证不会因试用花费太多的成本。如果不是消费品，进行试用之前就更要考虑好了。大型电商平台在对高价商品进行试用时，活动结束以后有追讨商品的能力，而社群往往缺少这方面的能力。如果对方不肯归还商品，一走了之，这个损失就大了。如果试用需要交一定数量的押金，那在试用者心里，押金的数额就等同于商品的价格，评价时就不会相对宽容。而且，押金数额较高，试用者会担心；押金数额较少，我们又会担心。确定押金数额时，就需要多花心思，争取双方都能接受。

第二，试用者的选择。

每种商品针对的人群是不同的，每个人在审美观、价值观以及其他方面都有着巨大的差异。这种差异会让人们对同一商品有不同的评价，可能出现极端的情况。所以，试用的时候，一定要认真筛选试用者。

使用过多种同类商品，这是我们选择试用者时最看重的一个要求。如果没有使用过同类商品，就无法准确提供所试用商品的特点与优势。营销最忌讳的就是商品没有突出的优势，即便商品在其他方面相对普通，但它只要有一个突出的优势，自然就有一批受众。

没有使用过同类商品的人，在价格方面也很难公正地给出评价。一款同类型的商品在工艺、设计、功能、材质上都可能存在不同。社群提供的平台自然比不上电商平台，社群成员更不会有电商平台用户那样多。做低端商品，单品利润较少，自然是划不来的。高端商品和低端商品之间的差价可能有几倍之多。如果对同类商品没有概念，一味地拿低端商品的价格来说话，我们在营销上自然是要吃亏的。

第三，注意试用者的权威性和代表性。

即便社群中的所有人都是因为同一兴趣走到一起的，也会因各自不同的属性在选择商品时形成不同的群体，也就是共性中存在差异性。这种差异表现在性别、年龄、健康程度、审美、文化程度等方面。因此，选择试用者时，一定要注意这种差异性，尽量在每个群体中选出代表人物。如果你对首次营销的商品有清晰明确的定位，也可以选择避开那些不适合商品的群体，尽量选择更加适合、更加喜欢我们商品的群体。

图5-15 天猫"U先试用"

将欲取之，必先予之。作为以信任为重要基础的社群营销，先给社群成员一些甜头，建立更深的信任关系，是很有必要的。如果不肯舍弃短期利益，单纯使用传统的营销方式，变现周期将会变得更长，趋势也更难预测。

使用分主次，变现不分

每个人购买商品之前，都有清晰的概念，那就是自己要购买的商品中，哪些是主要的，哪些是主要商品的附加品。例如，购买手机的时候，手机就是主要商品，而与手机配套的耳机、充电器、数据线、手机电池等，就是手机配件，并不是主要的。虽然有些配件不可或缺，但如果是一个没有手机的人，一般不会想要花钱将配件买下来。因此，人们购买商品的时候，脑海中是有主次观念的，先购买主要商品，然后再购买其他配件、耗材等。

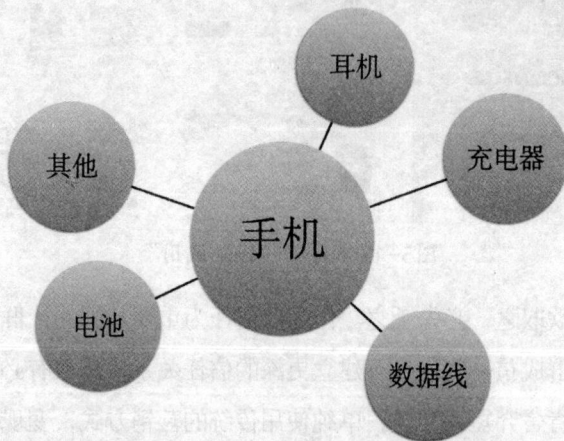

图5-16 手机与其附加商品

　　商品在使用方面有主次之分，是出现这种情况的主要原因。但是对于销售者来说，变现却是不分主次的。在互联网时代，利用社群营销，甚至可以将配件、耗材这些需要依附主要商品才能使用的东西当作变现的主力，它们能够提供的利润有可能远超用户使用的主要商品。

　　其实，在传统营销中，也有许多商家是靠附加商品来盈利的，走薄利多销的路线。用户货比三家后，会做出对自己最有利的选择。利用社群做营销，在主要商品拥有强大吸引力的情况下，适当提高附加商品的价格是变现的好办法。

　　传统营销中，将附加商品的价格拉高并不是个好办法，因为客户有更大的自由度，可以去别的地方购买。在社群营销中则不然，如果差价不是很大，客户会选择与主要商品一样的商家来购买附加商品。出现这样的状况，主要有以下三个原因：

　　第一，在用户十分熟悉商品面前，他不能确定其他商家的附加商品与自己在社群中购买的主要商品是否配套。附加商品只

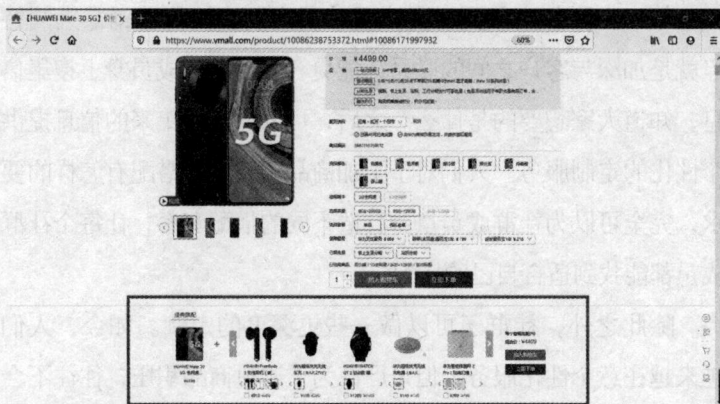

图5-17　华为手机套餐搭配

有在拥有了主要商品以后才能发挥作用，实现价值。如果附加商品和主要商品并不配套，那就失去了使用价值，成为毫无意义的废物。在网络上购物，并不能当场将主要商品与附加商品进行对比。所以，大多数用户在对商品不是非常熟悉的情况下，会选择同一商家购买主要商品和配套商品。

第二，物流造成的时间差导致人们不愿意将主要商品与附加商品分开购买。社群营销主要是通过网络进行，从下单到收货，中间有几天的等待时间。在这段时间，人们的耐心将会受到考验，等待自己渴望的东西可以说既让人兴奋，又让人痛苦。那么，更加痛苦的是什么呢？自然是主要商品和配件分开到达。它们中的任何一件没到，就不能正式投入使用，只能看着先到的商品进行幻想。显然，人们不想拥有这种经历。而且，分开购买有可能产生两次物流费用，多出来的物流费用可能比商品的差价更大。所以，大多数人在差价不大的情况下宁可多花一点钱，也会让主要商品与附加商品同时抵达。

第三，附加商品更容易实现社群定制。社群营销最大的特点就是加深与客户之间的联系，能更容易从社群成员身上搜集信息，知道大家想要的是什么。之后，可以通过搜集来的信息提供个性化的定制服务。人们对于附加商品的数量、搭配有怎样的要求，完全可以为社群成员量身打造不同的搭配套餐，让每个社群成员都能找到适合自己的搭配。

除此之外，社群还可以做一些更深度的定制。如今，人们越来越在意个性化服务，但是厂商为了避免商品积压，往往不会将产品设计得过于小众。所以，同质化、大众化是很常见的。在配件方面，社群完全可以做有性格的定制，让主要商品变得更美观，更有个性，更能满足社群成员的需求。同时，定制化也是提高附加商品单价的理由，可以获得更多的利润，更快地变现。

　　附加商品除了实物外，还可以是服务。便利、定制化、贴心的服务，在任何时候都有市场。如今，不少公司已经将服务当成创造营收的重要部分，并且取得了良好的效果。特别是对那些使用寿命较长的商品，人们在短期内不会重复购买。营销时，场面越是火爆，变现的周期就越短。在社群中提供物有所值的收费服务和基础的免费服务，不仅能够让社群成员更加满意，还能源源不断地创造额外收入，增加变现的渠道。

　　社群营销应该是灵活的，其灵活度超过普通的电商平台。所以，变现的时候，我们不一定要在一条路上走到黑。只要渠道健康，符合社群成员需求，什么都可以作为变现的商品。甚至有些时候，在社群搭建好但还没开始营销时，社群成员就产生需求了。那些已经成功进行营销的社群，营销的商品也是多种多样

图5-18　AirPods的个性化镌刻服务

的，小到一碗面，大到一辆车。当我们打算营销的商品不能快速变现时，除了改变营销方式外，还可以改变我们的商品。

苹果公司作为一家成功的公司，其强大的创造力不仅体现在科技方面，更体现在创造营收方式上。早在前几年，销售手机、笔记本电脑、一体机已经不是苹果营收的增长爆发点了，产品配件和服务才是。我们不是说单靠附加商品和服务就能顺利完成变现，前提是附加商品要有自己的特色和特点，服务也要有付费的价值。如果没有，附加商品和服务还是要依附于主要商品才能顺利变现。只不过根据不同的情况，变现的点可以有所改变。

变现不是谁欠谁的

做社群营销与其他商业活动一样，是一种各取所需的利益交换。我们将商品销售给社群成员，获得利润；社群成员购买我们的商品，省去挑选的麻烦，获得更好、更贴心的服务。这是一种双赢，也是社群营销的精髓。但是社群营销带有粉丝经济的特征，变现的时候，会因为社群状况和社群负责人的心态，出现双方心态失衡的情况。这不仅不会让变现顺利，反而会对社群内部的气氛造成不利的影响。而且，这种影响是长期的，难以改变。所以，变现的时候，我们要牢牢记住，这个过程是互惠互利的，而不是谁欠谁的。

图5-19　营销是互惠互利的过程

如果我们认为营销这件事情是从社群成员口袋里掏钱，是我们欠了社群成员的，态度上就会变得谦卑。社群成员也会发现这一点，对营销的商品失去信心。信心这个东西是非常奇妙的，商品有好坏之分，除了其本身的质量外，还取决于人的体验。如果先入为主，对商品信心不足，体验上就会发生变化。虽然不排除先将商品使用者的期待拉低，之后产生的差异感会对商品有更好的体验，但多数情况下会让人们觉得这次购物是不值得的。即便没有出现问题，也不愿意冒险进行下一次。

有些时候，营销真的会变成欠社群成员的。商品价格虚高，之前做出的承诺缩水，又或者是商品性能没有达到宣传的程度。购买商品的社群成员可能不知道，但是作为商品的生产者、经销者一定清楚这些问题。如果硬着头皮、顶着这些意料之外的情况继续做营销，的确就变成了欠社群成员的。第一次欠别人的，可能会觉得有亏欠，想着在以后做出补偿。但如果没有及时找机会补偿，又马上出现第二次的亏欠，就会陷入债务越来越多的感觉。社群成员察觉不到这一点，而在营销过程中我们又从中获得甜头，亏欠社群成员的行为就会变成一种习惯，甚至是一种增加变现数量的方式，最后变成人们常说的"割韭菜"。这虽然可以变现，但显然不是变现的好办法，某种程度上甚至违背了社群营销的根本意义。人与人之间没有了真诚，社群也从互惠互利的平台变成压榨社群成员的平台。或许有人觉得，只要能够变现，用怎样的方式都无所谓，但这样很容易将社群营销变成一锤子买卖，从长远来看是得不偿失的。

觉得社群成员亏欠自己，这种心情也不罕见。甚至可以说，这种情况相当普遍。毕竟开始变现之前，需要做大量的工作，投入许多时间、精力和金钱，才能建设一个社群，维护好这个社群。享受这一成果的，不仅是自己，还有所有成员。这些社群成员只需加入社群，成为社群中的一分子，就能够享受我们花费大量时间、精力和金钱提供的社群服务。这种心态上的不平衡，导致许多社群在变现的时候表现得既贪婪又凶狠，态度更是傲慢至极。

这种心态可以理解，但不应该出现，更不应该觉得这样是有理由的。社群在搭建的时候，不论投入多少成本，社群成员谁都不欠谁的。你所投入的一切，是为了变现，但却不足以用来交换"变现"这件事情。之前的一切投入，能够交换到的是让社群拥有一定数量你想要拥有的成员。这些成员加入社群，就是之前投入的回报。如果你想要收回成本，要通过营销实现，让尽量多的社群成员成为我们营销的对象，成为我们变现中的一环。这不是社群成员亏欠你的，你负担了搭建社群的成本，成员进入社群后通过变现活动帮你获得收益。如果你觉得自己付出了，加入社群的成员必须接受你的营销，因为他们亏欠你的，那么，有些成员不买账或者直接退出社群，你又要怎么做呢？

更可怕的是，社群对我们本身产生"亏欠"，也就是我们对社群有了许多投入，但却一直无法变现。这时候，大多数人不可能选择抽身而退，只能想办法让社群变得更好，增加投入，促成下一次变现。那么，下一次变现又没能成功呢？是否还要继续追加投入呢？这就造成了沉没成本，如果不追加投入，之前的投入也将沉没；追加投入，也可能无法获得回报。

不断地追加投入，绝不是正确的选择。它只是在同一方向上走得更远，却不能从根本上解决问题。如果这次变现没能成功是

图5-20　营销应当"理智投入"

方向上出了问题呢？增加投入不会有任何效果。让成本沉没的确可惜，但如果没有冷静的头脑，不舍得一点点成本，失去的只能越来越多。营销要灵活，也要有底线。为每次营销制定一个成本底线，当它已经到达底线却没能变现时，要果断停止投入，及时止损。

　　没有回报，变现失败，不代表社群本身对你有所亏欠，只能说双方未能达成共识，还有什么地方没有做好。社群内部，人与人之间的联系非常紧密，但营销不是请客吃饭，是双方平等的商业行为。所以，在变现这件事情上，从来都没有谁亏欠谁，更不应该有谁亏欠谁。

变现是目的，兴趣是手段

我们做社群，目的是为了赚钱，为了营销，为了变现。那么，变现显然是最重要的事情。不过，绝对不能将所有的精力都放在变现上。特别是在社群已经能成功变现的时候，更要居安思危，不断扩展更多的变现方式、变现方向，让变现能够更加顺畅。这一切的基础，都是社群能否发展得更好。这里的发展并不完全指社群成员的多少，更是指社群能为社群成员提供什么。

很多社群之所以能够迅速发展，是依靠提供大量的优质资源、优秀创作，吸引了众多成员加入社群，最终才变现的。这些社群有些依旧火爆，有些已经逐渐走向消亡。这其中的差异，主要是社群有没有持续为社群成员提供高质量的内容，有没有让社群成员保持对社群的兴趣。如果认为变现已经成功，之前的铺垫做得够多了，仅仅靠着社群营销的商品能够留下社群成员，那么这个社群就要走向消亡了。

一个讲故事的社群要如何营销，你能设想一下吗？很多人第一时间想到的就是在拥有一定的社群基础以后，将故事合订出版，销售给社群成员。其实，这样的社群可以变现的选择还有很多。某著名社群以讲述记者暗访故事来吸引社群成员，它最开始

图5-21　高质量内容是吸引社群成员的关键

的变现方式的确是出售图书和社群成员的打赏来实现的，但是很快就发展了新的方式。

　　喜欢他们故事的群体都对故事中主角潇洒、淡定、机智的特质十分喜爱，甚至很快就形成这个主角的粉丝群体。那么，将故事主角的部分用品拿来变现是一个简单又可靠的方式。故事的主角喜欢喝什么牌子的红酒，他们就在社群内销售什么品牌的红酒。喜欢用什么牌子的打火机，就销售定制成和故事主角一模一样的、有特点的打火机。即便他们的商品价格高于其他渠道，但是社群成员仍然愿意从他们手上购买，因为这样他们会觉得自己与小说主角的距离越来越近。并且，他们还经常借故事主角之口推荐一些有趣但知名度不高的书籍，这也顺利帮助他们进行营销、变现。

　　为什么一个现实中并不存在的角色会对社群成员有如此强大

的影响力？主要是因为社群源源不断地为成员提供优质的资源。生动鲜活的故事创造出让人喜爱的角色，这才是社群能顺利变现的根本原因。

因为社群逐渐壮大，几次营销的成功，就开始不管社群是靠什么成立起来的，将全部精力都放在营销上，这种行为是忘本。如果是以兴趣为基础建立的社群，营销永远不能成为唯一、核心、最重要的内容。我们要依靠内容的产出来留住社群成员，保持社群的活力。

显而易见，将营销变现与兴趣结合是最好的选择，介绍一款好的商品时，同时可以销售这款商品。社群成员越是感兴趣的东西，就越容易变现。只要注意两个问题，将变现结合在兴趣里，就能更容易地实现。

第一，要说真话。这一点看似简单，但实际上有不少社群在这上面栽了跟头。想要营销一款商品，在介绍同类商品的时候还能保持真实，但在介绍自己要营销的商品时则情不自禁地夸大其词。社群成员不是傻子，总会有人发现你营销的商品并不像你说得那么好。即便社群成员选择相信你，你也是在透支社群成员的信任。

营销的时候，一定要说真话。我们营销的商品相比其他同类商品一定是有优势的，或许是质量更好，或许是做工更精致，或许是设计更前卫，或许是价格更便宜。不管是哪一个，只有抓住这个优势来宣传，客观真实地将各方面告知给社群成员，那么凭着我们和社群成员之间的信任关系，营销也能成功。如果我们营销的商品毫无优势，那说明社群营销是建立在欺骗的基础上，能骗一次算一次，这是不应该被提倡的。

图5-22　社群营销从兴趣到变现的过程

第二，让每个档次都有你要营销的商品。世界上绝大多数人知道一分钱一分货的道理，但不代表所有人都能拿出足够的钱选择最好的商品。我们进行营销的时候，即便是在介绍最好的商品，也不能默认所有的社群成员都有足够的经济条件去购买。因此，进行营销之前，就要在不同的档次选出合适的商品作为替代品，这样才能真正做到营销面向所有的社群成员，而不是将它变成面对部分经济条件较好成员的特卖会。

变现是我们的目的，但购买商品往往不是社群成员加入社群的目的。他们加入社群，或许是想要找到一个有志同道合朋友的地方，或许是某个领域的新人想要得到一些帮助，让自己少走一些弯路。他们是我们的变现对象，想要让他们接受我们的变现，就先要让他们达到自己的目的。兴趣是我们招揽社群成员、留住社群成员的手段，不管社群发展到什么程度，这一点都不能改变。

CHAPTER 6
社群营销离不开的"合作伙伴"

众人拾柴火焰高。社群是在发展中不断壮大的，它要想更好地发展，就需要有更多方面的人才和资源来帮助我们。这些东西很可能就隐藏在你的社群里。如果从社群中寻找合作伙伴，哪些人适合，而哪些人不适合，都是社群运营者面临的重要问题。

挖掘社群中的潜在伙伴

凭借自己的能力、自己的团队，能将社群做到什么样子，这是可以预计的。因为你熟悉团队中的每一个人，从经营到创造再到营销，所有的资源和渠道都能够看见上限。然而，想要将社群发展得更好、更快，就需要获得社群成员的帮助了。

社群成员可能有众多身份，我们能够看到和了解的，只有社群成员一个身份。但是脱离了社群成员这个身份，他们在社会上扮演着自己的角色，可能是商人，可能是上班族，可能是公务员，可能是自由职业者，可能是农民、工人、士兵、学生、艺术

社群组成

图6-1　社群成员身份的多样性

家……这些身份都有各自的优点，更何况很多人在社会角色之外还有可以被称为"才能"的爱好。如果他们愿意将自己的才能用在社群中，我们的社群就会成为深不见底的宝库。

　　百度贴吧是全球最大的中文社群，尽管许多方面被人诟病，但在2007—2010年互联网发展速度最快的这段时间，涌现出大量的优质社群。百度贴吧以某个兴趣搭建社群，吸引社群成员加入，但规模较大的贴吧早就不是某一兴趣点可以限制的了。人们可以畅所欲言，发挥自己的创造力，让社群百花齐放、璀璨夺目。其中，最有名的要数被称为百度卢浮宫的"李毅吧"。当时每天都有大量的社群成员在"李毅吧"里发挥自己的才能，有些是用音乐，有些用文字，有些用图画，还有一些用创意。正是这些人，让"李毅吧"突破上限，变成质量极高的社群。

图6-2　李毅吧

　　与"李毅吧"情况类似的还有"魔兽世界吧"。"魔兽世界吧"经历了从纯粹的游戏贴吧到类似"李毅吧"那样的综合贴吧，再回归游戏贴吧的过程。当时玩游戏的大多是年轻人，不管是想象力还是创造力都非常惊人。贴吧中强大而丰富的内容吸引更多的人来到"魔兽世界吧"，也包括大量根本不玩魔兽世界的人。当年混迹在魔兽世界贴吧的，如今很多人已经成为作家、网红、演员、富商、歌手，可见其社群潜力有多么惊人。在这样的社群进行营销，只要找对方法就会事半功倍。不管是庞麦郎短暂爆红，还是犀利哥得到大众关注，都与"李毅吧"和"魔兽世界吧"有关。

图6-3　魔兽世界吧

我们想要打造一个充满潜力的社群，就不能只依靠运营社群团队来创造无穷无尽的内容。社群中有很多有才华的成员，只有将这些人挖掘出来，利用他们的才华，才能让社群发展得更快，上限更高。那么，如何找到社群中有能力的成员，就是我们要面对的第一个问题。我们肯定不能在社群内部做人口普查，调查社群成员从事什么职业，又有哪些才能。在人们越来越注重隐私的当下，问得越细，越容易招致反感。所以，我们只能让社群成员主动加入,展现自己的才华。

激将法是让社群成员展现才华的最佳方式。这里说的"激将",不是要跟社群成员针锋相对,而是更像一种含有刺激性的抛砖引玉。之前非常火爆的表情包文化,就是因为人们在斗图过程中,根据不同情况自己创造的各种表情包,参加的人多了,呈现出井喷式的火爆场景。我们同样可以创作一些内容,用调侃开放的态度放到社群中。到时候,自然有社群成员觉得"不够味儿",觉得"这什么玩意儿,我能做得更好"。有能力的人自然会回报给我们更好的东西。当我们知道哪位社群成员有这样的才能后,自然就可以有针对性地与其合作。

除了才华外,渠道同样是社群成员能够带给我们的宝贵财富。社群营销的前提是社群,有社群才有营销,更好的社群就意味着更好的营销。那么,让社群在同一方向上尽可能的多元化,也是保证社群能够更好发展的重要因素。很多社群负责人错误地理解了这一点,认为社群中只应该自己来做营销,其他人做营销就是跟自己抢生意。

对于社群内部同样有渠道可以做营销的成员,我们不能一概而

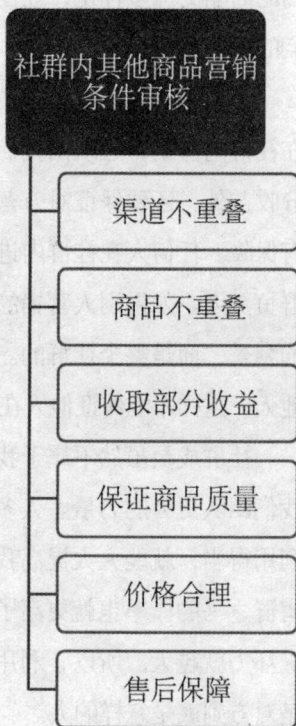

社群内其他商品营销
条件审核

渠道不重叠

商品不重叠

收取部分收益

保证商品质量

价格合理

售后保障

图6-4　社群内其他
商品营销的条件审核

论。的确，有些人如果营销的商品与我们完全相同，无疑会形成竞争。社群营销以社群成员作为营销对象，这就决定了这种营销方式以市场忠诚为主，而不是以人多取胜。在市场空间相对较小的情况下，出现与自己销售商品完全重合的竞争对手，自然是两虎相争。所以，与我们渠道重叠的社群成员是我们不需要的。

但是如果对方拥有的渠道、营销的商品与我们并不重叠，这样的成员对社群、对我们就是有价值的。不同的渠道能够让社群内的商品更加多样化，让社群成员更满意，吸引更多的人加入我们的社群。

社群里的其他成员想要营销，也不能随便进行。任何人想要在社群内营销，必须由我们来主导。除了要与对方商议、获取部分收益外，还要保证对方营销的商品质量过关，价格合理，售后有保障。任何人在社群内进行营销，最终需要负责的人都包括社群负责人。如果别人营销的商品出了问题，影响的不仅是某个人的名誉，而是整个社群的。所以，必须按照我们确定的标准要求他人，这样才能保证他人在社群内营销对社群是有益无害的。

社群成员虽然不属于我们的团队，但有些时候能够发挥出比我们团队更大的力量。人多了，出现人才的概率也就更大。只要利用得当，就能大大提高我们社群的上限。同样，人多了，出现害群之马的概率也就更高了，越是有能力的害群之马，对社群的破坏力就越大。所以，利用社群成员壮大社群之前，一定要看清楚对方到底是怎样的人。

尊重为社群添砖加瓦的人

建设社群并非一日之功，团队成员自不必说，社群中的其他人也能为社群建设提供很大的帮助。他们可能为社群提供了合理的建议，可能在某些细微之处弥补了不足，可能活跃了社群的气氛，可能通过自己的渠道和方式将社群介绍给了更多的人。不管是哪一种，社群能够变好，有一个成熟的样子，离不开这些人的一举一动。我们要尊重这些为社群添砖加瓦的人，尊重对社群建设有所帮助的人。

有些人表示自己已经非常尊重社群中那些有才能的人了，甚至每次谈起对方的时候都要在他的名字后面加上"老师"这个称呼。结果，对方还是不冷不热，彼此没有建立密切的联系。所谓尊重，并不是尊敬。一味地敬，只能让对方产生距离感。太过于敬，甚至会让对方产生不适，生怕被捧杀了。

正确的做法是尊重，而不是尊敬。我们之所以尊重某位社群成员，是因为他为我们的社群做出了贡献，我们尊重的是他的成绩和作品。既然如此，我们就应该将他做了什么和他的名字联系起来，不要让社群出现改变却没有人知道是谁做的，更不能将这个有用的改变归到社群管理团队的名下，将功劳变成自己的。

在人与人需要紧密联系的社群中，每个人都有自己的小圈子，冒领别人的成果是很难成功的。对方总有自己的小圈子，在社群中也有自己的人际关系，总会有人相信他。到时候，事情大白于天下，剩下的人有谁还愿意为社群做贡献呢？虽然为社群做贡献的人可能不求回报，但也不代表当他们的作品不能与自己的名字联系起来时不会愤怒。

所以，当有人为社群做出贡献、添砖加瓦的时候，我们一定要在第一时间将谁做了什么事情在社群中公告出来，并表示感谢。认同他的作品，给予肯定，这就是最大的尊重。

社群的管理团队往往是隐性的，它还需要一个负责各方面事务，能为社群创造更多价值的组织。这个组织由社群中的优秀成员组成，能够加入这个组织本身就是对那些为社群做出贡献的成员的尊重。当然，成为组织的成员还有其他福利。例如，更多的低价商品，定期的福利发放，甚至是线下聚会时单独坐在一张桌上。为社群做出贡献、添砖加瓦的人，享受一些福利自然不会有人说三道四，并且其他社群成员也会竞相效仿，希望自己也能成为这个组织中的一分子。

组织越大，其独特性也就越弱。当人人都变成组织中的一员时，这个组织在社群中就显得没那么有吸引力了。所以，最早一批做出杰出贡献的成员，要有独特的地位。其他后晋成员所享受的各项福利自然要与首批核心成员分开。

倾听同样是尊重有价值社群成员的一种方式。社群成员众多，尽管每个社群都表示会多听取社群成员的意见，但实际上人数越多，声音就越是嘈杂，社群负责人能倾听每个人的意见并不是件容易的事情。但是那些对社群做出贡献的人的建议,相比其他社群成员的建议更加值得倾听。不仅是因为他为社群做出的贡献值得尊重,更是因为他的意见相比普通成员来说更有价值。

为社群做出贡献的成员,或是才能、眼界等方面超过他人的普通社群成员,他们的意见往往比普通成员更具指导性。并且,他们的心意也能得到保证,毕竟他们愿意为社群做贡献,胡乱提出建议、提出包藏祸心的建议的概率很低。我们愿意倾听为社群做出贡献的成员的建议,既给了他们足够的尊重,又能让社群获得更多的帮助,这对管理社群是有好处的。

我们尊重为社群做出贡献的成员,但这种尊重是相互的,而不是单方面的。如果我们给予社群成员足够的尊重,而社群成员却觉得自己为社群做出巨大贡献而不尊重我们,这时候就要注意

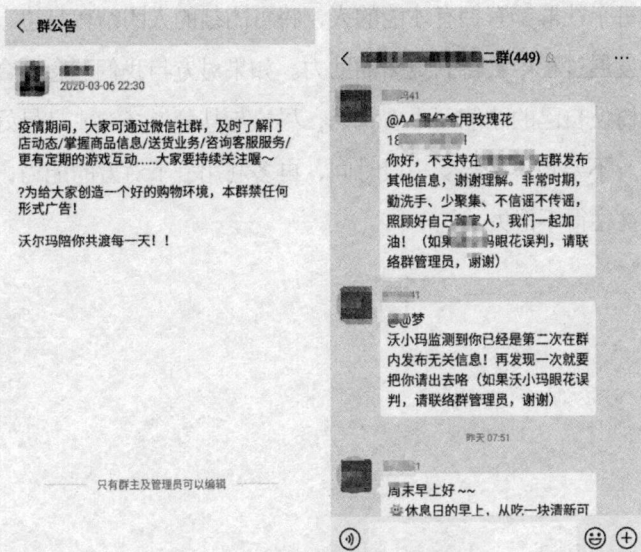

图6-5　沃尔玛顾客服务群公告

了。这样的人留在社群里，不管他有多高的才华、多强的能力，也是害群之马。我们的社群需要和谐，社群负责人、社群领袖需要有权威，如果有人不尊重社群权威，社群负责人的权威性就会受到影响。久而久之，社群中的其他人也会效仿，到最后，社群负责人说的话没有人听，做的营销也不会有什么效果了。

当社群中出现不尊重社群负责人的成员，特别是有能力的成员，最好的办法是在第一时间与其一刀两断。他的能力可以用在建设社群上，也可以用在破坏社群上。他在社群中待得越久，对社群的破坏力就越大，对其他社群成员造成的影响就越明显。一旦出现这样的成员，对于他为社群做出的贡献，我们可以给予经济补偿，随后斩断和他的所有联系，将事情的前因后果告知社群中的每个成员。

每个社群都有拥有才能的人，将可团结的人团结在身边，社群在发展过程中会得到更多的助力。如果对方与我们理念不合，或是倚仗自己的才能而小看我们，尽快与其分道扬镳才是最好的做法。不要想着再忍受一段时间，再多利用一下对方的能力，这样做往往得不偿失。

小心社群中的活跃分子

　　社群中缺少活跃分子往往是不少人头疼的问题，因此，社群中一旦出现活跃分子，出现有趣、八面玲珑、能带动社群气氛、频繁与他人互动的人，都会被当成社群里的宝贝、吉祥物。但是成也萧何败也萧何，社群中的活跃分子为社群带来的不仅有帮助，还从一定程度上破坏了社群的稳定性，为社群埋下隐患。

　　活跃分子之所以被称为活跃分子，是因为他们更喜欢、更擅长社交活动。他们每天都有说不完的话，跟社群中的大多数人

图6-6　"活跃分子"与"危险分子"往往只有一线之隔

建立了不错的关系。正是因为这样，他们在社群中也有一定的威信，有很强的集体荣誉感。特别是以粉丝为基础的社群，他们可能是社群创建者最忠实的粉丝，不允许任何人诋毁他们的偶像，凭借自己在社群中的地位，说话和做事的时候更加肆无忌惮。他们不是社群管理人员，对他们来说，社群的形象比利益更加重要。所以，做事的时候往往很冲动，很理想化。这样的社群成员，经常会因自己的一时冲动好心办坏事。

　　某当红主播建立了一个以粉丝为基础的营销社群，主要销售一些虚拟商品。社群成员大多是年轻人，其中有几个人格外活跃，跟谁都能聊得来，跟谁关系都不错。这个主播和其营销团队十分喜欢这几个活跃分子。一天，社群中来了个新人，表示自己在社群中购买了商品，结果刚刚付款就被踢出社群了。他很生气，想要个说法。这时候，社群中的活跃分子马上就跳了出来，开始阴阳怪气地表示自己买了那么多次也没有碰见任何问题，以前没见过这个人，肯定是来碰瓷的。几句话以后，新人就默默地退出社群，随后在各大论坛发帖，讲述自己被骗的经历，还有很多人在帖子下回复，表示自己也碰见了同样的事情。

　　一段时间以后，社群的运营团队才发现了这件事情。他们联系到那位被挤兑出社群的新人，详细了解了对方的遭遇，才知道有人建立了假的粉丝社群，利用主播的名气招摇撞骗。等到该主播澄清事实的时候，网络上已经有很多不利于他的谣言了。如果那几位活跃分子能更理智一些，或许这些事情就能早一点发现，损失也能小一些。

又过了一段时间，这位主播与另一位主播开始互动，打算通过策划一些项目带动双方的人气。结果，在双方互相开玩笑的时候，社群中的活跃分子不满意了，认为对方的玩笑有些过分，于是他们有组织地进入另外那位主播的社群，要求对方道歉。对方的社群成员自然不肯答应，结果出现一场骂战。虽然两位主播的关系没有因为这个状况受到影响，但是双方一起策划的几个节目效果就不太好了，经常有双方的粉丝一言不合就在直播间互相攻击。

社群成员的行为需要约束，即便是能为社群带来众多好处的活跃分子，加入了社群就应该遵守社群规矩，即便这些规矩不是法律。运营社群的时候，社群中的活跃分子应该是重点监视对象，也需要跟他们着重强调社群分工，如哪些事情是他们可以做的，哪些事情是需要运营团队来做的。出现某些情况的时候，他们能够在第一时间通知运营团队才是给社群最大的帮助，而不是因为想要维护社群而做出伤害社群的事情。

社群中的活跃分子，不管他平时表现得有多好，给社群带来多少帮助，他也不是社群运营团队中的一员。那么，当社群中的主流声音是他满意的，主流思想是他认可的，他就能够利用自己的能力为社群做贡献。但是，如果他不认可社群的某项措施，对社群的某种声音、某个想法持相反意见，第一个跳出来闹事的也会是他。所以，万万不能觉得他对社群有好处、有帮助，就让他比其他社群成员更接近社群运营团队，也不能因为社群运营团队和他有不错的私交，就让他知道一些普通社群成员不知道的事情。

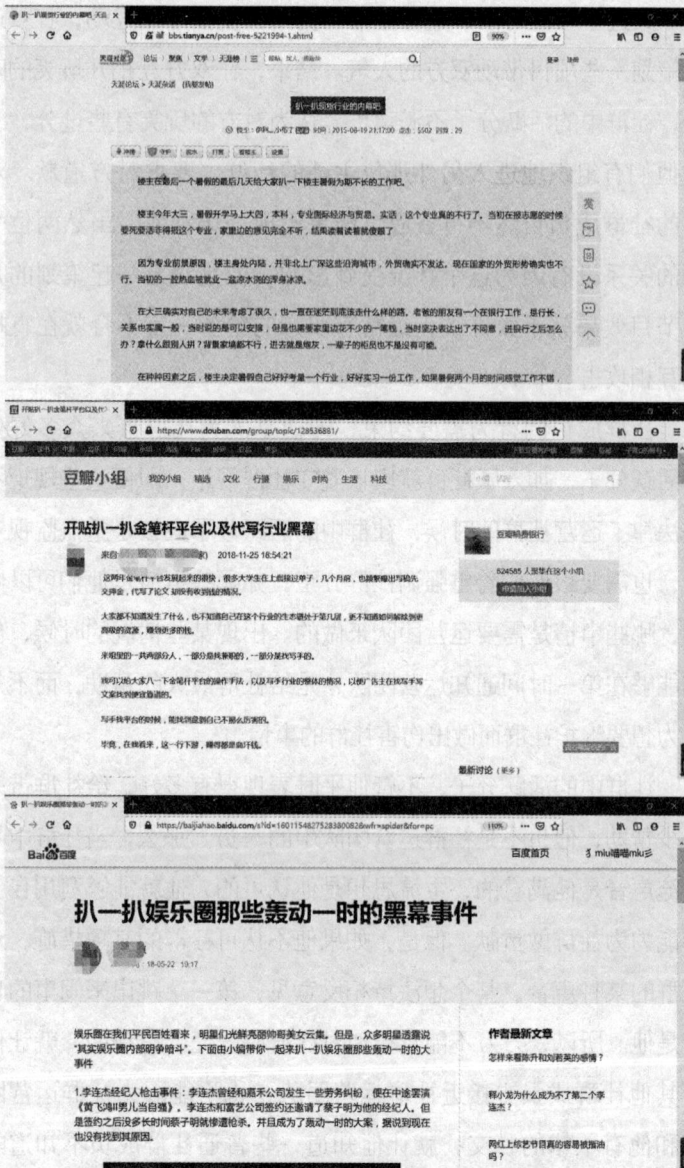

图6-7 网络上的"扒皮"贴

在互联网上，我们经常能看到爆料，如扒一扒某些社群、某些团体甚至某些企业内幕的新闻。这些内容是什么人曝光出来的？毫无疑问，在运营团队没有解散之前，曝出这些内幕的人都是社群中的活跃分子。他们运用自己的手段和人际关系，从运营团队那里得到了更多的消息，当社群出现让他们不满意的举动时，就会将这些事情一股脑地抛出来。或许某件事情单独出现时并不会对社群造成较大的影响，公关也很好做，危机能在短时间内解决。但是，如果一次出现大量的事件，这些事件的时间跨度较长，就足以引起质变。社群成员的关注点此时已经不是"问题该怎么解决"，而是"居然有这么多的问题"。这对社群的打击是非常大的，甚至直接影响到社群的公信力。社群缺失了公信力，想要做营销是不可能成功的。

世界上绝大多数的活跃物质都有共同点，越是活跃，就越是不稳定。社群成员也是这样，越活跃的成员，就越是需要我们花更多的时间与精力去关注。如果使用得当，他们就是帮助社群建立良好氛围的利器，而利用不好的话，马上就会变成一把双刃剑，不知道什么时候就会刺伤自己。

牢记，社群壮大不是一个人的功劳

　　建立社群是从无到有的过程。伴随我们的努力，社群逐渐壮大起来，营销也随之展开，实现变现。到了这个时候，社群已经比较成熟了，可以长期稳定经营下去。在取得阶段性成果以后，人难免会发生一些心理变化，骄傲自满、膨胀都有可能出现。这种现象并不罕见，任何人在逐步走上成功道路时难免要经历这一关，但在社群营销中，这种情况尤为危险。

　　社群运营的基础是人与人之间的关系。不管你的个人风格、社群个性如何，总归要逐步拉近自己与社群中其他人的关系，才能让社群拥有凝聚力，让社群成员相信你，团结在你的周围。随着社群的发展，将其不断壮大的功劳揽在自己的身上，觉得自己比其他社群成员更高一级，那么这一级就是你主动拉开的、远离社群成员的距离。对于这个距离，社群成员并不能够拉近，只能是你自己想通以后放下身段，回到社群成员身边。

　　没有人喜欢将骄傲自满的帽子扣在自己头上，也没有人会承认自己在取得一定成绩后开始膨胀。这些情况在不知不觉中发生，也在潜移默化地影响着你和社群。如何知道自己是否开始膨胀了？作为社群负责人，当出现以下几个表现时就应该反思、自省了：

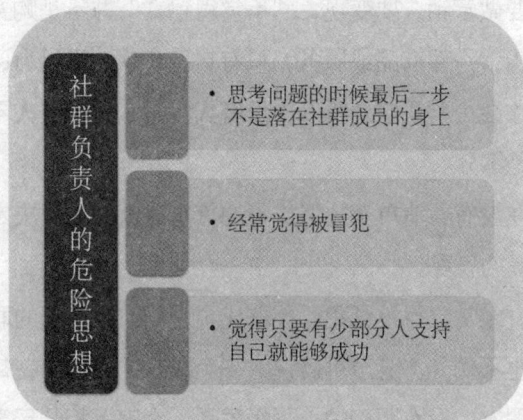

图6-8　提防"危险思想"的产生

第一，思考问题的时候，最后一步不是落在社群成员的身上。这是社群壮大以后非常普遍的现象。当社群只有几十个人的时候，社群负责人可以记住每个人的身份、特点甚至是名字。但是当社群逐步扩大，变成有几百人甚至上千人的时候，这些社群成员在社群负责人的眼中就开始不再是活生生的人，而是一个个数字。他们考虑最多的是如何利用这个数字变现，让自己更加成功。

社群壮大以后，社群中有太多的成员，没办法每个都兼顾，但是任何计划、营销策略都要让每个社群成员感到满意，才算是真正有效的。我们可以不去确认每个人的感受，但至少要知道当这些事情落到他们身上时的感受，不能因为社群成员太多就采用让所有人觉得还行的方式去制订计划。这样的计划让所有的人都不觉得糟糕，但也没有人觉得满意。所以，我们要以社群成员满意为目标，而不是以冒犯所有人为目标。

我们要做营销、要变现，"不觉得糟糕"并不是购买商品和服务的理由，一件商品或服务，只有自己喜欢、满足自己的需求时，人们才会去购买它。所以，没有人满意，也没有人不满意，得到的只是零分。

当你在没有看清单个社群成员的需求时就开始做决定，这就是骄傲自满的表现。

第二，经常觉得被冒犯。社群成员之间有着密切的联系，社群负责人也不例外。甚至可以说，一个成功的社群中，每个人都和他人是朋友，没有明确的上下级关系。大家互相开玩笑，是很正常的事情。特别是社群负责人，最常出现在人们的视野中，也应该是被开玩笑最多的人。

有些社群负责人在社群壮大以后就开不起玩笑了，过去自己被做成表情包，被拿来放在各种段子里也不会生气，不觉得自己被冒犯，社群壮大以后，反而打着要维护社群形象的旗号杜绝这些事情。当有人像过去那样开玩笑的时候，他就觉得自己被冒犯了。某个股票社群在逐渐做大以后，社群负责人就连比自己年纪小的人不尊称"您"，都感觉受到了冒犯，还煞有介事地写了一篇文章发在社群内部，批评年轻人不懂礼貌。原本社群内的良好气氛因为这一件事情被破坏殆尽，社群中比他年轻的人在短短几天内就全部离开了。

社群负责人要有亲和力。社群不是社区，更不是企业，社群负责人与社群成员之间的关系没办法用契约来束缚。如果失了人心，坏了感情，就真的什么都没有了。只凭一个人，不仅无法壮大社群，连维持都做不到。

第三，觉得只要有少部分人支持自己就能够成功。中国有14亿人口，这是非常庞大的人口红利，团结起来的力量大得惊人。社群逐渐壮大以后，很多社群负责人觉得在社群成员数量十分庞大的基础上，自己做的事情只要有少部分人支持，就能够显现出成绩，就能够成功。这种想法显然是错误的。即便是在营销中，我们要满足的人也是越多越好，而不是说只要少部分的人能够满足，自己就赚到了。如果只有少部分人支持你，到了行动的时候，少部分人看见大部分人没有行动，受从众心理的影响，流失的支持者还会增加。并且，那些不支持你的人中，并不都是中立者，还会有一定数量的异见者。这部分人不是你的助力，反而是你的阻力。此消彼长之下，仅仅获得少部分人的支持是很不稳固的。

社群壮大是社群里所有人的功劳。社群越是壮大，我们的力量就越强大，因为我们的力量来自社群成员。一旦我们脱离社群成员，将自己捧得高高的，就会失去这些力量。社群成员越来越多，你不可能看清每个人，但是社群负责人只有一个，每个成员都看得见你。

学会分享，将社群变成平台

　　之前说过，如果社群中的其他成员也想要在社群内进行营销，并有自己的渠道，只要商品与我们的不重合，让他们参与进来，也可以让我们社群营销的商品更加多元，让更多的人加入我们的社群。当社群里没有那么多人在营销，它就只是个普通的社群。当社群足够庞大，可以容纳更多的商家，到最后，我们甚至不需要自己营销，只需要管理好社群内的商家就会有足够的利益，达到变现目的。

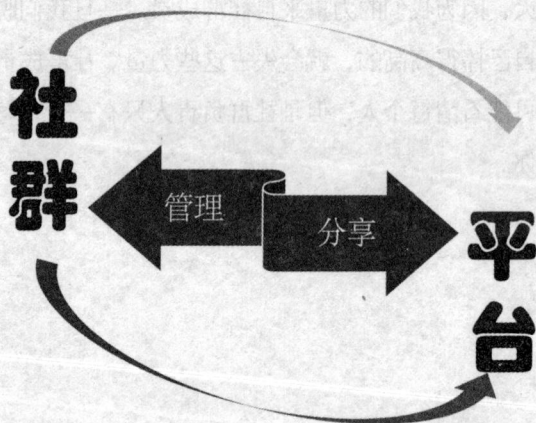

图6-9　社群到平台的转变

　　想要让社群逐渐成为平台，需要依靠分享和管理两个秘诀。分享，要从多方面进行，不仅是和社群内有渠道的人来分享社群，还要跟社群成员分享更多的知识和内容。

　　分享社群是最基本的，不仅要同意社群内有渠道、想要营销的人开展营销活动，还要帮他们做好营销。在营销策略、价格、宣传上，我们要分享经验和资源，让其能够顺利进行，在社群里打响名气。社群里能成功营销的人越多，我们的社群成为平台的可能性就越大。但是这个过程是有风险的。如果我们在社群内没有足够的影响力，就有可能失去主导权。对方可以反客为主，成为社群中的领袖，甚至另起炉灶，带走我们的社群成员。此外，分享内容和社群管理方式，能够帮助我们避免这种情况的出现。

　　我们说过，养社群是不可取的。我们要在社群壮大过程中占据领头地位，这样才能保证自己在社群壮大过程中不会变成社群中可有可无的角色。想要达到这一目标，就必须勤奋，要有存在感，成为社群中不可或缺的部分。不断地分享知识，分享内容，才能稳固我们的领导地位。

　　分享知识和内容，并不是一件很困难的事情。如今，科技越来越发达，通过手机和网络，每个人都可以成为内容的创作者，成为分享自己知识的人。我们可以通过直播、视频等方式来分享知识，让社群成员使用商品时获得更好的体验，无形中提升商品的价值。很多社群在这方面做得并不好，只管将商品卖出去，却不管购买商品的人使用商品时的感受。如果对方不能正确使用商品，或者找不到使用商品的窍门，商品对于这位购买者的价值就会缩水，对方下一次就不会购买商品了。

　　分享内容，也就是做商品评测，既能满足社群成员对新商品的好奇心，又能够提升他们的购买欲，可谓一举两得。从世界上最杰出的汽车销售员乔·吉拉德开始，让用户体验商品就变成提升用户购买欲的最佳方式。在网络时代，不能到场体验商品的人，我们也可以通过评测，将体验传达给想要知道的人。

　　只要满足我们的要求，想要在社群内营销，就能成为我们的营销伙伴。最早出现的一批社群，已经有不少实现了平台化。利用社群庞大的人气，吸引商家入驻，或者干脆进行检测，为商家颁发社群认证，这就是通过分享社群获得更多伙伴的成果。